应用型人才培养教材

交通运输类专业教材

"十三五"江苏省高等学校重点教材

（编号：2016-2-048）

铁路货物运输

第二版 2

邓永贵　主编　　王静梅　副主编　　　杨闻彪　主审

化学工业出版社

·北京·

内容简介

本教材根据铁路货物运输岗位群的国家职业标准、高等职业教育铁道交通运营管理专业教学标准和课程标准编写。教材以工作任务为内容选择的框架，并以项目为单位组织内容，主要讲述确定货物运输基本条件、整车运输、集装箱运输、鲜活货物运输、危险货物运输、装载货物、加固货物、超限超重货物运输、计算货物运价和货物损失处理内容。每个项目包含知识要求、技能要求、素质要求和若干工作任务，项目最后还设置了一定数量的技能训练。

为贯彻落实党的二十大精神，推进教育数字化，建设全民终身学习的学习型社会、学习型大国，本书配套了微课视频、项目测试题库等数字资源，为线上线下混合式教学、翻转课堂等"互联网+"时代下新形态教学，培养学生数字素养，提供了丰富的教学资源，可扫描书中二维码获取学习。

本教材可作为高等职业铁道交通运营管理等铁道运输类专业教材，也可作为成人教育和相关岗位职工的学习参考书。

图书在版编目（CIP）数据

铁路货物运输 / 邓永贵主编；王静梅副主编.
2版. -- 北京：化学工业出版社，2025. 2. -- ISBN
978-7-122-46663-1

Ⅰ. U294

中国国家版本馆 CIP 数据核字第 2024XT1944 号

责任编辑：李仙华　旷英姿　　　　　　　　装帧设计：张　辉
责任校对：刘　一

出版发行：化学工业出版社（北京市东城区青年湖南街 13 号　邮政编码 100011）
印　　装：河北延风印务有限公司
787mm×1092mm　1/16　印张 18¾　字数 480 千字　2025 年 5 月北京第 2 版第 1 次印刷

购书咨询：010-64518888　　　　　　　　　售后服务：010-64518899
网　　址：http://www.cip.com.cn
凡购买本书，如有缺损质量问题，本社销售中心负责调换。

定　　价：49.80 元　　　　　　　　　　　　　　版权所有　违者必究

第二版前言

本书根据铁路货物运输岗位群的国家职业标准、高等职业教育铁道交通运营管理专业教学标准和课程标准，结合编者的实践经历和教学经验，校企合作共同修订完成。教材第二版注重实践能力、职业能力的训练和职业精神的培养，体现知识传授与技能培养并重的职业教育特色。

本次修订主要特点如下：

1. 满足现代职业教育改革的需要

（1）实行项目化

教材以工作任务为内容选择的参照点，以项目为单位组织内容，划分为下列项目：确定货物运输基本条件；一般货物运输，包括整车和集装箱运输；特殊条件货物运输，包括鲜活、危险和超限超重货物运输；装载、加固货物；计算货物运价；货物损失处理。

每个项目包括知识要求、技能要求、素质要求和若干工作任务，最后设置了一定数量的技能训练。

知识要求指为完成项目任务而应该掌握的理论知识；技能要求指为完成项目任务而应该具有的核心技能；素质要求涵盖了个人修养、职业道德、社会责任等多个维度。

（2）基于工作过程

首先，设置"任务实例"。"任务实例"是生产实践中的真实工作任务或模拟工作任务，以任务为核心驱动学习。

其次，为完成工作任务，设置"理论知识"和"任务实施"两部分。"理论知识"指为完成"工作任务"需掌握的法律、法规、规章、技术条件、标准和原理等，设置"理论知识"突出了高等职业教育的特点和要求，也区别于中等职业教育和岗前培训，为学生独立运用所学知识分析问题、解决问题和进一步发展打下基础。"任务实施"指为完成"工作任务"而采取的实践操作程序和内容，依据实际工作的作业指导书和岗位作业标准等，按照工作过程编排顺序。

最后，设置了"教学任务书"。"教学任务书"指为完成"工作任务"而在"任务实施"的不同环节中设计的任务书。教学活动可以在一边讲解，一边完成"教学任务书"的循环中完成，让学生在"做中学""学中做"。"教学任务书"的设置可解决学校演练、实习场地、设备实施投入不足等问题。

2. 紧随铁路改革和发展

随着社会发展和科学技术不断进步，货运组织改革的深化和向现代物流转型发展的步伐加快，铁路的规章、制度、管理和技术等也发生了翻天覆地的变化。在深入铁路货物运输生产一线调研的基础上，收集大量的规章制度、文电等资料，汲取有关教材的精华，力求将货运组织改革和向现代物流转型的内容纳入教材；力求反映新知识、新技术、新工艺和新方法。第二版修订过程中，亦参考了最近几年国铁集团出版的铁路货物运输的有关规章及规范性文件，引用了大量的更新及新增内容。

本次修订融入了党的二十大精神，充分体现加快建设交通强国；优化基础设施布局、结构、功能和系统集成，构建现代化基础设施体系。

本书由邓永贵主编、王静梅副主编，中国铁路上海局集团有限公司杨闻彪主审。具体编写分工如下：南京铁道职业技术学院邓永贵编写项目一、四、五、七，新疆铁道职业技术学院王静梅编写项目二、六、九，西安铁路职业技术学院刘佳丽编写项目三，南京铁道职业技术学院刘慧编写项目八，中国铁路乌鲁木齐局集团有限公司乌鲁木齐货运中心黄澜编写项目十。

本教材在编写过程中得到了中国铁路上海局集团有限公司、中国铁路乌鲁木齐局集团有限公司和中国铁路西安局集团有限公司及有关货运中心、站段的帮助，也得到了兄弟院校铁道交通运营管理专业老师的帮助，特此表示感谢！

教材配套了丰富的数字资源，可扫描书中二维码学习。同时本书配套了项目测试题库、电子课件，可登录 www.cipedu.com.cn 免费获取。

由于编者水平有限，教材中难免有不足和疏漏，恳请批评指正。

编　者
2025 年 1 月

目　录

项目五　危险货物运输　092

项目六　装载货物　149

二维码目录

项目一
确定货物运输基本条件

🌱 知识要求

- 理解货物种类和铁路货物运输种类；
- 掌握货物按一批办理的条件；
- 理解货运营业办理站办理限制及限制符号；
- 理解保价运输的优点及理赔规定；
- 理解铁路货物运输的不同服务方式；
- 理解铁路货物快运种类及内涵；
- 掌握运到期限、物流运到时限的计算规定；
- 了解铁路货运工作所遵循的法律、法规依据和铁路货物运输合同中，承、托、收三方的责权利。

🔑 技能要求

- 能划分货物种类和货物运输种类；
- 能进行"批"的划分，判断是否违反按一批办理的限制；
- 能确认办理站的营业办理限制；
- 能区分保价运输和非保价运输的区别，进行保价运输宣传与办理；
- 能区分不同服务方式下铁路运输企业应承担的服务项目及其优缺点；
- 能区分不同快运方式的概念及两者的区别；
- 会计算运到期限、物流运到时限及违约金的支付比例。

📚 素质要求

- 具有"人民铁路为人民"的精神；
- 具有"安全第一、预防为主"的思想；
- 具有依法运输的理念。

📋 任务实例

铁路运输企业接到货物运输需求，具体内容见表1.1（未列条件可查找中国铁路95306网等确定或自拟）。

表 1.1　货物运输需求

货物名称	按品类分	按运输条件分	按货物外形分	按运量大小分	批数	可办理的运输种类	可办理的快运种类
原煤（2700t）							
玻璃（60t）							
油漆（42t）							
电视机（125m³）							
鲜冻肉（35t）							
20ft 集装箱装载的服装 5 箱							

注：1ft（英尺）＝0.3048m。

✖ 任务实施

一、确定铁路货物种类

教学任务书——确定货物分类

针对"任务实例"中的货物，填写表 1.1 中货物分类的相关栏目。

在《铁路货物运输品名分类与代码表》中，将铁路运输的货物分为 26 大类，即煤、石油、焦炭、金属矿石、钢铁及有色金属、非金属矿石、磷矿石、矿物性建筑材料、水泥、木材、粮食、棉花、化肥及农药、盐、化工品、金属制品、工业机械、电子电气机械、农业机具、鲜活货物、农副产品、饮食品及烟草制品、纺织品、皮革毛皮及其制品、纸及文教用品、医药品和其他货物。

根据货物运输条件的不同，货物分为按普通条件运输的货物和按特殊条件运输的货物。其中，按特殊条件运输的货物分为鲜活货物、危险货物和阔大货物（即三超一重货物：超长、超限、超重和集重货物）。

根据货物外形特点，货物分为成件货物、散堆装（散装、堆装）货物、液体货物和阔大货物。

二维码 1.1

根据运量大小，货物分为大宗稳定物资和零散货物（零散白货）。大宗稳定物资指货源达到一定运量，货流稳定均衡，铁路运输企业能够提前确定运输需求的物资。对大宗稳定物资，铁路运输企业采取协议运输方式给予运力保障。煤炭、石油、焦炭、金矿、钢铁、非金属矿物、水泥七大品类归为大宗稳定物资。零散货物指协议运输的大宗稳定物资以外的其他物资。

按联运方式，货物分为国际铁路联运货物、国铁与地方铁路联运货物、铁路与水路联运货物和铁路与公路联运货物。

二、划分批

教学任务书——批的划分

针对"任务实例"中的货物，填写表 1.1 中的"批数"栏目。

1. 一批的概念

一批是铁路承运货物和计算运输费用的一个单位，是指使用一张运单，按照同一运输条件运送的货物。

2. 按一批办理的条件

按一批托运的货物，必须托运人、收货人、发站、到站和装卸地点相同。按运输种类的不同，一批的具体规定如下。

（1）整车货物以每车为一批，跨装、爬装及使用游车的货物，每一车组为一批，如图1.1所示。

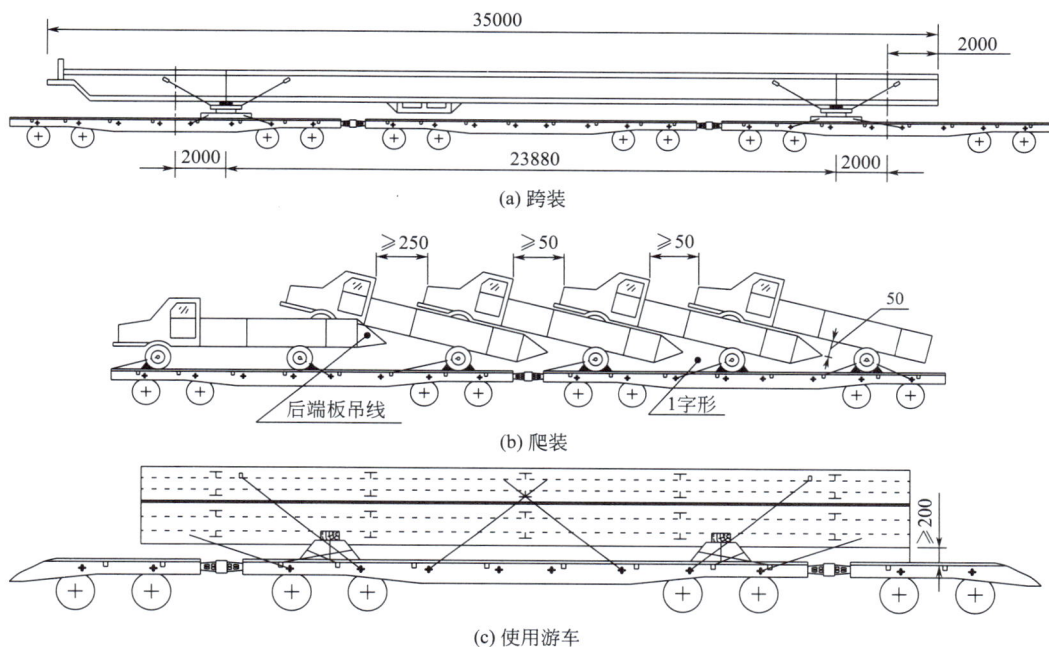

图1.1　跨装、爬装及使用游车的货物（单位：mm）

（2）集装箱运输的货物，以每张运单为一批，每批必须是标记总重相同的同一类型集装箱，最多不得超过铁路一辆货车所能装运的箱数，且集装箱总重之和不得超过货车的容许载重量。铁路箱和自备箱不得按一批托运。

（3）快运货物的批的划分按其规定办理。

3．按一批办理的限制

由于货物性质各不相同，其运输条件也不一样。为保证货物安全运输，规定下列货物不得按一批托运。

（1）易腐货物与非易腐货物。

（2）危险货物与非危险货物。

二维码1.2

（3）根据货物的性质不能混装运输的货物，如液体货物与怕湿货物，食品与有异味的货物。

（4）按保价运输的货物与不按保价运输的货物。

（5）投保运输险的货物与未投保运输险的货物。

（6）其他运输条件不同的货物，如需要卫生检疫证的货物与不需要卫生检疫证的货物，海关监管货物与非海关监管货物，不同热状态的易腐货物等。

三、确定货物运输种类

教学任务书——运输种类划分

针对"任务实例"中的货物，填写表1.1中的"可办理的运输种类"栏目。

铁路运送的货物，尽管种类繁多，但根据托运货物的数量（重量和体积）、性质、形状等条件，结合装运方式，将铁路货物运输的种类划分为整车和集装箱运输两种。

（一）整车货物运输

1. 概念

一批货物的重量、体积、形状或性质需要以一辆以上货车运输的，应按整车托运。

下列货物，由于性质特殊，或需特殊照料，或受铁路现有设备条件的限制，尽管不够整车运输条件，也限按整车运输。

（1）需要冷藏、保温或加温运输的货物。

（2）规定限按整车办理的危险货物。

（3）易于污染其他货物的污秽品（例如未经过消毒处理或未使用密封不漏包装的牲骨、湿毛皮、粪便、炭黑等）。

（4）蜜蜂。

（5）不易计算件数的货物。

（6）未装容器的活动物。

（7）一件货物重量超过 2t，体积超过 $3m^3$ 或长度超过 9m 的货物。

二维码 1.3

2. 整车运输的特殊形式

按整车运输的货物，托运人要求在站界内搬运或途中装卸时（包括在不办理货运营业的车站装卸），经与承运人协商同意后，可在铁路局自局管内办理。但危险货物不得办理站界内搬运或途中装卸。

（1）站界内搬运　站界内搬运是指在站界内铁路营业线上或站线与专用线之间的运输。

站界内搬运的货物，按实际运输里程和该货物适用的运价率计算运费，不另收取送车费（不足 1km 的尾数进整为 1km）。

（2）途中装卸　途中装卸是指在两个车站之间的区间或在不办理货运营业的车站装卸车。

途中装车的货物，以途中装车的后方办理货运业务的车站作为发站；途中卸车的货物，以途中卸车的前方办理货运业务的车站作为到站（另有规定的除外）。

途中装卸车的组织工作，由托运人收货人负责。但车站应派人至装卸车地点进行防护，检查堆放货物的安全距离是否符合要求。

（二）集装箱运输

集装箱是一种现代化运输设备，使用集装箱进行的货物运输，称为集装箱运输。集装箱适用于运输精密、贵重、易损、怕湿的货物。凡适箱货物均应采用集装箱运输。

四、办理保价运输和运输保险

（一）非保价货物

经由铁路运输的货物，如果没有保价，实行限额赔偿，即不按件数只按重量承运的货物，每吨最高赔偿 100 元；按件数和重量承运的货物，每吨最高赔偿 2000 元；个人托运的搬家货物、行李每 10kg 最高赔偿 30 元。实际损失低于上述赔偿限额时，按货物实际损失的价格赔偿；如果损失是铁路运输企业的故意或者重大过失造成的，不适用赔偿限额的规定，按照实际损失赔偿，由铁路运输企业承担赔偿责任。

二维码 1.4

（二）货物保价运输

经由铁路运输的非保价货物，如果发生损失，得到的赔偿往往会远低于货物的实际价格，这是因为铁路运输企业所收的运费主要考虑了货物的计费重量、运价里程和运价号，而没有考虑货物的价格。为解决限额赔偿给托运人带来的不公，为解决按实际赔偿给运输企业带来的风险，为保证托运人、承运人和收货人的合法利益，根据《中华人民共和国铁路法》（简称《铁路法》）规定，铁路运输企业开展保价运输，供托运人选择。托运人做出选择后，即成为铁路运输合同的组成部分，铁路运输企业将承担相应的责任。

1. 概念

保价运输是指运输企业与托运人共同确定的、以托运人声明的货物价值为基础的一种特殊运输方式。保价就是托运人向承运人声明其托运货物的实际价值，托运人除缴纳运输费用外，还要按照规定缴纳一定的保价费。

2. 办理

托运人要求按保价运输货物时，应在运单选择服务栏中勾选"保价运输"项目，并在"货物价格"栏内以元为单位，填写货物的实际价格。全批货物的实际价格即为货物的保价金额。货物的实际价格是指货物在起运地的价格与税款、包装费和已发生的运输费用之和。

按保价运输办理的货物，应全批保价，不得只保其中一部分。

自轮运转（包括企业自备或租用铁路）的铁道机车、车辆和轨道机械暂不办理保价运输。

车站受理一批保价金额在 50 万元以上的整车、集装箱货物，应在运单、货运票据封套或货物装载清单上加盖"⚠"戳记（或用红色书写），并在列车编组顺序表记事栏内注明"⚠"字样。

3. 计算保价费

货物保价费按保价金额乘以适用的货物保价费率计算。货物保价费尾数不足 1 角时，按四舍五入处理。货物保价费每批起码金额，集装箱为 5 角，整车为 2 元。保价费率不同的货物按一批托运时，应分项填记品名及保价金额，保价费分别计算。保价费率不同的货物合并填记时，适用于其中最高保价费率。保价费率分为五个基本级和两个特定级，其费率分别为 0.1%、0.2%、0.3%、0.4%、0.6% 五个基本级和 1% 和 1.5% 两个特定级。如原煤是 0.1%，原油是 0.3%，苹果是 1%，玻璃是 1.5%。可查找《铁路货物保价运输办法》中的附件一（货物保价费率表）确定保价费率。

零散快运货物的保价费率为 5%。批量零散货物快运保价费按保价金额乘以保价费率计算。保价金额在 1000 元以下的按每批 3 元核收，保价金额超过 1000 元的按 0.3% 的保价费率计算保价费。保价费尾数不足 1 元时，按四舍五入处理至元。

保价费可根据所采用的运输工具、客户运量大小、市场等情况进行浮动。

4. 保价货物赔偿

承运人从承运货物时起（办理门到门、门到站运输及仓储的车站，从接收货物时起），至将货物交付收货人或依照规定移交给其他机关企业时止，对保价货物发生灭失、短少、变质、污染、损坏承担赔偿责任。但由下列原因之一造成的，承运人不承担赔偿责任。

（1）不可抗力。

（2）货物本身性质引起的碎裂、生锈、减量、变质或自燃等。

（3）货物的合理损耗。

（4）货物包装的缺陷，承运时无法从外部发现或未按国家规定在货物上标明包装储运图示标志。

（5）托运人组织装车的货物，装载加固材料及装置不符合国家标准、行业标准、技术规范或违反装载加固规定、交接时无法发现的。

（6）押运人未采取保证货物安全的措施。

（7）托运人或收货人的其他责任。

保价运输的货物发生损失时，按照实际损失赔偿，但最高不超过保价金额。如果损失是铁路运输企业的故意或者重大过失造成的，不受保价金额的限制，按照实际损失赔偿。一部分损失时，按损失货物占全批货物的比例乘以保价金额赔偿。逾期未能赔付时，处理站应向赔偿请求人支付违约金。

（三）货物运输保险

铁路货物运输险是托运人以铁路装运的货物作为保险标的保险。

货物运输保险由保险公司办理或委托铁路代办。

1. 承保险种的保险责任

（1）基本险的保险责任

① 自然灾害或意外事故造成的损失，即火灾、爆炸、雷电、泥石流等自然灾害或意外事故所引起的损失。

② 由于运输工具发生碰撞、搁浅、倾覆、沉没、出轨以及桥梁、隧道、码头坍塌所造成的损失。

二维码 1.5

③ 在装、卸货或转载时，发生不可抗力、意外事故而造成的保险货物损失。

（2）综合险的保险责任 综合险的保险责任在基本险的基础上再承担下列责任：碰损破碎、包装破裂险；渗漏险；盗窃、提货不着险；雨淋险；因铁路承运人责任而导致保险货物灭失、短少、污染、变质和损坏的损失责任。

（3）除外责任 战争或军事行动；核事件或核爆炸；保险货物本身的缺陷或者自然损耗以及包装不完善所致的损失；被保险人的故意行为或过失；其他不属于保险范围内的损失。

2. 赔偿

遇有保险责任范围内的损失时，由保险公司按保险合同约定给予赔偿。对不属于铁路运输企业免责范围的，保险公司按照保险合同的约定向托运人或收货人先行赔付，再向铁路运输企业追偿铁路应赔偿部分。

3. 办理

承运人对投保货物运输险的货物，应在运单"托运人记载事项"栏内加盖"已投保运输险，保险凭证×××号"戳记。

托运人托运货物，应在运单"货物价格"栏内，准确填写该批货物总价格，根据总价格确定保险总金额，投保货物运输险。

（四）货物保价运输与货物运输保险的区别

货物保价运输与货物运输保险虽然都具有补偿托运人或收货人经济损失的作用，但二者的性质有所不同，表现在：

（1）责任依据的法律不同。保价责任的依据是《铁路法》等法律、法规，保险责任的依据是《保险法》等法律、法规。

（2）责任基础不同。保价责任基础主要是铁路责任，基本险的保险责任基础是自然灾害、意外事故等。

二维码 1.6

（3）目的不同。保价运输的目的是解决限额赔偿给托运人带来的不公。保险的目的是解决因自然灾害、意外事故给托运人、收货人造成的经济损失，属于社会救济。

（4）对货物的安全管理不同。保价运输是运输合同的组成部分，铁路作为承保人，直接参加货物的运输工作，有条件对保价货物采取特殊的安全管理措施。对于货物运输保险，保险公司不参加运输管理，只对货物进行损失后的经济补偿。

五、选择服务方式

托运人在提出运输需求时，要提报一些信息，如是否上门取货，是否上门装车，是否专用线装卸车等，相当于选择了一种服务方式。

（1）门到门运输　货物从托运人约定上门取货地点装车开始，接运至发站、铁路运输至到站、送达卸货至收货人门约定收货地点止的全过程的铁路运输和相关服务。门到门运输服务中的上门装卸货物、门到发站（指货物从托运人交运货物地点短驳至铁路车站公共装卸场所）、到站到门（指货物从铁路车站公共装卸场所短驳至收货人接收货物地点）的接取送达和车站公共装卸场所的装载加固材料等服务由托运人自愿选择，按规定收取相应费用。

（2）门到站运输　货物从托运人约定上门取货地点装车开始，接运至发站、铁路运输至到站、收货人到站取货的铁路运输和相关服务。

（3）站到门运输　货物从发站装车、铁路运输至到站、送达卸货至收货人约定到门收货地点止的铁路运输和相关服务。

（4）站到站运输　货物从发站装车、铁路运输至到站、收货人到站取货的铁路运输和相关服务。

（5）专到专运输　货物在专用线或专用铁道由托运人装车、办理路企交接、铁路运输至到站、送车至卸车地点或交接地点、办理路企交接、收货人卸车的铁路运输和相关服务。

除此之外，托运人还可以选择是否提供装载加固材料、是否提供仓储、是否冷藏（保温）运输等服务。

六、办理货物快运

在前述四种货物运输种类前提下，铁路亦根据货主需求，有针对性地、有选择地开展货物快运，提供物流服务。快运分零散货物快运（简称散货快运）和批量零散货物快运（简称批量快运）两类。快运可采取区域循环快运列车、跨局快运货物列车、行李车、高铁列车、班列（含特快、快速、普快班列）、技术直达列车等物流运输方案输送。

铁路快运货物班列，是指在固定发到站间，有固定车次和运行线、明确的开行周期和运行时刻，按客车化模式组织开行的货物列车。快运班列分为跨局快运班列和局管内快运班列，按照速度等级分为三类。

（1）特快货物班列（简称特快班列）　使用 25T 型行李车编组，最高运行速度 160km/h。

（2）快速货物班列（简称快速班列）　使用 P_{65} 型或 PB 型专用货车编组，最高运行速度 120km/h。

（3）普快货物班列（简称普快班列）　使用普通货车编组，最高运行速度 80km/h。

（一）零散货物快运

1. 定义

零散货物快运指以客车化模式开行的货物快运列车装运一批重量不足 40t 且体积不足 80m³ 的零散货物的运输方式，简称散货快运。

按一批托运的货物，托运人、收货人、装车站、卸车站和装卸地点、货物品名应相同。散货快运以每张货物快运运单为一批。

2. 品类

散货快运办理时不受货物品类限制，但下列情况除外：

（1）散堆装的货物。

（2）按《铁路危险货物运输管理暂行规则》办理的危险货物。

（3）超长、超重、超限、集重货物。

（4）活动物及需冷藏、保温运输的易腐货物。

（5）易于污染其他货物的污秽货物。

（6）非棚车装运的货物〔需使用敞车装运的货物报中国国家铁路集团有限公司（以下简称国铁集团）批准〕。

（7）军运、国际联运、需在米轨与准轨换装运输的货物。

（8）在专用线装卸车的货物。

3. 装卸车作业站

（1）单一散货快运作业站　该类车站是铁路局管内循环快运列车图定停车站，但不是货运营业站，作业地点在基本站台。

（2）散货快运兼批量快运作业站　该类车站既是铁路局管内循环快运列车图定停车站，同时又是具备货场或专用线的货运营业站。

散货快运可在任一办理站（点）受理承运（办理点亦称无轨站），仅在循环列车散货快运作业站进行装卸作业。

目前，零散货物快运处于暂停状态。

（二）批量零散货物快运

1. 定义

批量快运适用于每一批托运重量在 40t 或体积 80m^3 以上的 165 类小运量白货品类货物，按整车组织装运。

按一批托运的货物，指托运人、收货人、发站、到站和装卸地点、货物品名相同的货物。为方便企业发运，批量零散货物可混装，即同一托运人可按一批托运多个品名的批量零散货物。批量零散混装货物的托运人，不限于生产制造加工企业，所有客户均可托运。批量零散混装货物的物理、化学性质不能相抵触，异味、易腐等对其他货物有影响的货物不得混装。

2. 品类

165 类小运量白货品类为《铁路货物运输品名检查表》中塑料制品、日用化工品、金属制品、工业机械、日用电器、果蔬、饮食品、纺织品、纸制品、文教用品、医药品等类货物中的 165 个小类。

165 类货物中的以下情况暂不办理批量快运：散堆装的货物，超长、超重、超限、集重的货物，国际联运货物，需使用棚车、敞车以外的其他车型装运的货物。165 类货物中的危险品，在批量快运中同时执行危险品运输有关规定。军事运输按有关规定执行。

3. 作业站

办理批量快运发到，均在有货场或专用线的作业站进行，不能在非货运营业站装卸。

七、查找车站信息

办理货运业务的车站根据有无铁路线路分为有轨站和无轨站；有轨站根据是否办理货运

营业分为营业站和非营业站；根据有无专用线接轨分为专用线接轨站和非专用线接轨站；根据是否在站内进行铁路货车装卸作业分为作业站和非作业站；根据在循环快运货物列车组织方案中的作用分为中心站和非中心站。

货运营业办理站在《货物运价里程表》中公布，亦同时在 95306 网站公布。

1. 营业办理限制公布

车站营业办理限制采用特定的符号表示或文字描述，一般是对车站站内（货场）整车货运营业办理范围的描述。

营业办理限制按整车和集装箱在《货物运价里程表》里公布。

办理整车营业的车站，在《货物运价里程表》的"营业办理限制"栏内公布。

办理集装箱营业的车站及办理箱型，在集装箱办理站站名表中公布。

2. 常用营业办理限制符号

营业办理限制用"△"表示不办理，用"○"表示仅办理。不能用符号表示的，另加文字说明。

⑬——站内及专用线均不办理货运营业。

㊣——仅办理整车货物发到。

㊧——仅办理专用线、专用铁路货运作业，具体办理内容另查《铁路专用线、专用铁路名称表》。

㊢——站内仅办理整车路用货物发到。

牲——不办理活牲畜到达。

湿——站内不办理怕湿货物发到。

散——站内不办理散堆装货物发到。

蜂——站内不办理蜜蜂货物发到。

危——站内办理危险货物运输，具体办理内容另查《铁路危险货物运输办理站（专用线、专用铁路）办理规定》。

以上符号中，⑬和㊧是对车站货运营业范围的总体描述，适用于整车和集装箱运输。其他符号是对货运营业办理站所办理业务的具体描述。

营业办理限制采用文字描述方式，可以使用具体品名，如：仅办理玉米发到；也可以使用品类描述，如：仅办理矿建发到；还可根据货物的物理状态、装载方式、运输种类、作业类别等来概括相近办理条件的货物类别，如：不办理散堆装货物发到，仅办理怕失货物发到（化肥除外），不办理罐装货物发到，仅办理集装箱发到，仅办理货物发送，仅办理货物到达。

3. 最大起重能力

车站最大起重能力，指车站货场门吊、汽车吊等起重设备的最大起重吨位以及叉车的最大载重吨位，用于作为单件重量超过 500 公斤的货物的装卸车控制条件。最大起重能力在《货物运价里程表》中"最大起重能力"栏中公布。

（1）数字 表示该站最大吊装吨数。如 32，表示该站最大吊装能力为 32t；没有数字，表示无吊装能力。

（2）叉 配有叉车的，注有"叉"字，"叉"字后的数字表示叉车载重。

八、计算物流运到时限

物流运到时限是指从客户交运货物时起至交付货物到客户接收地点时止所允许的时间标

准。包含接取、装车、输送、卸车、配送等各个环节时限，是铁路货物全程物流供应链中的重要组成部分。运输企业可综合考虑投入、产出，依据市场化规则确定物流运到时限。

根据准时制运输要求，保证运到时限，要加强运输组织管理，积极用好信息系统，完整、及时、准确地采集各作业环节信息，实现货物全过程追踪、监控、预警，确保货物运到时限满足客户要求。

（一）计算物流运到时限

1. 铁路货物运到时限标准

按每日（24h）300km 计算线上运行时间，发送、终到两端各增加 24h，计算全程运到时限，单位 h。准、米轨间直通运输的货物另加 24h。

二维码 1.7

2. 批量零散快运及其他货物快运物流运到时限标准

按每日（24h）500km 计算线上运行时间，发送、终到两端各增加 24h，计算全程运到时限，单位 h。

3. 高铁物流运到时限标准

（1）高铁列车覆盖区域，实现城市间 10：00 前承运 1000km 内当日达，2000km 内次日达。

（2）高铁货物原则上装运在始发终到列车上，在枢纽中转站中转，站内中转时间不超过 6h，跨站之间中转时间不超过 12h。

4. 旅客列车行李车物流运到时限标准

（1）行李车运输按列车平均旅速 70km/h 计算线上运行时间，接取按装运车次图定开车时刻增加 6h、送达增加 6h，计算全程运到时限。

（2）站内中转时间不超过 24h，跨站之间中转时间不超过 36h。

5. 货物班列物流运到时限标准

货物班列按列车平均旅速 50km/h 计算线上运行时间，接取按装运车次图定开车时刻增加 6h、送达增加 6h，中转增加 12h，计算全程运到时限。

6. 区域循环快运列车（含跨局货物快运列车）物流运到时限标准

按基本列车运行图规定实际运行时刻计算线上运行时间，车次图定开车时刻增加 6h、送达增加 6h，中转增加 12h，计算全程运到时限。不在区域循环快运列车或跨局货物快运列车覆盖范围内时，比照批量零散货物快运计算。

第 1 和 2 两种情况，计算单位也可取"日"，此时，运到时限亦可称"运到期限"。目前，运单内仍采用"运到期限"的表述。

7. 接取送达时限

上门装、卸货物或门到发站、到站到门作业，按每项作业各另加 24h，也可在合同中另行约定。

（二）违约处理

货物的实际运到时间指从客户交运货物时起至交付货物到客户接收地点时止所花费的时间。

货物实际运到时间的计算：起算时间从承运人承运货物的次日（指定装车日期的，为指定装车日的次日）起算。终止时间，到站由承运人组织卸车的货物到卸车完了时止；由收货人组织卸车的货物，到货车调到卸车地点或货车交接地点时止。

货物在运输过程中，由于下列原因之一造成的滞留时间，应从实际运到时间中扣除：

（1）因不可抗力引起的。

（2）由于托运人的责任致使货物在途中发生换装、整理所产生的。

（3）因托运人或收货人要求运输变更产生的。

（4）其他非承运人的责任发生的。

上述情况均为非承运人原因造成的滞留，承运人应当在 95306 记明滞留时间和原因。到站应将各种情况所发生的滞留时间加总。

二维码 1.8

所谓运到逾期，是指货物的实际运到时间超过规定的物流运到时限（运到期限），是一种违约行为。

1. 逾期违约金的支付

若货物运到逾期，则铁路应向收货人支付违约金。逾期违约金额由承运人与托运人在运输合同中约定；双方未约定的，逾期 1～3 日时，按运费金额的 10％ 支付；逾期 4～6 日时，按运费金额的 15％ 支付；逾期 6 日以上时，按运费金额的 20％ 支付。

快运货物运到逾期，乘运人由车站按照合同或协议约定的内容处理。

2. 不支付违约金的货物

超限、限速运行和免费运输的货物以及货物全部灭失，承运人不支付逾期违约金。

九、认识铁路物流工作的合同及法律法规依据

（一）运输合同

货物运输合同，简称货运合同，是承运人将货物从起运地点运输到约定地点，托运人或者收货人支付运输费用的合同。根据运输工具的不同，货物运输合同可以分为铁路货物运输合同、公路货物运输合同、水路货物运输合同和航空货物运输合同四大类。

1. 铁路货物运输合同的概念

铁路货物运输合同是铁路承运人将货物从起运地点运输到约定地点，托运人或者收货人支付运输费用的合同。

2. 铁路货物运输合同的内容

铁路货物运输合同须规定合同各方当事人的权利、义务或责任，应当在合同中载明下列内容：

（1）托运人和收货人的名称。

（2）承运人的名称。

（3）托运货物的名称、数量、重量。

（4）托运货物的包装要求。

（5）起运地点。

（6）到达地点。

（7）运输方式。

（8）运输费用。

（9）托运人的义务。

（10）承运人的义务。

（11）违约责任。

（12）双方约定的其他事项。

3. 铁路货物运输合同的特征

（1）铁路货物运输合同的标的是铁路运送货物的行为。

（2）铁路货物运输合同具有特殊的合同主体。该特征体现在两个方面：一是合同的一方当事人是固定的，即必须是铁路运输企业；二是合同的主体不限于铁路运输企业和托运人双方，经常出现第三方，即收货人。

（3）铁路货物运输合同采用标准合同的形式。所谓标准合同是指由订立同类合同的当事人印制的、具有固定式样和特定条款内容的标准文本，双方当事人只需填写其中的空项。

（4）运输费用为国家指导价。

（5）货物运输合同的履行以交付货物给收货人为履行完毕。

4. 铁路货物运输合同的合同文件

整车铁路货物运输，可按阶段时间签订长期货物运输协议；在协议期内，托运人可与承运人按阶段确定需求。交运货物时，向承运人按批递交运单，作为运输合同的组成部分。

集装箱货物，以运单作为运输合同。

（二）法律法规依据

铁路货物运输是市场经济活动，又须满足一定的技术、管理要求，因此，须遵循市场经济、物流及交通运输有关的法律、法规、技术规范和管理规定等。

1. 合同应遵循的主要法律、法规和规章

（1）《中华人民共和国民法典》（简称《民法典》），是调整横向经济关系的法律规定，对货物运输合同作了专款规定，对货物运输合同的内容作了一般性规定。

（2）《中华人民共和国铁路法》（简称《铁路法》），是保障铁路运输和铁路建设顺利进行的法律规定。就货物运输而言，《铁路法》明确规定了承运人与托运人、收货人在铁路货物运输中的权利、义务和责任，对货物运输合同作了具体的规定。

2. 《铁路货物运输规程》

《铁路货物运输规程》（简称《货规》），是货物运输的基本规章，承运人、托运人和收货人都必须遵照执行。

《货规》引申规章主要有：

（1）《铁路货物运价规则》（简称《价规》）是货物运输费用计算的依据。

（2）《铁路危险货物运输管理规则》（简称《危规》）是铁路危险货物运输组织的依据。

（3）《铁路鲜活货物运输规则》（简称《鲜规》）是铁路鲜活货物运输组织的依据。

（4）《铁路超限超重货物运输规则》（简称《超规》）是铁路超限超重货物运输组织的依据。

（5）《铁路货物装载加固规则》（简称《加规》）规定了货物装载加固的基本技术条件、特殊规定、方案管理、满载工作等，是铁路货物装载加固和满载工作的依据。

（6）《铁路集装箱运输规则》（简称《集装箱规则》）规定了集装箱运输基本条件，托运、承运和交付，承运人与托运人、收货人的交接等。

（7）《货车篷布管理规则》适用于铁路货车篷布的管理及自备篷布的管理。

（8）《铁路货物保价运输办法》（简称《保价办法》）适用于铁路办理的保价运输。

（9）《铁路货物运输管理规则》适用于多种情况下的货运运营条件管理。

（10）根据《货规》精神制定的其他规则和办法。

3. 铁路内部货运管理规则与办法

铁路内部货运管理规则与办法规定了铁路内部货物运输各个环节的作业内容和质量要求，是铁路货运工作人员进行货物运输的工作细则。随着铁路货物运输改革和铁路物流工作的推进，内部管理规则与办法将不断推陈出新。举例如下：

（1）《铁路货物运输管理规则》（简称《管规》）适用于铁路内部货运管理。

（2）《铁路货物损失处理规则》（简称《货损规则》）适用于铁路内部处理货物损失和划

分责任。

（3）《铁路货运检查管理规则》适用于铁路货运检查作业。

（4）《铁路集装箱运输管理规则》（简称《集装箱管规》）适用于铁路内部集装箱运输管理。

（5）《铁路货物保价运输管理办法》适用于铁路内部对货物保价运输工作的管理。

（6）《铁路超限超重货物运输作业管理规定》规定了铁路超限超重货物受理、装车、运行和途中检查、卸车和交付事项，适用于铁路超限超重货物运输作业。

（7）《铁路超限超重货物运输电报管理规定》适用于国家铁路、合资铁路和地方铁路超限超重货物运输电报管理。

（8）《铁路集装箱运输管理规则》适用于集装箱运输工作管理。

（9）《铁路双层集装箱运输管理办法》适用于铁路双层集装箱运输管理。

（10）《货物快运列车组织管理办法》适用于快运列车组织管理。

（11）《铁路门到门运输一口价实施办法》适用于实施铁路门到门运输一口价。

4. 货运工作标准

（1）《铁路货物运输服务质量》（TB/T 2968—2018）规定了铁路运输企业的货物运输和相关部门的货物运输服务质量要求。

（2）《铁路车站货运作业》（TB/T 2116）规定了车站各种货运作业程序、项目、作业内容和质量标准等。

（3）《铁路货物装载加固技术要求》（TB/T 30004—2021）规定了铁路货物装载与加固的技术要求，适用于经铁路运输的货物的装载与加固。

5. 国际联运规章

（1）对承运人、托运人和收货人均有约束力的规章，包括《国际铁路货物联运协定》（简称《国际货协》）、《国际铁路货物联运协定统一过境运价规程》（简称《统一货价》）、《国境铁路协定》和《国境铁路会议议定书》。

（2）仅适用于铁路承运人的规章，包括《国际铁路货物联运协定办事细则》（简称《国际货协办事细则》）、《国际旅客联运和铁路货物联运清算规则协约和清算规则》（简称《清算规则》）和《国际旅客联运和铁路货物联运车辆使用规则》（简称《车规》）。

（3）《国际铁路货物联运办法》适用于通过两个以上国家铁路，使用一份运输票据并以连带责任办理的直通货物运送。本办法仅供国内使用。

（4）《国际集装箱运输管理办法》适用于国际运输的 20ft❶、40ft 国际标准集装箱的铁路运输。

6. 军运规章

军运规章主要有《铁路军事运输管理办法》《铁路军事运输现场工作规则》《军用危险货物铁路运输管理规则》《铁路军事运输计费付费办法》等。

7. 《铁路客货运输专刊》

简称《客货专刊》，是登载铁路货运、客运法规部分修改的内容，使铁路及社会公众知晓的专刊。

8. 铁路局集团公司对国铁集团规章的补充规定

这类补充规定通常适用于本铁路局集团公司管内，一般限于执行国铁集团规定的一些作业程序和方法方面的内容，并且不能同国铁集团规定相抵触。

---

❶ 1ft（英尺）＝0.3048m。

9. 其他相关法律法规规章

其他相关法律法规包括国务院、国务院各部委、国务院各部委与国家铁路局联合发布的与货物运输相关的法律法规，如《危险化学品安全管理条例》等。

✿ 技能训练

铁路运输企业接到货物运输需求，具体内容见表 1.2，填写表格中的内容（未列条件可查找95306 网站等确定或自拟）。

表 1.2　货物运输需求

货物名称	按品类分	按运输条件分	按货物外形分	按运量大小分	批数	可办理的运输种类	可办理的快运种类
汽油（2 罐车）							
液化石油气（6 罐车）							
焦炭（1000t）							
工字钢（120t）							
大豆（袋装，60t）							
籽棉（捆，125m³）							
尿素（袋装，40t）							
橡胶轮胎（35t）							
方便面（120m³）							
35m 水泥预应力梁一根							

项目二
整车运输

🌱 知识要求
- 掌握整车在货物发送作业中的受理、装车与承运的相关知识；
- 掌握整车货物在运输途中的货运交接检查作业和发生特殊、异常情况的处理方法；
- 掌握整车货物到达作业中的重车到达与票据的交接、货物的卸车、交付、送达与仓储作业的相关知识与方法。

🔑 技能要求
- 会正确受理、承运整车货物；
- 会组织整车货物装车；
- 能处理整车货物在途中发生的异常情况；
- 会正确办理整车货物在途中的货运交接检查作业；
- 能正确办理整车货物到达作业中的重车到达与票据的交接；
- 会正确办理整车货物的卸车、交付、送达与仓储作业。

📚 素质要求
- 遵守法律法规和有关规定；
- 爱岗敬业，忠于职守，具有良好的安全意识和团队合作精神；
- 严格执行工作程序、工作标准和安全操作规定；
- 爱护设备及作业工具；
- 着装整洁符合规定；
- 保持工作环境清洁有序，文明生产；
- 刻苦学习，钻研业务，努力提高技术文化素质。

工作任务一　发送货物

📝 任务实例
福建××运输有限公司乌鲁木齐市分公司，要求从乌拉泊站发玉米 10 车到宜宾南站，收货人叙州区柏溪镇××饲料经营部（未列条件自拟）。

✿ 任务实施

一、受理需求

针对"任务实例"中的客户运输需求，按照下面的步骤，在95306网站上模拟完成客户需求提报，填写货物运单（表2.1）。

铁路货物运输按照作业流程可以分为发送作业、途中作业和到达作业，按照物流环节可以分为受理承运、集货配装、途中运输、分拨配送和售后服务五个环节。货运作业流程如图2.1所示。

货运需求是指客户对铁路运输部门提出的在一定周期内的运输需求。货运需求受理是承运人和托运人双方关于铁路货物运输的要约和承诺。

运输需求分为阶段运输需求和日运输需求。根据客户实际需要，如不能确定具体装车日期的，可先提出三个月内的阶段运输需求（阶段运输需求不可跨月），待确定具体装车日期后，提出日运输需求。如能确定具体装车日期可直接提出日运输需求（时间由铁路局和集团公司设置，一般在装车日期前10日内可以提报）。大宗货物不能直接提出运输需求，需提报阶段运输需求后再提报日运输需求。

二维码2.1

（一）客户运输需求受理渠道

客户运输需求受理渠道可分为登录95306网站、拨打95306电话、拨打货运营业网点受理服务电话、直接到货运营业网点、货运人员主动上门服务和95306 APP六种办理方式。

各渠道受理的需求全部通过中国铁路95306货运电子商务系统（简称"电商系统"）进行提报。

（二）客户运输需求受理流程

需求受理流程的总体框架：客户提报需求（多渠道提报）→受理客户需求（接收需求）、梳理需求、了解客户信息、确认是否符合基本运输条件、沟通运输方式、报价、提供建议、落实成实货需求单据、对需求分类分单→制定运输方案→落实日装车方案。

1. 95306网站和95306电话受理流程

95306网站、95306电话两种货运需求受理流程基本相同，具体包括以下五个阶段，只有在第一阶段有所区别。

（1）95306网站受理时，客户登录中国铁路95306网站，进入需求填报页面，填写运单的运输需求栏相应内容。

（2）95306电话受理时，客户拨打95306电话，客服人员接听电话，受理运输需求。货运客服人员详细了解客户需求，补充录入需求信息，根据货物重量（体积）、发到站等条件确定运输方式。对符合零散货物快运办理条件的，以零散货物快运方式受理报价，由客服人员生成内部生产单据并进行确认、分单。对符合整车、批量零散货物快运办理条件的，以整车、批量零散货物快运方式受理报价，由客服人员生成单据，进入内部生产系统。对不符合零散货物快运和整车、批量零散货物快运办理条件的，与客户协商后选择相应的运输方式并按其既有规定受理。

（3）确定承运方案时，对按整车、批量零散货物快运方式受理的需求，由电商系统自动折算成车，若一批货物重量超过单车净载重或体积超过$120m^3$的整数倍，多余部分按加1车处理。由货运客服人员或运输方案编制人员对车种、车数进行核实和调整。

表 2.1　铁路货物运单

铁路货运
CHINA RAILWAY FREIGHT

实车装车户端

需求号：201708HY666660001

中国铁路×××局集团有限公司
货 物 运 单

第×联　×××　×××联

（整车、集装箱、批量、零散）

B K H Z A 0 1 2 3 4 5 6

			货区			货位	

托运人　发站（公司）　名称　□上门取货　取货地址　　专用线

托运人　经办人　手机号码　联系电话

车种车号　取货里程(km)　标重　计费重量(kg)

收货人　到站（公司）　名称　□上门送货　送货地址　　专用线

收货人　经办人　手机号码　联系电话

运到期限　施封号　蓬布号　送货里程(km)

施封方　运价号

领货方式　□电子领货　□纸质领货　承运人确定重量(kg)　装车方　体积(m³)

付费方式　□现金　□支票　□银行卡　□预付款　□汇总支付　箱型箱类　集装箱施封号　箱号

货物名称　件数　包装　货物价格（元）　重量(kg)

合计

选择服务　□上门装车　□上门卸车　□保价运输　□仓储　□其他服务　□装载加固材料　□冷藏（保温）

增值税发票类型　□普通票　□专用票　受票方名称：　纳税人识别号：　地址、电话：　开户行及账号：

托运人记事：

承运人记事：

费目　金额（元）　税额（元）　费目　金额（元）　税额（元）

费用合计：

大写：

收货人签章

签章

车站接（交）货人签章

货运员

卸货时间　月　日　时　到站收费票据号码　制单日期
通知时间　月　日　时　领货人身份证号码
车站日期戳

制单人

受理承运

发送作业

途中作业

集货配装

到达作业

分拨配送

售后服务

```
                           客户需求

货运营业网点    95306电话   95306网站   货运营业网点   上门受理   95306 APP
受理服务电话

                           确认需求

                                           不确定
                                          装车日期的
               确定
              装车日期的                     阶段需求

                                            确定
                                          装车日期

                         订车，生成
                         实货运单

    客户送货              取货安排              专用线
                        上门取货             装车作业

    验货交接              验货交接             交接签认
                        进站交接

    仓储服务    运单受理                      运单受理

             核算制票收费    整车装车作业

公路运输                                            核算制票收费
         应急运输  集装箱    一站整零   包裹装车作业
航空运输            装车作业  装车作业
水路运输

                    途中运输

             卸车作业                         交接签认

                        送货安排

    到货通知   仓储服务   出站交接

                        送货上门             专用线
                                          卸车作业
    客户自提              货物交接

             客户签收    货物损失处理

             投诉、回访、满意度调查
```

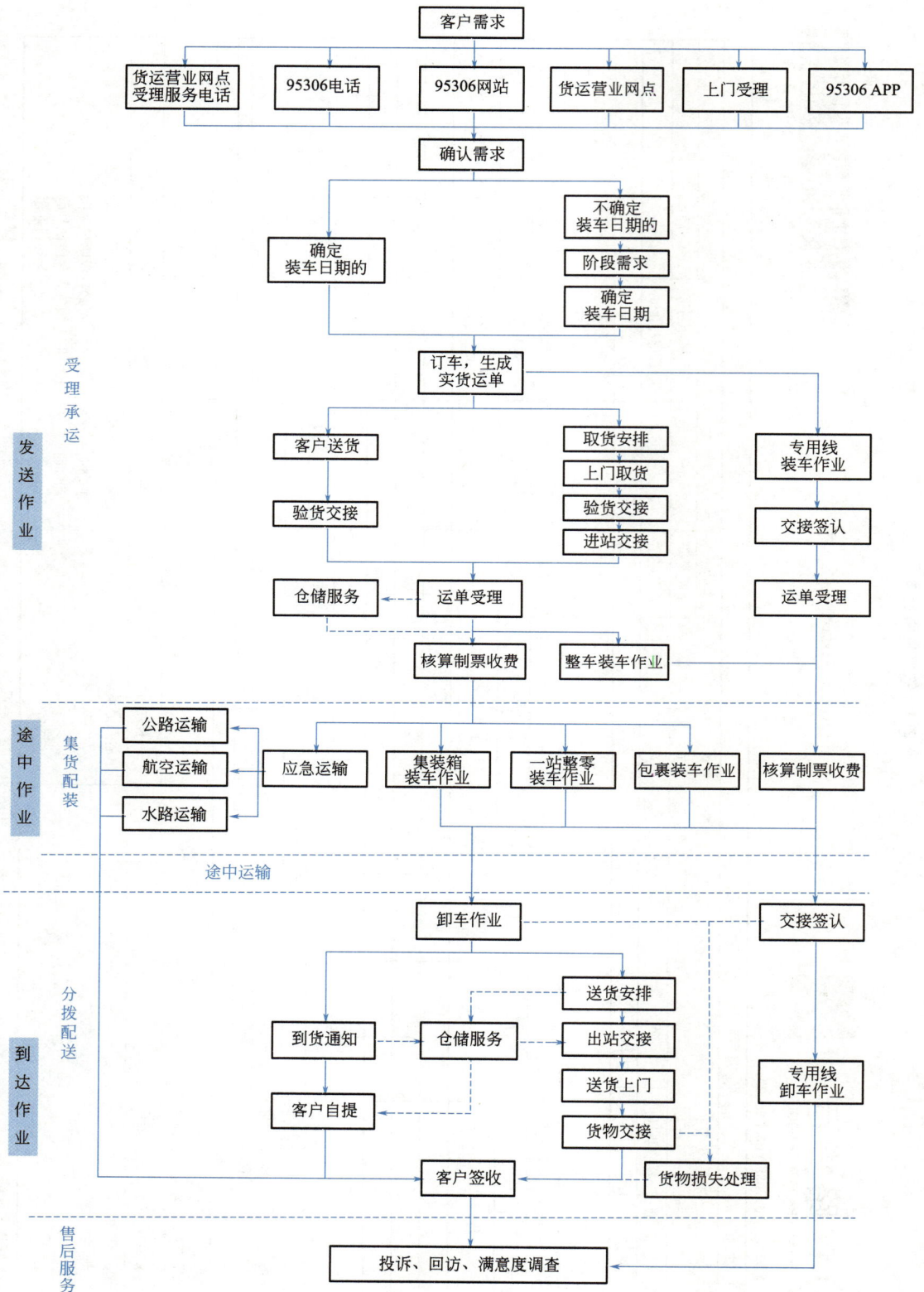

图 2.1　货运作业流程

（4）批量零散货物快运需求生成内部整车单据时，由电商系统自动标识"批量快运"字样，作为后续运输生产组织的依据。

（5）货运客服人员应及时向客户反馈需求受理结果，告知客户查询码及运输办理状态查询方式，告知运单及领货凭证生成方式，告知装车站联系电话及业务办理时间，指导客户下一步办理时间和内容，并提示有关装运事项。

2. 车站受理流程

车站受理服务电话办理方式为：客户拨打铁路局集团公司公布的货运营业站（包括货运中心、营业场所）受理服务电话，提出需求，客服人员接听电话，受理运输需求。车站营业厅办理方式为：客户到铁路货运营业场所直接提出运输需求，铁路客服人员面对面与客户进行沟通，受理运输需求。

车站客服人员全面了解客户需求后，指导客户在车站营业厅填写纸质运单，登录电商平台按客户意愿选择需求类型，填写运输日期、发货、收货、货物、物流服务需求等信息，受理结果将以短信形式发送至客户手机。车站客服人员进行货源核实，依据相关规定校验运单内容，检查特殊品类的发运资质等，符合运输条件的加盖受理及相关电子戳记（包括禁止溜放、限速连挂、押运人、超限等级等），告知客户如何到站办理装车。

3. 上门服务流程

上门服务办理方式为：客服人员根据客户要求上门受理运输需求。具体包括以下三个阶段：

（1）对上门服务需求，货运客服人员应提前联系客户，确定上门时间等事宜，由客户代表上门查验货物、检斤称重完成受理。对有包装的货物，必要时应由客户自行打开接受安全检查，拒绝检查的，可不予受理。

（2）货物进站后，客户代表应与车站货运人员进行货物、运费、票据交接。车站货运人员应对货物进行复检，如发现重量、体积不符等情况，应由客户代表致电客户说明情况，征得客户同意后修改或重新填单，在备注栏注明情况并加盖个人名章。

（3）交接完毕后，由车站货运客服人员通过电商系统补录需求信息。

4. 95306网站自助和95306APP办理流程

对铁路货运业务办理流程熟悉的客户还可通过95306网站或95306APP进行注册，登录后自助提报需求信息、办理业务。具体流程包括客户注册和需求提报两个阶段。

（1）客户注册

客户根据电商平台提示填写注册信息提交后，应前往发运网点营业厅提交相关书面材料，网点客服人员进行预审核，通过后加盖网点公章将书面材料传真至铁路局集团公司审核，通过后，客户ID以短信形式发送至客户填写的手机号码。

（2）需求提报

客户登录电商系统，自助提出货物运输及物流服务需求。其中，整车需求提报为客户提供"阶段运输需求"和"日运输需求"两种提报方式。

如客户不能确定运输日期，可选择"阶段运输需求"方式，提出阶段需求，待确定装车日期后，提出日运输需求，包括具体装车日期、装车数等。具体流程如下：

第一步，客户点击"阶段运输需求"，选择需求类型，包括普通运输、国际联运。填写运输日期、发货信息、收货信息、货物信息、物流服务需求信息、附加信息等。填写信息保存成功后返回预约号。对保存成功的阶段运输需求，可以进行提报、编辑、删除等操作。第二步，客户确定装车日期后，只需输入预约号、装车日期、装车数，即可完成日运输需求操作。第三步，客户根据受理结果到车站办理上货装车手续。

客户对于能够确定装车日期的货物，可直接提报日运输需求。客户填写相关信息（与阶段需求相同），提交成功后，受理结果将以短信形式发送至客户预留的手机号码。

客户在日运输需求查询页面可编辑运单信息，并可直接打印运单，到装车站办理装车。

（三）填写和校验货物运单

客户运输需求通过不同渠道受理时，托运人要填写电子或纸质运单，承运人在线上或线下校验运单内容及其它事项，符合运输条件的加盖受理及相关戳记（含电子戳记），受理结果以短信形式发送至客户手机。托运人可线上查询和打印运单。

1. 货物运单的种类与作用

运单（表2.1）是托运人与承运人之间，为运输货物而签订的一种运输合同。

运单一式七联，各联的名称及用途见表2.2。运单的背面有托运人须知，收货人须知和货物托运安全承诺书。运单白底黑色印刷适合于现付；白底红色印刷适用于到付或后付；黄色纸张印刷，适用于剧毒品专用。危险货物中剧毒品使用剧毒品专用货物运单，上端居中的票据名称冠以"货物运单（剧毒品运输专用）"字样，运单中央以底网形式印刷骷髅图案；特货公司作为承运人承运冷藏车（B型车）、双层小汽车运输专用车（JSQ型车）、长大货物车（D型车）装运的货物时，车站在运单"××铁路局"位置加盖"中铁特货运输公司"长条红色名章。

表 2.2　货物运单的组成及用途

序号	各联名称	领收人	用途	备注
第1联	运单正本 （发站存查联，背书）	发站	发站留存的已生效的运输合同	相同的 运单号
第2联	运单副本 （收款人报告联）	发站	发站收款的已生效的运输合同 （财务凭证）	
第3联	运单正本 （托运人存查联，背书）	托运人	托运人留存的已生效的运输合同	
第4联	运单副本 （到站存查联）	到站	到站留存的已生效的运输合同	
第5联	运单副本 （收货人存查联）	收货人	收货人留存的已生效的运输合同	
第6联	运单副本 （领货凭证联，背书）	收货人	收货人在到站办理领货的凭证	
第7联	运单需求联	发站	记录客户提报需求，发站留存	无运单号

2. 货物运单填写办法

（1）托运人填写部分

①"发站"栏和"到站"栏，应分别按《铁路货物运价里程表》和铁路95306公布的站名完整填记，不得填写简称。

②"专用线"栏，在专用线或专用铁路装车或卸车时，填写该专用线或专用铁路全称。

③"托运人名称"和"收货人名称"栏应填写托运单位和收货单位的完整名称，如托运人或收货人为个人时，则应填记托运人或收货人姓名和身份证号码。

④"取货地址"、"送货地址"和"联系电话"栏，选择上门取货或上门送货服务时，应

详细填写托运人和收货人所在省、市、自治区、直辖市城镇街道和门牌号码或乡、村名称和取货、送货联系人电话号码。

⑤"经办人"和"手机号码"栏填写经办人姓名和手机号码。

⑥"付费方式"栏，客户根据付款方法选择支付方式。

⑦"领货方式"栏，客户选择电子运单时，可设置领货经办人、领货密码等信息；选择纸质运单时，核对领货凭证信息。

⑧"货物名称栏"，应按《铁路货物运价规则》附件三"铁路货物运输品名检查表"，危险货物则按《铁路危险货物品名表》所列的货物名称完整、正确填写。托运危险货物并应在品名之后用括号注明危险货物编号。"铁路货物运输品名检查表"或《铁路危险货物品名表》中属其他类货物或未列载的货物，可在铁路95306申请新增该货物的具体名称，按审核通过后的货物名称填写。办理货物混装运输发送业务时，须另填物品清单。

⑨"件数"栏，应按货物名称及包装种类，分别记明件数，"合计件数"栏填写该批货物的总件数。承运人只按重量承运的货物，则在本栏填记"堆"、"散"、"罐"字样。

⑩"包装"栏记明包装种类，如"木箱"、"纸箱"、"麻袋"、"条筐"、"铁桶"、"绳捆"等。按件承运的货物无包装时，填记"无"字。使用集装箱运输的货物或只按重量承运的货物，本栏可以省略不填。

⑪"货物价格"栏应填写该项货物的实际价格，全批货物的实际价格为确定货物保价运输保价金额或货物保险运输保险金额的依据。

⑫"重量"栏，应按货物名称及包装种类分别将货物实际重量（含货物包装、集装化用具、装载加固材料及装置等重量）用千克记明，"合计重量"栏，填记该批货物的总重量。

⑬"箱型箱类"栏，箱型填集装箱对应箱型，如"20""25""40""45""50"。箱类填集装箱对应箱类，如"通用标准箱""35吨敞顶箱"等。

⑭"箱号"栏，填写包括箱主代码在内的11位集装箱箱号。

⑮"集装箱施封号"栏，填写集装箱的施封锁号码。

⑯"选择服务"栏，选择上门装车和上门卸车的，需详细填记货物单件规格、重量等特约事项；承运人提供保价运输、铁路保险、其他商业保险、装载加固材料及装置、仓储、冷藏（保温）服务，托运人根据需要选择相应服务以及托运人、承运人双方认可的其他服务事项。

⑰"增值税发票类型"栏，需要开具增值税发票的，选择填记"普通票""专用票"，并填记受票方名称、纳税人识别号、地址、电话、开户行及账号等信息。

⑱"托运人记事"栏，填写需要由托运人声明的事项。例如：货物状态有缺陷，但不致影响货物安全运输，应将其缺陷具体注明。需要凭证明文件运输的货物，应将证明文件名称、号码及填发日期注明。托运人派人押运的货物，注明押运人姓名和证件名称及号码。托运易腐、"短寿命"放射性等对运输期限有要求的货物时，应记明容许运输期限；选择冷藏（保温）运输时，应记明具体运输条件、要求；使用自备货车或租用铁路货车在营业线上运输货物时，应记明"××单位自备车"或××单位租用车"；使用自备篷布时，应记明自备篷布号码；国外进口危险货物，按原包装托运时，应注明"进口原包装"。托运人要求办理铁路货物运输保险时，应注明"铁保"或"商险"。经承运人同意按普通货物条件运输的危险货物，托运人应在货物运单"托运人记事"栏内注明"×××（铁危编号），可按普通货物运输"。铁路货车需到站进入工程线、临管线、在建线、客运专线、不办理直通运输的合资或地方铁路时，应在"转×××工程线、转×××临管线、转×××在建线、转×××客运专线、转×××合资或地方铁路"中选择一种记明。其他按规定需要由托运人在运单内

记明的事项。

⑲ "签章" 栏，纸质运单托运人于货物运单打印完毕，并确认无误后，在此栏盖章或签字；电子运单在提报需求时需电子签章。

⑳ 货物在承运后，变更到站或收货人时，根据托运人提出的 "货物变更要求书" 更正到站（公司）、收货人信息。

（2）承运人填写部分

① "货区"、"货位" 栏，填写货物堆存的货区、货位。

② "取货里程" 栏，根据托运人填写的取货地址确定取货里程。

③ "运到期限" 栏，填写按规定计算的货物运到期限日数。

④ "车种车号" 和 "标重" 栏，填写货物装载的铁路货车车种、车型、车号和铁路货车对应的标记载重，按整车办理的货物必须填写。运输过程中，货物发生换装时，按换装后的车种、车号更正车辆信息。

⑤ "篷布号" 栏，填写所苫盖的铁路货车篷布号码。使用托运人自备篷布时，此栏不填。

⑥ "施封号" 栏，填写货车的施封锁号码。

⑦ "送货里程" 栏，根据托运人填写的送货地址确定送货里程。

⑧ "装车方" 栏，根据装车组织人，填写 "托运人" 或 "承运人"。

⑨ "施封方" 栏，根据施封负责人，填写 "托运人" 或 "承运人"。

⑩ "承运人确定重量" 栏，承运人确定货物重量时，按货物名称及包装种类分别填记。"合计重量" 栏填记该批货物总重量。

⑪ "体积" 栏，按货物名称及包装种类分别填记。"合计体积" 栏填记该批货物总体积。

⑫ "计费重量" 栏，整车货物填记货车标记载重量或规定的计费重量；集装箱货物填记按规定处理尾数后的重量或起码重量（按箱计费的该栏可不填）。

⑬ "运价号" 栏，填记货物名称对应的运价号。

⑭ "费目""金额""税额" 栏，按规定的计费科目及费用填写。

⑮ "费用合计" 栏，填写所有费用合计的小写金额。

⑯ "费用大写" 栏，填写所有费用合计的大写金额。

⑰ "承运人记事" 栏，填记需要由承运人记明的事项，例如：货车代用记明批准的代用命令。途中装卸的货物，记明计算运费的起讫站名。需要限速运行的货物和自有动力行驶的机车，记明承运人承认命令。铁路货车需由到站进入工程线、临管线、在建线、客运专线、不办理直通运输的合资或地方铁路时，应根据托运人记事在 "转工程线、转临管线、转在建线、转客运专线、转合资或地方铁路" 记事内容中选择一种记事。对危险货物或鲜活货物，应按货物性质，在记事栏中选择 "爆炸品""氧化性物质""毒性物质""腐蚀性物质""易腐货物" 等记事。承运人同意按普通货物条件运输的危险货物，在记事栏内记明批准的电报号码。机械冷藏等有工作车的成组货车装车时，记载工作车车号。"卸货时间" 由到站按卸车完毕的时间填写。"通知时间" 按发出领货（送货）通知的时间填写。填写 "到站收费票据号码" 和 "领货人身份证号码"。需要由承运人记明的其他事项。

⑱ 车站接（交）货人签章：发站上门取货时，发站取货人员签字或盖章；到站上门送货时，到站送货人员签字或盖章。

⑲ "车站日期戳"，电子运单加盖承运人电子章；纸质运单分别由发站和到站加盖承运或交付当日的车站日期戳。

⑳ 运单承运人填写内容错误时，需作废运单后重新填制。

㉑ 纸质运单的领货凭证联，由发站加盖承运日期戳后，连同托运人存查联一并交给托运人。

㉒ "收货人签章"栏，收货人领货时签字或盖章。

3. 货物运单填写的注意事项

托、承双方在填写时均应对运单所填记事项的真实性和准确性应负完全责任，匿报、错报货物品名时应按规定支付违约金。并按照《货规》的要求，填写运单要做到正确、完备、真实、详细、清楚、更改盖章。运单用钢笔、毛笔、圆珠笔、加盖戳记的方法填写或打印。使用简化字要符合国家规定，不得使用自造字。运单内填写各栏有更改时，在更改处，属于托运人填记事项，应由托运人盖章证明；属于承运人记载事项，应由车站加盖站名戳记。承运人对托运人填记事项除变更到站和变更收货人外不得更改。

4. 校验货物运单

铁路受理托运人提出的运单时，应认真校验运单内填记的事项是否符合铁路运输条件，校验的主要内容如下：

（1）运单各栏填写是否齐全、正确、清楚。

（2）到站的营业办理限制（包括临时停限装）和起重能力。

（3）货物名称是否准确、是否可以承运。这关系到铁路运输货物的安全和运费的计算。

（4）需要的证明文件是否齐全有效。根据中央或省、自治区、直辖市法令需要证明文件运输的货物，托运人应将证明文件与运单同时提出并在运单托运人记事栏注明文件名称和号码；需办理审批、检验等手续的，应将办理完有关手续的文件与货物运单同时提出。

（5）有无违反一批托运的限制。

（6）托运易腐货物和"短寿命"放射性货物时，其容许运输期限是否符合要求。

托运易腐货物和"短寿命"放射性货物时，应记明货物的容许运输期限。容许运输期限至少须大于货物运到期限 3 日。

（7）需要声明事项是否在"托运人记事"栏内注明，例如派有押运人的货物，托运人应在"托运人记载事项"栏内注明押运人姓名、证明文件名称和号码。

5. 受理货物

运单经校验符合要求后，进行货物受理。在站内装车者，在运单上签注交接日期、货区、货位及需求号码；在专用线装车者，在运单上签注装车日期，将运单交指定的包线货运员，按时到装车地点检查货物。

二、交接与仓储货物

（一）货物交接

1. 上门取货

针对门到门、门到站的货物，车站根据客户的要求上门取货。

2. 进货

针对站到门、站到站的货物，托运人凭进货通知、纸质运单需求联或需求号，在指定的日期将货物搬入货场指定的位置，即为进货。

二维码 2.2

3. 验收

货运员对进入货场的货物或上门取货时，要进行安检查危，根据货物特点采取合理的安检方式，检查普通货物中是否夹带危险货物，危险货物中是否夹带禁止配装货物。要进行相关内容的检查和核对，确认符合铁路运输条件后搬入货场指定的货位。检查的内容，主要有

以下各项：

（1）货物的品名要与运单记载一致　运单上记载的品名必须与《铁路货物运输品名检查表》中列载的名称一致。

（2）货物的件数要与运单记载一致　件数必须与运单内记载的件数相符，但下列货物按整车运输时，只按重量承运，不计件数。

① 散堆装货物。

② 成件货物规格相同（规格在三种以内的视作规格相同），一批数量超过 2000 件；规格不同，一批数量超过 1600 件。成件货物超过上述件数规定，托运人仍要求按件数托运时，货物平均单件重量在 10kg 以上且能按件点交给承运人的，承运人都按重量和件数承运。

发站由托运人组织装车，到站由收货人组织卸车的成件货物，按托运人在货物订单上填记的件数承运。

（3）货物的重量要与运单记载一致　托运人应如实申报货物重量（含货物包装、集装化用具、装载加固材料及装置等重量）。承运人组织装车的，由发站确定货物装车重量；托运人组织装车的，由托运人确定货物装车重量，承运人有权利复核，以承运人复核重量为准。

（4）货物的包装

① 托运人托运货物，应根据货物的性质、重量、运输种类、运输距离、气候以及货车装载等条件，使用符合运输要求、便于装卸和保证货物安全的运输包装。有国家包装标准或部包装标准（行业包装标准）的，按国家标准或部标准（行业标准）进行包装。

② 对没有统一规定包装标准的，应当妥善包装。对于需要试运的货物运输包装，除另定者外，车站可与托运人商定条件（并在车站管理人员的监督下）组织试运。

③ 货物的运输包装不符合要求时，应由托运人改善后承运。

④ 托运人应根据货物性质，按照国家标准，在货物包装上做好包装储运图示标志（图 2.2）。

⑤ 货件上与本批货物无关的运输标记和包装储运图示标志，托运人必须撤除或抹消。

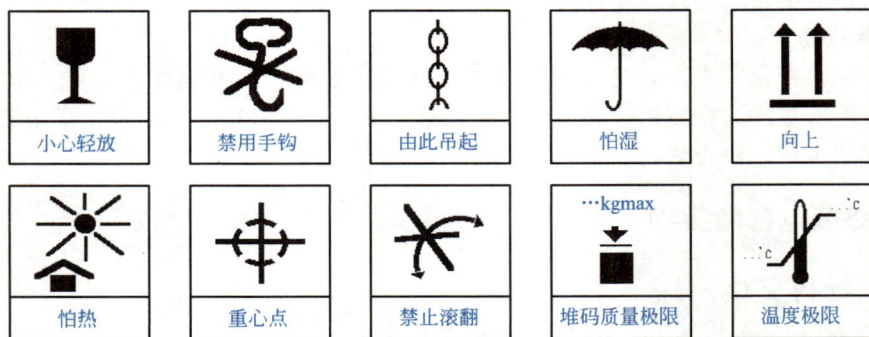

图 2.2　包装储运图示标志

（二）货物仓储

凡在车站公共装卸场所内装车的货物，交接完毕后，一般不能立即装车，需在货场内存放，这就产生了装车前的仓储保管。整车货物可根据协议进行仓储。从接收完毕时起，铁路即负承运前保管责任。

凡存放在装卸场所内的货物，应距离货物线钢轨外侧 1.5m 以上，距离站台边缘 1m 以上，并应堆放整齐、稳固。

车站接收货物后，在铁路货运站安全监控与管理系统（简称货运站系统）分配货区货位，确认货物进齐。

三、装车

（一）装车作业的责任范围

货物装车和卸车的组织工作，在车站公共装卸场所以内由承运人负责，在其他场所，均由托运人或收货人负责，但罐车运输的货物、冻结易腐货物、未装容器的活动物、蜜蜂、鱼苗、一件重量超过 1t 的放射性同位素，以及用人力装卸带有动力的机械和车辆，均由托运人或收货人负责组织装车或卸车。

其他货物由于性质特殊，如放射性物质（物品）、尖端保密物资、特别贵重的工艺品、展览品等，经托运人或收货人要求，并经承运人同意，也可由托运人或收货人组织装车或卸车。

（二）合理使用车辆

合理使用车辆的原则是车种要配合货种，车吨要配合货吨。铁路拨配车辆必须做到以下几点：

（1）承运人应按照运输合同约定的车种拨配适当的车辆。承运人如无适当车辆拨配时，在征得托运人同意、保证货物安全、货车完整和装卸作业方便的条件下可以代用，但货车代用必须符合货车使用限制（表 2.3）的规定。用长大货物车、冷藏车代替其他车辆及改变罐车使用范围时，应经国铁集团承认；其他车辆代替棚车时，应经铁路局承认。

二维码 2.3

表 2.3　货车使用限制

序号	货物名称	车种								备　注
		棚车	敞车	底开门车	有端侧板平车	无端侧板平车	有端板无侧板平车	铁地板平车	共用车	
1	散装的煤、灰、焦炭、砂、石、土、矿石、砖	×				×	×	×	×	无端侧板平车或有端板（渡板）无侧板平车（共用车除外），在使用围挡并安有支柱时，可装运煤、灰、砂、石、土、砖
2	金属块			×		×	×	×	×	无端侧板平车或有端板（渡板）无侧板平车（共用车除外），在使用围挡并安有支柱时，可装运散装的金属块
3	空铁桶			×	×	×	×	×		应加固并外罩绳网
4	木材				×	×	×	×	×	原木不得使用棚车装运
5	超长货物	×	×	×				×		
6	超限货物	×		×				×		
7	钢轨			×				×		
8	组成的机动车辆	×	×	×				×		组成的摩托车、手扶拖拉机及小型车辆可使用棚车，在到站有起重能力时，可使用敞车

注：×——不准使用的车种。

（2）对保密物资、涉外物资、精密仪器、展览品能用棚车装运的，必须使用棚车装运，不得用其他货车代用。

（3）装车前，装车单位应对车厢的完整和清洁状态进行检查。对状态不良的车辆应采取措施，如采取措施后仍不能保证安全时，则不能使用。

（三）接车对位

① 货运员联系货运调度员、货装值班员，掌握本线送车计划、装车计划。

② 接到车站送车通知后，及时打开门栏，提前到线路旁准备接车对位。现场有作业的，通知装卸工组，撤出人员和防护信号。

③ 核对货运站系统车辆信息和现车信息是否一致。

（四）装车作业

装车作业是铁路货物运输工作的一个重要环节。装车质量直接影响到货物安全、货物运送速度、车辆周转时间以及列车运行安全。因此，铁路组织装车的货物，承运人应做好装车前、中、后的"三检"工作，装车时严格按照《铁路装卸作业安全技术管理规则》和《铁路货物装载加固规则》等有关规定办理。

1. 装车前

装车前"三检"是检查运单、检查待装货物、检查配空车辆。

（1）检查运单

检查运单的记载内容是否符合运输要求，有无漏填和误填。

（2）检查待装货物

组织装卸工组共同清点、检查待装货物，认真核对待装货物品名、件数，检查标志、标签和货物状态。

（3）检查配空车辆

主要是检查货车是否符合使用条件，认真检查货车的车体（包括透光检查）、车门、车窗、盖阀是否完整良好，有无扣修通知、色票、货车洗刷回送标签或通行限制，车内是否干净、是否被毒物污染等，确定是否适合所装货物。

装车前三检，发现货车损坏不能使用的，装车站在铁路货运站安全监控与管理系统、集装箱运输信息系统录入"不良货车通知单"；发现系统显示车号与实际现车不一致的，通知行车部门处理；发现空车带有电子票据的，由车站按票车不符流程处理。发现实际货物名称与运单需求联或物品清单记载不一致的，不得装车。

2. 装车时

首先通知装卸工组按规定安设防护信号，然后严格按照《铁路货物装卸安全技术规则》有关规定办理，认真监装，对货物装载数量和质量进行检查，做到不错装、不漏装、巧装满载，防止偏载、偏重、超载、集重、亏吨、倒塌、坠落和超限。

（1）对货物装载重量的要求 货车装载的货物重量（包括货物包装、防护物、装载加固材料及装置）不得超过其容许载重量，货车所装货物重量大于货车的容许载重量叫超载。

货车容许载重量由三部分构成。

① 货车的标记载重量（$P_标$）。

② 特殊情况下可以多装的重量（$P_特$），即由于货物包装、防护物重量影响货物净重，或机械装载不易计算件数的货物，装车后减吨确有困难时，可以多装，但不得超过货车标记载重量的 2%。

③ 货车增载量（$P_增$）。为了提能增效，规定在车辆标记载重量基础上可多装的货物重

量。根据现行规定，货车增载量包括下列情况：

a. 允许增载货车车型、适于增载货物品类及允许增载重量按铁路货车增载规定（表 2.4）办理。涂打禁增标记的货车不准增载。国铁集团未批准增载的各型货车不得增载（表 2.5）。

b. 使用 60t 平车装运军运特殊货物，允许增载 10%。

c. 国际联运的中、朝、越铁路货车（C_{70} 型系列、C_{76} 型系列、C_{80} 型系列货车除外），以标记载重量加 5% 为货车容许载重量。

表 2.4　增载货车车型、适装货物品类及允许增载重量

序号	增载货车车型	适于增载货物品类	最大允许增载
1	C_{62BK}、C_{62BT}、C_{64A}、C_{64H}、C_{64K}、C_{64T} 型敞车	《铁路货物运价规则》附件一中 01 类煤，03 类焦炭，04 类金属矿石中 0410 铁矿石、0490 其他金属矿石，05 类 0510 生铁，06 类非金属矿石中 0610 硫铁矿、0620 石灰石、0630 铝矾土、0640 石膏，07 类磷矿石，08 类矿物性建筑材料中 0811 中泥土、0812 砂、0813 石料、0898 灰渣等中的散堆装货物	3t
2	C_{62BK}、C_{62BT}、C_{64A}、C_{64H}、C_{64K}、C_{64T} 型敞车	除序号 1 所述品类外的其他适合敞车装运的货物	2t
3	C_{62AK}、C_{62AT} 型敞车	适合敞车装运的货物	2t
4	企业自备车中标记载重 60t 级敞车	《铁路货物运价规则》附件一中 01 类煤	2t
5	P_{62NK}、P_{62NT}、P_{63}（含 P_{63K}）、P_{64}（含 P_{64A}、P_{64AK}、P_{64AT}、P_{64GH}、P_{64GK}、P_{64GT}、P_{64K}、P_{64T}）、P_{65}（含 P_{65S}）型棚车	适合棚车装运的货物	1t（快速货物班列中 P_{65} 的装载重量按有关规定执行）

表 2.5　不允许增载的车种车型

序号	车种车型
1	企业自备车中标记载重 60t 级敞车外的其他车种车型
2	P_{62K}、P_{62T}、P_{70} 等型棚车
3	N_{17K}、N_{17AK}、N_{17AT}、N_{17GK}、N_{17GT}、N_{17T} 等型平车
4	罐车（G）、矿石车（K）、家畜车（J）、水泥车（U）、粮食车（L）、保温车（B）、集装箱车（X）、共用车（NX）、毒品车（W）、长大货物车（D）以及长钢轨运输车（T）
5	涂打有禁增标记的货车
6	C_{70}（含 C_{70H}、C_{70A}、C_{70C}、C_{70E}、C_{70EH}、C_{70EF}、C_{70B}、C_{70BH}）、C_{76}（含 C_{76H}、C_{76A}、C_{76B}、C_{76C}）、C_{80}（含 C_{80H}、C_{80A}、C_{80AH}、C_{80B}、C_{80BH}、C_{80BF}、C_{80C}、C_{80CA}）型货车

（2）对货物装载高度和宽度的要求　货物的装载高度、宽度和计算宽度，除超限货物外，不得超过机车车辆限界基本轮廓和特定区段装载限制。

（3）其他要求

① 货物重量应均匀分布于车辆上，不超重、不偏载、不偏重、不集重，在运输中不发生移动、滚动、倒塌或坠落等情况。

② 装载应堆码稳妥、紧密、捆绑牢固，大不压小，重不压轻。

③ 使用敞车装载怕湿货物时，货物顶部应起脊，苫盖好篷布，并将绳索捆绑牢固。

④ 使用棚车装载货物时，装在车门口的货物，应与车门保持适当距离，以防挤住车门或湿损货物。

⑤ 使用罐车装运货物时，应装到空气包底部或装到根据货物膨胀系数计算确定的高度，不能超装，也不能欠装。

⑥ 用敞、平车装载、需要加固的货物，有定型方案的，严格按方案装车；无定型方案的，车站应制定装载加固方案，并按审批权限报批，按批准方案装车。

⑦ 装载散堆装货物，顶面应平整。对自轮运转的货物、无包装的机械货物，车站应要求托运人将货物的活动部位予以固定，以防止脱落或侵入限界。

⑧ 装车时严格控制货物的装车温度；正确使用装载加固材料（装置）；严禁以车钩、提钩杆、蘑菇头等作拴结点。

⑨ 运输易产生扬尘的煤炭及其他散装货物，未采苫盖篷布等遮盖措施的，应采取抑尘措施；运输外在水分超过 4% 的煤炭及其他散装易冻货物，装卸车站点和运输过程中最低环境温度低于 $-5℃$ 时，应采取防冻措施。

3. 货车施封

施封是为了划分铁路与托运人或铁路内部各部门对货物运输的完整性应负的责任。

铁路运输使用的施封锁分为机械施封锁和电子施封锁。

凡使用棚车、冷藏车、罐车运输的货物，应施封，但派有押运人，需要通风运输的货物以及组织装车单位认为不需要施封的货物，可以不施封。机械施封锁有棚车锁、罐车锁和集装箱锁，电子施封锁包括有源和无源两类。电子施封锁不适用于罐车的施封。原则上由组织装车（或装箱）单位在货车（或集装箱）上施封。

（1）货车施封的作业方法

① 使用 10 号镀铸铁线 2 股将两侧车门上部门鼻拧固并剪断燕尾。

② 在每个车门下部门扣处各施施封锁一枚。

③ 施封后需对施封锁的锁闭状态进行检查，确认落锁有效（防止无效施封），车门不能拉开。

④ 在运单、货车装载清单或货运票据封套上记明"F"及施封锁号码，如 F234234、F234235。

（2）发现施封锁有下列情况时按无效封处理：

① 锁杆可以从锁体中自由拔出。

② 锁杆断开后再接，重新使用。

③ 锁体上无站名、号码和站名或号码不清、被破坏。

④ 有源电子施封锁加锁后，红色指示灯不亮或常亮不灭，或者加锁人员未收到加锁成功的信息。

（3）拆封注意事项

① 拆封前应根据运单、货车装载清单或货运票据封套记载的施封号码与现车的施封号码核对，并检查施封是否有效。

② 当封印号码与票据记载不一致时，应检查交接记录或电报。

③ 拆封时不得损坏站名、号码。

④ 拆下的施封锁，对编有记录及货物损失的，自卸车之日起，需交安全室保留 180 天备查。

4. 货车篷布苫盖

货车篷布是铁路货车辅助用具，按产权分为铁路篷布和自备篷布，按型号有 X 形和 D 形，篷布结构如图 2.3 所示。目前铁路运输中主要使用 D 形篷布。车辆苫盖 X 形篷布，一车苫盖两张，苫盖 D 形篷布，一车苫盖一张。

篷布用于苫盖敞车装运的怕湿、易燃货物或其他需要苫盖篷布的货物。

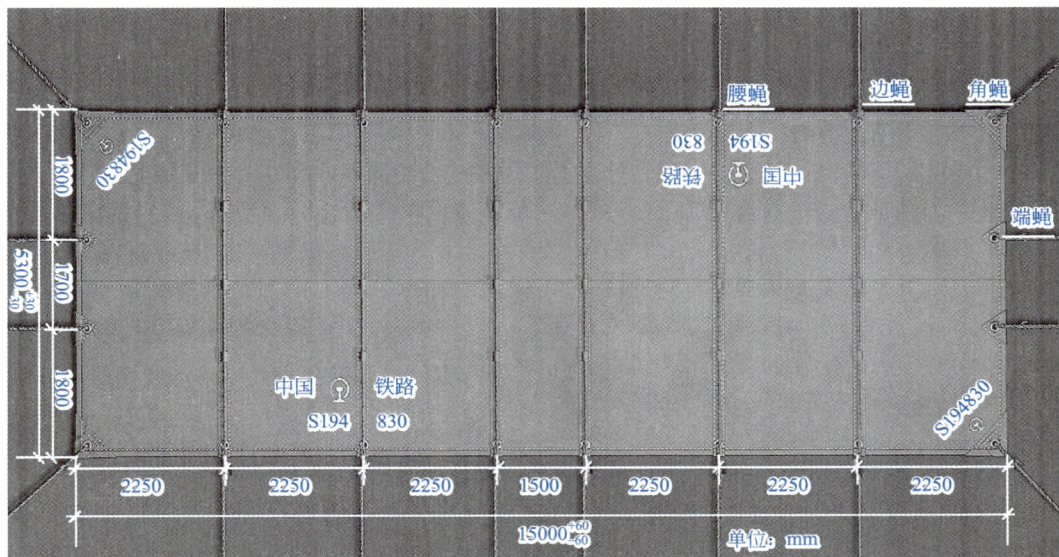

图 2.3 D 形篷布正面

（1）使用前的质量检查

① 专用铁路、铁路专用线使用铁路篷布时，由托运人凭货车篷布交接单到铁路货运篷布管理员处领取。领取篷布时，使用单位要认真检查篷布状态，发现不能使用应要求承运人更换。

② 发站使用篷布前，应逐张检查篷布质量，要求布体完整，无破损，眼圈完好，标记、号码完整清晰；绳索齐全、完整、无接头、插接牢固，与篷布连接正确。

（2）苫盖要求

① 货物装载高度超过端侧墙 1m 或有押运人乘坐的敞车不得苫盖篷布。

② 篷布、篷布绳网不得作为货物加固材料使用（防护性的车辆辅助用具除外）。

③ 需要加固的货物必须在苫盖篷布前捆绑加固完毕。

④ 货车绳拴上无残留的旧绳头、铁线等废弃物。

⑤ 货物装载高度低于车辆端侧墙时，可安置篷布支架，支架突出部位与篷布接触处应采取防磨措施。

⑥ 苫盖易于损坏篷布的货物时，在篷布与货物之间应采取防磨或防护措施。

⑦ 毒性物质、腐蚀性物质及污染性物品不得使用铁路篷布。

（3）苫盖方法

① 每车苫盖一张 D 形篷布。

② 正面（腰绳向外）纵向苫盖。货车两侧篷布下垂高度应一致。货车人力制动机一端篷布下垂遮盖端墙的高度为 300～500mm，另一端下垂遮盖端墙的高度为 600mm 左右。

③ 将篷布角绳拉紧，使篷布角向内侧展开成三角形，布角两面压平后折向货车端墙，在车辆两端严密包角，使压绳压住包角。

（4）捆绑方法

① 篷布绳应拴结在货车绳拴上，不得捆绑在其他部位。

② 货车两端篷布角绳沿货车端墙交叉后分别拴结在车辆端部的两绳拴上。角绳经货车人力制动机闸台时，应从其上方通过；经闸杆、提钩杆时，应从其内侧穿过。

③ 货车两端篷布中间的两根端绳分别垂直向下拉紧拴结在车辆端部的两绳拴上，经提

钩杆时，也应从其内侧穿过。

④ 篷布每端的压绳应压住篷布包角拉紧，使篷布紧贴在车辆端墙上，分别捆绑在车辆侧部的第一个绳拴上，不得拴结在牵引钩上。

⑤ 腰绳应直拉拴结在车侧绳拴上。弹力绳弹力部分的拉伸长度不小于 200mm，根据装载货物的情况具体确定。车辆中间有绳拴的，中间的腰绳捆绑在车辆中间的绳拴上；车辆中间无绳拴的，篷布中间的腰绳分别捆绑在靠近车辆中间的绳拴上。其他腰绳，从车辆两端开始，朝向车辆中部，顺序捆绑在相应绳拴上。弹力绳不紧靠眼圈时，应将弹力绳从中间收起，并将中间多余绳索折叠打两个死结后余尾用绳卡或麻线绑 5 圈与自身绳杆捆紧。

⑥ 篷布绳拴接采用蝴蝶套结法或回头花结法，拴接后的绳头，应绕在自身绳杆上，至少打两个死结。绳头余尾长度不得超过 300mm，不短于 100mm。

⑦ 除篷布自带绳索和篷布绳网外，不得使用其他绳索捆绑篷布。

（5）篷布苫盖后的检查

① 篷布苫盖平坦，货物不外露，两端包角密贴，两侧线条流畅。各部位不超限。

② 绳索拴结、捆绑位置正确，绳结牢固，无松弛脱落，捆绑在丁字铁上的绳索呈蝶翅形结，绳头余尾长度 100～300mm。

③ 货车人力制动机一端篷布下垂遮盖端板部分长度 300～500mm。货车人力制动机闸盘外露，不影响人力制动机及提钩杆使用。另一端的下垂高度 600mm 左右，篷布过长时可超过此限值，但不得影响压绳使用。

④ 车辆两侧篷布下垂高度一致。

⑤ 篷布（包括篷布绳网）苫盖捆绑完毕后，装车单位对车辆两侧（包括篷布号码）、两端及中部篷布苫盖状态各拍照一张，留存 3 个月。

（6）苫盖货车篷布绳网的规定

① 苫盖篷布绳网时，网要盖正，网眼完全张开，与篷布密贴。先从车辆两侧拴结，使篷布绳网完全盖住篷布，最后拴结车辆两端的拴结点。篷布绳网与货车的捆绑按照篷布与货车的捆绑要求办理。

② 篷布绳、篷布绳网系绳余尾均须使用绳卡在离绳尾部 50mm 处进行加固。

5. 填写运输票据

（1）货车施封后，货运员应将车种、车号、使用篷布，施封号记入运单内。

（2）对整车国际联运出口货物和过境货物，发站（进口国境站）应填制货车装载清单一份，随同货车送至到站（或出口国境站）。

（3）为了便于交接和保持运输票据的完整，下列货物的运输票据使用货运票据封套（表 2.6）（简称封套）封固后随车递送：

表 2.6　货运票据封套

货　运　票　据　封　套

车种车号＿＿＿＿＿＿＿＿＿＿＿　标记载重量＿＿＿＿＿＿＿＿＿＿

货物到站＿＿＿＿＿＿＿＿＿＿＿　到局＿＿＿＿＿＿＿　篷布号码＿＿＿＿＿＿

运单号码＿＿＿＿＿＿＿＿＿＿＿＿＿＿＿＿＿＿＿＿＿＿＿＿＿＿＿＿＿＿＿＿

货物品名＿＿＿＿＿＿＿＿＿　货物实际重量(t)＿＿＿＿＿＿＿＿＿＿＿＿＿

收货人及卸车地点＿＿＿＿＿＿＿＿＿＿＿＿＿＿＿＿＿＿＿＿＿＿＿＿＿＿＿

施封号码＿＿＿＿＿＿＿＿＿＿＿＿＿＿＿＿＿＿＿＿＿＿＿＿＿＿＿＿＿＿＿

记　　事＿＿＿＿＿＿＿＿＿＿＿＿＿＿＿＿＿＿＿＿＿＿＿＿＿＿＿＿＿＿＿

发站戳记

经办人章

①国际联运货物和以车辆寄送单回送的外国铁路货车。

②一辆货车内装有两批以上的货物。

③以货运记录补送的货物。

④附有证明文件或代递单据较多的货物。

封套封面上各栏应根据实际情况填记并加盖车站日期戳记和带站名的经办人名章。一车有两个以上到站的封套，"货物到站"栏应按到达顺序填写站名，并冠以（1）、（2）、（3）等顺序号码。途中各到站卸后抹去本站站名和与前方卸车站无关的事项，填写需要增加的内容，并在更改处加盖带有站名的经办人名章。

国际联运出口（或过境）货车的封套"货物到站"栏填记出口国境站名，在站名下标一"⑧"字。

封套内运输票据的正确完整由封固单位负责。除卸车站或出口国境站外，不得拆开封套。当运输途中发生特殊情况必须拆开封套时，由拆封套的单位编制普通记录证明（附入封套内），并再行封固，在封口处加盖带有单位名称的经办人名章。

6. 插挂表示牌

表示牌（图2.4）对调车人员起提示作用。根据车内所装货物性质，需要"禁止溜放"或"限速连挂"时，在货车两侧插挂相应的表示牌加以提示，以防违反规定，发生事故。

到站卸车完毕后应撤除表示牌。"禁止溜放"表示牌印红底白字，"限速连挂"表示牌印白底红字。

7. 装车后检查

为了保证正确运送货物和行车安全，外勤货运员还需进行装车后检查工作，具体检查内容如下：

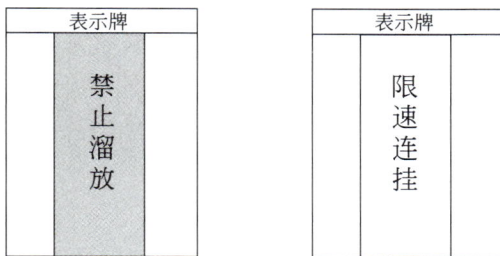

图2.4　货车表示牌

（1）检查车辆　主要检查车门、车窗、盖、阀关闭、拧固和装载加固情况。检查货车上，特别是车体外部、车钩、手闸台等部位的残货、杂物及悬挂是否清理干净。注意检查车辆有无超重、偏重、超限现象，装载是否稳妥，捆绑是否牢固，施封是否符合要求，表示牌插放是否正确。对装载货物的敞车，要检查车门插销、底开门搭扣和篷布苫盖、捆绑情况。装载超限、超长、集重货物，应按装载加固定型方案或批准的装载加固方案检查装载加固情况。对超限货物还应按装载方案测量装车后尺寸。

（2）检查运单　检查运单有无误填和漏填，车种、车号和运单记载是否相符。

（3）检查货位　清查货位，检查货位有无误装或漏装的情况。

（4）检查线路　检查线路是否具备取车条件，通知装卸工组撤除防护信号。

四、承运货物

1. 计费制票

车站在货票系统中核对"已装车"的整车运单，按照《货物运输标准记事及说明》规定录入承运人记事，计算运输费用，打印运单发站存查联、托运人存查联、收款人报告联、领货凭证联（客户需纸质领货凭证时），作为运输合同正本和副本。发站存查联、托运人存查联、纸质领货凭证背面应有托运人、收货人须知及货物托运安全承诺书。实行运输跟踪管理的剧毒货物使用黄色纸张打印运单。

二维码2.4

2. 承运

使用集装箱运输的货物,由发站核发完毕,整车货物装车完毕并核收运费后,承运人和托运人在电子(或纸质)运单上均签章时起,即为承运。发站在运单的"车站日期戳"处加盖带有局名、日期、站名的承运日期戳。

承运表示货物运输合同成立、承诺生效,从承运时起承托双方就要分别履行运输合同的义务和责任,因此,承运意味着铁路负责运输的开始,是承运人与托运人双方划分责任的时间界线,同时,承运标志着货物正式进入运输过程。

五、货物押运

铁路企业为保证将货物完整地交给收货人,实行负责运输,因此对所承运的货物负有照看与防护责任,这是铁路企业履行货物运输合同的一项主要义务。但是,由于有些货物的性质特殊,在运输过程中需要加以特殊防护和照料,否则,不能保证货物运输安全,因而需派押运人押运。需派人押运的情况有下列几种:

(1)活动物。

(2)需要浇水运输的鲜活植物。

(3)生火加温运输的货物。

(4)挂运的机车和轨道起重机以及特殊规定应派押运人的货物。

押运人数,除特定者外,每批不应超过2人。托运人要求增派押运人或对上述以外的货物,要求派人押运时,须经承运人承认。

派有押运人的货物,应由托运人在运单内注明押运人姓名和证明文件名称及号码。经发站审核后发给押运人须知,并在运单注明,由托运人和押运人共同签收。对押运人核收押运人乘车费。

押运人应经过所属单位专业培训,合格后持证上岗。

押运员应了解所押运货物的特性,应按规定穿着印有红色"押运"字样的黄色马甲。押运人应乘坐所押运的货车。如该货车不适于乘坐时,可乘坐车长、站长指定的车辆。严禁押运人员在货物顶部(特别是在电气化区段)行走、坐卧,以保证人身安全和货物安全。

工作任务二 货物途中作业

货物在运输途中发生的各项货运作业,均称为货物的途中作业。货物的途中作业包括货运检查、特殊作业和异常情况处理。

任务实例

某托运人从乌北站托运10车玉米到兰州北站,列车运行到吐鲁番至鄯善站间,托运人要求变更到郑州北站。

任务实施

一、货运检查

教学任务书——货车检查交接

按照下面的步骤,根据《铁路货运检查管理规则》附件2(货检作业基本程序及标准),模拟货运检查员完成相关的作业。

为保证行车安全和货物安全，对运输中的货物（车）和运输票据进行交接检查是货物运输途中必须进行的作业。

1. 货运检查站定义及分类

（1）货运检查站的定义　货运检查站（简称货检站）是列车运行途经有改编或人工方式列检作业，或无改编、无列检作业但停车时间在 35min 及以上的编组站或区段站。

二维码 2.5

（2）货运检查站的分类　货检站分为路网性和区域性货检站。路网性货检站是指纳入国铁集团日常考核的编组站，名单见表 2.7。区域性货检站是指除路网性货检站外，铁路局管内有货检作业的技术作业站。

表 2.7　纳入国铁集团日常考核的编组站名单

铁路局（公司）	站　名	个数
哈尔滨	哈尔滨南、三间房	2
沈阳	苏家屯、沈阳西、山海关、四平、通辽	5
北京	丰台西、石家庄南、南仓	3
太原	大同	1
呼和浩特	包头西	1
郑州	郑州北	1
武汉	武汉北、襄阳北、武昌南	3
西安	新丰镇、宝鸡东、安康东	3
济南	济西	1
上海	徐州北、阜阳北、芜湖东、南京东、南翔、乔司	6
南昌	鹰潭、向塘西	2
广州	株洲北、衡阳北、江村、怀化西	4
南宁	柳州南	1
成都	成都北、兴隆场、贵阳南	3
昆明	昆明东	1
兰州	迎水桥、兰州北	2
乌鲁木齐	乌西	1
合计		40

铁路货检实行区段负责制。区段负责制是指货检站按规定的检查范围、技术要求和作业标准，对货物列车（含军用列车）进行货检作业后，保证货物列车安全继运到下一个有货检作业的货检站，并承担相应的安全责任。发生问题后能有效证明货检站工作质量良好，可不按区段负责制列货检站责任。

对中间站保留及甩挂作业的货物列车，车站发现问题后要及时处理，中间站应保证货物列车安全继运到下一货检站。

2. 货检作业方式

货检作业方式分为机检作业、人工检查作业、人机结合检查作业三种。

① 机检作业是货检人员通过货车装载视频监视系统、货运计量安全检测监控系统、货检应用等进行的货检作业，负责范围是货车装载视频监视系统、货运计量安全检测监控系统

等监控检测的货物（车）可视部位、货车超偏载等情况。

② 人工检查作业是货检人员在作业线路上进行的列车停车检查，负责范围是除设备检测发现的超偏载问题，货车、货物、集装箱、篷布等顶部或敞车内装载高度不超出端侧墙货物的装载加固状态以外的货检工作内容。

③ 人机结合检查作业是机检为主，人工检查为辅的货检作业，人工检查侧重于对重点车进行检查确认。

3. 货检作业的基本程序及标准

（1）计划安排和作业准备

① 车站调度员（值班员）应及时将班计划、阶段计划、变更计划，以及到（发）车次、股道、时刻、编组辆数等有关信息通知货检值班员。

运用货检应用的车站，货检值班员通过货检应用接收行车预告阶段计划，确定检查列车（系统自动标注重点车，自动匹配超载、偏载、轨道衡、超限等信息）。

② 货检值班员根据计划，将工作内容、检查重点、安全事项及要求等向货检员传达、布置。

运用货检应用的车站，货检值班员通过实时监控列车到达视频（或及时通过录像回放查看列车到达视频）和查看设备报警信息，标注重点车和问题车，生成作业计划并发布。以机检代替人工检查的，在确认安全无误后，直接记录作业完成时间。

③ 货检员接收作业任务，应掌握到达（出发）列车车次、股道、时刻、编组内容、施封和重点车情况。

运用货检系统的车站，货检员通过手持机接收作业计划，手持机故障时通过岗位终端接收作业计划。发现列车编组和实际不符时，货检值班员通过系统，货检员通过手持机重新匹配编组信息。

④ 作业时，货检员应携带相关作业工具和备品。

（2）到达列车预检　在列车到达前5min，货运检查员应出场立岗。在列车到达、通过时，对列车进行目测预检。运用货检应用的车站，可以通过视频监控、超载和偏载检测设备对到达列车进行预检。

（3）现场检查

① 货检员从车列的一端同步逐车进行检查。

② 货检员对车列首尾的车辆，涂打检查标记。运用货检应用的车站，货检员通过手持机分别拍摄首、尾车照片，记录检查开始、完成时间。

③ 货检员对检查重点内容进行记录。运用货检应用的车站，通过手持机对问题车、押运人证件等信息进行拍照、记录、反馈。

④ 车列检查、整理应在规定的技术作业时间内完成。

⑤ 车列检查、整理完毕后，货检员应及时报告。

运用货检应用的车站，货检员通过手持机及时报告检查情况；手持机故障时通过岗位终端补录信息。货检值班员核实无误后，确认作业完成，记录作业完成时间。

⑥ 需拍发电报时，货检值班员应于列车到达后120min内以电报通知上一货检站和抄知发到站，必要时抄知有关单位和部门，需编制记录的，按规定编制。

⑦ 需要甩车整理的，货检值班员应通知车站调度员（值班员）甩车处理。运用货检应用的车站，货检值班员还应通过货检应用通知整理点的货运员。货运员整理完毕后应通过货检应用登记处理信息并反馈。

⑧ 检查作业和在列整理完毕后，货检值班员及时通知车站调度员（值班员）作业完成情况。未接到货检作业完毕的报告，不准动车。

4. 货运检查的主要内容

（1）货物列车中货物装载、加固状态。

（2）货车篷布及篷布绳网苫盖、捆绑状态。

（3）施封（罐车、集装箱、SQ 型或 JSQ 型车端门处施封除外）。

（4）货车门、窗、盖、阀关闭情况，以及罐式集装箱盖、阀关闭情况。

（5）《铁路超限超重货物运输规则》规定的事项（不检查军用超限货物的超限超重货物运输记录）。

（6）设备检测发现的超偏载问题。

（7）货车、货物、集装箱、篷布等顶部和敞车内货物等视频监控设备可视部位的情况。

（8）对无列检作业的车站，还应检查自动制动机的空重位置，不符合时应进行调整〔空重车自动调整装置的空重位压力比为 1：2.5；对装有空重车手动调整装置的车辆，当车辆总重（自重＋载重）达到 40t 时，按重车位调整〕。

（9）国铁集团规定的其他事项。

车号员核对现车、与机车司机交接票据的职能，统一由货运检查员替代并纳入责任制。

5. 货运检查发现问题的处理

货物检查、交接常发现问题的处理见表 2.8。

表 2.8　货运检查发现问题处理

序号	内容	发现的问题	处理方法
1	运输票据或封套	（1）有票无货(车)或有货(车)无票	编制记录并拍发电报
		（2）货物运单或封套上记载的车号、到站与编组顺序表不符	
		（3）货物运单或封套上记载的车号、到站有涂改，未加盖带有所属单位的经办人名章时	
		（4）货物运单或封套上记载的车号与现车不符	编制记录并拍发电报，查明情况后继运
		（5）货物运单或封套上封印号码被划掉、涂改未按规定盖章	编制记录并拍发电报证明现状继运。货车上无封印时，由发现站确定是否补封
		（6）货物运单或封套以及编组顺序表记有铁路篷布，现车未盖有铁路篷布；现车盖有铁路篷布，货物运单或封套以及编组顺序表未记载或记载张数不符	编制记录并拍发电报
2	货车的施封	（1）封印失效、丢失、断开或不破坏封印即能开启车门	拍发电报并补封，是否清点货件由发现站确定
		（2）运输票据或封套上记载的封印站名或号码与现封不一致或发生涂改	核对站名、拍发电报。到站检查封印站名、号码
		（3）货车已施封，但未在运输票据或封套上记明封印号码。编组顺序表无"F"字样	编制记录证明现状继运
		（4）未使用施封锁施封（罐车和朝鲜进口货车除外）	拍发电报并补施封锁
		（5）在同一车门上使用两个以上封串联施封	拍发电报并补封，如因车门技术状态无法补封时，车站以交方责任继运
		（6）货车两侧或一侧在车门上部施封	按现状拍发电报
		（7）施封货车的上部门扣未以铁线拧固（车门构造只有一个门扣或上部门扣损坏的除外）	由发现站拧固
3	装有货物的货车	（1）车门窗未按规定关闭（损坏的车窗已用木板、铁箱、木箱封固的除外）	由发现站关闭并拍发电报
		（2）货物损坏、被盗	拍发电报、编制记录进行处理

续表

序号	内容	发现的问题	处理方法
3	装有货物的货车	（3）棚车车体、平车或集装箱专用平车装运的集装箱箱体的可见部位损坏或集装箱箱门开启	拍发电报，并由车站处理
		（4）易燃货物未按规定苫盖篷布或未采取规定的防护措施	拍发电报，编制记录补苫篷布并采取防护措施
		（5）篷布（包括自备篷布）苫盖捆绑不牢、被刮掉或被割危及运输安全	及时进行整理。丢失或补苫篷布时由发现站拍发电报并编制记录
		（6）货物装载有异状或超过货车装载限界；支柱、铁线、绳索有折断或松动，货物有坠落可能；车门插销不严、危及运输安全；底开门车用一个扣铁关闭底开门（如所装货物能搭在底板横梁上，并且另一个搭扣处用铁线捆牢者除外）	由发现站按规定换装或整理并拍发电报
		（7）超限货物无调度命令	取得调度命令后继运
4	货车使用和通行限制	（1）货车违反运行区段的通行限制	拍发电报，并由车站换装适当货车
		（2）装载金属块、长度不足 2.5m 的短木材或空铁桶使用的车种违反《加规》货车使用限制表的规定	

　　车站对货运检查中涉及的交接电报应建立登记制度，自编号码，妥善保管。电报的内容应包括列车的车次、到达时分、车种、车号、发站、到站、品名、发现问题及简要处理情况（表 2.9）。

表 2.9　铁路传真电报

签发：				核稿：		拟稿人：		电话	
发报所名	电报号码	等级	受理日	时分	收到日		时分	执机员	

主送：上一货检站
抄送：发站、到站

××年××月××日××时××分××次列车到检见机后××位，车种车型车号××××，××站发××站，机械配件一车，列车前进方向左侧无封，车门打开××mm，我站编记扣车处理。

××站（发现站）0008 号
年　月　日

二、特殊作业

　　货物特殊作业主要有货物运输合同的变更和解除、活动物上水。

（一）货物运输合同的变更

　　托运人或收货人由于特殊原因，对承运后的货物运输合同，可按批向货物所在的中途站或到站提出变更到站、变更收货人（发站无权提出变更、班列不准变更到站）。

二维码 2.6

1. 变更的具体要求

　　（1）托运人可以通过铁路 95306 提出货物运输变更申请，也可以使用纸质货物运输变更要求书（表 2.10）向货物所在站提出。

　　（2）车站在处理变更时，记明变更的根据，更改运输票据、标记（货签）等有关记载事项，并加盖车站日期戳或带有站名的名章。

　　（3）办理货物运输变更，托运人或收货人应按规定支付手续费。

2. 遇特殊情况需变更到站时必须遵守的规定

（1）必须由托运人或收货人提出货物运输变更要求书（表2.10）。

（2）必须和原到站在同一径路上。

（3）因自然灾害影响变更卸车地点时，应及时通知收货人。

（4）局管内变更卸车站，以铁路局调度命令批准。

（5）跨铁路局变更到站原则上不办理，确需变更时以国铁集团调度命令批准。

表2.10　货物运输变更要求书

变更号码：×××××××××

变更要求人＿＿＿＿＿　印章＿＿＿＿＿　经办人身份信息＿＿＿＿＿　年　月　日　　调度命令号：

	变更事项	新到站		新收货人			
客户填记	原货物运单记载事项	运单号码	发站	到站	托运人	收货人	办理种别
		车种车号	货物名称		件数	重量	承运日期
	变更原因						
承运人填记	记载事项	原到站		原收货人			
		新到站		新收货人			
		未受理原因			变更处理站		经办人

注：1. 变更处理站应顺号登记，对填报内容进行审核。

2. 变更时，可以变更的填记"新到站""新收货人"，不得办理变更的填记"未受理原因"。

规格：297mm×210mm

3. 承运人不办理变更的情况

货物运输合同的变更或解除，将降低货物计划运输的质量，打乱正常的运输秩序，有时还要增加货车在途中的调车作业和非生产停留时间，增加作业费用，延缓货物送达。因此，对于货物运输合同的变更和解除，应加以限制。为此，承运人不办理下列情况的货物运输变更：

（1）违反国家法律、行政法规的变更。

（2）变更后货物运到期限大于容许运输期限的变更。

（3）变更一批货物中的一部分。

（4）第二次变更到站。

（5）气体类危险货物罐车运输（特殊情况变更时需经铁路局集团公司批准）。

（6）承运人不具备条件的变更。

（二）货物运输合同的解除

整车货物和集装箱在承运后挂运前，托运人可向发站提出取消托运，经承运人同意，货物运输合同即可解除。

货物运输合同解除的具体要求：

（1）托运人或收货人应提交领货凭证和货物运输变更要求书，不能提交领货凭证时，应提交其他有效证明文件，并在货物运输变更要求书内注明。

（2）解除合同时，发站退还全部运费与押运人乘车费，但特种车使用费和冷藏车回送费不退。托运人或收货人应按规定支付手续费；产生货物保管的车站，应按规定支付保管费等费用。

（3）散货快运装车前，遇托运人提出取消托运时，应免费办理。

三、异常情况处理

异常情况处理是指运输阻碍处理和换装整理。

1. 运输阻碍处理

因不可抗力的原因致使行车中断，称为运输阻碍。不可抗力是指不能预见、不能避免并不能克服的客观情况，例如自然灾害。运输阻碍的处理规定：

（1）铁路局对已承运的货物，可指示绕路运输。

（2）必要时先将货物卸下，妥善保管，待恢复运输时再装车继续运输，所需装卸费用，由装卸作业的铁路局负担。

（3）因货物性质特殊，绕路运输或卸下再装，可造成货物损失时，车站应联系托运人或收货人，请其在要求的时间内提出处理办法。超过要求时间未接到答复或因等候答复将使货物造成损失时，比照无法交付货物处理，所得剩余价款，通知托运人领取。

2. 换装整理

重车在运输过程中，发现可能危及行车安全或货物完整时，所进行的更换货车或对货物整理作业，称为货物的换装整理。其中，换装是指将不宜继续运行货车中的货物卸下，装入适宜安全运输的货车内的作业；整理是指就原车货物的装载位置、高度进行整理，或卸下超载部分的货物及捡拾撒漏货物，以便货车能继续安全运行的作业。

当在运输途中发现货车装载的货物有坠落、倒塌危险或货物偏重、窜出、渗漏，危及运输安全时，除通知有关单位外，发现站应立即进行整理或换装，以避免损失的扩大或威胁行车安全。

（1）整理

① 在列整理　对发生装载加固、篷布苫盖和门、窗、盖、阀等方面的问题，不需要甩车处理的，应采取有效防护措施后对车列进行整理。预计整理时间超过技术作业时间时，货检员应及时向车站调度员（值班员）报告。在列整理时，货检员应按有关规定进行作业，确保人身安全。

② 甩车整理　对危及行车安全，不能在列整理的车辆，货检员应报告车站调度员（值班员）甩车整理。甩车整理时，应做好防护工作。不允许在挂有接触网的线路（设有隔离开关的线路除外）整理车辆。甩车整理的主要范围包括：

a. 篷布苫盖不整或缺少腰绳、篷布绳网。

b. 货物发生严重倾斜、偏载、移位、窜动、坠落、倒塌和渗漏。

c. 超限货物按普通货物办理。

d. 加固支柱折断，或加固材料（装置）超限。

e. 棚车车门脱槽，罐车上盖张开。

f. 罐车发生泄漏或溢出。

g. 危险货物运输押运或施封等问题需甩车处理的。

h. 货车、货物、集装箱、篷布等顶部或车体上有异物且无法在列处理。

i. 火灾。

j. 货物明显被盗丢失。

k. 其他危及行车安全情况不能在列整理时。

（2）换装

在运输中发生甩车处理的货车，如超、偏载、偏重的车辆、超载的集装箱，不能原列安全继运的，以及因车辆技术状态不良，经车辆部门扣留需要换车时，由发现站（或路局指定站）及时换装处理。

货物换装整理的具体规定：

① 进行换装时，应选用与原车类别和标记载重相同的货车。

② 对照运单检查货物现状，如数量不符或状态有异，应编制货运记录。

③ 对因换装整理卸下的部分货物，应予以及时补送。

④ 换装均需编制普通记录。

⑤ 换装整理的时间一般不应超过 2 天。

⑥ 2 天内未换装整理完毕时，应由换装站以电报通知到站，以便收货人查询。

⑦ 编组、区段站对扣留的换装整理货车，应进行登记，并按月汇总报铁路局，同时通知有关铁路局。

⑧ 货物换装整理所需的加固材料，由车站购置，以成本列支并保证满足使用需要。

工作任务三　货物到达作业

📧 任务实例

福建××运输有限公司乌鲁木齐市分公司，要求从乌拉泊站发玉米 10 车到宜宾南站，收货人叙州区柏溪镇××饲料经营部（未列条件可自拟）。

✳️ 任务实施

货物在到站发生的各项货运作业，均称为货物的到达作业。货物的到达作业主要包括重车到达与票据交接、货物卸车作业、货物交付、送达与仓储作业。

一、重车到达

列车到达到站后，到站接收现车系统的重车信息，在货运站系统内指定股道、货位，并向现车系统推送需求。

二、货物卸车作业

卸车是整个运输过程的重要环节之一，是到站工作组织的关键。正确、及时地组织卸车作业，能够缩短货车周转时间，提高货车使用效率，保证排空任务和装车的空车来源。因此，由铁路组织卸车的货物，卸车时严格按照《铁路装卸作业安全技术管理规则》及有关规定进行卸车作业。

教学任务书——货物卸车作业

按照下面的步骤，根据《铁路货物运输管理规则》，模拟外勤货运员完成卸车前、中、后的相关工作。

（一）卸车前的工作

1. 接车对货位

（1）接收卸车计划，安排卸车货位。

（2）检查卸车票据（包括记录），确认是否到达本站、本线（区）卸车的货物。

（3）检查线路安全距离。有作业车时，通知装卸班组整理原作业车内货物，撤出人员，停止原有装卸作业，撤除防护信号。

（4）现场接车，会同调车组对准货位。

（5）通知装卸派班员派班卸车。

2. 卸车前"三检"

（1）检查货位

① 检查货位周边的货物性质与待卸货物的性质是否有冲突。

② 检查货位能否容纳下待卸货物。

③ 检查货位的清洁状态。

（2）检查运输票据

① 检查票据记载的到站与实际到站是否相符。

② 检查票据记载的车种、车号与实际待卸车是否相符。

（3）检查待卸车辆

① 检查车辆是否良好。

② 检查货物装载状态是否有异状。

③ 检查篷布苫盖或施封状态是否良好。

3. 召开车前会

组织装卸工组召开车前会，向装卸工组传达货物品名、性质、件数、重量、堆码方法、卸车时间要求及安全注意事项；提示装卸值班员设置防护信号，带齐工具备品。

（二）卸车

卸车时货运员要认真监卸，边卸车、边检查、边指导。多车同时作业时，巡回监卸。

（1）对施封的货车按规章规定亲自拆封。

（2）对苫盖篷布的货车，会同装卸工组按规定开启篷布绳卡，撤除篷布绳网和篷布，严禁割、砍篷布绳索。

（3）对于棚车，指挥装卸工用拉门绳开启车门。

（4）指导装卸工合理使用货位，按规定堆码货物。

（5）根据运单清点件数，核对标记，检查货物状态。

（6）发现货物有异状，按规定编制记录。

（三）卸车后作业

1. 卸车后的"三检"

（1）检查运输票据　检查票据记载的货位与实际堆放货位是否相符。

（2）检查卸下的货物

① 检查货物件数、品名与运单记载是否相符。

② 检查货物堆码是否正确。

③ 检查货物的安全距离是否符合规定。

（3）检查卸空后的车辆

① 检查车内货物是否卸净。

② 检查车辆是否清扫干净，车门、车窗、端侧板、阀、盖是否关好。

③ 检查车体外部、车钩、手闸台等部位的残货、杂物、悬挂物是否清理干净；标示牌是否拆除。挂车前货运员应进一步检查、确认和处理。检查卸车后货物安全距离，清理线路，将篷布按规定折叠整齐，送到指定地点存放。对托运人自备的货车装备物品和加固材料，妥善保管。

2. 其他情况的处理

（1）对装过活动物、鲜鱼贝类、污秽品等货物的车辆以及受易腐货物污染的冷藏车和《铁路危险货物运输管理规定》中规定必须洗刷消毒的货车，卸后要根据调度命令填制特殊货车及运送用具回送清单，并在货车两车门内外明显处粘贴铁路货车洗刷回送标签各一张，向指定车站回送。未经洗刷除污的货车严禁使用或排空。

（2）收货人组织卸车的货车，未清扫或清扫不干净时，车站应通知收货人补扫，如收货人未补扫或仍未清扫干净，车站应以收货人的责任组织人力代为补扫，向收货人核收规定的货车清扫费和货车延期使用费。

三、交付、送达与仓储

（一）交付

货物交付是指承运人在规定的地点与收货人进行货物（车）交接后并在货物运单上加盖货物交付日期戳记，即表示货物运输过程终止。

1. 领货通知

在车站公共装卸场所内组织卸车的货物，到站应不迟于卸车完了的次日内，用电话、短信、微信或邮件等方式，向收货人发出领货通知或送货通知，并在运单内记明通知的方法和时间。收货人也可与到站商定其他通知方法。

2. 交付

货物在到站应向货物运单内记载的收货人交付。办理铁路单证融资服务的货物，根据质押融资规定，向提单持有人交付货物。

（1）内交付（票据交付）　收货人凭纸质领货凭证领货的，收货人为个人的，还需提供本人身份证；收货人为单位的还需持单位出具的带有领货人姓名、身份证号码并加盖单位公章的证明文件。

车站在货票系统中调取运单信息，核实领货凭证、领货人身份等，采集收货人（经办人）身份证及头像影像资料，办理内交付手续。委托他人领取货物时应同时核实领货凭证、收货人身份证复印件、被委托人身份证原件和委托书。纸质领货凭证未到或丢失时，可凭有经济担保能力的企业出具的担保书办理内交付手续。

收货人凭领货密码领货的，车站在货票系统中验证领货验证码，核实收货人身份信息，采集经办人身份证及头像影像资料，办理内交付手续。委托他人领取货物时，查验收货人在电商系统录入的被委托人姓名、身份证号码、手机号码等委托信息及领货密码办理内交付手续。

车站在货票系统中补充确认到达及卸车相关信息，核收相关费用后，打印运单到站存查联、收货人存查联加盖车站日期戳。运单收货人存查联交收货人，运单到站存查联由收货人签章后留存。

（2）外交付（现货交付）　外勤货运员凭收货人提供的加盖有车站交付日期戳的运单向收货人点交货物（交付中发现货物损失，按规定编制货物损失报告），然后在运单上加盖"货物交讫"戳记，并记明交付完毕的时间。将运单、货物一并交给收货人，填发有货运员签章并签注搬出日期的货物搬出证。

（3）交付完毕　承运人组织卸车或发站由承运人组织装车，到站由收货人组织卸车的货物，在向收货人点交货物或办理交接手续后，即为交付完毕；发站由托运人组织装车，到站由收货人组织卸车的货物，在货车交接地点交接完毕，即为交付完毕。

（二）送达

收货人持加盖了"货物交讫"戳记的运单和有货运员签章并签注有搬出日期的货物搬出证从货场搬出货物，门卫对搬出的货物确认无误后放行。

对"门到门""站到门"货物，铁路按客户要求的地点送达货物。

1. 接取送达的定义

将货物从托运人约定交货地点接至铁路车站公共装卸场所内或将货物从铁路车站公共装卸场所送至收货人约定接货地点的短途运输，称为接取送达。接取送达应核收接取送达费。

2. 办理车站

办理货运业务的国铁车站或国铁控股车站均应具备接取送达服务能力，办理相关服务。对于站内不办理货运业务，仅有专用线到发的车站由铁路局集团公司自主确定是否提供接取送达服务。

3. 业务管理

接取送达业务由国铁集团、铁路局集团公司分级管理，生产组织实行集中统一指挥。

（1）服务种类

接取送达服务应坚持客户自愿、敞开受理的原则，由客户自主选择"门到站""站到门"或"门到门"服务。

（2）服务平台

铁路局集团公司、快运公司统一使用国铁集团开发的接取送达信息系统和手机 APP 软件。接取送达系统是办理业务的统一平台，铁路局集团公司应使用系统逐站制定接取送达方案，内容包括业务办理范围，联系人员，取送货车辆载重、容积等，并指定专人在接取送达系统中维护方案。

（3）服务区域

按取送货距离远近将服务范围划分为起码服务区域、基本服务区域及超范围服务区域。

① 起码服务区域。对整车、集装箱货物的接取送达服务，起码服务区域为 10km。对散货快运货物的接取送达服务，起码服务区域为 20km。

② 基本服务区域。原则上，各车站接取送达服务的基本服务区域不低于 50km。

各车站应因地制宜，合理划分基本服务区域覆盖范围。综合考虑道路运输条件、车辆限行绕行等因素，覆盖所在城市的主要城区、工业区、商贸区等货流密集地区。

各车站起码服务区域边界至基本服务区域边界内，每 5km 划为一档，各档内所有地址对应该档的公里数。

③ 超范围服务区域。各车站基本服务区域之外的区域为超范围服务区域，是否提供接取送达服务由车站与客户协商确定。

（4）作业流程

① 受理。受理接取送达业务时，受理人员对客户提出的接取送达需求要掌握清晰、录入准确，要详细了解货物基本情况，包括品类、重量、体积、装载条件等，核实发到站营业办理限制、装卸作业能力、接取送达里程，记录客户相关物流需求，并及时通知相关物流部门与客户约定取送货物地点、时间。

② 派单。负责接取送达的调度人员要根据实际情况，使用接取送达信息系统，按照"运力就近、方向顺流、返空利用、巧装满载"的原则，合理规划取送货所经路线。通过发布抢单、竞价任务等方式，将相关作业信息自动向接取送达人员手机 APP 推送，由接取送达人员主动应答；也可人工将相关作业信息派发至指定接取送达人员手机 APP 上。

③ 作业准备。接取送达人员使用手机 APP 软件接到作业信息后，应检查交通工具，准备相关设备单证，与客户确认，告知客户安排相应的装卸人员及机具。

④ 取送货。接取送达人员在作业过程中，应使用手机 APP 软件记录出发、到达时间，在作业途中严格遵守道路交通规则，保证运输过程中无飘洒、不丢失、零损坏。接取送达运输过程中发生的货物损失，由铁路局集团公司负责处理。

⑤ 交接签收。接取送达人员与客户、车站货运员进行货物、单据交接时，应按相关安全规定进行查验，按单据记载内容对货物进行核对交接，交接双方要在相关单据上签认，签认后的单据，使用手机 APP 软件拍照上传。

（三）　仓储

对到达的货物，收货人有义务将货物及时搬出，铁路也有义务提供一定的免费保管期限。

在车站公共装卸场所内卸车的货物，收货人应于承运人发出领货通知或送货通知的次日（不能实行领货通知及送货通知或会同收货人卸车的货物为卸车的次日）起算，2 日内将货物搬出或接收货物。超过上述期间未将货物搬出或接收货物，对其超过的期间核收货物暂存仓储费。

根据各地具体情况，铁路局可以缩短免费暂存仓储期限一天，也可以提高货物暂存仓储费费率，但提高部分最高不得超过规定费率的 3 倍，并均报当地人民政府和铁路总公司备案。车站站长也可以适当延长货物免费暂存仓储期间，并报铁路总公司备案。

货物运抵到站，收货人应及时领取。拒绝领取时，应出具书面说明。自拒领之日起，3 日内到站应及时通知托运人和发站，征求处理意见。托运人自接到通知之日起，30 日内提出处理意见答复到站。

⚙ 技能训练

1. 请根据以下条件通过中国铁路货运电子商务平台为该批货物办理空车预约业务。

发站：和静站

到站：邯郸

托运人：××铸管股份有限公司

收货人：河北邯郸××铸管厂

品名：钢管

件数：200 件

货重：50t

拟于 6 月 29 日装车，使用敞车运输，其他未给定条件自拟。

2. 请根据以下条件填制货物运单。

发站：和静站

到站：邯郸

托运人：××铸管股份有限公司

收货人：河北邯郸××铸管厂

品名：钢管

件数：200 件

货重：50t

使用 C_{62K} 1573105 敞车装运，标重 60t，保价 5 万元，施封锁两枚，其他未给定条件自拟。

3. ××年 5 月 18 日 9 时 30 分，奎屯站接 41060 次货物列车，货运检查员进行货运检查作业后，发现 $P_{3802366}$ 哈密站发阿拉山口站塑料袋一车，一侧无封，另一侧施封，哈密，有效，车门关闭加固良好，发现问题后应如何处理？

4. 和静站 5 月 10 日承运一批钢管，收货人为河北邯郸××铸管厂，经办人李××，联系电话为 139×××××××，货物于 5 月 17 日到达邯郸站，站到站运输，承运人组织卸车，收货人到邯郸站营业厅办理完换票业务，拿到货物运单，请问接下来邯郸站与收货人如何办理到达货物的交付？

项目三
集装箱运输

知识要求

- 理解集装箱的定义和分类；
- 了解集装箱运输设备；
- 了解集装箱作业场的布置；
- 描述集装箱运输条件；
- 掌握集装箱装车的基本要求和卸车的注意事项；
- 掌握集装箱运输组织方法；
- 掌握集装箱交接内容及方法。

技能要求

- 能识别各类集装箱及其装运设备；
- 会正确办理集装箱的托运、承运作业；
- 会安全、迅速地组织集装箱装车；
- 会正确、安全地进行集装箱卸车交付作业；
- 能按集装箱交接规定办理交接并处理交接中的问题。

素质要求

- 具有与时俱进的意识；
- 具有刻苦钻研业务，努力掌握新知识、新技术、新工艺和新方法的态度；
- 具有联运的理念和思路。

任务实例

某物流企业在西安西站托运 2 个 20ft 铁路集装箱，内装纺织布匹各 17.3t，到站为保定站（1048km）；另托运 1 个 40ft 自备集装箱到石家庄南站（918km），内装机械配件 20t。

🔩 **理论知识**

一、集装箱定义及种类

（一）集装箱的定义

集装箱是一种现代化运输工具，指专供周转使用，便于机械作业和运输，且具有一定强度的大型容器。《铁路集装箱运输规则》对集装箱的定义如下。

集装箱是满足下列要求的一种运输设备：

（1）具有足够的强度，可长期反复使用；

（2）适于多种运输方式运送，途中无须倒装货物；

（3）设有供快速装卸的设施，便于从一种运输方式转移到另一种运输方式；

（4）便于箱内货物装满或卸空；

（5）容积不小于 $1m^3$。

（二）集装箱的种类

集装箱可以按以下方式进行分类。

1. 按用途分类

根据装运货物品类的不同，集装箱可以划分为普通集装箱和特种集装箱。

二维码 3.1

（1）普通集装箱　普通集装箱又可分为通用集装箱和专用集装箱。

① 通用集装箱　又称干货集装箱、杂货集装箱，是指全封闭式，具有刚性的箱顶、侧壁、端壁和箱底，至少在一面端壁上有箱门的集装箱（图 3.1）。该类集装箱占全部集装箱总数的 70% ~ 80%。通用集装箱适于装运大多数普通货物，如文化用品、日用百货、医药、纺织品、工艺品、五金交电、电子仪器仪表、机器零件及化工制品等。

② 专用集装箱　是指为便于不通过端门装卸货物或为通风等特殊用途而设有独特结构的普通货物集装箱，包括通风集装箱、敞顶集装箱、台架式集装箱和平台式集装箱等。

图 3.1　通用集装箱

通风集装箱是指在箱壁设有与外界进行气流交换装置的集装箱，主要用于装运食品等需要通风运输的货物。通风集装箱按通风方式可分为自然通风集装箱和机械通风集装箱，按通风强度可分为透气式集装箱和通风集装箱。当透气口关闭或通风口关闭时，通风集装箱也可作为通用集装箱使用。

敞顶集装箱（图 3.2）是指箱顶可以打开，货物能从上部吊装或吊卸的集装箱，主要用于装运玻璃集装架、钢铁制品、机械等重质物质。

台架式集装箱（图 3.3）是指无刚性侧壁和箱顶，端壁可拆卸，只靠箱底的四个角柱承受载荷的集装箱，主要用于装运长大笨重货物，如重型机械、各种钢材和木材等。

平台式集装箱（图 3.4）指集装箱的箱体为一平台，无上部结构。该类集装箱设有底角件，并可使用与其他集装箱相同的紧固件和起吊装置，适于装运机械、钢铁等重质、大件货物。

（2）特种集装箱　特种集装箱（图 3.5）是指用于装运需要控温的货物、液体、气体、散货、汽车、活动物等特殊货物的集装箱，主要包括保温集装箱、罐式集装箱、干散货集装箱和按所装货物命名的集装箱。

图 3.2 敞顶集装箱

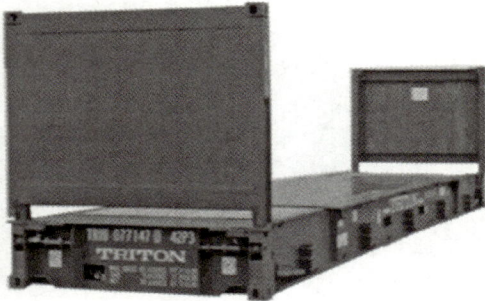

图 3.3 台架式集装箱

图 3.4 平台式集装箱

(a) 特种干货集装箱带顶进料口　(b) 特种干货集装箱　　(c) 特种40ft集装箱　　(d) 特种20ft集装箱

(e) 40ft超高冷冻货柜　　　(f) 赛鸽集装箱　　　(g) 浓硫酸罐式集装箱

图 3.5 特种集装箱

① 保温集装箱　是指具有绝热的箱壁、箱门、箱底和箱顶，能阻止箱体内外热交换的集装箱，主要用于装运需要控制温度的货物，如冻鱼、冻肉、鲜奶、水果、蔬菜等。保温箱又可分为绝热集装箱、消耗制冷剂式冷藏集装箱、机械式冷藏集装箱、加热集装箱及冷藏和加热集装箱等。

② 罐式集装箱　是指由箱体框架和罐体两部分组成，专门用于装运各种酒类、油类、液体食品、化学药品等液体货物的集装箱。装货时，货物由罐体顶部的装货孔装入，卸货时，货物由排出孔靠重力自行流出或由顶部装货孔吸出。罐式箱有单罐式和多罐式两种。

③ 干散货集装箱　主要用于装运无包装的固体颗粒状或粉状货物，如各种散装粮食、饲

料、水泥及某些化学制品等。干散货集装箱一般设有 2～3 个装货口，端门下设有 2 个卸货口。

④ 按所装货物命名的集装箱　是指专门用于装运某种货物的集装箱，包括汽车集装箱、动物集装箱、服装集装箱等。汽车集装箱主要包括两种：一种是在简易的箱底上装一个钢制框架，通常没有箱壁；另一种是封闭式的，结构与通用箱类似，如图 3.4 和图 3.6 所示。动物集装箱是指专门用于装运活家禽（如鸡、鸭、鹅等）及活家畜（如牛、马、羊等）的集装箱。该种集装箱一般配有食槽，并能遮蔽阳光，具有良好的通风条件，如图 3.7 所示。

图 3.6　双层汽车集装箱　　　　　图 3.7　牲畜集装箱

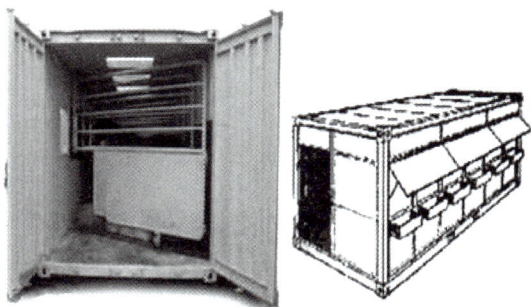

2. 按尺寸分类

铁路运输的集装箱按长度分为 20ft 箱、40ft 箱、48ft 箱等。

集装箱以 TEU 作为统计单位，表示一个 20ft 的国际标准集装箱。1 个 40ft 集装箱折合为 2 个 TEU。

3. 按箱主分类

按箱主不同集装箱分为铁路箱和自备箱。其中铁路箱是承运人提供的集装箱，自备箱是托运人自有或租用的集装箱。

4. 按材质分类

集装箱一般不是用一种材料制成的，而是用钢（包括不锈钢）、木材（包括胶合板）、铝合金和玻璃钢这四种基本材料中的两种以上组合而成的。一般箱体的主要部件（指侧壁、端壁、箱底和箱顶等）采用什么材料，就称什么材料制成的集装箱。一般常见的集装箱有钢质集装箱、铝质集装箱、玻璃钢集装箱等。每一种集装箱都有各自的使用特点。

（1）钢质集装箱强度大、结构牢，坚固耐用，不易变形，水密性好，易于修理，造价较低。缺点是自重大，防腐蚀性能差。

（2）铝质集装箱自重轻，外形美观，防腐蚀性能好，弹性好，受力时容易变形。缺点：造价较高。

（3）玻璃钢集装箱容积大，隔热性能好，抗腐蚀性能强。缺点是：自重较大，造价高。

5. 按是否符合标准分类

集装箱按是否符合国家或铁道行业标准又可分为标准箱和非标箱。

二、集装箱标记

为了易于识别和国际流通，国际标准化组织规定了集装箱统一使用的标记代号，以便对集装箱进行识别、管理和信息传输。

集装箱的主要标记如图 3.8 所示。

(a) 铁路箱　　　　　　　　(b) 自备箱

二维码 3.2

图 3.8　集装箱标记

1—箱主代号；2—箱号；3—核对数字；4—尺寸类型代号；5—标记总重；6—自重；
7—有效载荷；8—容积；9—铭牌

1. 箱主代号

箱主代号是指集装箱所属部门代号。国际集装箱的箱主代号由四个大写拉丁字母组成，而国内使用的集装箱的箱主代号由四个大写汉语拼音字母组成。为了使集装箱和其他设备相区别，第四个字母用"U"表示。

我国铁路通用集装箱的箱主代号是"TBJU"，TB 代表铁路，J 代表集装箱，U 代表国际标准规定的集装箱识别标记和代码。同理可得，铁路罐式集装箱为 TBGU，铁路双层汽车集装箱为 TBQU，折叠式台架箱为 TBPU 等。

在我国，企业自备集装箱的箱主代号同样为 4 位拼音字母，前两位是箱主代号，由箱主确定，后两位规定为集装箱的类型，如通用箱为 TU、冷藏箱为 LU、保温箱为 BU、危险品箱为 WU，其他专用箱另定。

为了避免箱主代号出现重号，所有箱主代号在使用前均应向主管部门登记注册。国内铁路使用的集装箱，由箱主向所在铁路局申报；国际集装箱由箱主向国际集装箱局（BIC）登记注册。

2. 箱号

箱号（集装箱顺序号）由 6 位阿拉伯数字组成。如果有效数字不足 6 位，则在有效数字前用"0"补足 6 位。根据《自备集装箱编号和标记涂刷规定》要求，自备集装箱的 6 位阿拉伯数字中，前两位是箱主所在地的省、自治区、直辖市的行政区划分代码；第 3 位至第 6 位数字是铁路局给的顺序号。

3. 核对数字

核对数字用于确定集装箱箱主代号和顺序号在传输和记录时的准确性的手段，它是根据箱主代号和集装箱顺序号，通过一定方法计算出来的，表示时用方框着重显示。例如 40ft 通用集装箱 TBJU467832 的核对数字为 6，整体表示为 TBJU467832 $\boxed{6}$ 。

4. 国家（地区）代号、尺寸类型代号

国家（地区）代号用两个大写的拉丁字母表示。国际标准化组织公布的国家（地区）代号有 220 多个，例如中国 CN、美国 US、中国香港 HK、日本 JP 等。我国铁路集装箱不使用国家及地区代号。

尺寸类型代号用来表示集装箱的尺寸和类型。按照国际标准化组织规定箱型和尺寸代码

应作为一个整体标注在集装箱上。其组配代码结构为：

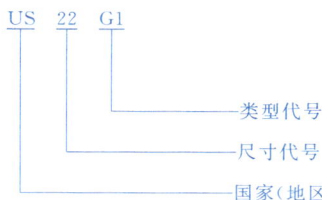

```
            US    22    G1
                         └── 类型代号
                   └────────── 尺寸代号
             └───────────────── 国家（地区）代号
```

尺寸类型代号中前两位表示尺寸，其中第一位数字表示集装箱的长度，第二位数字表示集装箱箱宽和箱高；后两位表示集装箱类型。

5. 集装箱的总重、自重、容积

集装箱的总重是集装箱的空箱重量和箱内装载货物的最大容许重量之和。

集装箱的自重指的是空集装箱的重量，包括各种集装箱在正常工作状态时应备用的附件和各种设备的重量，如冷藏集装箱的机械制冷装置和燃油。

集装箱的容积是指集装箱内部尺寸的长×宽×高。

我国铁路集装箱的自重、总重、容积用中文标示于箱门上。国际上则要求用英文"MAX GROSS"表示总重，"TARE"表示自重，两者均以千克和磅同时标记。集装箱的容积以 m^3（集装箱上标记为 CU. M）和立方英尺（集装箱上标记为 CU. FT）表示。

例如：

MAX GROSS	30480KG
	67200LB
TARE	2240KG
	4940LB
NET	28240KG
	62260LB
CU. CAP.	33.2CU. M
	1170CU. FT

其中，CAP 表示在码头装箱。

6. 制造、检修单位，制造、检修时间

在我国铁路集装箱上，为便于识别其制造单位和时间，需要在集装箱箱门上做出相应标记，同时为了检修方便，保证集装箱的正常使用和运输安全，需要标记集装箱的检修单位和时间。

7. 国际铁路联盟标记

国际铁路联盟标记表示为 $\frac{i\ c}{33}$，其中，"i""c"表示国际铁路联盟，"33"表示中华人民共和国铁路，该标记是国际铁路联盟为保证集装箱铁路运输安全，规定对集装箱进行检验、验收合格的标记。

8. 通行标记

为保证集装箱能通行全国各地和顺利通过国境，必须设立各种通行证明并标识在集装箱上。

（1）海关批准牌照（TIR）　海关批准牌照（图3.9中1）是为了便于货物进出国境时，不开箱检查，加速集装箱的流通而使用的牌照。使用该牌照的集装箱必须符合相关的公约，如《集装箱海关公约》《关于在国际公路运输手册担保下进行国际货物运输的报关公约》。

（2）安全合格牌照（CSC）　为了维护集装箱在装卸、堆码、运输时操作人员的人身安全，集装箱的制造必须通过行政主管部门的审核，检验符合制造要求，制造商才有权在制造时将安全合格牌照（图3.9中4）铆在集装箱上。

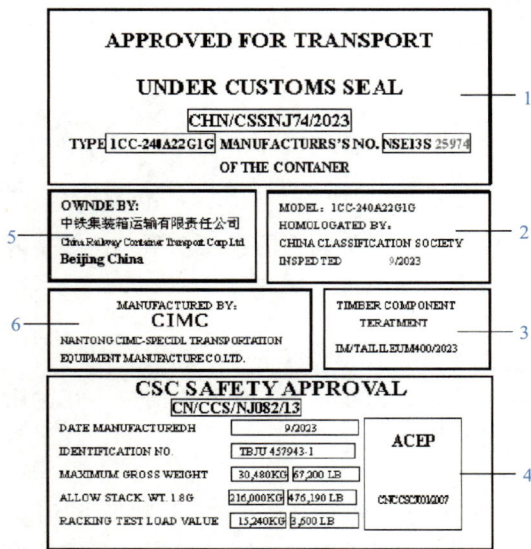

图 3.9　普通干货集装箱铭牌
1—海关批准牌照；2—检验合格徽记；3—木地板防疫；
4—CSC 牌照；5—箱主信息；6—制造厂信息

（3）检验合格徽记　集装箱上的 CSC 安全合格牌照主要目的是确保人身安全，并不确认在运输过程中对各运载工具的安全。为此，检验机关应根据国际标准化组织的要求对集装箱进行各项实验，实验合格后，应粘贴有代表该检验机关的检验合格徽记（图 3.9 中 2）。

9. 自选作业标记

除上述标记外，还应在集装箱上选择性地标出以下标记：

（1）高度超过 2.6m（8ft6in）的集装箱，均须标出超高标记。该标记为在黄色底上标出黑色数字（箱高），上面为米制，下面为英制，标志的四周为黑色边框。

（2）登箱顶触电标记，该标记为黄色底三角形，一般设在罐式集装箱和位于箱顶的扶梯处，以警告登顶者有触电危险。

以上所有标记均采用不同于箱体的颜色进行涂刷。我国铁路集装箱采用的是白漆涂刷。

三、集装箱的技术参数

集装箱的主要技术参数包括集装箱的自重、总重、长度、宽度、高度、容积等。我国铁路公布的铁路正式运输的各种箱型集装箱的基本规格及主要技术参数见表 3.1。

表 3.1　我国铁路集装箱的基本规格及技术参数

箱型	箱类	箱主代码	起始箱号	截止箱号	自重/t	总重/t	外部尺寸/mm			内部尺寸/mm			容积/m³
							长	宽	高	长	宽	高	
20ft	通用集装箱	TBJ	300011	301710	2.24	30.48	6058	2438	2951	5898	2352	2393	33.2
			350001	352200	2.24								
			370001	380000	2.24								
			400001	400500	2.98								
			400501	400800	2.18								
			400801	401187	2.13								
			401188	402707	2.21								
			402708	403907	2.18								
			403908	404231	2.21								
			404232	404431	2.23								
			404432	404731	2.52	30.48	6058	2438	2896	5898	2352	2393	33.2
			404732	405231	2.41								
			405232	405931	2.18	30.48	6058	2438	2591	5898	2352	2393	33.2
			580000	629999	2.24								
			510001	575000	2.21	24.00	6058	2438	2591	5898	2352	2393	33.2
	弧形罐式集装箱	TBG	500000	500001	6.3	30.48	6058	2438	2896	—	—	—	33.5
			500052	501999									
	双层汽车集装箱	TBQ	500000	500231	3.7	15.00	6058	2438	3200	5867	2330	3049	41.7

续表

箱型	箱类	箱主代码	起始箱号	截止箱号	自重/t	总重/t	外部尺寸/mm			内部尺寸/mm			容积/m³
							长	宽	高	长	宽	高	
20ft	干散货集装箱	TBB	500000	509149	3.1	30.48	6058	2438	2591	5900	2370	2323	32.5
	散装水泥罐式集装箱	TBG	540001	543050	4.95	30.48	6058	2438	2896	—	—	—	22
	水煤浆罐式集装箱	TBG	520001	520100	4.25	30.48	6058	2438	2591	—	—	—	22
	折叠式台架集装箱	TBP	200001	210000	2.5	30.00	—	—	—		2868	3180	
	框架罐式集装箱	TBG	510001 530000 530050 550000	511000 530049 530199 550099	4.64 4.46 4 4.66	30.48	6058	2438	2591				26
25ft	板架式汽车集装箱	TBP	100000 000087	100831 000088	4.3	28.30	7675	3180	348				
40ft	通用集装箱	TBJ	300003 710000	300005 715999	3.88	30.48	12192	2438	2896	12032	2352	2698	76.4
48ft	通用集装箱	TBJ	800001	800404	4.65	30.48	14630	2438	2438	14470	2352	2240	76.2
50ft	双层汽车集装箱	TBQ	800000 801600	801599 801899	10.53 11.61	30.48	15400	2500	3200	15186	2416	3094	113.5
	板架式汽车集装箱	TBQ	200000	200399	10.9	60.00	15400	3300	270				

　　为了提高集装箱作为运输单元在海运、航空运输、公路运输、铁路运输中的通用性，提高集装箱运输的安全性和经济性，促进集装箱多式联运的发展，国际上和我国都制定了一系列的集装箱标准。同时，集装箱的标准化还可以给集装箱的运载工具和装卸机械提供选型、设计、制造的依据，使集装箱运输衔接更加专业化和高效化。

二维码 3.3

　　目前国际标准集装箱主要有 1AAA、1AA、1A、1AX、1BBB、1BB、1B、1BX、1CC、1C、1CX、1D、1DX 共 13 种。其主要技术参数见表 3.2。

表 3.2　国际标准集装箱的外部尺寸和额定重量

集装箱箱型	长度		宽度		高度		总重	
	/mm	/ft	/mm	/ft	/mm	/ft	/kg	/lb
1AAA	12192	40	2438	8	2896	9.5	30480	67200
1AA					2591	8.5		
1A					2438	8		
1AX					<2438	<8		
1BBB	9125	30	2438	8	2896	9.5	25400	56000
1BB					2591	8.5		
1B					2438	8		
1BX					<2438	<8		
1CC	6058	20	2438	8	2591	8.5	24000	52920
1C					2438	8		
1CX					<2438	<8		
1D	2991	10	2438	8	2438	8	10160	22400
1DX					<2438	<8		

四、集装箱装卸、搬运机械

集装箱装卸机械是集装箱办理站的核心设备，可以极大地提高装卸、搬运作业效率，便于开展铁路、公路、海运、航空等多式联运。

（一）门式起重机

1. 轨行式集装箱门式起重机

轨行式集装箱门式起重机也称轨行式集装箱龙门吊（图 3.10），主要由门架、大车运行机构、小车架、小车运行机构、起升机械、旋转机构、导向架以及司机室等组成。

二维码 3.4

轨行式集装箱门式起重机的整个门架由四套走轮平衡台车支承，由其中的驱动车轮使起重机在轨道上行驶。起升小车在门架的轨道上运行。起升机构通过导向滑轮组和集装箱吊具来装卸集装箱。

轨行式集装箱门式起重机的优点是堆场利用效率高、操作简单、运用成本低、故障率低、维修容易；缺点是必须在限定的轨道上运行，作业范围受到一定的限制。

2. 轮胎式集装箱门式起重机

轮胎式门式起重机（图 3.11）与轨行式集装箱门式起重机的区别在于走行部分。轮胎式集装箱门式起重机由充气轮胎支撑在场上走行，不受固定轨道限制，因而机动性好，作业效率高，但是该类起重机操纵比较复杂，造价高。

图 3.10　轨行式集装箱门式起重机

图 3.11　轮胎式集装箱门式起重机

（二）旋转式起重机

旋转式起重机主要包括轮胎起重机、汽车起重机和履带式起重机。

（三）起升搬运机械

起升搬运机械主要包括叉车、集装箱正面吊运机和集装箱跨运车等。

1. 叉车

集装箱叉车（图 3.12）是目前铁路集装箱场所采用的性能较好、效率高、用途多的集装箱装卸、搬运机械，其主要用于装卸、搬运和堆码集装箱。

2. 集装箱正面吊运机

集装箱正面吊运机（图 3.13）主要由车架、支承三脚架、伸缩臂架和吊架组成的金属结构。该机械采用内燃机驱动整机的前进、后退，液压驱动吊运设备，使整机操作灵便平衡。转向机构多采用叉车形式的转向机构，并装有多种操作保护装置，从而使其工作安全可靠。其作业特点是：

（1）吊具可伸缩且左右可旋转 120°，能用于 20ft、40ft 集装箱装卸作业，吊装集装箱时，可不与集装箱垂直。当吊运机与箱子成夹角时，吊起后可转动吊具使集装箱与吊运机处于同一轴线上，以便通过比较狭窄的通路；吊具可左右移动 800mm，便于在吊装时对准箱位，从而提高装卸效率，几乎可以在任何集装箱场进行作业。

（2）有能带载变幅的伸缩式臂架。吊运机的起升动作由臂架伸出和变幅共同完成，设有专门的起升机构。起升速度快，下降速度也较快。作业时可同时实现整车行走、变幅和臂架伸出，容易满足操作要求，作业效率高。

（3）能堆码多层集装箱。正面吊运机一般可吊装 4 个箱高，有的还可达 5 个箱高，而且可以跨箱作业，从而提高了堆场的利用率。

图 3.12　叉车

正面吊运机的设计吸取了叉车、跨运车等机械的优点，考虑了这些机械的不足，因此它能完成其他机械不能完成的作业。正是由于集装箱正面吊运机的机动性强、稳定性好、轮压较低、堆码层数高、可跨箱作业等优点，因而被广泛采用。

3. 集装箱跨运车

集装箱跨运车（图 3.14）是随着集装箱运输的发展，为适应集装箱运输设备的配套而采用的集装箱装卸、搬运、堆码的专用机械。它以门形车跨在集装箱上，由装有集装箱吊具的液压升降系统吊起集装箱，一般以柴油机为动力，通过机械传动方式或液力传动方式驱动跨运车走行，进行集装箱的搬运和堆码工作。

图 3.13　集装箱正面吊运机

图 3.14　集装箱跨运车

集装箱跨运车与门式起重机配套使用。跨运车负责将铁路车辆上卸下的集装箱搬运到集装箱场并堆码，或将集装箱场上集装箱搬至铁路装卸线附近，再由门式起重机进行装车。跨运车也可以与拖挂车配合使用，由拖挂车担任集装箱的搬运，跨运车完成集装箱的装卸和堆码工作。

五、集装箱车辆

集装箱箱型不同使用的车辆也不相同。集装箱可采用敞车、普通平车、平车集装箱两用车和集装箱专用车装运。

集装箱专用车是专门用于装运集装箱的特种车辆，有单层和双层两种。

集装箱专用车有先期生产的 X_{6A}（图 3.15）、X_{6B} 型车，可装运 20ft、40ft 集装箱，载重为 60t；为适应快运生产的 X_{1K}、X_{3K}、X_{4K}、X_{6K}、X_{6H} 型车等（图 3.16 和图 3.17）。

双层集装箱专用车有 X_{2K}、X_{2H} 型（图 3.18），适于装运 20ft 和 40ft 国际标准集装箱和 45ft、48ft、50ft、53ft 等长大集装箱。装后集装箱和货物总重不得超过 78t，重车重心高不得超过 2400mm。

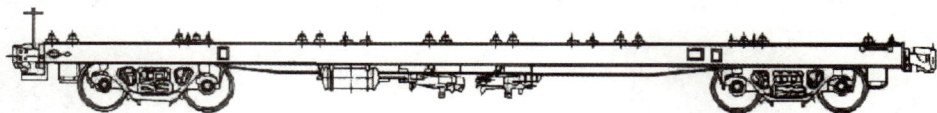

图 3.15　X_{6A} 集装箱专用平车

图 3.16　X_{4K} 集装箱专用平车

图 3.17　X_{6K} 型集装箱专用平车

图 3.18　X_{2H} 型双层集装箱专用平车

六、集装箱运输条件

（一）集装箱必须在集装箱办理站间运输

1. 集装箱办理站

集装箱办理站是指办理集装箱运输业务的车站，包括国家铁路和与其办理直通运输的合资铁路、地方铁路的车站。车站（包括铁路专用线、专用铁路）开办集装箱运输业务，由铁路局集团公司确认满足规定条件后，将以下内容报国铁集团货运部公布：车站名称、铁路专用线或专用铁路名称、起重能力、办理箱型、危险货物运输办理情况。车站（包括铁路专用线、专用铁路）停办集装箱运输业务，由铁路局集团公司将以下内容报国铁集团货运部公布：车站名称、铁路专用线或专用铁路名称、停办箱型、停办原因。临时停办集装箱运输业务的，还需报停办日期范围。

二维码 3.5

集装箱只能在可办理该箱型的集装箱办理站间运输。集装箱办理站应具备以下条件：

① 有与其运量相适应的，适合集装箱堆存、装卸的场地。

② 装卸线数量和长度能满足生产需要。

③ 具备集装箱称重计量及安全检测条件的。

④ 配备集装箱专用装卸机械，起重能力满足所装卸集装箱总重量的要求。20ft、40ft 集装箱起重量不小于 35t，具备 20ft35t 集装箱办理条件。装卸机械宜具备称重、超偏载检测功能。

仅办理罐式箱运输业务的，可不配备集装箱装卸机械，但应有充装、抽卸设施设备。仅办理干散货箱、敞顶箱发送业务的，可不配备集装箱装卸机械，但应有货物装载设施设备。

⑤ 具备良好的硬件、软件和计算机网络环境，能够应用集装箱运输相关信息系统。

⑥ 办理特种货物箱和专用箱时，应配备相应的生产和安全设施设备（如：站台、装卸、接充电设施设备等）。

铁路集装箱办理站按其在路网中的地位、作用及规模，可分为集装箱中心站、集装箱专办站和集装箱一般办理站三类。

（1）集装箱中心站   集装箱中心站是按照集装箱发展趋势和物流业发展要求建设的专业化、现代化、对周边地区集装箱运输具有较强辐射作用的路网性特大型集装箱办理站，是全国和区域铁路集装箱运输的中心。集装箱中心站应具备专业办理集装箱列车及枢纽内集装箱小运转列车到发和整列集装箱列车装卸的能力，具有作业量大、信息化程度高的特点，另外，还应具有先进的装卸机具和管理机制。

截至 2024 年，我国拟建设的 18 个集装箱中心站（上海、北京、广州、天津、成都、昆明、重庆、乌鲁木齐、兰州、哈尔滨、西安、郑州、武汉、沈阳、青岛、大连、宁波、深圳）中，已建成芦潮港（上海）、昆明南（昆明）、团结村（重庆）、城厢（成都）、圃田（郑州）、金港（大连）、新筑（西安）、胶州（青岛）、吴家山（武汉）、新港北（天津）、邬隘（宁波）、新香坊（哈尔滨）、三坪站（乌鲁木齐）13 个集装箱中心站。

（2）集装箱专办站   集装箱专办站是指办理集装箱列车及枢纽或地区内集装箱小运转列车到发和整列集装箱列车装卸的地区性（区域性）集装箱货运站。集装箱专办站是该地区集装箱运输的中心，一般靠近省会城市、大型港口和主要内陆口岸站建设，配备有必要的仓储、装卸、搬运设备。

（3）集装箱一般办理站   集装箱一般办理站也称集装箱代办站，一般位于集装箱货源产生或消失地，多为综合性货运站，即除办理集装箱运输业务外，可能还办理整车运输业务。

未来中国铁路集装箱将形成布局合理的中心站—专办站——一般办理站的三级运营网络。

2．集装箱场

集装箱场是集装箱办理站的重要组成部分，主要办理集装箱的发送、中转和到达作业，组织集装箱门到门运输。

（1）集装箱场的分类   集装箱场按年运量可分五等：

① 特大型集装箱场，年运量在 100 万吨以上；

② 大型集装箱场，年运量 50 万吨以上，不足 100 万吨；

③ 中型集装箱场，年运量为 30 万吨以上，不足 50 万吨；

④ 小型集装箱场，年运量为 10 万吨以上，不足 30 万吨；

二维码 3.6

⑤ 集装箱货区，年运量不足 10 万吨。

（2）集装箱场的配置   集装箱场的主要设施应有装卸线、集装箱龙门起重机走行线、到发门到门箱区、掏装箱区、备用箱区、空箱区、待修（定修和临修）箱区、轨行式集装箱龙门起重机、装卸搬运辅助机械、维修组、汽车停车场和生产、办公房屋等。其布置图如图 3.19 所示。

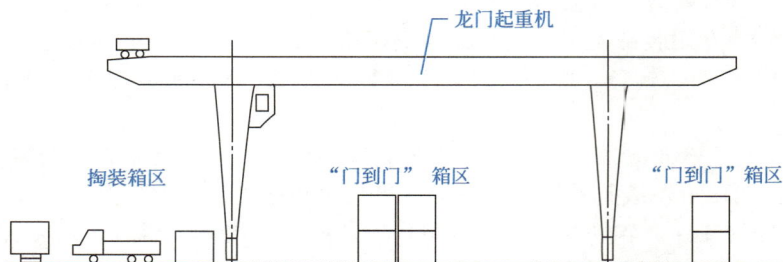

图 3.19　集装箱货场布置图

（二）必须使用符合规定的集装箱

经铁路运输的集装箱，集装箱箱主应保证集装箱质量符合国家或铁道行业标准。

非标铁路箱由国铁集团货运部公布运输条件后，方可上路运输。非标自备箱办理海铁联运、国际铁路联运（发站或到站为港口站、国境站）以及管内运输的，由发送铁路局集团公司确定运输条件，确保满足运输安全要求后方可上路运输；其他由发送铁路局集团公司提出运输条件，报国铁集团货运部公布后方可上路运输。

集装箱不符合国际标准以及国际铁路联运出口标准的，应确保满足相关国家铁路运输安全要求后，方可上路运输。

特种货物箱、专用箱和非标通用箱应经有资质的单位进行相关鉴定和认证，由托运人向发站提交有关技术文件和上路运输申请；铁路局（公司）对运输安全性等进行审查后提出意见报铁路总公司公布上路运输。

二维码 3.7

经铁路运输的集装箱必须符合国家标准或取得国际集装箱安全公约（CSC）安全合格牌照，否则应当经国铁集团审核同意后方可在铁路运输中使用。

不符合规定的，不能按集装箱办理运输。

（三）必须是适合集装箱运输的货物

承运人和托运人对适箱货物应采用集装箱运输，对《集装箱适箱货物品名表》中规定的货物，在发站有适用空箱时，必须采用集装箱运输。该表中规定的品名共有13 个品类，计 175 个品名。

1. 集装箱适箱货物品类

（1）交电类，如机动车零配件、空调机、洗衣机、电视机等。

（2）仪器仪表类，如自动化仪表、教学仪器、显微镜、实验仪器等。

（3）小型机械类，如千斤顶、医疗器械、电影机械、复印机、照相机及照相器材等。

（4）玻璃陶瓷建材类，如玻璃仪器、玻璃器皿、日用陶器、石棉布、瓷砖等。

（5）工艺品类，如刺绣工艺品、手工织染工艺品、地毯、展览品等。

（6）文教体育用品类，如纸、书籍、报纸、音像制品、体育用品等。

（7）医药类，如西药、中成药、中药材、生物制品、其他医药品等。

（8）烟酒食品类，如卷烟、烟草加工品、酒、罐头、方便食品、乳制品等。

（9）日用品类，如化妆品、牙膏、香皂、日用塑料制品、其他日用百货等。

（10）化工品类，如化学试剂、食品添加剂、合成橡胶、塑料编织袋等。

（11）针纺织品类，如棉布、混纺布、花织布、棉毛衫裤等针织品、服装、毛皮等。

（12）小五金类，如锁、拉手、水暖零件、理发用具、金属切削工具、焊条等。

（13）其他适合集装箱装运的货物。

2. 一定条件下可以使用通用集装箱装运的货物

（1）在一定季节和区域内不易腐烂、变质、冻损的易腐货物，经托运人和承运人协商一致并签订书面协议后，在保证不影响货物质量的前提下，可使用通用集装箱装运。

（2）符合《危规》规定可使用集装箱运输的危险货物。

3. 不能使用通用集装箱运输的货物

（1）集装箱所装货物应符合所用箱型适箱货物要求，不得腐蚀、损坏箱体。如水泥、炭黑、化肥、油脂、生毛皮、牲骨、没有衬垫的涂料等货物。

（2）铁路通用集装箱不得装运煤、焦炭等易污染箱体的货物。

下列货物不得混装于同一集装箱内：

（1）易腐货物与非易腐货物；

（2）危险货物与非危险货物；

（3）性质互抵的货物；

（4）运输条件不同的货物。

（四）按一批办理的条件

按一批托运的集装箱必须是同一箱型，同一箱主（铁路集装箱或自备集装箱）、同一箱态（空、重状态），最多不超过铁路一辆货车所能装运的箱数。

使用托运人提供的回空自备集装箱装运货物，按铁路集装箱办理。

（五）集装箱总重限制条件

集装箱装运货物的重量由承运人确定。集装箱内单件货物的重量超过100kg时，应在运单"托运人记事"栏内注明实际重量。

集装箱办理站必须具备集装箱称重条件，应逐箱复查发送集装箱的总重，对超过标记总重的集装箱，车站要及时纠正，并按规定核收复查产生的作业费后再上路运输。对标记总重超过24t的20ft通用集装箱，在40ft集装箱办理站间运输，最大总重可达到30t；在有"★"限制的20ft集装箱办理站发到的，最大总重仍为18.5t；在其他20ft集装箱办理站，最大总重仍为24t。

（六）集装箱军事运输按有关规定办理

部队或者军工企业办理集装箱运输，必须按商运办理。军事运输使用自备集装箱并要求按军用办理的，不再按集装箱运输条件办理。

✥ 任务实施

一、托运与受理

教学任务书——填写货物运单

针对"任务实例"中的3个集装箱，分两批次，按照下面的步骤，根据《铁路货物运输规程》附件3（货物运单填制办法），结合集装箱运输要求，逐项填写货物运单（表2.1），完成相关内容（未列条件可自拟）。

铁路通用箱通过95306网站实行网上预订，出站后重去重回的不需订箱。空箱按"先到先得"的原则自动分配，并在95306网站实行自动公示，配箱后自动生成运单需求联。

集装箱运输以运单作为运输合同。托运人托运集装箱应按批填写以下运单，一式两份。另外还应注意下列要求：

（1）运单中应该填写货物完整品名，若箱内装运多种品名的货物不能在运单内逐一填记时，托运人应按箱提出物品清单一式三份。加盖车站日期戳后，一份由发站存查，一份随同运送票据递交到站，一份退还托运人。

（2）集装箱运单中的"取货地址"和"送货地址"栏，若托运人选择站到站运输方式时不填写；若托运人选择门到站、站到门运输方式时，应填写详细的发货地址或交货地址；若托运人选择门到门的运输方式，则应填写详细的发货地址和交货地址。

（3）在运单上要注明要求使用的集装箱吨位，使用自备箱或要求在专用线卸车的，在"托运人记事"栏内记明"使用×吨自备箱"或"在××专用线卸车"。

（4）如果托运的单件货物的重量超过100kg，应在运单"托运人记事"栏内注明实际重量。

（5）如果托运人办理保价运输，应在"货物价格"一栏声明货物价格。

车站受理一批保价金额在50万元以上的集装箱货物时，应在运单、货运票据封套或货物装载清单上加盖⚠戳记（或用红色书写），并在编组顺序表记事栏内注明⚠字样。

（6）承运人对托运人填写的运单进行审核后，在运单上加盖"×吨集装箱"戳记。

承运人审查运单时应注意检查，托运的集装箱不得匿报货物品名，货物中不得夹带危险货物、易腐货物、货币、有价证券以及其他政令限制运输的物品。

二、拨配空箱

教学任务书——填写铁路集装箱出站单

在"任务实例"中，托运人要求使用2个铁路集装箱装运货物，应由货运员指定拨配箱体良好的集装箱，请填写铁路集装箱出站单（表3.3、表3.4）。

表3.3　铁路集装箱出站单（一）

_____站存查

甲联

A000001

出站填记（空　重）							
托运/收货人						调度命令号	
到站/运单号			箱型箱号			接收站	
箱体状况	割伤 C	擦伤 B		破洞 H	凹损 D	领箱人	
	破损 BR	部件缺失 M		污箱 DR			
搬出汽车号		破损记录号			车站经办人	出站日期	
进站填记（空　重）							
箱体状况	割伤 C	擦伤 B		破洞 H	凹损 D	还箱人	
	破损 BR	部件缺失 M		污箱 DR			
搬入汽车号		破损记录号			车站经办人	进站日期	

门卫验放：　　（章）

领箱人须知

1. 如本单记载与实际不符，应在出站前要求更正。
2. 应及时将铁路箱送回，超过规定时间需支付集装箱延期使用费。
3. 保证箱体完好无损，发生破损须赔偿。
4. 本单乙联随箱同行，还箱时将乙联交回。
5. 还箱收据盖戳后，保存60日。

说明：（1）铁路箱空箱出站时，将收货人、运单号抹消；重箱出站时，将托运人、到站抹消。

（2）甲乙联可用不同颜色印刷。

（3）各站可根据管理需要，增加联数。

表 3.4 铁路集装箱出站单 (二)

_____站存查 随箱联　　　　　　　　　　　　　　　　　　　　　　　　　乙联

A000001

出站填记(空　重)						
托运/收货人					调度命令号	
到站/运单号			箱型箱号		接收站	
箱体状况	割伤C　　　擦伤B		破洞H	凹损D	领箱人	
	破损BR　　部件缺失M		污箱DR			
搬出汽车号		破损记录号		车站经办人	出站日期	
进站填记(空　重)						
箱体状况	割伤C　　　擦伤B		破洞H	凹损D	还箱人	
	破损BR　　部件缺失M		污箱DR			
搬入汽车号		破损记录号		车站经办人	进站日期	

　　　　　　　　　　　　　　　　　　　　　　　　　　　　门卫验放：　　　(章)

还箱收据　|　本单记载的铁路箱已交回车站，收据请保存 60 日。
A000001　|
　　　　　　|　车站经办人：　　　　　　车站日期戳：

　　托运人要求使用铁路集装箱装运货物，应由货运员指定拨配箱体良好的集装箱。托运人在使用前必须检查箱体状态，发现箱体状态不良时，可要求车站货运员更换。

　　若托运人要求在站外装箱时，按车站指定的日期来车站领取空箱，由货运员指定拨配空箱。在站内装、掏箱时，按车站指定的日期将货物运至车站指定位置，由货运员指定拨配空箱。

(一) 准备拨配空箱

　　托运人持经货运员核准的运单，向发送货运员领取空箱。发送货运员接到运单后，应做以下几项工作：

　　(1) 核对批准的进箱日期及需要拨配的空箱数。

　　(2) 指定箱号。

　　(3) 在站外装箱的要认真填写《铁路集装箱出站单》，进行登记。

　　(4) 由托运人按规定签认后，取走空箱。

　　在空箱数量不足的情况下，拨配空箱工作应贯彻"四优先"原则，即贵重、易碎、怕湿货物优先，门到门运输优先，纳入方案去向优先，简化包装货物优先。此外急运的学生课本、报纸杂志、邮政包裹和搬家货物，也应优先拨配空箱。

(二) 检查空箱状态

　　因涉及集装箱交接责任划分问题，拨配空箱时，发送货运员应会同托运人一起认真检查箱体的状态，检查的内容主要包括：

　　(1) 箱顶是否透亮。

　　(2) 箱壁是否有破孔。

　　(3) 箱门能否严密关闭。

　　(4) 箱门锁件是否完好。

　　若托运人认为箱体状态不良不能保证货物运送安全，要求更换时，承运人应给予更换。

三、装箱与施封

1. 装箱

　　集装箱货物的装箱工作由托运人完成，箱内货物的数量和质量由托运人负责。装箱时应码放稳固，装载均衡，不超载、不集重、不偏重、不偏载、不撞砸箱体，采取防止货物移动、滚动或开门时倒塌的措施，保证箱内货物和集装箱运输安全。敞顶箱装运易扬尘货物，应采取苫盖篷布或抑尘等环保措施。

2. 施封

集装箱在装箱后应由托运人进行施封。结构上无法施封的集装箱、空集装箱以及托运人认为不需施封的集装箱可以不施封。施封时要注意以下问题：

（1）空集装箱可以不施封，须关紧箱门并用 10 号镀锌铁线拧固。

（2）通用集装箱重箱必须施封，施封时确认左右箱门锁舌和把手须入座后，在右侧箱门把手锁件处施封一枚施封锁。其他类型集装箱根据实际情况采取适合的施封方法。托运的空集装箱可不施封，托运人须关紧箱门，确认左右箱门锁舌和把手入座。

（3）所用施封锁必须是车站出售的，或经车站同意在国铁集团定点施封锁厂定购。

3. 加挂货签

托运人应在箱门把手上拴挂一个货签。货签上不填货物名称。拴挂前应清除残留的货签，以免造成作业错误。为了保证箱体的运用寿命，禁止使用不干胶（即压敏胶黏剂）货签。

四、验收集装箱

托运人将装好的重箱交给车站，货运员应逐箱进行检查。

（1）箱体状态是否良好。如果发现在装箱过程中有破坏箱体的情况，应及时填写集装箱破损记录（表 3.5）并要求托运人赔偿；如箱体不良可能危及货物安全的，应更换集装箱。

表 3.5　集装箱破损记录　　　　　　　　　　No：00001

英尺（t）箱　　　　　编号
1. 发站＿＿＿＿　　发局＿＿＿＿　　托运人＿＿＿＿
2. 到站＿＿＿＿　　到局＿＿＿＿　　收货人＿＿＿＿
3. 运送票据第＿＿＿号＿＿　年＿＿月＿＿日承运
4. 车种车号＿＿＿＿　　到达车次＿＿＿＿
5. 发现集装箱破损地点＿＿＿＿
6. 破损部位，按下面符号所示内容填在视图上。

门端　　地板(面向箱)　　箱底　　前段

左门　右门

面向箱门左侧　　面向箱门右侧　　箱顶

状态代号：割伤 C　擦伤 B　破洞 H　凹损 D　破损 BR　部件缺失 M　污箱 DR

7. 破损部原因和程度＿＿＿＿
8. 责任者＿＿＿＿（签章）
9. 装卸或货运主任＿＿＿＿（签章）
10. 填写单位：＿＿＿＿（章）　　填写人：＿＿＿＿
11. ＿＿年＿＿月＿＿日

注：本记录一式三份，一份编制记录站存查，一份交责任单位，一份随箱通行。

规格：A5 竖印

（2）箱门是否关好，锁舌是否落槽，把手是否全部入座。锁舌不入槽时，箱门是假关闭；把手不入座，装卸时极易损坏集装箱。

（3）施封是否有效。

（4）核对运单上填记的箱号和施封号码与集装箱上的是否对应、一致。

（5）集装箱货物的重量原则上由承运人确定，发送的集装箱必须复查，超重时，托运人应对集装箱减载后再运输。

（6）承运人有权对集装箱货物品名、数量、装载状况等进行检查。对没有检测设备的车站，需要开箱检查时，在发站应通知托运人到场，在到站应通知收货人到场；无法约见托运人和收货人时，应会同驻站公安检查，并做好记录。检查发现有问题时，由托运人按规定改正后再检查接收。

验收后的重箱应送入货区指定箱位，并在运单上填写箱位号、验收日期并签章。

五、交接集装箱

在集装箱的使用和运输过程中，总会不可避免地出现集装箱的交接环节。例如本任务中铁路箱在使用过程中，托运人要将租用的铁路集装箱带出车站装箱，装箱完毕后再将重箱送回车站进行运输。抵达到站后，重箱可能还要由收货人带出车站掏箱，掏箱完毕后再将空箱送回车站，涉及四次集装箱交接。因此，对集装箱的交接问题作如下说明。

1．交接地点和方法

（1）车站货场　重箱凭箱号、封印和箱体外状，空箱凭箱号和箱体外状交接。

箱体没有发生危及货物安全的变形和损坏，箱号、施封号码与运单记载一致，施封有效时，箱内货物由托运人负责。

（2）专用铁路、专业线　由车站和托运人或收货人商定交接办法。

2．交接凭证

进出站交接凭证为铁路箱出站单。从车站搬出铁路箱时，车站根据运单填写铁路箱出站单作为出站和箱体状况交接的凭证。集装箱送回车站时，车站收妥集装箱并结清费用后，在铁路箱出站单乙联上加盖车站日期戳和经办人章，将收据交给还箱人。

3．交接问题的处理

发站在接收集装箱时，如检查发现箱号或封印内容与运单记载不符或未按规定关闭箱门、拧固、施封的，应督促托运人改善后再接收。箱体损坏危及货物和运输安全的不得接收。

到站在卸车时发现集装箱施封锁丢失、封印内容不符、施封失效等现象，应在当时清点箱内货物并编制货运记录；发现集装箱破损可能危及货物安全时，应会同收货人或驻站公安检查箱内货物并编制货运记录。铁路箱破损时应编制集装箱破损记录。

收货人在接收集装箱时，应按运单核对箱号，检查施封状态、封印内容和箱体外状。发现不符或有异状时，应在接收时向车站提出。

4．交接责任的划分

交接前由交方承担，交接后由接方承担。但运输过程中由托运人责任造成的损失由托运人负责；因集装箱质量发生问题，责任由箱主或集装箱承租人负责。

集装箱在承运人的运输责任期内，箱体没有发生危及货物安全的变形或损坏，箱号、施封号码与运单记载一致，施封有效时，箱内货物由托运人负责。

5．违约和赔偿责任划分

托运人违约时，承运人可按合同约定或有关规定向托运人或收货人核收违约金和因检查产生的作业费用。可继续运输的，车站应会同托运人或驻站公安补封，编制货运记录。

由于托运人或收货人责任造成铁路集装箱丢失、损坏及无法洗刷的污染时，应由托运人或收货人负责赔偿，责任人在铁路箱出站单上签认，车站凭铁路箱出站单编制集装箱破损记录，作为向责任人索赔的依据。

自备箱由于承运人责任造成上述后果时，车站应编制货运记录，由承运人负责赔偿。赔偿费按实际发生的费用计算。

六、核算制票与承运

接收重箱后，货区货运员将运单和相关费用的票据交给核算货运员，核算货运员按规定制票并核收运费后，在运单上加盖车站承运日期戳，并将运单第三联（托运人存查联）和第六联（领货凭证）交给托运人，至此，即为集装箱承运。

七、装车作业（含双层集装箱运输）

20ft 和 40ft 集装箱可以使用敞车（C）、平车（N）、集装箱专用车（X）或两用车（NX）装运，但铁路 48ft 集装箱仅限使用车底架长度超过 15m 的集装箱专用车（X）或两用车（NX）装运。

集装箱装车前，要认真检查确认车辆和箱体状态，确保箱顶、车底板无杂物。对状态不良、影响运输安全的货车、集装箱禁止装车。

1. 装载加固基本要求

（1）使用铁路货车装运集装箱时，应合理装载，防止超载、集重、偏载、偏重、撞砸箱体。

（2）集装箱装车时，应核对箱号，检查箱体外状和施封情况。专用集装箱和特种集装箱还要检查外部配件。

（3）使用集装箱专用车和两用车时，装车前须确认锁头齐全、状态良好；装车后要确认锁头完全入位，门止挡立起。

（4）禁止使用普通平车装运集装箱。

（5）使用敞车装运重箱时，应采取措施，防止偏载。

2. 装载加固技术要求

（1）20ft 重箱不得与空箱配装。

（2）端部有门的 20ft 集装箱使用平车装运时，箱门应朝向相邻集装箱。但使用 X_{3K} 和 X_{4K} 集装箱平车，两端箱位装载集装箱、中间箱位未装载集装箱时，箱门应朝向外侧门挡。

（3）未安装 F-TR 型锁的集装箱专用平车或共用平车装运空集装箱时，必须使用 4 股以上 8 号镀锌铁线捆绑牢固。其中，使用共用平车时，将集装箱底部角件与车辆捆绑牢固；使用专用平车时，将相邻两箱底部角件捆绑在一起，仅装运一箱时，将集装箱底部角件与车辆底架捆绑牢固。卸车前，必须将铁线剪断并清除干净，防止损坏车辆和箱体。板架式汽车箱按其运输条件执行。

（4）集装箱专用平车 X_{3K}、X_{4K}、X_{6K} 按照规定的装载方案装载。

3. 双层集装箱运输技术要求

（1）技术要求

① 采用双层箱运输时仅限使用 X_{2K} 和 X_{2H} 型专用平车，装后集装箱和货物总重不得超过 78t，重车重心高不得超过 2400mm。

② 双层箱运输在国铁集团公布发到站间、按指定线路组织班列运输。装车后不得超过

《技规》规定的铁路双层集装箱运输装载限界，列车运行速度不得超过 120km/h。

③ 双层箱专用平车不得经驼峰解编，不得溜放。

④ 双层箱运输，使用国际标准 20ft、40ft 或宽度、高度、结构、载重、强度等符合国际标准的 48ft 集装箱，20ft 集装箱高度不超过 2591mm，40ft 集装箱高度不超过 2896mm。

⑤ 箱内货物要码放稳固、装载均匀。装箱后箱门应关闭良好，锁杆入位并旋紧。箱门关闭不良的集装箱不得双层运输。

20ft 集装箱的箱门应朝向相邻集装箱。使用专用锁具连接上下两层集装箱，并将锁具置于锁闭状态。

(2) 按方案装车

① 重箱在下，轻箱在上。上层箱的总重不得超过下层箱。

② 下层限装 2 个 20ft 或 1 个 40ft 箱，上层限装 1 个 40ft 或 48ft 箱。

③ 每层 20ft 箱的高度须相同，重量差不超过 10t。

④ 20ft 和 40ft 箱组合时，20ft 箱限装下层。

4. 搬运和堆码要求

集装箱装卸和搬运时应稳起轻放，防止冲撞。集装箱应使用集装箱专用吊具装卸。码放集装箱时，必须堆码整齐，关闭箱门，箱门朝向一致；多层码放时，要角件对齐，不得超过限制堆码层数。

5. 装车后票据、封套的填写

集装箱装车时，应填制货车装载清单，记明箱号和车号等信息。需要使用货运票据封套时，应在货运票据封套的右上角加盖箱型戳记并填记箱号，在"货物品名"栏内按《铁路货车统计规则》规定填记"箱主＋箱型号＋重（空）＋箱数"。在"货物实际重量"栏内填记箱数和全车集装箱总重。

6. 集装箱卸车

(1) 制定卸车计划，确定车号、箱号后，将装卸作业单传给装卸工组，现场组织卸车。对带有 F-TR 型锁的平车作业，货运员须向装卸工组说明安全注意事项，作业时确认装卸指挥人员是否到岗指挥。

(2) 集装箱卸车时，应核对箱号，检查箱体和施封情况。发现箱号不符时，应在集装箱管理信息系统中填写卸前修改箱号，做到与实际一致。

八、交付集装箱

(1) 收货人接到通知后，凭领货凭证及时到车站领取集装箱。内交付货运员应认真审查领货凭证及相关证明文件，确认正当的收货人后，收清相关费用，在货物运单上加盖戳记交给收货人。

(2) 收货人持运单到货区领取集装箱，货区货运员将集装箱点交给收货人后，认真填写集装箱出站单，并在运单上加盖"交讫"戳记，收货人凭加盖"交讫"戳记的运单和集装箱出站单将集装箱搬出货场。

(3) 到达的集装箱，应于承运人发出领货通知的次日起算，2 日内领取集装箱，并于领取的当日内将箱内货物掏完或将集装箱搬出。

(4) 门到门运输的集装箱重去空回或空去重回时，应于领取的次日送回；重去重回时应于领取的 3 日内送回。

(5) 铁路集装箱超过免费暂存期限和使用铁路箱超过规定期限，核收货物暂存费和集装箱延期使用费。铁路局集团公司可延长规定的集装箱出站免费使用期限，但最长不得超过领取的

7 日内。集装箱出站的，因托运人原因空去空回时，应于出站之日起核收集装箱延期使用费。

（6）集装箱的掏箱由收货人负责。铁路箱掏空后，收货人应清扫干净，将箱门关好，撤除货签及其他标记，有污染的须除污洗刷。车站对交回的空箱应进行检查，发现未清扫或未洗刷的，应由收货人清扫或洗刷干净后再接收。

九、信息和统计

（一）信息管理

集装箱运输应建立全路统一的运输管理信息系统，使用统一的票据、表报和电子单证，实现集装箱运输动态管理和实时信息查询，逐步实现与港口、口岸、大客户等的电子数据交换。

国铁集团及各铁路局应设专人负责计算机网络及信息系统日常维护工作，确保系统安全、平稳运行、数据准确，实现对集装箱的实时动态管理。

集装箱办理站应使用全路统一标准的集装箱管理信息系统，及时、准确录入集装箱承运、装卸车、出入站等信息。每日 18：00 作出集装箱运用报告（表 3.6），逐级上报集装箱调度。集装箱运用报告可按"集装箱运用报告填制说明"的要求进行填制。

（二）集装箱运输的主要指标

集装箱运输的主要指标有数量指标和质量指标。数量指标主要有：集装箱发送箱（TEU）、到达箱（TEU）、集装箱发送吨、到达吨、集装箱运输收入、集装箱保有量（IEU）。质量指标主要有：集装箱在站平均停留时间（d）、集装箱周转时间（d）、使用率（即：发送箱÷在站运用箱）。

1. 集装箱在站平均停留时间计算

集装箱在站停留时间是指集装箱到站卸车完了时起到重新装车时止的全部停留时间（d），但不包括其中的转入非运用的停留时间。集装箱在站平均停留时间只对铁路集装箱统计计算并填写集装箱停留时间统计簿。

$$平均停时(d) = \frac{总停时}{(发出总箱数 + 发出运用空箱数) \times 24}$$

【例 3.1】 某站 20ft 铁路集装箱总停时为 67243d，发送铁路箱 1609 箱，排空铁路箱 30 箱。计算其平均停时。

解 平均停时 $= \frac{67243}{(1609+30) \times 24} = 1.71(d)$

2. 铁路集装箱保有量

铁路集装箱保有量＝铁路箱日均发送箱数×平均停时

【例 3.2】 某站 20ft 铁路集装箱月均发送箱数为 1639 箱，平均停时为 1.71d。计算集装箱保有量。

解 集装箱保有量＝1639/30×1.71＝93.4≈94(TEU)

在日常集装箱运输组织工作中，要注意这些主要指标的变化，发现问题要及时找出原因，有针对性地提出解决问题的措施，保证和改进集装箱运输工作。

（三）集装箱管理

铁路箱的号码由国铁集团货运部统一公布。未公布号码的集装箱不得上路使用。

车站凭国铁集团集装箱调度命令接收新造铁路箱，逐箱核对后在"铁路箱投入交接单"上签认。

表 3.6　集装箱运用报告

项目	编号
箱别	1
昨日结存数　重箱	2
昨日结存数	3
到达　重箱	3
到达　空箱　合计	4
到达　空箱　本局	5
到达　空箱　外局	6
到达　空箱　新箱投入	7
到达　空箱　修理箱	8
发出　重箱	9
发出　空箱　合计	10
发出　空箱　外局	11
发出　空箱　本局	12
发出　空箱　修理箱	13
报废箱	14
现在数　合计	15
运用数　合计	16
运用数　待发重箱	17
运用数　待交重箱	18
运用数　空箱	19
非运用数　合计	20
非运用数　修理箱	21
非运用数　备用箱	22
去向　哈局　重箱	23
去向　沈局　重箱	24
去向　京局　重箱	25
去向　太局　重箱	26
去向　呼局　重箱	27
去向　郑局　重箱	28
去向　武局　重箱	29
去向　西局　重箱	30
去向　济局　重箱	31
去向　上局　重箱	32
去向　南局　重箱	33
去向　广局　重箱	34
去向　柳局　重箱	35
去向　成局　重箱	36
去向　昆局　重箱	37
去向　兰局　重箱	38
去向　乌局　重箱	39
去向　青局　重箱	40
铁路箱出入境　入境　小计	41
铁路箱出入境　出境　小计	42
境外箱合计	43
总停时	44
平均停时	45
交付箱　铁路箱　合计	46
交付箱　铁路箱　重箱	47
交付箱　铁路箱　空箱	48
交付箱　自备箱	49
发送箱　铁路箱　合计	50
发送箱　铁路箱　重箱	51
发送箱　铁路箱　空箱	52
发送箱　自备箱	53
昨日结存数　发送吨	54
昨日结存数　结存数	55
中转箱　到达	56
中转箱　发送	57
中转箱　现在数	58
备注	59

注：各局去向栏下空箱分"空"与"修"两栏。

铁路箱产权单位应保证维修资金投入，及时维修损坏箱，加快维修作业，压缩修理时间。报废时应涂掉铁路标记和箱号，摘除铭牌。

铁路箱产权单位应对新造质量和维修质量负责，对铁路箱实行定期检验或实施连续检验计划。铁路局集团公司应对铁路箱的运用质量负责，承担箱体质量检查和损坏箱扣修的责任。

铁路箱产权单位设立铁路箱修理点时，应与铁路局集团公司协商一致后，双方报国铁集团货运部公布。箱修点应具备铁路箱报废功能。

铁路箱产权单位和铁路局集团公司可共同制定操作规定，在未设箱修点的车站开展上站修，在保证安全的前提下，及时维修损坏箱，减少回空。

铁路箱扣修由车站负责，通用箱执行铁道行业标准《通用集装箱在铁路车站检查的技术要求》（TB/T 3207），特种货物箱、专用箱按其运输条件执行。

铁路箱需修理时，由车站填写"铁路箱修理通知书"。需要回送其他车站修理时，凭集装箱调度命令，在"特殊货车及运送用具回送清单"内填记"修理箱"字样，到站填写"铁路箱修理通知书"送修。

铁路箱发生损坏、丢失时，车站编制"铁路箱破损记录"作为责任划分和赔偿依据，由责任者在"铁路箱破损记录"上签认并负责赔偿。丢失或因损坏报废时，按市场重置价格赔偿；铁路箱市场重置价格由产权单位报国铁集团货运部公布。损坏时，按实际发生费用（包括修理费、修理回送费、延期使用费及吊装搬运费等）赔偿。

铁路箱损坏责任按下列原则划分：

（1）到站卸车发现损坏，除卸车作业导致损坏、能判明其他责任者、发站证明没有责任的以外，由发站赔偿；站内掏箱发现集装箱地板、端侧壁、顶部等内部损坏，除掏箱作业导致损坏及能判明其他责任者以外，由发站赔偿。到达的集装箱出站后，发站不再承担赔偿责任。

到站认为集装箱损坏为发站责任的，应于卸车或站内掏箱24小时内拍照，编制"铁路箱破损记录"；将损坏情况以电报拍发给发站，抄送发送、到达铁路局集团公司货运部门以及国铁集团货运部、铁路箱产权单位。

（2）集装箱在车站（包括站内、站外、铁路专用线、专用铁路等）发生损坏，由该站赔偿；车站应拍照并编制"铁路箱破损记录"。

集装箱损坏属托运人、收货人、铁路专用线、专用铁路、接取送达单位等责任的，车站按规定索赔。

（3）返回车站的集装箱在站外发送损坏时，由收货人或接取送达单位赔偿；收货人认为属托运人装箱等原因导致地板、端侧壁、顶部等内部损坏的，由收货人向托运人索赔。

✿ 技能训练

有下列集装箱需要运输，请基于工作过程，按照"任务实施"的程序和要求填写对应的表单，完成相应的工作任务。能确定的事项，根据有关规定，查找相关资料和95306网站确定，无法确定的，可自行假设。

1. 托运人在西安西站托运2个20ft铁路集装箱，每个集装箱内装工业机械零配件（木箱包装）18t，货物到站为郑州东站，运价里程522km，箱号为TBJU4622822/TBJU4370903。

2. ××××年9月12日，某物流公司，在石家庄南站托运2个20ft企业自备集装箱，1个集装箱内装百货16t，1个集装箱内装线材19.93t。货物到站为北郊站。箱号为LLTU2009480/LLTU2009491。

项目四
鲜活货物运输

知识要求

- 理解鲜活货物定义和分类；
- 理解冷藏运输原理和冷藏设备；
- 掌握鲜活货物运输条件；
- 掌握冷藏车、棚、敞车的使用规定；
- 掌握鲜活货物装车的方法和注意事项；
- 理解通风作业方法和要求、到达与交付方法和要求。

技能要求

- 会正确受理、承运鲜活货物；
- 会安全、迅速、满载地组织鲜活货物装车；
- 会正确、安全地进行鲜活货物途中作业、卸车交付作业。

素质要求

- 具有快速反应的能力；
- 具有无缝衔接的意识；
- 具有现代冷链物流的理念。

工作任务一　易腐货物运输

任务实例

内蒙古××乳业有限公司计划从呼和浩特市向南京市××食品有限公司通过铁路运输冰淇淋 180t（未列条件可查找规章、95306 网站等确定或自拟）。

理论知识

一、鲜活货物定义及分类

鲜活货物是指在铁路运输过程中需要采取制冷、加温、保温、通风、上水、加冰等特殊措施，以防止出现腐烂、变质、冻损、生理病害、病残死亡等问题的货物。

鲜活货物分为易腐货物和活动物两大类。易腐货物包括肉、蛋、乳制品、速冻食品、冻水产品、鲜蔬菜、鲜水果等，按其热状态分为冻结货物、冷却货物和未冷却货物。冻结货物是指经过冷冻加工成为冻结状态的易腐货物。冷却货物是指经过冷却处理，温度在冻结点以上的易腐货物。未冷却货物是指未经过任何冷处理，完全处于自然状态的易腐货物。常见品名见易腐货物机械冷藏车运输条件表（表 4.1）（《鲜规》附件 1）。活动物包括禽、畜、兽、蜜蜂、活水产品等。

二、易腐货物的化学成分及腐烂原因

（一）易腐货物的化学成分

分析易腐货物的化学成分、特性及其变化规律与易腐货物腐烂的机理，有助于正确采取相应的防护措施，保障易腐货物的质量。

易腐货物中含有有机物和无机物两大类物质。有机物主要包括蛋白质、脂肪、糖类、酶和维生素等；无机物主要包括各种矿物质和水。肉、鱼、奶等动物性易腐货物，蛋白质、脂肪、酶、水等含量较多；水果、蔬菜等植物性易腐货物，糖类、水含量较多。

二维码 4.1

1. 蛋白质

蛋白质是高分子含氮有机化合物，它是一切生命活动的基础，也是构成生物体细胞的主要原料。蛋白质在动物性食品中含量较多，在植物性食品中含量较少。但有些植物性食品如豆类所含蛋白质也较多。

2. 脂肪

脂肪是由各种不同的脂肪酸和甘油结合而成的化合物。构成脂肪的脂肪酸可分为饱和脂肪酸与不饱和脂肪酸两种。脂肪在动物性食品和植物种子中含量较多，而在水果、蔬菜中含量较少。

3. 糖类

糖类是由碳、氢、氧三种元素组成的有机化合物，因氢、氧比例为 2∶1，故俗称碳水化合物。糖类按其包含多少个 $C_6H_{12}O_6$ 分为单糖（如葡萄糖、果糖和半乳糖）、双糖（如蔗糖、麦芽糖和乳糖）以及多糖（即淀粉、纤维素）等。

4. 酶

酶是一种特殊的蛋白质，它是生物细胞所产生的一种有机催化剂，在食品中含量很少。

5. 维生素

维生素是一种低分子的有机化合物，在食品中含量极少，有调节新陈代谢、维持免疫功能和内分泌的作用。维生素包括维生素 A、维生素 B、维生素 C、维生素 D、维生素 E、维生素 F、维生素 K、维生素 P 等大类。维生素的特点是遇高温和氧化作用会受到破坏，果蔬经伤口容易流失。

6. 有机酸

有机酸主要存在于植物性食品中，包括苹果酸、草酸、柠檬酸、葡萄酸等；动物性食品则含有乳酸。

表4.1　易腐货物机械冷藏车运输条件表（摘录）

品类顺号	货物品类	货物品名	货物热状态	装车时货物质量要求（感官质量）	承运温度	运输温度	适用包装号或包装	装载要求	装载号	说明
1	速冻水果									
1.1	速冻水果	速冻荔枝、速冻草莓等	冻结	果面洁净，无不洁物污染。冻结良好，无结霜或粘连。产品包装完好无破损，无复冻现象	-18℃以下	-15℃以下	3	紧密堆码		
1.2	速冻蔬菜	速冻叶菜类（菠菜、青硬菜、白菜、甘蓝、辣椒叶等）	冻结	成品外观平面形状规则，均匀，棱角分明。冻结良好。单冻产品应符合本产品冻结应有色泽，无结霜；块冻产品色泽鲜亮，镀冰衣完整、清晰。产品包装完好无破损，无复冻现象	-18℃以下	-15℃以下	3	紧密堆码		
1.3		速冻根茎类、速冻豆类、速冻花菜类、速冻芦笋、速冻食用菌等	冻结	冻结良好，单体散冻，无粘连，结块。冰箱呈正常应有色泽。无失水、风干、冻衣脱落等现象。产品包装完好无破损，无复冻现象	-18℃以下	-15℃以下	3	紧密堆码		
2	冻水产品									
2.1	冻水产品	冻鱼（鲅鱼、大黄鱼、黄花鱼、乌鳢鱼、带鱼、青鱼、草鱼、鳀鱼、鳊鱼等）、冻鱼片	冻结	冻结良好，无明显冰晶，无粘连，无变形。无变形应完全，内外包装洁净卫生。单冻鱼产品冰衣应完全将鱼包覆。冻鱼透明，晶莹发亮，个体同一，鱼眼清晰明亮。真空包装产品包装完整无漏气，无软化，复冻现象	-18℃以下 / -15℃以下 / -15℃以下	-15℃以下 / -12℃以下 / -12℃以下	3	紧密堆码		
3	肉类									
3.1	猪肉	冻分割肉、冻猪肉、冻猪胴体、冻猪副产品及制品（冻火腿）等	冻结	冻结良好。肌肉有光泽，红色或稍暗，脂肪呈乳白色或粉白色。无不良异味，无变形，无复冻现象	-18℃以下 / -15℃以下 / -12℃以下	-15℃以下 / -12℃以下 / -10℃以下	3（猪头、胴体可不加包装）	紧密堆码		
3.2	牛肉	冻牛肉、带骨肉、冻牛分割肉、冻牛副产品及其制品	冻结	冻结良好。色泽正常。外表微干或有风干膜。无不良异味。无变形、无复冻现象	-18℃以下 / -15℃以下 / -12℃以下	-15℃以下 / -12℃以下 / -12℃以下	3（胴体可不加包装）	紧密堆码		

7. 水

水是生命存在的条件，为生物包括微生物繁殖提供了条件，同时，水也是一种溶剂，直接参与并渗透、扩散生物化学反应。易腐货物含水量大，则显得鲜嫩，但也易于腐烂；而水分蒸发则会使货物干缩变质，失去新鲜的外观和品质。

8. 矿物质

矿物质是生物细胞不可缺少的组成部分，它直接参与有机体的新陈代谢过程。矿物质的存在，使食品汁液的冻结点比纯水低。

（二）易腐货物腐烂的原因

易腐货物发生腐烂，其实质就是货物的物质成分在一定的外界条件作用下发生分解变化而引起货物性质的改变。引起易腐货物腐烂的原因主要有三种：微生物作用、呼吸作用和氧化作用。

1. 微生物作用

二维码 4.2

微生物作用是指微生物在食品内滋生繁殖，使食品腐烂。微生物作用主要发生在动物性食品中。微生物对食品的破坏，主要是微生物分泌出有毒的物质（主要是水解酶），破坏细胞壁、细胞膜，侵入细胞内部，将细胞中复杂的有机物水解，供微生物利用。例如蛋白质在微生物作用下，会发生分解，产生硫化氢、氨等恶臭气体和有害物质。脂肪在微生物作用下，会发生水解，被分解成甘油和脂肪酸，脂肪酸再被氧化分解为醛类、酮类和酸类等有害物质。

2. 呼吸作用

呼吸作用是指由于水果、蔬菜的呼吸，逐渐消耗体内的养分使食品腐烂。呼吸作用主要发生在植物性食品中。水果、蔬菜、马铃薯等植物性食品，采收后仍有生命活动，不断吸收氧气，消耗糖类、维生素等养分，产生免疫功能抵御外界微生物的入侵，但以消耗自身体内的营养物质为代价。例如：在呼吸作用下，植物性易腐货物中的糖会被氧化成二氧化碳、水，并产生热量，而在缺氧环境下，则氧化分解成乙醇、二氧化碳，产生较少的热。维生素受到破坏，货物抵御微生物的抗病能力减弱，易造成货物腐烂。

3. 氧化作用

氧化作用是一种化学作用。因碰撞、振动、挤压等物理作用，水果、蔬菜等植物性易腐货物的表皮组织受到机械损伤后，失去保护作用，微生物易于侵入。而且在酶的催化下，破损处也易发生氧化，使货物从点到面、由表及里地逐渐变色、变味和腐烂。动物性易腐货物的脂肪在酶的作用下也会被氧化。

以上导致易腐货物腐烂的原因并非孤立而是互相影响的。例如，苹果表皮擦伤后，伤口处就会被氧化变黄，细菌、霉菌等微生物也从伤口乘虚而入，苹果因自发愈伤和抵御微生物侵袭，呼吸作用加强，腐烂速度加快。

三、冷藏原理与方法

（一）冷藏原理

微生物活动的影响因素主要是温度、pH值、渗透压、氧气、水分、阳光和紫外线。呼吸作用的影响因素归纳起来有内因和外因两种。内因主要是易腐货物品种和生长天数，外因主要是储运环境的温度、空气成分、湿度、机械创伤和微生物侵染。氧化作用的影响因素主要是温度、空气成分和机械损伤。微生物作用、呼吸作用和氧化作用都与温度有关，所以，利用控制温度的办法，能够达到控制三个作用的目的，即达到保鲜的目的。当然，用控制其他因素的办法也能达到类似的效果，如腌制、晒干、加防腐剂、气调法、水果表面涂层法、冰温储存法、冻结真空干制法等。各种保藏方法中，冷藏法简便易行、经济实用、安全有效，在我国铁路运输易腐货物中得到了普遍采用。

（二）冷藏方法

冷藏是将易腐货物的温度降低，按其降低的程度分为冻结和冷却两种方法。

1. 冻结方法

常温下，易腐货物中的水以自由水和结合水的形式存在。自由水中含微量盐类，结合水则与蛋白质或碳水化合物结合，两者都具有在低于0℃的温度下才能结冰的特点。

二维码4.3

冻结方法是将易腐货物的温度降低到使货物中大部分水都变成冰的低温，在冻结状态下储运。冷冻加工分快速冻结和慢速冻结。快速冻结的效果比慢速冻结好。快速冻结，易腐货物液汁中的水能很快结冰析出，迅速形成分布均匀的微小冰晶体，不致损伤细胞组织结构，能增大变化的可逆性，解冻时液汁融化后能充分地渗回到细胞组织中，货物的营养成分和滋味都能得到较好的保持。慢速冻结，易腐货物液汁中的水结晶过程长，形成的冰晶体大，破坏了细胞组织结构，解冻时液汁融化后不能充分地渗回到细胞组织中，甚至有部分液汁流出，形成不可逆过程，使货物的品质下降。

冻结方法能做到在低于0℃的低温下储藏易腐货物，可取得较理想的保质效果。在冻结货物中，一般还将经过深度冷冻温度在−18℃以下的冻结货物称为深度冷冻货物（简称深冷货物），经普通冷冻温度高于−18℃的冻结货物称为普通冷冻货物（简称普冷货物）。动物性易腐货物含水量小，耐冻性强，适宜用冻结的方法冷藏。特别是冻鱼、冰淇淋等易腐货物，采用深冷运输，能更好地保持货物的品质和风味。水果、蔬菜等植物性易腐货物含水量大，如用冻结的方法冷藏，应采用快速冻结，以免破坏细胞组织结构，造成冻损。

2. 冷却方法

冷却方法是将易腐货物的温度降低到适宜储藏又不至于使货物冻结的低温。虽然降低温度，可有效地抑制微生物的繁殖，减弱氧化、呼吸作用，有利于保持货物的质量，但对水果、蔬菜等植物性易腐货物，温度又不宜过低，温度低于0℃易造成货物发生冷害冻损而变质，通常只是将货物冷却到适宜的温度进行储运。多数水果、蔬菜的适宜储运温度在0～4℃。冷却加工时，水果、蔬菜等多用冷空气冷却，鱼虾可用夹冰冷却。

四、冷藏车

图4.1　五节式机械冷藏车

冷藏车是运输易腐货物的专用车，主要有机械冷藏车和冷板冷藏车。

1. 机械冷藏车

目前铁路使用的机械冷藏车主要有B_{21}、B_{22}、B_{23}、B_{10}型。

B_{21}、B_{22}、B_{23}型为五节式机械冷藏车（图4.1），均由1辆发电乘务车和4辆装货车组成。发电乘务车在车组中部，两端各连挂2辆装货车（图4.2）。

机械冷藏车组采用成组集中供电，单车制冷、加温的形式。

发电乘务车上设有机械间、变配电间和乘务员工作、生活设施。发电乘务车的两套柴油

图 4.2　五节式机械冷藏车车组连接情况

发电机，分别为两端的装货车供电。

　　每辆装货车两端各设一套制冷机组、电加热器（图 4.3）。用风机将冷、热空气吹入车内，经循环挡板、底格板（离水格子）、通风条等循环装置进行循环，使车内获得较均匀稳定的温度，并通过测温、控温装置进行测温、控温。车上设有通风换气装置，需要时可对车内进行通风换气（图 4.4）。

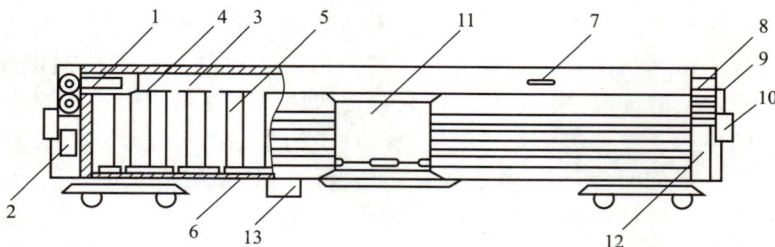

图 4.3　冷藏货物车设备布置图
1—制冷机组；2—冷藏车总控柜；3—风道；4—循环挡板；5—通风条；6—底格板（离水格子）；
7—通风换气排气口；8—机组通风百叶窗；9—护栏；10—工作台；11—车门；12—工作间侧门；13—备件箱

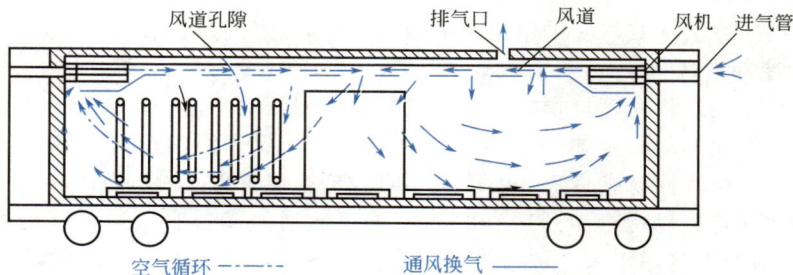

二维码 4.4
图 4.4　B_{22} 型机械冷藏车空气循环及通风换气示意图

　　机械冷藏车采用机械制冷，制冷量大，制冷速度快，控温稳定可靠，调温范围宽。车组技术含量高，维修复杂，需配备专业乘务人员负责操作和维护，设置专门的车辆段负责维修、运用和管理。

　　B_{10} 型为单节式机械冷藏车，在一辆车内设置了货物间、机器间和乘务室。车内配有辅助柴油发电机组，为制冷机组供电，控温范围 $-24 \sim 14$℃。单节式机械冷藏车较机械冷藏车车组，具有单车运用、灵活方便的优点，能更好地适应易腐货物运输去向分散、批量小的发展趋势。

　　冷藏车基本性能见表 4.2。

2. 冷板冷藏车

　　冷板冷藏车作为铁路冷藏运输装备的一员，从初期依靠地面充冷的由加冰冷藏车改造成的第一代冷板冷藏车（无制冷机组冷板冷藏车），发展到车上自带制冷机组，依靠地面电源驱动制冷机组充冷的第二代冷板冷藏车（机械式冷板冷藏车）（图 4.5、图 4.6）。第一代冷板冷藏车是单节冷板冷藏车，第二代冷板冷藏车由 4 辆冷板车组成，其中 1 辆设有乘务室。

设乘务室冷板车有 10 块冷板，载重 30t，容积 63m³；其他 3 辆冷板车有 14 块冷板，载重 38t，容积 87m³。

表 4.2　冷藏车的基本性能

车型	自重 /t	载重 /t	容积 /m³	装货面积 /m²	车内装载尺寸（长×宽×高）/m	最大外部尺寸（长×宽×高）/mm	门孔尺寸（宽×高）/mm	车组自重 /t	车组载重 /t	车组全长 /m	车内可保持的温度 /℃	特　点
B₂₁	38.5	45	92	45.9	18×2.55×2.0	21938×3035×4325	2700×1900	208	180	107.7	−22～14	5节机械冷藏车组，1辆工作车，两端各2辆货物车
B₂₂	38	46	105	46	18×2.558×2.3	21938×3020×4670	2700×2300	206	184	107.7	−24～14	5节机械冷藏车组，1辆工作车，两端各2辆货物车
B₂₃	38.2	45.5	105	46	18×2.560×2.3	21938×3134×4640	2702×2306	206	182	110.1	−24～14	5节机械冷藏车组，1辆工作车，两端各2辆货物车
B₁₀	41.1	38	100	43.6	17.3×2.56×2.3	21938×3094×4700	2700×2300	—	—	—	−24～14	单节机械冷藏车

图 4.5　BSY 型机械冷板冷藏车

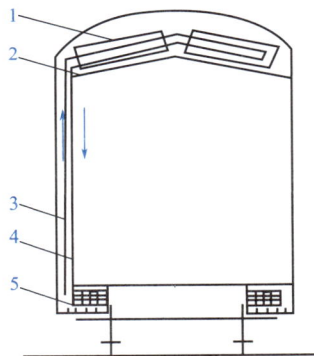

图 4.6　机械式冷板冷藏车示意图
1—冷冻板；2—挡板；3—进液管；
4—回气管；5—制冷机组

冷板冷藏车顶部安装有冷板，利用冷板制冷。冷板为密封的钢制板状容器，内设成排蒸发管，管内可通过制冷剂，管外与容器内壁之间的空隙充满低共晶液。将制冷剂压入蒸发管内汽化吸热，低共晶液便被冷却冻结成固体状态，形成一块储存冷量的冷板。在运输中利用冷板中的低共晶液吸热，提供冷源。冷板冷藏车可由发站或中途充冷站充冷，配备制冷机组和充冷系统的二代冷板冷藏车可自行充冷。一次充冷，一般可连续运行 100h。冷量用完后，可再次充冷，反复使用。车内温度可通过调整冷板下调温板调节窗的开度来调节，控温范围 −8～5℃。

无制冷机组的冷板冷藏车需要铁路网上设置许多充冷站为其充冷。机械冷板冷藏车自重大、调温困难、抗震性差，成组运用时灵活性差；相对于机械冷藏车，其所能提供的冷量有限，不能根据货物的具体情况进行冷量控制；机械冷板冷藏车运输距离不宜太远，长途运输时需途中充冷。因此，铁路冷板冷藏车数量很少，难以大范围使用。

3. BX$_{1K}$ 型冷藏集装箱车组

BX$_{1K}$ 型冷藏集装箱车组由 8 辆 BX$_{1K}$ 型集装箱专用平车与 1 辆 B$_{23}$ 型机械冷藏车的工作车组成的，其中 B$_{23}$ 机械冷藏车的工作车负责发电并向 8 辆 BX$_{1K}$ 集装箱专用平车供电。

4. 隔热保温车

隔热保温车属于专用车，没有制冷和加温设备，车内温度取决于环境温度和货物装车时的温度。因不设制冷设备，隔热车具有无须供应燃料和提供途中服务，因而成本低、检修方便、货装容积大、可单节使用等优点。主要车型有 BH$_1$ 型隔热保温车。

五、冷藏集装箱

冷藏集装箱（图 4.7）是一种先进的易腐货物冷藏运载工具，也是冷藏链的一项重要技术基础，除具有一般集装箱载货量相对较小、运用灵活、市场适应性强、容易实现门到门运输的优点外，还能减少易腐货物在不同运输工具间换装和在待装、待搬、装卸、搬运、中转、配送等作业过程中的暴露时间，使货物免受外温影响而导致升温软化变质或发生低温冷害冻损，也减少了货物被污染的可能性，有利于保障货物的质量。

图 4.7　冷藏集装箱

目前铁路冷藏集装箱按使用的能源形式，可以分为以下几种：

1. 柴电一体式冷藏集装箱

铁路柴电一体式冷藏集装箱自带柴油发电机给制冷机供电，使用普通平车装运，可单箱运输，组织方式灵活，能适应小批量、多批次运输需求。

2. 外部供电式冷藏集装箱

外部供电式冷藏集装箱外接电源，可远程监控，主要由箱体、制冷机组、远程监控系统等部分构成。箱体、制冷机组、监控设施按照铁路、公路和海运运输工况，特别是长时间铁路运输工况的应用要求进行设计和制造，由"8＋1"型 BX$_{1K}$ 车组或外挂式发电机供电。

3. 隔热集装箱

隔热集装箱主要由箱体、监测装置等部分构成，无冷却和加温设备，箱壁有导热率低的泡沫塑料等隔热材料，可防止箱内温度上升，主要用于载运水果、蔬菜等类货物，同时还具有定位及远程温度监测功能。箱体、监测装置按照铁路、公路、海运运输工况，特别是长时间铁路运输工况的运用要求进行设计和制造。

4. 新能源锂电池冷藏集装箱

锂电池冷藏集装箱是采用大容量锂电池作为动力系统的冷藏集装箱，具有节能、环保、经济等特性。由锂电池驱动的冷藏集装箱能满足铁路、公路、水路等多种运输需求。箱体采用大功率纯电动变频制冷机组，具有制冷速度快、耗电量低、保温性能好等诸多优势，同时，锂电池冷藏集装箱采用信息化技术对运输全程实施远程监控，提升了运输可靠性。

5. 蓄冷型冷藏集装箱

蓄冷型冷藏集装箱是使用箱体顶部储存的蓄冷剂释放冷量进行制冷的。通过加装智能化远程监控系统，可实时感知箱内温度及湿度，方便快捷，实现铁路、公路、水路运输及其联运。

随着冷链物流及其装备的发展，铁路会越来越多地采用更多的、更加先进的冷藏集装箱进行易腐货物运输。

六、鲜活货物运输的特点和要求

（一）鲜活货物运输的特点

1. 季节性强，运量波动大

大部分鲜活货物的生产具有季节性。如水果集中在三、四季度，南菜北运集中在冬春两季，水产品集中在春秋汛期，从而也形成了鲜活货物运输的旺季和淡季，旺季运量集中，运输时间紧迫。

二维码 4.5

2. 品类多，运输工作复杂

我国物产丰富，鲜活货物品种多，性质不一，运输条件各异。不同的鲜活货物，运输时需要采取冷藏、保温、加温、通风等不同的运输方式，提供上水、供料等服务，运输工作复杂。

3. 运距长，时间要求短

我国地域辽阔，各地鲜活货物不同，产品互补性强，且产地集中、销地分散，运输距离一般较长。而运输时间过长，易腐货物养分减少，干耗增大，质量下降甚至腐烂变质；活动物则有可能掉膘、病残死亡。运输易腐货物有严格的容许运输期限。活动物的运输也要注意容许在途时间。

4. 货物质量易受外界气温、湿度和卫生条件的影响

鲜活货物与一般货物不同，具有鲜活的特性，其质量受外界气温、湿度和卫生条件的影响很大。尤其是易腐货物，热了易腐烂，冷了易冻损，干了易干缩，湿了易发霉，对温度、湿度有特殊的要求。活动物则要注意热天防暑降温，冷天防寒防冻。而卫生条件不好，货物受到污染，不仅直接影响到货物的质量和外观，也使货物容易被微生物侵害而腐烂变质或病残死亡。

5. 批量小，去向分散

近年来，鲜活货运市场总体需求量增大，但各地市场则呈现需求品种多、批量小的发展趋势，除少数大宗鲜活货物的流向流量较为明显和稳定外，多数货物的流量流向都较为分散。

（二）鲜活货物运输的要求

1. 货物要符合运输条件的要求

货物的质量、温度、热状态、包装、运到期限等要符合运输条件的要求。

2. 配备相应的运输车辆、运载容器和运输设施

为保证鲜活货物的运输质量，需要有冷藏车、家畜车、活鱼车等专用货车和冷藏集装箱以及为鲜活货物运输服务的预冷、上水、供电等设施。

3. 运输中保持适宜的温度和湿度

易腐货物在储运中，需要始终保持适宜的温度和湿度。例如，香蕉储藏最适宜的温度为11.7℃，相对湿度为80%～85%，用机械冷藏车装运，运输过程中车内保持的温度要求控制在11～15℃的范围内。

4. 要有良好的卫生和通风条件

要按规定对货车、货位进行清扫、洗刷除污和消毒，使用的装卸用具、用品要符合卫生要求，以保持运输环境卫生清洁，防止货物受到污染和微生物侵害。要有良好的通风条件，以利于排除有害气体、异味和多余水汽，保持空气清新适宜，也便于散热降温。

5. 做到灵活、快速运输

为适应易腐货物运输去向分散、批量小的发展趋势，需要增加单节式机械冷藏车、冷藏集装箱等专用车辆和运载工具，采用灵活多样的组织方式。针对鲜活货物运输季节性强、运量波动大、速度要求快的特点，必须加强运输组织工作，做到快速运输。

✸ 任务实施

一、托运货物

教学任务书——填写货物运单

针对"任务实例"中的货物，按照下面的步骤，根据《铁路货物运输规程》附件3（货物运单填制办法），结合易腐货物运输特点及要求，逐项填写货物运单（表2.1），完成相关内容。

1. 检查易腐货物的检疫证明

托运人托运需检疫运输的易腐货物时，应按国家有关规定提交检疫证明，在运单"托运人记事"栏内注明检疫证明的名称和号码，车站凭此办理运输，并按规定在铁路货运电子商务系统中留存证明文件的影像资料。入境的国际铁路联运鲜活货物，凭海关的放行通知办理。

应提供检疫证明的鲜活货物包括：

（1）动物和动物产品；

二维码4.6

（2）列入应施检疫的植物、植物产品名单的植物和植物产品，运出发生疫情的县级行政区域之前；

（3）种子、苗木和其他繁殖材料，不论是否列入应施检疫的植物、植物产品名单和运往何地；

（4）法律法规规定的其他情况。

例如，需检疫运输的肉、油脂、内脏、生毛皮、血液、骨、蹄等禽畜产品，稻麦、瓜果、蔬菜的种子和中药材等植物产品以及苗木、盆景等鲜活植物，应凭检疫合格证明办理运输。

2. 填写货物品名

托运人托运易腐货物，应在运单"货物名称"栏内填写具体的货物品名并注明其品类顺号及热状态。例如，冷却的鲜蛋，运单"货物名称"栏内应填写"鲜蛋（顺号6.2、冷却）"。

3. 确定批数

（1）不同热状态的易腐货物不得按一批托运   不同热状态的易腐货物，运输条件差别较大，不得按一批托运。例如禽蛋中，冰蛋是冻结货物，其运输温度为−15℃；冷却鲜蛋是冷却货物，其运输温度为0～4℃；未冷却鲜蛋是未冷却货物，其运输温度为5～12℃；至于皮蛋、盐蛋等却不一定按易腐货物办理。

（2）使用机械冷藏车时，按一批托运的易腐货物，一般限同一品名   不同品名的易腐货物，如运输温度要求接近、货物性质允许混装的，可按一批托运，在同一机械冷藏车内组织混装运输。此时，托运人应与发站和乘务组商定运输条件，签订运输协议，并将运输条件记录在运单"托运人记事"栏和机械冷藏车作业单内。

一般情况下，下列货物不得混装运输：

① 具有强烈气味的货物和容易吸收异味的货物。

② 易产生乙烯气体的货物和对乙烯敏感的货物。

③ 水果和肉类，蔬菜和乳制品。

4. 填写容许运输期限

托运易腐货物时，托运人应注明易腐货物容许运输期限。易腐货物的容许运输期限至少大于铁路规定的运到期限 3 天时，发站方可承运。

5. 填记快速挂运标记

发站承运易腐货物后应在运单以及票据封套上分别填记红色标记 ⚠（⚠ 是"快"的拼音字头，表示须快速挂运的货车）。

6. 填写易腐货物的包装

易腐货物的包装必须符合易腐货物机械冷藏车运输条件表和易腐货物包装表的规定（《鲜规》附件 2，表 4.3）。

易腐货物的包装须适应货物的性质。包装材料应质量良好无污染，结构和规格能适应货物体积、形状的要求，便于装卸、搬运、堆码和装载。怕挤压的货物，包装必须坚固，能承受货物堆码的压力。需要通风的货物，包装应有适当的缝隙或通风孔。坚实的货物，如冻肉（胴体、腔体）、冻鱼和西瓜、哈密瓜等可不要包装。

易腐货物包装表中共列出了 9 个包装号的包装要求，其中 1～5 号为箱类包装，6～7 号为筐类包装，8～9 号为袋类、桶类包装。

表 4.3　易腐货物包装表（摘录）

包装号	包装名称	包装材料	包装要求	包装规格	货物净重或容积	堆码实验	备注
1	木箱	木材（干燥，无虫蛀、霉变、腐朽，无污染，无异味）	用木材组合装订。通风、透气、清洁、干燥、牢固。内部光滑无尖凸物，外部无钉头或钉尖显露，无其他尖刺。箱子应有足够强度。箱子平整，能平稳堆放，相互堆码，配合适宜。箱内应加衬垫物	具有 16 根条档的木箱，箱板厚度为 12～15mm，宽度为 20～40mm。箱档的厚度和宽度根据木箱的尺寸选定，但厚度不得小于 15mm，宽度不得小于 40mm（可取 40～60mm）。箱外用两道 14 号铁丝或铁腰捆扎绑紧。当内装物质量较轻且木箱体积较小时，也可用塑料打包带捆扎。具体规格尺寸需根据盛装货物的特性、体积、层数和重量而定	20～25kg	空箱净压 650kg，24h 无明显变形。重箱自码 4.8m 高，无明显变形	
4	钙塑箱	钙塑板（无湿损、污染、发霉，无破裂）	用钙塑板组合装订。透气、通风、清洁，箱内外无突出长钉	具有坚固钙塑板，由两层钙塑板和一层瓦楞钙塑板合成。箱内中部装有支撑的钙塑板，需要通风透气的，建议在两端开 20mm 直径通气圆孔 4～5 个，各孔不能同时在一个水平或垂直线上。孔的总面积不超过整个包装面积的 3%～5%。封箱可用胶粘带粘牢或采用黏合剂黏合。箱外需用两道塑料腰带捆扎箍紧。钙塑箱的具体尺寸需根据所装货物的特性、体积、层数和重量而定	15～25kg	空箱净压 650kg，24h 无明显变形。重箱自码 4.8m 高，无明显变形	部分娇嫩水果可使用货物净重小于 15kg 的包装，空箱净压试验参见有关标准

7. 商定条件运输和试运

运输易腐货物原则上应按易腐货物机械冷藏车运输条件表的规定办理，以保证易腐货物的质量。如托运人要求不按规定条件运输或运输未列名的易腐货物时，则应按下列规定办理：

（1）使用机械冷藏车运输进口易腐货物，以及经过基因修改、非正常天然繁殖、使用过生长激素和经过化学药物处理等降低了耐储运性的易腐货物时，托运人应与发站和乘务组商定运输条件，签订运输协议，并将运输条件记录在运单"托运人记事"栏和机械冷藏车作业单内。

（2）使用机械冷藏车运输易腐货物，托运人要求不按《鲜规》规定条件办理时，应在确认货物不致出现腐烂、变质、冻损等问题的前提下，与发站和乘务组商定运输条件，签订运输协议，并将运输条件记录在运单"托运人记事"栏和机械冷藏车作业单内。

（3）使用机械冷藏车运输易腐货物，装车时的温度高于易腐货物机械冷藏车运输条件表规定或商定的运输温度的上限时，经托运人确认不影响货物质量的，可以组织运输，但托运人应与发站和乘务组签订运输协议并支付有关费用。

（4）承运人按与托运人商定的运输条件或签订的运输协议组织运输，除承运人责任外，货物质量由托运人负责。

8. 选择和使用车辆

托运人托运易腐货物时，应根据货物的种类、热状态、气候条件、运输距离和运输去向等因素选择使用车辆。装运易腐货物应按规定使用冷藏车或冷藏集装箱，在一定率节和区域内不易腐烂、变质、冻损的易腐货物，经托运人确认不影响货物质量的，承运人可根据托运人的要求，使用棚车或通用集装箱装运。使用棚车装运时，应按"使用栏车运输易腐货物的措施"（附件5）规定办理。

（1）冷藏车使用规定　冷藏车是运输易腐货物的专用车，使用时应做到经济、合理、安全。

① 机械冷藏车组或 BX 型车组，可组织同一到站卸车的两站分装，或同一发站装车的两站分卸。但两分装或分卸站应为同一径路，距离不超过 500km。第一装车站的装车数或第二卸车站的卸车数不得少于全组车的一半（枢纽地区除外）。两站分装（卸）是指机械冷藏车组中不同货物车在不同车站装（卸）车，同一货物车只能在一个车站装（卸）车。

② 机械冷藏车组中不同的货物车，可以装运温度要求不同的货物。

③ 机械冷藏车装载货物的重量，不得超过车辆的标记载重量。

④ 冷藏车严禁用于装运易污染、腐蚀和损坏车辆的非易腐货物。

⑤ 无包装的蔬菜、水果（西瓜、哈密瓜、南瓜、冬瓜除外）等易污染、损坏车内设备的易腐货物不得用冷藏车装运。

（2）棚、敞车使用规定　冷藏车不足时，承运人可根据托运人的要求，使用棚、敞车代替冷藏车装运易腐货物。但应按以下规定办理：

① 易腐货物是否适合棚敞车运输，由托运人确定。使用棚敞车运输易腐货物，托运人应与发站商定运输条件，签订运输协议，并将运输条件记录在运单"托运人记事"栏内。

② 托运人要求使用棚敞车代替冷藏车装运易腐货物时，应在运单上注明"如无冷藏车也可拨配棚车或敞车"，在运单的"托运人记事"栏内记明要求使用的车种和容许运输期限（日数）。承运人应尽量满足托运人需要的车种和车数。

③ 上路运输的冷藏集装箱应符合铁路集装箱运输有关规定，并确保技术状态良好。

使用外挂式发电机组的冷藏集装箱，经发送铁路局集团公司同意后可组织运输。运输过程中，要确保发电机组安装稳固并采取有效防脱落措施，冷藏集装箱和发电机组的合计重量不得超过集装箱标记总重、车站起重能力、货车载重等规定限制。

使用冷藏集装箱运输易腐货物，且途中需要供电服务时，托运人应在货物运单注明"BX 车供电运输"字样，并在"托运人记事"栏内注明运输温度。

装运冷藏集装箱应使用集装箱专用平车或共用平车，并符合集装箱运输有关规定。

二、受理货物

教学任务书——填写易腐货物检查表

针对"任务实例"中的冰淇淋的质量、温度和包装在装车前进行检查，填写易腐货物检查表（表4.4）。

表 4.4　易腐货物检查表

内容 ＼ 作业	质量检查	温度检查	包装检查
方法			
合格标准			

（一）检查运单

承运易腐货物时，除应像普通货物一样，首先认真检查运单上所填记的事项是否符合铁路运输条件和到站的营业办理范围，到站与到局是否相符，托运人、收货人名称及地址是否清楚、准确外，尤其认真检查标志易腐货物特点的事项是否填记完全、确切和明确。如货物应填具体名称，而不是概括名称。同时，对具体的品名还应注明具体的温度。

二维码 4.7

（二）检查易腐货物的质量、温度和包装

发站在装车前应认真抽查托运货物的质量、包装及安全防护用品是否符合要求。使用机械冷藏车装运时，发站应在装车时会同乘务组对货物的温度、质量、包装和安全防护用品进行抽查，并将抽查结果记录在机械冷藏车作业单（表4.5）内。货物包装和破验部位的恢复由托运人负责。

1. 检查质量

托运的易腐货物应有良好的初始质量，必须品质新鲜。冻肉、冻禽、鱼虾、贝类等动物性易腐货物必须色泽新鲜、气味正常，无腐烂变质现象。水果必须色泽新鲜，无过熟、破裂、腐烂、虫害等现象。蔬菜必须色泽新鲜，无腐烂、雨湿、水渍等现象，瓜类无破裂。

对货物质量的检查，目前基本上仍用感官观察的方法。

2. 检查温度

易腐货物的温度是否符合承运标准，不但直接影响到货物质量，还会影响到机械冷藏车的制冷操作和冷消耗。提交运输时，易腐货物的温度必须符合规定。

检测货物温度，对体积大的冻结货物，可在货件上钻一深孔，深度以到货件中心部位为宜，插入温度计并保持5～6min后取出确定温度；对松散有缝隙的货物，可将温度计直接插入货物中心部位测温。

3. 检查包装

易腐货物的包装须适应货物的性质。货物质量、温度、包装达不到要求时，承运人有权拒绝承运货物。

三、按规定装载

教学任务书——填写表单

针对"工作任务"中的冰淇淋，填写冷藏车作业单（表4.5）和装车通知单（表4.6）。

二维码4.8

表4.5 机械冷藏车作业单

No 000000

一、始发站作业记录

1. 发站_____到站_____车种、车型、车号_____运单号_____。
2. 货物品名、热状态_____;包装种类、状态_____。
3. 货物质量抽查情况:_____。
4. 货物装载方法_____。
5. 商定的运输条件_____。
6. 车辆预冷时间_____h,车内预冷温度_____℃。
7. 货物进站时间__月__日__时。装车时间__月__日__时__分开始到__月__日__时__分止,其中制冷时间__月__日__时__分开始到__月__日__时__分止。
8. 装车时车内温度_____℃,车外温度_____℃,货物的承运温度_____℃。
9. 试运批准号:_____。
10. 其他需说明情况:

托运人或经办人签字（盖章）_____。机械冷藏车机械长签字（盖章）_____。
铁路专用线（专用铁路）签字（盖章）_____;发站货运员签字（盖章）_____。

二、到站作业记录

1. 到达车次_____次,时间__月__日__时__分。
2. 车辆调入时间__月__日__时__分。卸车时间__月__日__时__分起至__月__日__时__分止,其中制冷时间__月__日__时__分开始到__月__日__时__分止。
3. 卸车时温度:车内温度_____℃,车外温度_____℃。
4. 货物质量:感官观察_____,冻结货物温度_____℃。
5. 车内洗刷情况_____。
6. 其他需说明情况:

收货人或经办人签字（盖章）_____。机械冷藏车机械长签字（盖章）_____。
铁路专用线（专用铁路）签字（盖章）_____;到站货运员签字（盖章）_____。

三、机械冷藏车温度记录

日/时分										
外温										
车内温度										
日/时分										
外温										
车内温度										
日/时分										
外温										
车内温度										
日/时分										
外温										

续表

车内温度							
日/时分							
外温							
车内温度							
日/时分							
外温							
车内温度							
日/时分							
外温							
车内温度							

机械冷藏车机械长（签字）　　　　　列车戳

注：1. 未冷却货物可不填记货物的承运温度。

2. 冷却及未冷却的货物以卸车时车内温度为货物交接温度。

3. 机械冷藏车温度记录填满时，可在本页反面画格填写。

4. 机械冷藏车作业单一式三份，一份由发站留存，一份随车递送到站保存，一份由机械冷藏车乘务组交配属单位存档。

5. 本作业单保存期为一年。

规格 A4 竖印（共 2 页）

表 4.6　机械冷藏车装车通知单

车号	装车地点	货物品名及热状态	重量/t	到站	计划装车时间	附　注
国铁集团、铁路局调度命令号码						

注：机械冷藏车装车通知单，一式两份，一份交乘务组作为准备装货的通知，一份发站存查。

装车站货运员（签字）　　　　　站戳

年　月　日

机械长（签字）　　　　　列车戳

年　月　日

规格 A5 竖印

（一）填记机械冷藏车（BX 型车）装车通知单

机械冷藏车装车通知单是车站与机械冷藏车乘务组进行工作联系的书面凭证。易腐货物装车前，发站应与托运人商定易腐货物进货、装车等事项，将计划装车时间、装车地点、货物品名及热状态、重量、到站等事项填记在机械冷藏车装车通知单内，于装车前 6h 内交给乘务组；两站分装的，第二装车站应在车辆到达后及时交给乘务组。乘务组应在装车前做好上水、补足油料、预冷车辆等工作。

（二）易腐货物装车前准备

1. 车辆检查

承运人应调拨技术状态良好、干净清洁的车辆，装车单位应在装车前认真检查。对状态不良不能保证货物安全和运输质量的车辆，承运人应予调换。对不清洁的车辆，车站要组织清扫、洗刷。按规定需要消毒的，由托运人委托有资质的单位对车辆和货位进行消毒。

2. 车辆预冷

车辆预冷有利于货物降温和保持车内适宜的运输温度。用冷藏车运输易腐货物时，在装车前必须预冷车辆，待车内温度降低到规定温度后才能装车。

机械冷藏车车内的预冷温度：冻结货物为 $-3\sim0℃$；香蕉为 $11\sim15℃$；菠萝、柑橘为 $9\sim12℃$；其他易腐货物为 $0\sim3℃$。

使用冷藏集装箱运输时，冷藏集装箱装箱前预检和温度设置等操作，由托运人负责。

（三）易腐货物装车

1. 装车注意事项

（1）使用冷藏车装载　易腐货物应按易腐货物机械冷藏车运输条件表、易腐货物装载方法表规定的方法装载。

经过预冷的冷藏车装车时，应采取措施，保持车内温度。在装（卸）作业中应使用不致损坏车内设备的工具，并不得挤碰循环挡板，上层货物距离循环挡板最少应留出 50mm 的空隙，不得在货物分层间使用影响通风的隔板。货物在车内的堆码，应当保证两侧车门能够方便开启。开关车门时，严禁乱砸硬撬。采取保温、防寒、防湿等措施时，严禁以钉、铆、钻等方式损坏冷藏车车体。

（2）使用冷藏集装箱运输　箱内货物的质量、温度、包装和装载，由托运人负责，且货物装载高度不得超过箱内限高标识线。

冷藏集装箱装卸和搬运时，应稳起轻放，避免冲撞，防止损坏。

（3）使用棚、敞车装载　易腐货物使用棚、敞车运输，途中各地区外温低于 $-10℃$ 时，使用棚车装运玻璃瓶装的酒、罐头、饮料类货物必须采取保温措施。

采取防寒、保温、隔热措施时，所用材料应清洁无污染。车内铺砌的冰墙和直接加入菜内的冰要清洁无污染，冰的数量、形状、大小要满足运输要求。车内铺砌冰墙的，应确保冰墙融化后货物码放稳固，不倒塌、不坠落。

装卸车作业时，要做到轻拿轻放。对需要通风运输的水果、蔬菜等易腐货物要留有足够的通风空隙。同时可将车辆门窗开启固定，或将敞车下门吊起，翻转到最大限度并捆绑牢固，用栅栏将货物挡住。开启的门窗和吊起的小门最外突出部位不得超限。

敞车装运蔬菜、水果等，使用易燃材料做防寒覆盖时，应苫盖货车篷布运输。无法苫盖货车篷布时，应按铁路车辆编组隔离表（《铁路危险货物运输管理暂行规定》附件6）中 ⚠ 的规定进行隔离。

（4）不管使用机械冷藏车还是棚车、敞车，易腐货物的装载与加固应符合《铁路货物装载加固规则》《铁路超限超重货物运输规则》等有关技术要求。

车站货运员和机械冷藏车乘务员应对装卸车作业进行指导，发现问题及时联系托运人、收货人共同解决。货物装车完毕，机械冷藏车乘务员应检查车门是否关闭严密，及时记录车内温度并开机调温。

2. 装卸时间规定

车站、机械冷藏车乘务组和托运人、收货人应加强装卸车组织工作，缩短装卸时间。易腐货物作业车停站时间原则上不得超过该站的货车停留时间。单节机械冷藏车每辆装（卸）车作业时间（不包括洗车和预冷时间，下同）不得超过 3h。货物车为 4 辆的机械冷藏车组，每组装（卸）车作业时间不得超过 6h，每车的装（卸）车作业时间不得超过 3h。装（卸）车期间需要制冷的，要在机械冷藏车作业单中注明起止时间，车站按规定核收有关费用。

3. 易腐货物的装载方法

易腐货物的装载方法必须在保证货物质量良好的前提下，充分利用车辆（或集装箱）的装载容积和载重量。铁路运输易腐货物的装载方法包括紧密堆码装载法和留间隙的装载方法两种。

（1）紧密堆码装载法　这种装载方法可减少货物间的间隙，减缓货物本身冷量的散失，有利于保证货物质量和有效利用货车装载量，适用于冻结货物、冬季短途保温运输的某些怕冷货物、夏季运输的某些不发热的冷却货物或夹冰运送的鱼虾、蔬菜等的装载。马铃薯、萝卜、南瓜、冬瓜、西瓜、胡萝卜等可采用这种装载方法。

（2）留间隙的装载方法　这种装载方法是指在货物或货件间留有通风间隙，以保证空气流通，有利于货物散热和车内空气循环。适用于冷却和未冷却的水果、蔬菜、鲜蛋等的装载。具体见易腐货物装载方法表（表4.7）。

表 4.7　易腐货物的装载方法

装载号	装载方法	说　明	图　例
1	品字形	奇数层与偶数层货件交错、骑缝装载	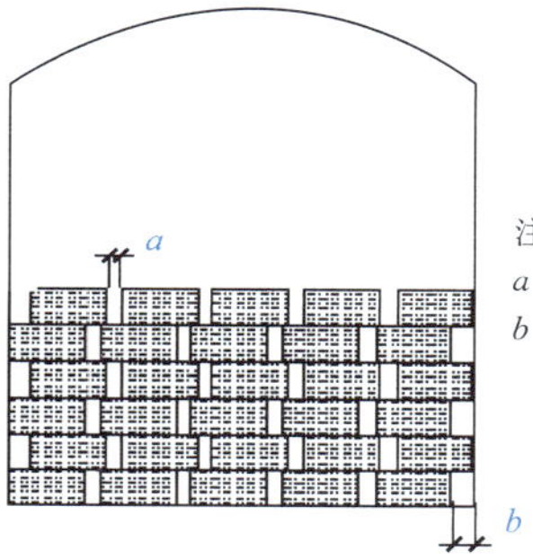 注：空隙值 *a* 为4～5cm *b* 为4～5cm
2	一二三、三二一	第一层按间隔一件、二件、三件留空隙 第二层按间隔三件、二件、一件留空隙 奇数层同第一层，偶数层同第二层	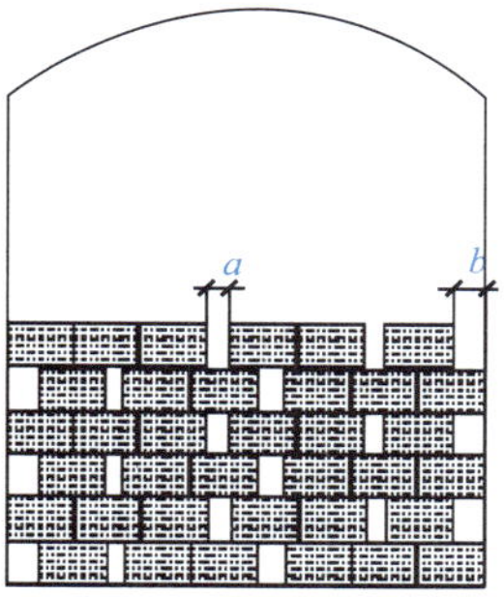 注：空隙值 *a* 为3～4cm *b* 为5～6cm
3	井字形	货箱侧板之间留空隙，端板之间紧靠，奇数层装法相同，偶数层装法相同。奇数层与偶数层交叉堆放形成井字	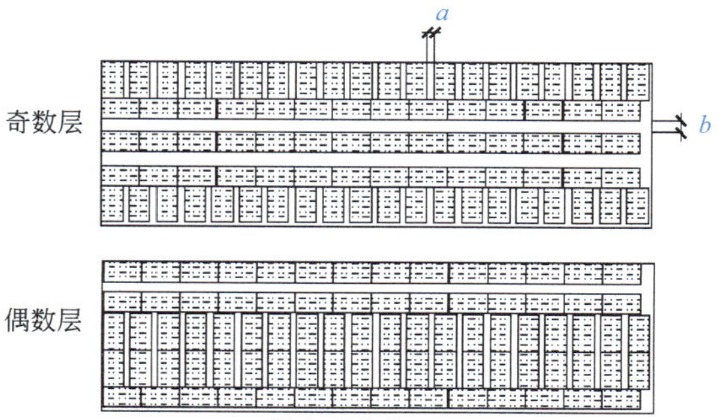 奇数层 偶数层 井字形装车法 注：空隙值 *a* 为3～4cm，*b* 为3～4cm

续表

装载号	装载方法	说　明	图　例
4	筐式装载法之一(筐口对装法一)	底层两侧的箩、篓、筐等大筐口朝下,中间的大筐口朝上,第二层则方向相反,奇数层装法相同,偶数层相同	筐口对装法一
5	筐式装载法之二(筐口对装法二)	底层及奇数层全部大筐(箱)口朝上,第二层及偶数层全部大筐(箱)口朝下	筐口对装法二
6	筐式装载法之三(筐式顺装法)	每层的筐(箱)口大头朝上,按顺序堆装	筐式顺装法

（四）填写冷藏车作业单

冷藏车作业单是冷藏车运输易腐货物始发、途中、到达作业情况的原始记录,是分析货物损失原因,划清托运人、收货人与承运人以及铁路内部有关部门之间责任的依据。

装卸车单位、发站、中途站、到站及机械冷藏车乘务组都要认真填写冷藏车作业单,并做好作业单的传递交接工作。用机械冷藏车运输时,对同一到站、同一收货人和同一热状态、要求同一温度的货物可不限车数合填机械冷藏车作业单。

使用冷藏集装箱运输易腐货物且需要途中供电服务的,应按规定填记"冷藏箱供电作业单"。车站接收冷藏集装箱时,冷藏集装箱的温度与托运人设定的运输温度相差明显（一般按 4℃ 掌握）,经托运人确认不影响货物质量的,可以组织运输,但应在"冷藏箱供电作业单"的备注栏内注明"温度不符,质量托运人自负"字样,并经托运人签认。

四、途中作业和卸车交付作业

表4.8　途中作业内容

作业 车种	控温要求	通风方法	通风时机	卸车注意事项
机械冷藏车				

1. 途中控温

机械冷藏车乘务组应按易腐货物机械冷藏车运输条件表规定或商定的温度要求保持车内温度，对未冷却的易腐货物应在最短时间内将车内温度降到规定的范围。同时定期对车内温度状况进行监控，在装车后及运输途中，每隔2h记录一次各车内的温度，每6h填写一次机械冷藏车作业单。

BX型车组的冷藏车乘务组应做好途中供电工作，确保冷藏集装箱供电正常，并在沿途车辆技检作业时，对冷藏集装箱温度进行检查和记录。未配备冷藏车乘务组的，车辆配属单位要做好远程监控和应急处置工作。

2. 通风

使用机械冷藏车装运水果、蔬菜和其他需要通风运输的货物时，应根据具体情况定期进行通风作业。

二维码4.9

（1）机械冷藏车的通风　机械冷藏车的通风是由车辆的通风装置实现的。停站和在途时，乘务员均可随时根据车内所装货物的需要进行操作，给车内通风换气。用机械冷藏车运输未冷却的水果、蔬菜，为排除车内不良气体，也可进行自然通风。

（2）棚、敞车的通风　棚、敞车装运的易腐货物需要停站或在途通风时，可以将车门、车窗开启固定或将敞车侧板吊起并加固。

通风作业需要车站、机械冷藏车乘务组、托运人、押运人的密切配合来完成。通风作业时，对开启的车门、窗或吊起的侧板均应固定、加固，并符合安全要求。通风时，要注意保持货物需要的适宜温度，不能使车内温度升高或降低。进入车内的空气应干净，无煤烟、水汽和尘土，以免污染货物。通风的时机，一般来说，夏季宜在夜间或清晨进行，冬季则可在白天进行，雨天、雪天和大雾天气不宜通风。外界温度低于−10℃或车内底层温度降到3℃左右时，应停止通风，以免冻坏货物。

3. 变更及上水

易腐货物原则上不办理变更到站。确需变更时，可变更到站一次，且容许运输期限要大于重新计算的运到期限3日以上。

需中途上水的机械冷藏车应编在列车中部。需上水时，乘务组应提前拍发电报将有关情况通知前方上水站（上水站站名表见《鲜规》附件5）。机械冷藏车需要上水时，各车站应予以支持并免费供水。

4. 发生损失时的处理

运输途中发现易腐货物腐烂、变质、冻损、污染、生理病害、病残死亡等问题时，发现单位应立即通知车站联系托运人、收货人并妥善处理，防止货物损失扩大。

处理货物腐烂、变质情况时，应扣除运输途中的合理损耗。

5. 卸车

车站货运员和机械冷藏车乘务员应对装卸车作业进行指导，发现问题及时联系托运人、收货人共同解决。车站、机械冷藏车乘务组和托运人、收货人应加强卸车组织工作，缩短卸车时间。在卸车作业中应使用不致损坏车内设备的工具，不得挤碰循环挡板。开关车门时，严禁乱砸硬撬。卸车单位负责将卸后的车辆和货位清扫干净。卸车完毕，应填记冷藏车作业单。

6. 交付

为保证易腐货物质量，易腐货物运抵到站后，车站应及时联系收货人办理交付手续。联系不到收货人或收货人拒绝领取时，到站应自发出领货通知次日起（不能实行领货通知时，为卸车完了的次日）或收货人拒绝领取之日起，1日内及时通知发站和托运人，征求处理意见。托运人自接到通知之日起，2日内提出处理意见答复到站。对于超过容许运输期限仍无人领取的货物，或收货人拒领而托运人又未按规定期限提出处理意见的货物，或虽未超过上述期限，但是货物已开始腐坏、变质时，到站可按无法交付货物或依据有关规定处理。

到达货物出现腐烂、变质、冻损、污染、生理病害、病残死亡等问题时，到站应立即组织卸车并按规定编制货运记录，使用机械冷藏车的应会同乘务组组织卸车。收货人有异议的，不得拒绝卸车或中途停止卸车，否则因此造成的扩大损失由收货人承担。

使用冷藏集装箱运输易腐货物，不需要途中供电服务的，承托双方凭箱号、封印和箱体外状交接；在承运人的运输责任期内，箱体没有发生危及货物安全的损坏，箱号、施封号码与运单记载一致，施封有效时，箱内货物质量由托运人负责。

使用冷藏集装箱运输易腐货物，需要途中供电服务的，承托双方凭箱号、封印、箱体外状和箱内温度交接；在承运人的运输责任期内，箱体没有发生危及货物安全的损坏，箱号、施封号码与运单记载一致，施封有效，途中供电正常时，箱内货物质量由托运人负责。

使用自备冷藏集装箱运输易腐货物，因冷藏集装箱自身质量问题造成损失的，由托运人负责；由此需要途中倒装的，相关费用由托运人承担。

使用铁路冷藏集装箱运输易腐货物，因冷藏集装箱自身质量问题造成损失的，由箱主单位负责；因操作不当造成货物损失和冷藏集装箱故障、破损的，由使用单位负责。

7. 清扫、洗刷除污和消毒货车

收货人领取货物时，必须将货物的装车备品、防护用品、衬垫物品等全部搬出。卸车单位负责将卸后的车辆和货位清扫干净。

被动物、动物产品等污染的车辆、货位，卸车单位要彻底洗刷除污，保证没有残留的污水、秽物。按规定需要消毒的，由收货人委托有资质的单位进行消毒。车辆洗刷除污、消毒后适当通风，晾干后再关车门。机械冷藏车洗刷除污、消毒后须经车站和乘务组检查验收，棚车、敞车洗刷除污、消毒后须经车站检查验收。卸车单位没有货车洗刷除污条件的，车站应根据调度命令填写特殊货车及运送用具回送清单，向铁路局指定的洗刷除污站回送。清扫、洗刷除污费用由收货人承担。

工作任务二　活动物运输

任务实例

四川省××畜牧科技有限公司计划从成都市运输生猪 50 头、15.5t 到南京××食品有限公司（未列条件可查找规章、95306 网站等确定或自拟）。

理论知识

　　装运活动物的车辆能否适合所装活动物的要求，是运输过程中能否为活动物创设必要的生存环境的主要前提。

二维码 4.10

　　活动物运输车辆主要有如下几类。

一、家畜车

　　家畜车（图 4.8）是运输猪、牛、羊、鸡、鸭、鹅等家畜家禽的专用车。主要车型有 J_5、J_6 型，载重量分别为 20t、16.6t。其中 J_6 型为活牛专用车。

图 4.8　家畜车

　　家畜车的车墙、车门设置有调节窗、端窗、通风窗等通风调温装置。车内一般分为 2～3 层，设有押运人员休息处室和饲料用具存放架。车上安装水箱、水管等储给水设备，有的还设有饲料槽。活牛专用车分为押运人生活间和装货间两部分。

二、活鱼车

　　活鱼车是运输活鱼、鱼苗的专用车。车内设有水槽、水泵循环水流系统和储水箱等设备。使用时，鱼、鱼苗盛放在水槽内。水槽内的水在水泵的作用下，通过水循环装置流动，经水槽上的喷雾器喷入空气中再落入水槽，将氧气带入水中，不断循环，给水增氧。

三、棚敞车

　　在活动物专用车不足的情况下，可有条件地选用棚车、敞车装运活货物。使用时，根据需要增设装载装置、装车备品并采取相应的防护措施，可用于装运马、牛、羊、猪等活动物。

四、动物集装箱

　　动物集装箱（图 4.9）是为装运活动物而特别设计的，设有外置式食槽，能遮蔽阳光直射的挡板，具有良好的通风条件，用于装运鸡、鸭、鹅等家禽和马、牛、羊等家畜。

图 4.9　动物集装箱

⚙ 任务实施

一、填写货物运单

教学任务书——填写货物运单

　　针对"任务实例"中的生猪，按照下面的步骤，根据《铁路货物运输规程》附件3（货物运单填制办法），结合活动物运输特点及要求，逐项填写货物运单（表2.1），完成相关内容。

（一）检查活动物检疫证明

　　运输活动物时，托运人应按国家有关规定提交检疫证明，在运单"托运人记事"栏内注明检疫证明的名称和号码，并将随货同行联牢固地粘贴在运单背面。

（二）确定运输条件

1. 确定活动物运输种类

　　活动物一般按整车运输。活动物可用活动物专用集装箱运输，但不能用通用集装箱装运。

二维码 4.11

2. 选用车辆

　　装运活动物应选用专用车辆、敞车或有窗的棚车。

　　装运牛、马、骡、驴、骆驼等大牲畜，应使用带有⊞标记的木地板货车；确因木地板货车不足需要使用其他货车时，应采取衬垫等防滑措施。发往深圳北的活牛不得使用敞车装运。

　　装运活鱼不得使用全钢棚车及车窗不能开启的棚车（采用增氧机运输的除外）。

3. 商定猛禽、猛兽运输条件

　　托运猛禽、猛兽时，托运人应与发站商定运输条件和运输防护方法，报发送铁路局批准。跨局运输时，发送铁路局应将商定的事项通知相关铁路局。托运人应在运单"托运人记事"栏内注明商定的运输条件和运输防护方法。

4. 确定蜜蜂运输条件

　　托运蜜蜂时，托运人要按车填写物品清单（一式三份，一份留站存查，一份随票递送到站，一份交托运人）。物品清单要记明蜜蜂的空箱数、有蜂箱数、押运人所带的生活用品、饲养工具及蜜蜂饲料等。

　　为放蜂需要带的狗必须装在铁笼内，并交验检疫证明。

　　蜜蜂进站时，托运人必须在蜂箱巢门外安装好纱罩，防止蜜蜂飞出蜇人，遮蔽信号，影响车站作业和行车安全。蜂箱巢门未安装纱罩的，发站不得承运。

5.办理押运事宜

活动物运输的最大特点是运输过程中要同时进行饲养工作，养运难以分离。因此，运输活动物时，托运人必须派熟悉动物特性的押运人随车押运，负责做好动物的饲养、饮水、换水、洒水、看护和安全工作。押运人每车1至2人，托运人要求增派押运人时，须经发站承认，但合计人数不得超过7人。押运人应遵守押运人须知和铁路的有关规定，途中不得吸烟、生火、做饭、用明火照明。

押运人携带物品只限途中生活用品和途中需要的饲料和饲养工具。托运人随车携带增氧机时，必须配1至2只灭火器。随车携带的动力用柴油不得超过100kg。柴油应盛装于小口塑料桶内，口盖必须拧紧，严密不漏。严禁使用汽油动力增氧机，严禁携带汽油上车。押运人不得携带危险品和违反政令限制的物品。

活动物的排泄物以及垫料、包装物、容器等污染物应由押运人或收货人在铁路指定站或到站清除，并按动物防疫部门的规定处理，不得中途随意向车外抛撒，不得违规在中途站清扫和冲洗。

运输过程中发现活动物染疫、疑似染疫、病死或死因不明时，押运人应及时通知车站。车站发现上述情况时，应及时向当地动物防疫部门报告并按动物防疫部门的规定妥善处理，同时拍发电报通知发、到站和上级主管部门。严禁乱扔染疫、疑似染疫的活动物、病死或死因不明的活动物尸体。

6.注明活动物运输标记

对承运的活动物，发站应在运单、票据封套上注明"活动物"和"禁止溜放"字样，以便沿途做好运输工作。

二、装车

拨配的车辆是否适合装运活动物由托运人检查确定，并在运单"托运人记载事项"栏内记明同意使用车辆的车型、车号。托运人认为车辆不适合时，承运人应予以调换。

装车前，应认真检查车辆的货运状态、卫生条件是否适合装运活动物。装车时，应按规定的方法和要求装载。

蜜蜂的装载，应纵向排列、稳固堆码，并留有足够的通风道，预留押运人休息的位置。在顶部蜂箱上不准乘坐人员，不准装载自行车和其他杂物。

禽、畜可单层或多层装载，每层的装载数量由托运人根据季节、运输距离、活动物的体积和选用的车种车型等情况确定。装运活动物的车辆可开启门窗，但应采取措施防止大牲畜头部伸出。对开启的车门应捆绑牢固，并用栅栏将活动物挡住。开启的门窗最外突出部位不得超限。

二维码4.12

活动物的装载与加固应符合《铁路货物装载加固规则》《铁路超限超重货物运输规则》等有关技术要求。

三、编组隔离车辆

装载活动物的车辆原则上不得与乘坐旅客的车辆编挂在同一列车内。确需编挂在同一列车内时，应与乘坐旅客的车辆隔离1辆以上。

装蜜蜂的车辆与装载农药的车辆原则上不得编挂在同一列车上。如因车流不足、分别挂运有困难，在本次列车运行全程内不发生列车折角转向运行的条件下，可编入同一列车内，但应将蜜蜂车挂在农药车的前部，并隔离4辆以上。

蜜蜂车和生石灰车编在同一列车内时应隔离 2 辆以上，并将蜜蜂车挂在生石灰车的前部。

车站在调车时，活动物车严禁溜放。因此装车后应插挂"禁止溜放"提示牌。

四、途中作业

教学任务书——填写上水电报

针对"任务实例"中的生猪，填写郑州北站的上水电报（表 4.9）。

1. 上水

活动物在中途上水，由铁路指定的上水站免费供应。上水用具由托运人或押运人自备。车站对挂有活动物车辆的列车，应接入备有上水设备的股道。对需要途中上水的活动物，发站或上水站应拍发电报依次向前方上水站进行预报。上水预报电文内容和代号见表 4.10。

2. 蜜蜂的途中作业

根据国家有关规定，运输蜂群外出采蜜需要征得到达地专门机构签发的许可证，托运人根据签证指定的到站办理托运，因此，蜜蜂运输不办理变更到站。

二维码 4.13

为保证铁路作业安全，蜜蜂在车站和运输过程中不得放蜂。

表 4.9 上水电报

上水预报

签发：　　　　核稿：　　　　拟稿人：

电　话：

发报所名	电报号码	等级	受理日	时分	收到日	时分	值机员

主送：

抄送：

报文：

表 4.10 上水电报内容和代号

内容	开车月、日	车次	车型车号	货物品名	到站	收货人
代号	(1)	(2)	(3)	(4)	(5)	(6)

注：1. 在电文首部冠以"上水预报"字样。

2. 整列运输时，代号（3）只报车型、车数，不报车号。代号（6）由最后一个上水站向到站预报。

五、到达交付

活动物车到站后，卸车单位负责将卸后的车辆和货位清扫干净。卸车时要采取必要的措施防止活动物发生病残、死亡等损失。

蜜蜂到达到站后，要尽快办理卸车、交付手续，并及时搬出货场。

✿ 技能训练

有下列鲜活货物运输需求，请基于工作过程，按照"任务实施"的程序和要求填写对应的表单，完成相应的工作任务。能确定的事项，根据有关规定，查找相关资料和 95306 网站确定，无法确定的，可自行假设。

1. 陕西省西安市××商贸有限公司计划从西安市向上海市××食品有限公司通过铁路运输冻羊肉 150t。

2. 吉林省松原市××畜牧有限公司计划从松原市向浙江省杭州市××有限公司通过铁路运输工业猪油 20t。

3. 海南省三亚市××贸易有限公司计划从三亚市向安徽省合肥市××食品有限公司通过铁路运输香蕉（未冷却）35t。

4. 云南省丽江市××畜牧有限公司计划从丽江市向广州市××食品有限公司运送牦牛 16t，20 头。

项目五
危险货物运输

🌱 知识要求

- 了解铁路危险货物定义、分类和性质;
- 掌握危险货物运输设备、设施、包装和标识;
- 掌握危险货物运输条件、运单填写规定;
- 理解危险货物保管和配放要求、装卸与搬运注意事项;
- 了解铁路危险货物运输事故应急预案;
- 理解各类危险货物撒漏处理及消防方法。

🔧 技能要求

- 能确认危险货物分类、性质,识别危险货物包装、标志是否符合规定;
- 会正确、安全地受理危险货物,安全储存、保管危险货物;
- 会安全、迅速、满载地组织危险货物装车,正确承运危险货物,组织发送作业;
- 会正确、安全地进行危险货物途中作业、卸车交付作业;
- 能对危险货物运输进行签认,建立台账,进行分类管理;
- 会报告险情和处理危险货物运输险情、事故。

📚 素质要求

- 具有安全第一、安全生产的理念;
- 具有危险货物运输无小事的意识;
- 具有精细化管理的态度;
- 具有事故原因未查清不放过、责任人员未处理不放过、整改措施未落实不放过、有关人员未受到教育不放过的决心。

工作任务一　认识危险货物

🧲 理论知识

在铁路运输中,危险货物具有与一般货物不同的特性,如爆炸、易燃、毒害、感染、腐蚀和放射性等。这些货物对人民生命、财产和环境造成一定的危害，如黄磷在空气中自燃，雷管受冲击能爆炸，硫酸有强烈的腐蚀性，金属钠遇水放出氢气，生成氢氧化钠。因此，为了安全地运输这些货物，在铁路运输中，必须严格执行国家与国铁集团关于危险货物运输的有关规定。

一、危险货物的定义

在铁路运输中，凡具有爆炸、易燃、毒害、感染、腐蚀、放射性等特性，在运输、装卸和储存保管过程中，容易造成人身伤亡、财产毁损和环境污染而需要特别防护的货物，均属危险货物。

我国铁路危险货物中，绝大部分是危险化学品。化学品是天然的或人造的各类化学元素、化合物和混合物。化学品是人类生产和生活不可缺少的物品，目前全世界的化学品已超过 1000 余万种，每年新增上千种，日常使用的约有 700 万种。《铁路危险货物运输管理规则》（简称《危规》）中列入的危险货物品名达 10024 个，经由铁路运输的危险货物达数千种。

二维码 5.1

铁路运输中危险货物的危险性主要由内因和外因两方面决定。内因是指货物本身的理化性质。外因是指外界的环境条件，在铁路运输中，主要指货物的包装、存放的场库、装载的车辆、使用的装卸机具、装卸方法、环境温度、空气湿度和货物之间的配放等外部环境。运输全过程就是要保证危险货物理化性质不发生改变，保持货物的实用价值，即内因不发生改变，所以只能在运输过程中认真地做好危险货物搬运、装卸、保管、防护，选择合适的包装、车辆等，控制可能导致危险货物发生事故的外界条件，提供安全的外部环境，安全运输危险货物。

二、危险货物分类及品名编号的意义

1. 危险货物的类项

我国铁路危险货物类、项的划分，基本是按照《关于危险货物运输的建议书·规章范本》、国家标准《危险货物分类和品名编号》（GB 6944—2012）、《危险货物品名表》（GB 12268—2012）所确定的类项，并结合铁路运输实际情况，按其主要危险性和运输要求进行划定的，划分为 9 类、25 项。类项划分见表 5.1。

铁路危险货物除划分类、项外，有些类项的货物还按其危险程度，划分为一级危险货物和二级危险货物，一级危险货物危险性较大，如一级易燃液体和二级易燃液体。

表 5.1　危险货物类项

类	项
第 1 类　爆炸品	第 1.1 项　有整体爆炸危险的物质和物品
	第 1.2 项　有迸射危险，但无整体爆炸危险的物质和物品
	第 1.3 项　有燃烧危险并有局部爆炸危险或局部迸射危险，或同时具有两种危险，但无整体爆炸危险的物质和物品
	第 1.4 项　不呈现重大危险的物质和物品
	第 1.5 项　有整体爆炸危险的非常不敏感物质
	第 1.6 项　无整体爆炸危险的极端不敏感物品
第 2 类　气体	第 2.1 项　易燃气体
	第 2.2 项　非易燃无毒气体
	第 2.3 项　毒性气体

续表

类	项
第3类　易燃液体	第3.1项　一级易燃液体
	第3.2项　二级易燃液体
第4类　易燃固体、易于自燃的物质、遇水放出易燃气体的物质	第4.1项　易燃固体
	第4.2项　易于自燃的物质
	第4.3项　遇水放出易燃气体的物质
第5类　氧化性物质和有机过氧化物	第5.1项　氧化性物质
	第5.2项　有机过氧化物
第6类　毒性物质和感染性物质	第6.1项　毒性物质
	第6.2项　感染性物质
第7类　放射性物质（物品）	
第8类　腐蚀性物质	第8.1项　酸性腐蚀性物质
	第8.2项　碱性腐蚀性物质
	第8.3项　其他腐蚀性物质
第9类　杂项危险物质和物品	第9.1项　危害环境的物质
	第9.2项　高温物质
	第9.3项　经过基因修改的微生物或组织，不属感染性物质，但可以非正常天然繁殖结果的方式改变动物、植物或微生物的物质

2. 危险货物品名及编号

危险货物不仅品种多，而且许多危险货物，由于种种原因，不能够做到一物一名，有的危险货物甚至有多达四五个或更多的名称，例如，1-氯丁烷又被称为正丁基氯、氯代正丁基、氯正丁烷、氯丁烷或氯化丁基等。为使我国危险货物命名规范化，制定了国家标准《危险货物命名原则》（GB/T 7694—2008），对一种危险货物规定了一个正式名称，其他名称皆列为别名。

为了识别一种物质或一类特定物质，联合国危险货物专家委员会编制了由4位阿拉伯数字组成的危险货物编号。这种编号只反映识别代码，无特性标示。为保证国家间的统一，GB 6944—2012采用了联合国编号，并规定每一危险货物对应一个编号，但对性质基本相同，运输、储存条件和灭火、急救、处置方法相同的危险货物，也可使用统一编号。如氰化银和氰化银钾的编号都是1684。

我国铁路危险货物品名编号（简称铁危编号）是根据铁路危险货物运输长期的实践经验而采用的，编号由5位阿拉伯数字组成：第1位数字表示该危险货物的类别；第2位数字表示该危险货物的项别；后3位数字表示该危险货物品名的顺序号。顺序号小于500的危险货物为该项一级危险货物，顺序号大于500（501～999）的危险货物为该项二级危险货物。如硝铵炸药品名编号为11084，第一个"1"表示该物品为危险货物的第一类（即爆炸品），第二个"1"表示该物品为爆炸品中的第一项（即整体爆炸物品），"084"表示硝铵炸药为整体爆炸物品的第84个品名，属一级危险货物。

有些危险货物在5位编号后增加拉丁文大写字母表示同一品名编号的货物因其状态、组成成分等不同而需要不同运输条件的货物。如苯酚［固态］编号为61067A，苯酚［熔融］编号为61067B。

为了使编号的识别功能得到更好利用，加强信息化管理，对危险货物还增设了信息化品名，信息化品名是危险货物运单填写以及货运管理使用的名称。

国铁集团结合铁路危险货物运输实际，制定了《铁路危险货物品名表》（表 5.2）。《铁路危险货物品名表》是《危规》的重要附件，包括每种危险货物的编号、品名、别名、信息化品名、主要特性、包装标识、包装类、包装方法、灭火剂、洗刷除污编号、急救措施、特殊规定、联合国编号，是铁路受理、承运、保管、装卸、运输危险货物及预防事故发生或处理事故的主要依据，也是托运人托运危险货物应满足的条件。

表 5.2 铁路危险货物品名表（摘录）

铁危编号	品名	别名	信息化品名	主要特性	包装标识	包装类	包装方法	灭火方法	洗刷除污编号	急救措施	特殊规定	联合国及国标编号
31150	苯	纯苯	苯	无色透明液体，易挥发，密度 0.90g/cm³，沸点 80.1℃，凝固点 5.51℃，闪点 −11℃，爆炸极限 1.3% ～ 7.1%，不溶于水，有麻醉性，长期接触会造成中毒	7	Ⅱ	2,21	砂土、泡沫、干粉、二氧化碳	3	将中毒者移至新鲜空气处	2(d)	1114
	溶剂苯		苯									
	工业苯		苯									

三、危险货物性质

（一）爆炸品

1. 爆炸品的定义

爆炸品是指受到高热、摩擦、撞击、震动或其他外界作用，能迅速发生剧烈化学反应，瞬间产生大量气体和热量，形成巨大的压力，发生爆炸，对周围环境造成破坏的物质和物品。

二维码 5.2

爆炸是一种迅速的物理、化学变化过程。爆炸具有如下一些特点：变化极其迅速，可在十万分之一秒或更短的时间内完成；可在瞬间放出大量的能量，从而产生巨大的推动力或破坏力，并且能产生巨大的声响。按引起爆炸的原因可分为核爆炸、物理爆炸和化学爆炸三种。原子弹、氢弹的爆炸属于核爆炸；装有压缩气体的钢瓶受热爆炸属于物理爆炸；炸药爆炸属于化学爆炸。危险货物中爆炸品的爆炸主要是化学爆炸。

2. 类项划分

第 1.1 项　有整体爆炸危险的物质和物品。

列于此项的有火药、水雷、地雷、硝铵炸药和硝基脲等物质和物品。

第 1.2 项　有迸射危险，但无整体爆炸危险的物质和物品。

列于此项的有弹药用雷管、点火器、起爆引信、炸弹［带有爆炸装药］、火炮发射药、穿甲弹和烟火制品等物质和物品。

第 1.3 项　有燃烧危险并有局部爆炸危险或局部迸射危险，或同时具有这两种危险，但无整体爆炸危险的物质和物品。

列于此项的有无烟火药、火箭发动机、二亚硝基苯、信号弹药筒和地面照明弹等物质和物品。

第 1.4 项　不呈现重大危险的物质和物品。

列于此项的有爆破用电雷管、点燃导火索、火箭［带有发射剂］、练习用手榴弹、烟花、爆竹、鞭炮、点火绳和燃烧棒等物质和物品。

第 1.5 项　有整体爆炸危险的非常不敏感物质。

本项包括有整体爆炸危险性但非常不敏感，以致在正常运输条件下引发或由燃烧转为爆炸的可能性很小的物质。

列于此项的有 B 型爆破炸药、铵油炸药、铵沥蜡炸药和非常不敏感爆炸性物质［未另列明的］等物质和物品。

第 1.6 项　无整体爆炸危险的极端不敏感物品。

本项包括仅含有极端不敏感起爆物质，并且其意外引发爆炸或传播的概率可忽略不计的物品。

列于此项的有极端不敏感爆炸性物品。

3. 爆炸品的特性

(1) 爆炸性　爆炸品的爆炸具有反应速率快、释放大量热量、产生大量气体的特点。

如 1kg 三硝基甲苯完全爆炸仅需 10^{-5} s，放出热量 3997kJ，生成气体 690L，爆速为 6990m/s，气体被加热到 2000～3000℃，压力达到 10.1～40.5GPa。所以，爆炸品一旦发生爆炸，会对周围的环境造成严重破坏。

爆炸的反应速率通常用爆炸速率（简称爆速）表示，是指炸药被引爆后，爆轰波沿炸药传播的速率。爆速一般以 8000m/s 为界限，高于此限的为烈性炸药，低于此限的为一般炸药。一些炸药的爆速见表 5.3。

表 5.3　部分炸药的爆速

炸药名称	爆速/(m/s)	炸药名称	爆速/(m/s)
梯恩梯	6990	黑索金	8380
特屈儿	7740	硝化甘油	8400

(2) 敏感性　在外界能量作用下，炸药发生爆炸的难易程度，称为炸药的敏感度。由于各种炸药的成分不同，其敏感度也不一样。敏感度一般以引起炸药爆炸所需要的最小外界能量来度量，称为起爆能。炸药的起爆能越小，其敏感度越高。不同炸药对外界作用敏感度是不同的。例如，黑火药对火焰的敏感度高，而黑索金对撞击的敏感度高。列于危险货物中的爆炸品，一般都是对撞击、摩擦、热或火焰等敏感度较高的物品。

（二）气体

1. 气体的定义

危险货物中的气体是指符合下述两种情况之一的物质，即在 50℃时其饱和蒸气压大于 300kPa 的物质或在 20℃及 101.3kPa 条件下为气态的物质。

气体按其运输时的状态可分为压缩气体、液化气体、加压溶解于溶剂的气体及深冷液化气体。

压缩气体是指在运输中，于 20℃时经加压后，于容器内完全是气态的物质。常见的压缩气体有压缩氧气、压缩氢气、压缩空气及压缩一氧化碳气体等。

液化气体是指在运输中，于 20℃时经加压液化后盛装于容器内的物质，通常是一些临界温度较高的物质。常见的液化气体有液氯、液氨及液化石油气等。

加压溶解于溶剂的气体是将一些气态物质加压后溶解于盛有溶剂的压力容器内。此类货物中较有代表性的是乙炔，乙炔的性质不稳定，易于聚合和分解，在压力超过 1.52×10^5 Pa

时，不需明火也能够引起爆炸。如果采用液化或压缩的方法充装，是极不安全的。利用乙炔可溶解在丙酮中的特性，在乙炔钢瓶内装入吸有丙酮的硅藻土等多孔物质，然后再加压将乙炔充装于内，使乙炔气溶解于丙酮中，保证了运输安全。

深冷液化气体是指在一定的条件下，将气体冷冻至液态后进行运输的物质，此类货物必须使用特定的保温容器或附有制冷装置，才能保证货物在运输中始终为液体状态。常见的深冷液化气体有液氧、液氮或液氨等。

2. 气体的类项划分

气体的类项根据其在运输中的主要危险性分为 3 项。

第 2.1 项　易燃气体。

在 20℃和 101.3kPa 条件下符合下述两种情况之一的物质：

（1）与空气混合，体积含量≤13％可被引燃的气体。

（2）与空气混合，燃烧的上限与下限的差≥12％的气体。

易燃气体与空气的混合物，当其浓度太低或浓度太高时，皆不能被明火引燃，只有其混合物的浓度在一定的范围内才能够被明火引燃。可点燃的最低浓度称为燃烧下限；可点燃的最高浓度称为燃烧上限；该下限与上限间的差值称为可燃烧范围。显然，一种气体的燃烧下限越低，可燃烧范围越宽，其易燃的危险性越大。易燃气体通常都是燃烧下限较低，可燃烧范围较宽的气体，一些易燃气体的易燃性质见表 5.4。

表 5.4　部分易燃气体的燃烧上限、下限及可燃烧范围

气体名称	燃烧下限/％	燃烧上限/％	可燃烧范围/％
甲烷	5.0	15.0	10.0
乙烷	3.2	12.5	9.3
乙烯	2.7	28.6	25.9
乙炔	2.5	80.0	77.5

列于此项的物品还有氢气、甲醚、乙醚及液化石油气等。

第 2.2 项　非易燃无毒气体。

该项气体是指不属于易燃气体及毒性气体范围的其他气体。需要注意的是，有的非易燃无毒气体具有窒息性，有的气体具有氧化性。有的非易燃无毒气体，其可燃及毒害性虽未达到易燃气体或有毒气体的程度，但有的在一定的条件下也能够燃烧，有的也具有一定的毒性。例如，此项货物中的三氯一氟甲烷在高温时也能够燃烧，三氯化硼、无水碘化氢及冷冻液态氯化氢等气体皆具有一定的毒性。

列于此项的物品还有压缩氧、压缩空气、压缩氮、二氧化碳［压缩的］及各种惰性气体等。

第 2.3 项　毒性气体。

在 50℃时，蒸气压大于 300kPa 或在 20℃及 101.3kPa 标准压力下完全是气态，符合下述两种情况之一的物质：

（1）已知对人类具有的毒性或腐蚀性强度达到对健康造成危害的气体。

（2）半数致死浓度 LC_{50} 值不大于 $5000mL/m^3$，因而推定对人类具有毒性或腐蚀性的气体。

半数致死浓度是指可使试验动物吸入 1h 后，在 14 天内死亡一半（50％）的气体浓度，用 LC_{50} 表示。

列于此项的物品有液氯、液氨、磷化氢、光气、一氧化氮及煤气等。

3. 气体的基本特性

（1）易燃易爆性　气体当中，约有 54.1％是可燃气体，有 61％的气体具有火灾危险性。

可燃气体的主要危险性是易燃易爆性，所有处于燃烧浓度范围之内的可燃气体，遇火源都可能着火，处于爆炸极限范围内的可燃气体，遇火源都有可能发生爆炸。

可燃物质（可燃气体、蒸汽和粉尘）与空气（或氧气）混合达到一定浓度范围时，遇火源后就会发生爆炸，这个浓度范围称为爆炸极限。例如一氧化碳与空气混合的爆炸极限为 12%～75%。可燃性混合物能够发生爆炸的最低浓度和最高浓度，分别称为爆炸下限和爆炸上限。

（2）扩散性　由于气体的分子间距大，相互作用力小，没有固定的形状和体积，非常容易扩散。

（3）可压缩性和膨胀性　气体的体积会因温度的升降而胀缩，且胀缩的幅度比液体要大得多。如果盛装压缩或液化气体的容器在储运过程中受到高温、暴晒，容器内的气体会急剧膨胀，达到一定程度，可能引起容器爆裂，造成事故。

（4）带电性　从静电产生的原理可知，任何物体的摩擦都会产生静电，氢气、乙烯、天然气和液化石油气等压缩气体或液化气体从管口或破损处高速喷出时也同样产生静电，一旦放电就可能引起火灾或爆炸事故。

（5）腐蚀性、毒害性和窒息性　一些含有氢、硫元素的气体具有腐蚀性，如硫化氢、硫氧化碳、氨等。

压缩气体和液化气体，除氧气和压缩空气外，大都具有一定的毒害性，如氰化氢、硫化氢和溴甲烷等。

除氧气和压缩空气外，其他气体大都具有窒息性，如二氧化碳、氮气等。

（6）氧化性　有些气体本身不可燃，但氧化性很强，与可燃气体混合时能发生着火或爆炸，如氯气与乙炔接触即可爆炸，氯气与氢气混合见光爆炸，氟气与氢气混合在黑暗中也可爆炸。

（三）易燃液体

1. 易燃液体定义

易燃液体是指闭杯闪点不高于 60℃，或开杯闪点不高于 65.6℃ 的液体或液体混合物，或在液体及悬浮液中含有固体的液体。

闪点是度量液体易燃危险性的重要指标，是在闪点测定仪中，按规定的方法测定的易燃液体的蒸气与空气的混合气，在接触火焰时发生闪火的最低温度。闪点测定仪有闭杯闪点测定仪和开杯闪点测定仪两种，故闪点也分为闭杯闪点和开杯闪点。对于同一易燃液体，一般来说，易燃液体的闭杯闪点比其开杯闪点要低 1～5℃，而且易燃液体的闪点值越低，这两种闪点的差值也越小。由于闪点表示了易燃液体能被火焰引燃的最低温度，即代表易燃液体的主要危险性，因而易燃液体以闪点作为分类、分项的标准。

一些易燃液体的闪点见表 5.5。

表 5.5　部分易燃液体的闪点

品名	闪点/℃	品名	闪点/℃
航空汽油	−43	二硫化碳	−30
正戊烷	<−40	苯	−11
丙酮	−18	酒精	12.8
乙醚	−45	煤油	40

2. 易燃液体类项划分

易燃液体按其闪点的高低被划分为 2 项。

第 3.1 项　一级易燃液体。

指闪点（闭杯）低于 23℃的液体。

此项液体具有很高的易燃危险性，即使在较低的温度下，也易于被火花或火焰引燃。

列于此项的物品有戊烷、己烷、乙醛、丙酮、乙醚、苯、甲苯、甲醇、乙醇、乙酸乙酯和丁胺等。

第 3.2 项　二级易燃液体。

指闪点（闭杯）为 23～60℃的液体，此项液体具有相对低一些的易燃危险性，有些液体在常温条件下甚至不易被火花引燃，但是在受热或遇明火时也易被引燃，且引燃后其燃烧也相当剧烈。

列于此项的物品有煤油、樟脑油、松节油和松香水等。

3. 易燃液体的一般特性

（1）高度易燃性　易燃液体都具有高度的易燃性，如甲醇闪点为 11.11℃，最小引燃能量为 0.215mJ。

（2）蒸气的易爆性　由于易燃液体在一定温度下都能蒸发，所以在存放易燃液体的场所都存在大量的易燃蒸气，当易燃蒸气与空气混合并达到爆炸浓度范围时，遇火就会发生爆炸。部分易燃液体的爆炸极限见表 5.6。

表 5.6　部分易燃液体蒸气的爆炸极限

液体名称	爆炸下限/%	爆炸上限/%	爆炸极限/%
酒精	1.25	18.95	15.67
二硫化碳	1.25	50.0	48.75
乙醚	1.85	36.5	34.67
甲苯	1.27	7.75	6.48
汽油	1.25	6.9	5.65

（3）受热膨胀性　储存于密闭容器中的易燃液体受热后，在体积膨胀的同时，会使蒸气的压力增大，当超过容器所能承受的压力限度，就会造成容器膨胀，常出现鼓桶，甚至爆裂，当遇到火源，从而引发危险。因此，容器应留有不少于 5%的膨胀余量，夏天应移至阴凉处或用喷淋冷水保护。

（4）流动性　流动性是任何液体的通性，其流动性更增加了易燃液体火灾的危险性。

（5）带电性　多数易燃液体都是电解质，在运输、装卸过程中摇晃、搅拌或高速流动过程中，由于摩擦极易产生静电，当所带静电荷聚集到一定程度时就会产生静电火花，有引起燃烧和爆炸的危险。

（6）毒害性　易燃液体或其蒸气大部分具有毒害性，有的还有刺激性和腐蚀性。

（四）易燃固体、易于自燃的物质和遇水放出易燃气体的物质

1. 定义

本类货物包括具有易燃危险性的固体货物，具有易于自燃危险性的货物和具有遇水放出易燃气体危险性的货物。

2. 易燃固体、易于自燃的物质和遇水放出易燃气体的物质的类项划分

本类物品易于引起和促成火灾，按其燃烧特性分为 3 项。

第 4.1 项　易燃固体。

本项包括：在运输环境和条件下容易燃烧或由于摩擦可能引燃或助燃的固体，可能发生

强烈放热反应的自反应物质，不充分稀释可能发生爆炸的固体退敏爆炸品。这些物质燃点低，对热、撞击、摩擦均较敏感，易被外部火源点燃，燃烧迅速，并可散发出有毒烟雾或气体。

通常，易燃固体以燃点及燃烧速率等量值来确定其易燃危险性。燃点是物质被加热到一定温度时，接近火焰而着火，并能够继续燃烧的最低温度，又称着火点，或燃烧点。燃点是衡量物质易燃性的重要指标，显然，燃点低的物质具有较高的易燃危险性。易燃固体通常都是燃点较低的物质。

燃烧速率是使用特定仪器，按规定的方法测定物质在单位时间内燃烧的长度。

易燃固体按其危险性的大小划分为一级易燃固体（41001～41499）及二级易燃固体。一级易燃固体有红磷、氢化钛、硝基胍［含水≥20%］等，二级易燃固体有硫黄、铝粉［有涂层的］、萘、硝基萘、硝化纤维塑料及安全火柴［任何地方可擦燃］等。

第4.2项　易于自燃的物质。

本项包括：发火物质和自热物质。

发火物质是即使只有少量与空气接触，不到5min便燃烧的物质。这是4.2项中最容易发生自燃的物质。

自热物质是发火物质以外的，与空气接触，不需要能源供应便能够自己发热的物质。这类物质只有数量很大（几千克）并经过长时间（几小时或几日）接触，才会燃烧。

易于自燃的物质自燃点低，在空气中易于发生氧化反应放出热量而自行燃烧。即在正常的运输条件下，这些物质也能够自行分解放热，或与空气接触反应放热，而自行着火燃烧。易于自燃的物质通常是以自燃点来确定其自燃危险性的。自燃点是指物质被隔绝明火加热，因自身氧化放热，自动着火燃烧的最低温度。自燃点是衡量物质自燃危险性的重要指标，显然，自燃点低的物质具有较高的自燃危险性。

易于自燃的物质按其危险性的大小分为一级自燃物品（42001～42499）和二级自燃物品（42501～42999）。一级自燃物品有黄磷、金属钙粉、钡合金、三甲基铝、甲基镁、甲醇钠及硝化纤维片基等。二级自燃物品有金属锆［干的碎屑］、含油金属屑、硝化纤维塑料碎屑、潮湿棉花等。

第4.3项　遇水放出易燃气体的物质。

本项物质与水接触或受潮可放出易燃气体，易燃气体与空气混合形成爆炸性混合物，混合物极易被引燃，产生的冲击波和火焰对人和环境造成危害。

另外，遇水放出易燃气体的物质与水反应后，其产物多是有毒或有强腐蚀性的物品，如金属钾、金属钠或氢化钾、氢化钠等物质，与水反应后皆生成强碱，再如磷化锌及磷化铝等，与水反应后皆生成剧毒的磷化氢气体。

本项货物按其危险性大小划分为一级遇水放出易燃气体的物质（43001～43499）和二级遇水放出易燃气体的物质（43501～43999）。一级遇水放出易燃气体的物质有金属钠、金属钾、钾钠合金、镁粉、铝粉［未涂层的］、氢化锂、氢化钠、碳化钙及磷化锌等。二级遇水放出易燃气体的物质有锌灰、镁粒［有涂层的，粒度≥149μm］、硅钙、氢化钡及钙锰硅合金等。

3. 易燃固体、易于自燃的物质和遇水放出易燃气体的物质的主要特性

（1）易燃固体的主要特性

① 燃点低，在高热、明火、摩擦作用下易燃烧　易燃固体的着火点都比较低，一般都在300℃以下，在常温下只要有能量很小的着火源与之作用即能引起燃烧。如镁粉、铝粉只要有20mJ的点火能即可点燃。有些易燃固体，如赤磷、闪光粉等受摩擦、震动、撞击等也能起火燃烧甚至爆炸。

② 遇酸、氧化剂易燃易爆　绝大多数易燃固体具有还原性，与酸、氧化剂接触，能够

立即着火或爆炸。如 H 发孔剂与酸性物质接触能立即起火，萘与发烟硫酸接触反应非常剧烈，甚至引起爆炸。

③ 可分散性 一般来讲，易燃固体的颗粒越细，货物表面积越大，分散性就越强。当固体粒度小于 0.01mm 时，可悬浮于空气中，与空气中的氧充分接触，发生氧化作用。例如，铝粉、镁粉与空气混合达到爆炸极限时，遇明火引起粉尘爆炸。

④ 热分解性 某些易燃固体受热后不熔融，而是发生分解。有的受热后边熔融边分解。一般来说，受热分解温度越低的物质，其火灾爆炸危险性就越大。

⑤ 毒害性 许多易燃固体有毒，或燃烧产物为有毒气体，或有腐蚀性。如二硝基苯、二硝基苯酚、硫黄、五硫化二磷等。

（2）易于自燃的物质的主要特性

① 极易氧化 凡能促进氧化的一切因素均能促进自燃。空气、受热、受潮、氧化剂、强酸、金属粉末等能与自燃物质发生化学反应或对氧化反应有促进作用，它们都是促使自燃物品自燃的因素。例如油布、油纸等在常温、潮湿的环境中能缓慢氧化，并且不断放出热量，当积热不散，达到一定温度时，引起自燃。

② 易分解 某些易于自燃的物质的化学性质很不稳定，在空气中会自行分解，积蓄的分解热会引起自燃，如硝化纤维素胶片、赛璐珞（即硝酸纤维素塑料）等。

（3）遇水放出易燃气体的物质的主要特性

① 遇水易燃易爆 遇水放出易燃气体的物质遇水后发生化学反应，放出可燃气体和热量。当可燃气体在空气中达到燃烧极限时，接触明火或由于反应放出的热量达到引燃温度时就会发生爆炸。如金属钠、氢化钠等遇水反应剧烈，放出大量氢气，产生大量热，使氢气爆燃。

② 遇氧化剂和酸着火爆炸 遇水放出易燃气体的物质除遇水能反应外，遇到氧化剂、酸也能发生反应，而且比遇到水反应更加剧烈，危险性更大。

③ 毒害性和腐蚀性 有一些遇水放出易燃气体的物质与水反应生成的气体是易燃有毒气体，如电石放出的乙炔，金属磷化物放出的磷化氢。许多遇水放出易燃气体的物质本身就是有毒的，如钠汞齐、钾汞齐等都是毒害性很强的物质。

碱金属及其氢化物类、碳化物类与水作用生成强碱，都具有很强的腐蚀性。

（五）氧化性物质和有机过氧化物

1. 氧化性物质和有机过氧化物的类项划分

本类物质具有强氧化性，易引起燃烧、爆炸。按其组成分为 2 项。

第 5.1 项 氧化性物质。

本项货物按其危险性划分为一级氧化性物质（51001～51499）和二级氧化性物质（51501～51999）。一级氧化性物质有过氧化钾、超氧化钾、高氯酸钠、氯酸钾、高锰酸钾、硝酸钾、硝酸胍、亚硝酸铵及四硝基甲烷等。二级氧化性物质有过氧化氢［8%≤含量≤20%］、过氧化铅、过硫酸钾、溴酸钠、碘酸钠、重铬酸钾、硝酸镁及亚硝酸钠等。

第 5.2 项 有机过氧化物。

有机过氧化物是分子组成中含有过氧基（—O—O—）的有机物质，属热不稳定物质，可能发生放热自加速分解等。有机过氧化物有过氧化氢、二叔丁基异丙苯、过氧化氢蒎烷［工业纯］、过氧化二乙酰［在溶液中含量≤27%］，过氧化二苯甲酰［含水量不少于 30%］及叔丁基过苯二甲酸等。

2. 氧化性物质的主要特性

（1）很强的氧化性 氧化性物质中的无机过氧化物均含有过氧基，很不稳定，易分解放出原子氧，其余的氧化性物质则分别含有高价态的氯、溴、氮、硫、锰、铬等元素，这些高价态的元素都有较强的获得电子的能力。因此，氧化性物质最突出的性质是遇易燃物品、可燃物品、有机物、还原剂等会发生剧烈化学反应引起燃烧爆炸。

（2）遇热分解性　氧化性物质遇高温易分解出氧和热量，极易引起燃烧爆炸。

（3）撞击、摩擦敏感性　许多氧化性物质如氯酸盐类、硝酸盐类等对摩擦、撞击、振动极为敏感。

（4）与酸作用分解　大多数氧化性物质，特别是碱性氧化性物质，遇酸反应剧烈，甚至发生爆炸。例如，过氧化钠（钾）、氯酸钾、高锰酸钾等，遇硫酸立即发生爆炸。

（5）与水作用分解　有些氧化性物质，特别是活泼金属的过氧化物，如过氧化钠（钾）等，遇水分解出氧气和热量，有助燃作用，使可燃物燃烧，甚至爆炸。

（6）毒害性和腐蚀性　有些氧化性物质具有不同程度的毒性和腐蚀性。例如铬酸酐、重铬酸盐等既有毒性，又会烧伤皮肤；活性金属的过氧化物有较强的腐蚀性。

（7）强氧化性物质与弱氧化性物质之间反应　有些氧化性物质与其他氧化性物质接触后能发生复分解反应，放出大量热而引起燃烧、爆炸。如亚硝酸盐、次亚氯酸盐等，遇到比它强的氧化性物质时显示还原性，发生剧烈反应而导致危险。

3. 有机过氧化物的主要特性

（1）分解爆炸性　由于有机过氧化物都含有过氧基，对热、震动、冲击或摩擦极为敏感，所以当受到轻微的外力作用时即分解。如过氧化二乙酰，纯品制成后 24h 就可能发生强烈的爆炸；过氧化二苯甲酰当含水量在 1% 以下时，稍有摩擦即能爆炸。

（2）易燃性　有机物一般都易燃而有机过氧化物更容易燃烧，如过氧化二叔丁酯的闪点只有 12℃。

（3）人身伤害性　过氧化物容易伤害人的眼睛，如过氧化环己酮，即使与眼睛短暂接触，也会对角膜造成严重的伤害。

（六）毒性物质和感染性物质

1. 毒性物质和感染性物质的分项

该类货物按其危险性的不同，划分为毒性物质和感染性物质 2 项。

第 6.1 项　毒性物质。

毒性物质是指进入人体后累积达到一定的量，能与体液组织发生生物化学作用或生物物理变化，扰乱或破坏机体的正常生理功能，引起暂时性或持久性的病理状态，甚至危及生命安全的物质和物品。

许多物质都具有一定的毒性，不可能将其都归为毒性物质中，只有毒性达到一定程度，才被列为毒性物质。毒性物质主要是以半数致死量来确定其毒害危险性的。半数致死量又称致死中量或中间致命剂量，用符号 LD_{50} 表示。

急性口服毒性物质的 LD_{50} 值是使小白鼠口服一定剂量的毒性物质，最可能引起这些试验动物 14 天内死亡一半的物质剂量。LD_{50} 值用试验动物（死亡 50% 时）每千克体重的毒物用量毫克数（mg/kg）表示。急性皮肤接触毒性物质的 LD_{50} 值是使白兔的裸露皮肤持续接触毒性物质 24h，最可能引起这些试验动物在 14 天内死亡一半的物质剂量。

急性吸入毒性物质的 LC_{50} 值（半数致死浓度）是使雌雄小白鼠连续吸入 1h 后，最可能引起这些试验动物在 14 天内死亡一半的蒸气、烟雾或粉尘的浓度。

半数致死量的数值是以试验值经过数理统计方法处理而求得的，是衡量物质急性毒性的重要指标。半数致死量值越小，毒性越大。

该项货物按其毒性（半数致死量 LD_{50} 或半数致死浓度 LC_{50}）的高低分为一级毒性物质（剧毒品，61001～61499）和二级毒性物质（有毒品，61501～61999）2 项。毒性物质的分级见表5.7。

表5.7　毒性物质分级

分级	口服毒性 $LD_{50}/(mg/kg)$	皮肤接触毒性 $LD_{50}/(mg/kg)$	吸入粉尘或烟雾毒性 $LC_{50}/(mg/L)$
一级毒性物质	$\leqslant 50$	$\leqslant 200$	$\leqslant 2$
二级毒性物质	$50 < LD_{50} \leqslant 300$	$200 < LD_{50} \leqslant 1000$	$2 < LC_{50} \leqslant 4$

一级毒性物质有氰化钾、氰化亚铜、三氧化二砷（砒霜）、铊化合物、铍化合物、硝酸汞、硝基苯、二氯化苄、硫酸二甲酯及磷化铝农药等。

二级毒性物质有硫氰酸钙、氧化钡、锑粉、氟化钾、氧化汞、二氯甲烷苯甲腈、二氯苯及苯肼等。

第6.2项　感染性物质。

感染性物质是已知或有理由认为含有病原体的物质。病原体是指会造成人类或动物感染疾病的微生物（包括细菌、病毒、立克次氏体、寄生虫、真菌）和其他媒介，如病毒蛋白。

2. 毒性物质和感染性物质的主要特性

（1）毒害性　毒害性主要表现对人体或其他动物的伤害。

（2）易燃性　列入《铁路危险货物品名表》中的毒性物质，约89%都具有火灾的危险性。无机毒性物质中的金属化合物和硒化物大都本身不燃，但都有遇水、遇湿易燃性，如氰化钠、氰化钾等，它们遇水、遇湿后放出极毒的氰化氢气体是易燃气体。

（3）易爆性　例如，毒性物质中的叠氮化钠，遇热、撞击都能引起爆炸，并分解出有毒气体。

（4）致病性　少量误服、吸入或皮肤接触感染性物质，能引起暂时性或持久性疾病，甚至危及生命。

（七）放射性物质（物品）

1. 放射性物质（物品）定义

在托运货物中任何含有放射性核素并且其放射性比活度和总放射性活度都超过规定的相应限值者属于放射性物质（物品）。

放射性物质（物品）一般分为5类。

（1）低比活度物质，是指就其性质而言是比活度有限的放射性物质，或不考虑周围的外屏蔽材料的情况下，平均比活度低于限值的放射性物质（物品）。

（2）表面污染物体，是指本身不具有放射性，但其表面分布着放射性物质的固态物体，多数是原子能工业部门更新设备或进行生产改造过程产生的。

（3）易裂变材料，是指铀-233、铀-235、钚-239、钚-241或这些放射性核素的任何组合，但不包括未受辐照的天然铀或贫化铀，以及仅在热中子反应堆内受过辐照的天然铀或贫化铀。

（4）特殊形式放射性物质（物品），是指不弥散的固体放射性物质或装有放射性物质的密封件。

（5）其他形式放射性物质（物品），是指不能满足特殊形式放射性物质（物品）条件的放射性物质（物品）。

2. 放射性物质（物品）的分项

铁路危险货物运输中没有对放射性物质（物品）进行分项。

3. 放射性物质的基本特性

（1）放射性　在危险货物运输中，放射性物质的主要特性是它会不断地发射出各种射线，而且这些射线不为人的感官（眼、鼻、耳、舌和皮肤等）所觉察。

放射性物质所放出的射线主要有α射线、β射线、γ射线和中子流四种。

①α射线是带正电的粒子流，带两个单位的正电荷，电离能力强；射程很短，在空气中一般不超过2～12cm；穿透能力很弱，用一张纸、衣服或几十厘米的空气就能"挡住"。但因其电离能力强，一旦进入体内，会引起较大的伤害。

②β射线是高速运动的电子流，由于它的速度高，所以它的能量也较大，穿透能力较强，但可被几毫米厚的铝片、塑料板"挡住"。β射线的电离能力较弱。

③γ射线是一种波长较短的电磁波（即光子流），不带电，而以光的速度在空间传播。γ射线穿透能力很强，但电离能力很弱。

④中子流是不带电的中性粒子束。在自然界里，中子并不单独存在，只有在原子核分裂时才能从原子核里释放出来。中子流的穿透能力很强，容易被含有很多氢原子的物质和碳氢化合物所吸收，如水、石蜡、水泥。相反却能通过很重的物质，如铁、铅等。

几种射线的特性比较见表5.8。

表5.8 各种射线的特性比较

射线种类	带电性质	速度/(km/s)	空气中射程	穿透能力	电离能力	主要照射方式	防护材料
α	带正电的粒子流	2×10^5	十多厘米	最弱	强	内照射	塑料、铝
β	带负电的粒子流	2×10^6	20多米	较强	较强	内照射	塑料、铝
γ	不带电的光子流	3×10^6	几百米	强	只能间接电离	外照射	铁、铅
中子流	不带电的粒子流	与γ相似	与γ射线相似	强		外照射内照射	水、石蜡

（2）化学毒性　除了射线有危害效应外，有些放射性物质本身具有极强的化学毒性，例如镅-241的化学毒性就很大（属极毒性物质），因此，在可能有放射性内容物外逸时，必须注意其化学毒性。

4. 放射性包装件的运输等级

为了便于放射性物质（物品）运输的组织管理和安全防护，同时也为了实际运输操作的方便，放射性包装件按其外表面任意一点的最大辐射水平（H），以及距包装件外表面1m处任意一点的最大辐射水平（即运输指数TI）这两个指标，我国将包装件分为三个运输等级，见表5.9。

表5.9 放射性物质包装件运输等级

运输等级（标志颜色）	包装件外表面任意一点最大辐射水平（H）/(mSv/h)	运输指数（TI）
Ⅰ级（白色）	$H \leqslant 0.005$	$0^{①}$
Ⅱ级（黄色）	$0.005 < H \leqslant 0.5$	$0 < TI \leqslant 1$
Ⅲ级（黄色）	$0.5 < H \leqslant 2$	$1 < TI \leqslant 10$
Ⅲ级（黄色）	$2 < H \leqslant 10$	$10 < TI^{②}$

① 对于$TI \leqslant 0.05$的包装件均认为$TI = 0$，其他情况TI都应取一位小数，计算TI时只进位不舍位。
② 应按《危规》特殊规定1办理。

包装件的运输指数和表面辐射水平等级不一致时，按较高一级确定运输等级。

5. 放射性物质（物品）在运输中的防护

（1）装卸操作中的防护

① 应尽可能采用机械化操作，尽量避免工作人员与放射性包装件接触，避免肩扛和背

负等徒手操作。

② 操作人应该熟练操作放射性物质的装卸作业，尽量达到快速、准确无误，以减少在辐射场的停留时间。

③ 对于操作高等级包装件的工作人员，应穿戴防护服。

④ 配备射线报警仪，特别是对Ⅱ、Ⅲ级包装件的装卸操作，应根据年剂量当量限值和工作人员的操作频率定出报警阈值，以控制有关人员的装卸时间；在无射线报警仪情况下，应根据包装件的辐射水平和运输指数控制有关人员的作业时间，见表 5.10。

表 5.10　装卸放射性物品容许作业时间

包装件运输等级	包装件表面辐射水平/(mSv/h)	运输指数 TI	徒手作业	简单工具（距包装件表面约 0.5m）	半机械化操作（距包装件表面 1m）	机械化操作（距包装件表面 1.5m）
Ⅰ级	≤0.005	0	6h	—	—	—
Ⅱ级	0.01	0	4h	6h	—	—
	0.05	0	1.5h	6h	—	—
	0.1	0.1	40min	3h	—	—
	0.2	0.3	20min	2h	6h	—
	0.3	0.6	15min	1.5h	6h	—
	0.4	0.8	10min	1h	5h	—
	0.5	1.0	7min	40min	5h	—
Ⅲ级	0.6	1.5	×	40min	5h	—
	0.8	2.0	×	25min	3.5h	6h
	1.0	3.0	×	20min	2.5h	4h
	1.2	4.0	×	15min	1.7h	3h
	1.4	5.0	×	12min	1.5h	2h
	1.8	7.0	×	10min	1h	1.5h
	2.0	10.0	×	8min	30min	1h

注：1. 表中各控制时间是根据从事放射性职业人员年剂量当量限值 50mSv（5rem），然后根据一年中 50 周工作，每周按 6 日工作计取一定的安全系数而得的。在放射生物效应中，相同的受照量情况下，急性（或一次性）照射的危害比小剂量长时间照射大得多，铁路运输放射性物质所受的照射属于小剂量慢性照射，表中所列时间是较安全的。

2. 表中包装件运输等级、表面辐射水平和运输指数的数值可从包装件的标志牌和《铁路运输放射性物质包装件表面污染及辐射水平检查证明书》得知。

3. 装卸或搬运放射性矿石、矿砂等易发尘的物品时，作业场所应喷水防尘，工作人员应穿专用工作服，戴口罩和手套。

（2）装载放射性物质车辆的防护要求

① 装载放射性物质车辆内、外表面的放射性活度水平不得超过放射性包装件和运输工具外表面放射污染限值。

② 装载放射性物质车辆外表面的辐射水平（包括车辆底部）不得超过 2mSv/h，距车辆外表面 2m 处任意一点的辐射水平不得超过 0.1mSv/h。

③ 运输中工作人员与放射性包装件应保持适当的距离，该距离根据包装件的运输指数和物品运输时间确定，见表 5.11。

表 5.11　作业人员与放射性物品最小安全距离　　　　单位：m

包装件的运输指数	照射时间/h[d]					
	1	2	4	10	24[1]	48[2]
0.2	0.5	0.5	0.5	0.5	1.0	1.0
0.5	0.5	0.5	0.5	1.0	1.5	1.5
1.0	0.5	0.5	1.0	1.5	2.5	2.5
2.0	0.5	1.0	1.5	2.0	4.0	4.0

续表

包装件的运输指数	照射时间/h[d]					
	1	2	4	10	24[1]	48[2]
4.0	0.5	1.0	2.0	3.0	5.0	5.0
8.0	1.0	2.0	2.5	4.0	7.0	7.0
10.0	1.5	2.5	3.0	5.0	8.0	8.0

（3）装车及存放的防护　放射性物质在装车时，合理的摆放可以有效地降低放射性货物周围的辐射水平。例如，将运输等级高的货物放在车辆中轴线上，将运输等级低的摆放在周围能取得良好的防护效果。

（4）行李车运输放射性包装件的防护　行李车运输的是运输级别最低的包装件，正常运输条件下安全有保证。例如，用于医学诊断与治疗及科研上使用的放射性药物、试剂等。但包装结构一旦受损，屏蔽性能就可减弱甚至丧失，这时行李车内的辐射水平可能急剧上升，容易酿成事故，因此，行李车运输放射性物质必须配备具有监测性能的射线报警器。同时在行李车装车时应将放射性包装件尽可能摆放在远离行李车办公桌处。

（八）腐蚀性物质

1. 腐蚀性物质定义

腐蚀性物质是指与完好皮肤组织接触超过 60min，但不超过 4h 之后开始的最多 14 天的观察期内引起皮肤全厚度损毁的物质；或被判定不引起完好皮肤组织全厚度毁损，但在 55℃的试验温度下对钢和铝所进行的试验，钢和铝的表面腐蚀速率超过 6.25mm/a 的物质。

2. 腐蚀性物质的类项划分

腐蚀性物质按其性质划分为 3 项，每项又按其腐蚀性的强弱分为一级腐蚀性物质和二级腐蚀性物质。

第 8.1 项　酸性腐蚀性物质。

本项划分为：一级酸性腐蚀性物质（81001～81499）；二级酸性腐蚀性物质（81501～81999）。

列于此项的有硫酸、硝酸、盐酸、氢氟酸、溴及溴水等一级酸性腐蚀性物质，磷酸、亚磷酸、醋酸（冰醋酸）等二级酸性腐蚀性物质。

第 8.2 项　碱性腐蚀性物质。

本项划分为：一级碱性腐蚀性物质（82001～82499）；二级碱性腐蚀性物质（82501～82999）。列于此项的有氢氧化钠、氢氧化钾、氧化钠、氧化钾等一级碱性腐蚀性物质，钠石灰、氨水（10%～35%）、生石灰等二级碱性腐蚀性物质。

第 8.3 项　其他腐蚀性物质。

本项划分为：一级其他腐蚀性物质（83001～83499）；二级其他腐蚀性物质（83501～83999）。

列于此项的有甲醛溶液、蒽等一级其他腐蚀性物质，氯化铜、汞等二级其他腐蚀性物质。

3. 腐蚀性物质的基本特性

（1）腐蚀性　当腐蚀性物质与其他物质接触时，会使其他物质发生化学变化或电化学变化而受到破坏，这种性质叫腐蚀性，这是腐蚀性物品的主要特性。

（2）毒害性　在腐蚀品中，有一部分能挥发出强烈有毒气体。如氢氟酸的蒸气在空气中的浓度达到 0.025%～0.05%时，即使短时间接触也是有害的。

（3）易燃易爆危险性　在列入管理的腐蚀性物质中，约 83%的物质具有引发火灾的危险性，有的本身就易燃。如浓硫酸与可燃物接触，能发生强烈的氧化反应而起火；甲酸、冰醋酸遇火易燃。

（九）杂项危险物质和物品

本类物质和物品是指危险货物中第 1 类至第 8 类未包括的物质和物品。主要包括 3 项。

第 9.1 项　危害环境的物质，如石棉、锂电池组、蓖麻籽等。

第 9.2 项　高温物质。

第 9.3 项　经过基因修改的微生物或组织，不属感染性物质，但可以非正常天然繁殖结果的方式改变动物、植物或微生物的物质。

工作任务二　认识危险货物设备设施

理论知识

一、危险货物包装

危险货物包装是指以保障运输、储存安全为主要目的，根据危险货物性质、特点，按国家有关法规、标准，专门设计制造的包装物、容器和采取的防护技术。

（一）危险货物包装分类

1. 按危险货物种类分

（1）通用包装　适用于第 3～6 类危险货物和第 1、第 8 类中的某些货物。

（2）专用包装　常见的有两种。一种是爆炸品专用包装，这类包装甚至在爆炸品之间都不能通用；另一种是针对一些特殊的危险货物，由于某种特殊性质而采用的专门包装。例如：双氧水专用包装、二硫化碳专用包装、黄磷专用包装、碱金属专用包装、电石专用包装等。

二维码 5.3

（3）气瓶包装　这是气体危险货物的专用包装。此类包装最显著的特点是能承受一定的内压力，所以又称压力容器。

（4）抗辐射包装　由于放射性物质（物品）本身的放射性污染和广泛的辐射作用，包装材料和结构应具有封严、抗压、抗腐蚀和抗射线穿透（即屏蔽作用）的化学和物理性能。

（5）抗腐蚀包装　腐蚀性物质有腐蚀性，需用不同的耐腐蚀材料来做包装。如苦味酸若与金属（铜盐、铅盐、锌盐等）化合，生成苦味酸金属盐类，其爆炸敏感度比苦味酸更大，此类炸药严禁使用金属容器装运；氢氟酸有强烈的腐蚀性，能侵蚀玻璃，不能用玻璃容器盛装，要用铅筒或耐腐蚀的塑料、橡胶桶装运。

2. 按包装材料分类

按制作包装的材料可以分为木包装、金属包装、塑料包装、编织材料包装、玻璃陶瓷包装和棉麻织品包装等。在进行危险货物的包装时，应根据危险货物的性质，选择合适的包装材料，确保危险货物的安全运输。

3. 按包装类型分类

危险货物按包装的类型分为桶、箱、袋三大类。桶类包装有铁桶、铝桶、铁塑复合桶、木板桶、胶合板桶、纤维板桶、厚纸板桶和塑料桶等，主要用来运输液态危险货物；箱类包装有集装箱、铁皮箱、危险货物保险箱、密木箱、胶合板箱、纤维板箱、刨花板箱、瓦楞纸箱、钙塑箱、条板花格木箱和编织箱等；袋类有棉布袋、麻袋、乳胶布袋、塑料袋、纸袋和

集装袋等。铁路危险货物包装表（简称包装表）见表 5.12。

表 5.12 铁路危险货物包装表（摘录）

包装号	包装要求		单位包装件限制质量或容量	备注
	外包装	内包装		
1	**钢质气瓶** 钢质气瓶的设计、制造、充装、运输、储存必须符合国家质量技术监督检验检疫总局颁布的《气瓶安全监察规程》。盛装乙炔气的气瓶应符合原劳动部颁布的《溶解乙炔气瓶安全监察规程》。 钢质气瓶气阀完好，安全阀与瓶身配套旋紧。有防护罩的钢质气瓶，安全帽不得超出护罩。瓶身外套两只防震胶圈。钢质气瓶瓶肩或护罩上，应有制造和检验钢印标记。钢印标记必须准确、清晰。检验钢印标记上，还应按检验年份涂检验色标。检验色标的颜色和形状符合《气瓶安全监察规程》的规定。钢质气瓶外表面的颜色和字样，应符合 GB/T 7144—2016《气瓶颜色标志》的规定		钢质气瓶每瓶总重量不得超过 1000kg。超过时应征求发到站的意见	① 20L 以下的钢质气瓶应外加坚固木箱，每箱总重不超过 50kg。 ② 装有液化石油气的气瓶（即液化石油气罐）禁止铁路运输
4	**钢塑复合桶** 用钢板制成，桶身有两道环筋和两组 3～7 道波纹。桶身直缝应电气焊接，桶身与桶顶、桶底的组装应双重或三重卷边。卷层内的缝隙必须充填封缝胶。桶内应无任何能擦伤内塑料桶（胆）的凸出物	**塑料桶（胆）** 桶（胆）厚 0.8mm 以上，吹塑厚薄均匀并合适地装在钢桶内。塑料桶（胆）不得以任何使用过的塑料作制造材料，并应具有符合规定的防老化和抗冻性能及抗刺、抗磨功能。桶口、盖配套完好，液密不漏	甲．钢板厚 1.2mm 或 1.25mm，每桶净重不超过 200kg。 乙．钢板厚 1.0mm，每桶净重不超过 50kg	钢桶底部不得开孔
9	**塑料桶** 桶厚不小于 3mm，吹塑厚薄均匀，并应具有符合规定的防老化和抗冻性能及抗压、抗刺、抗摩功能。塑料桶不得以任何使用过的塑料作制造材料。盛装液体时，仅限使用小开口塑料桶。用碗形盖或其他与内装物性质不相抵触的材料制成的瓶塞塞紧，螺纹口、盖、垫圈等封口件配套完好，牢固旋紧，液密不漏	**塑料袋** 盛装固体时，应使用塑料袋作为内包装。袋厚 0.1mm 以上。袋口双层扎口或封口，严密不漏。袋的容积应大于外包装桶	每桶净重不超过 50kg	① 应提供塑料桶包装试验合格证明。 ② 以塑料桶作外包装的危险货物，限按整车运输。塑料桶的外形结构应保证堆码稳固
10	**麻袋** 双经平纹，经纬密度 71×35 根/10cm。 **塑料编织袋** 单经平纹，经纬密度 48×48 根/10cm。以聚丙烯、聚乙烯树脂为主要原料制成，不得以任何使用过的塑料作制造材料。 **乳胶布袋** 袋身缝合牢固，不脱线； 各种袋口折叠后，用机械或手工缝合，针距不大于 10mm	**两层塑料袋** 每层袋厚 0.1mm 以上。袋口双层扎口或封口，严密不漏。袋的容积应大于外包装。 **一层塑料袋** 袋厚 0.1mm 以上。袋口双层扎口或封口，严密不漏。袋的容积应大于外包装	甲．外包装麻袋，内包装两层塑料袋，每袋净重不超过 100kg。 乙．外包装塑料编织袋、乳胶布袋，内装两层塑料袋，每袋净重不超过 50kg。 丙．外包装乳胶布袋、塑料编织袋，内装一层塑料袋，每袋净重不超过 25kg	

续表

包装号	包装要求		单位包装件限制质量或容量	备注
	外包装	内包装		
13	**普通木箱**　板材符合国家标准。板厚 12mm 以上,宽度不小于 30mm。木箱四周上下 16 根箱档,箱档宽 40mm、厚 15mm。木箱牢固密合。箱钉长度为 40mm;箱钉数量,以箱面宽度计,平均 50mm 一只。钉子钉实,钉尖盘实。箱外两道钢带加固,钢带搭接后用钢钉钉在木箱上。钢带宽 13~16mm,厚 0.3~0.4mm	**塑料袋**　袋厚 0.1mm 以上。袋口双层扎口或封口。 **两层牛皮纸袋**　纸每平方米重量不小于 80g。袋口双层扎口或机械封口。袋的容积应大于外包装箱	每箱净重不超过 50kg	
20	**普通木箱**　板材符合国家标准。板厚 10mm 以上,宽度不小于 30mm。木箱四周上下 12 根箱档,箱档宽 40mm、厚 15mm。木箱牢固密合。箱钉长度为 40mm;箱钉数量,以箱面宽度计,平均 50mm 一只。钉子钉实,钉尖盘实。箱外两道钢带加固,钢带搭接后用钢钉钉在木箱上。钢带宽 13~16mm,厚 0.3~0.4mm	**安瓿瓶**　瓶的形式、规格、尺寸、理化性能及外观质量应符合有关规定。外加瓦楞纸套或气泡塑料薄膜等衬垫缓冲材料,再装入纸盒	每箱净重不超过 10kg	净重不超过 5kg 的木箱,可不用箱挡加固
23	**普通木箱**　板材符合国家标准。板厚 10mm 以上,宽度不小于 30mm。木箱四周上下 12 根箱档,箱档宽 40mm、厚 15mm。木箱牢固密合。箱钉长度为 40mm;箱钉数量,以箱面宽度计,平均 50mm 一只。钉子钉实,钉尖盘实。箱外两道钢带加固,钢带搭接后用钢钉钉在木箱上。钢带宽 13~16mm,厚 0.3~0.4mm	**螺纹口玻璃瓶**　瓶厚不小于 2mm,其热稳定性、化学稳定性、内应力、内压力等技术性能应符合有关规定。螺纹盖与瓶口配套完好,用与内装物性质不相抵触的材料制成的瓶塞(或平封口垫)塞紧(或封口),旋紧螺纹盖,严密不漏或液密不漏。 **塑料瓶、复合塑料瓶**　螺纹盖与瓶口配套完好,瓶口用与内装物性质不相抵触的材料制成的瓶塞(或平封口垫)塞紧(或封口),旋紧螺纹盖,严密不漏或液密不漏。 **铝瓶**　严封,液密不漏。箱内用松软衬垫材料(性质不得与内装物抵触)隔垫妥实	每瓶净重不超过 1kg; 每箱净重不超过 20kg	玻璃瓶装剧毒农药,瓶外套以塑料袋、气泡薄膜袋等,袋口扎紧

4. 按其内装物的危险程度分

根据其内装物的危险程度,包装划分为三种类别。

Ⅰ类包装:盛装具有较大危险性的货物,包装强度要求高。

Ⅱ类包装:盛装具有中等危险性的货物,包装强度要求较高。

Ⅲ类包装:盛装具有较小危险性的货物,包装强度要求一般。

(二) 危险货物包装基本要求

危险货物包装和内包装应按《铁路危险货物品名表》及包装表的规定确定,同时还应符合下列要求:

(1) 包装材料材质、规格和包装结构应与所装危险货物性质和重量相适应。包装材料不得与所装物产生危险反应或削弱包装强度。

（2）充装液态货物的包装容器内至少留有5％的余量，罐车及罐式集装箱装运的液体危险货物也应符合。

（3）包装封口应根据内装物性质采用严密封口、液密封口或气密封口。装有通气孔的容器，其设计和安装应能防止货物流出和杂质、水分进入。

（4）包装应坚固完好，能抗御运输、储存和装卸过程中正常的冲击、振动和挤压，并便于装卸和搬运。

（5）包装的衬垫物不得与所装货物发生反应而降低安全性，应能防止内装物移动和起到减震及吸收危险货物的作用。

（6）包装表面应保持清洁干燥，不得黏附所装物质和其他有害物质。

（三）危险货物的包装标志

为了保证运输安全、指导作业及一旦发生事故能尽快地判定危险货物的性质，采取相应的施救方法，托运人应在每件货物包装上牢固、清晰地标明危险货物包装标志（简称包装标志）（表5.13）和包装储运图示标志（简称储运标志）中相应的包装标志和储运标志。

表5.13　危险货物包装标记（摘自GB 190—2009《危险货物包装标志》）

序号	标记名称	标记图形
1	危害环境物质和物品标记	 （符号：黑色；底色：白色）
2	方向标记	 （符号：黑色或正红色；底色：白色）　（符号：黑色或正红色；底色：白色）
3	高温运输标记	 （符号：正红色；底色：白色）

注：标记的使用要求如下：

1. 除另有规定外，根据GB 12268《危险货物品名表》确定的危险货物正式运输名称及相应编号，应标示在每个包装件上。如果是无包装物品，标记应标示在物品上、其托架上或其装卸、储存或发射装置上。

2. 要求所有包装件标记：

① 应明显可见而且易读。

② 应能够经受日晒、雨淋而不显著减弱其效果。

③ 应标示在包装件外表面的反衬底色上。

④ 不得与可能大大降低其效果的其他包装件标记放在一起。

标志分为标记（表 5.13）和标签（表 5.14）。标记 4 个，标签 26 个，其图形分别标示了 9 类危险货物的主要特性。

表 5.14　危险货物包装标签（摘录）

标签名称	标签图形	对应项号	标签名称	标签图形	对应项号
爆炸性物质或物品	（符号:黑色;底色:橙红色）	1.1 1.2 1.3	非易燃无毒气体	（符号:黑色;底色:绿色）	2.2
	1.4 ＊1 （符号:黑色;底色:橙红色）	1.4		（符号:白色;底色:绿色）	
	1.5 ＊1 （符号:黑色;底色:橙红色）	1.5	毒性气体	（符号:黑色;底色:白色）	2.3
	1.6 ＊1 （符号:黑色;底色:橙红色）	1.6	易燃液体	（符号:黑色;底色:正红色）	3
易燃气体	（符号:黑色;底色:正红色）	2.1		（符号:白色;底色:正红色）	
	（符号:白色;底色:正红色）		易燃固体	（符号:黑色;底色:白色红条）	4.1

续表

标签名称	标签图形	对应项号	标签名称	标签图形	对应项号
易于自燃的物质	（符号:黑色;底色:上白下红）	4.2	毒性物质	（符号:黑色;底色:白色）	6.1
遇水放出易燃气体的物质	（符号:黑色;底色:蓝色）	4.3	感染性物质	（符号:黑色;底色:白色）	6.2
	（符号:白色;底色:蓝色）		一级放射性物质	（符号:黑色;底色:白色）	7A
氧化性物质	（符号:黑色;底色:柠檬黄色）	5.1	二级放射性物质	（符号:黑色;底色:上黄下白）	7B
有机过氧化物	（符号:黑色;底色:红色和柠檬黄色）	5.2	三级放射性物质	（符号:黑色;底色:上黄下白）	7C
	（符号:白色;底色:红色和柠檬黄色）		裂变性物质	（符号:黑色;底色:白色）	7E

续表

标签名称	标签图形	对应项号	标签名称	标签图形	对应项号
腐蚀性物质	(符号:黑色;底色:上白下黑)	8	杂项危险性物质和物品	(符号:黑色;底色:白色)	9

注：标签的使用要求如下。

1. 储运的各种危险货物性质的区分及其应标打的标签，应按 GB 6944、GB 12268 及有关国家运输主管部门相关规定选取，出口货物的标志应按我国执行的有关国际公约（规则）办理。

2. 标签是表现内装货物的危险性分类标签规定。但表明包装件在装卸或储藏时应加小心的，应附加标记或符号（例如，用伞作符号表示包装件应保持干燥），也可在包装件上适当标明。

3. 表明主要和次要危险性的标签应与表中所示的项号 1 至项号 9 所有式样相符。"爆炸品"次要危险性标签应使用项号 1 中带有爆炸式样标签图形。

4. 每一标签应：

① 在包装件尺寸够大的情况下，与正式运输名称贴在包装件的同一表面与之靠近的地方。

② 贴在容器上不会被容器任何部分或容器配件或者任何其他标签或标记盖住或遮住的地方。

③ 当主要危险性标签和次要危险性标签都需要时，彼此紧挨着贴。

当包装件形状不规则或尺寸太小以致标签无法令人满意地贴上时，标签可用牢固的签条或其他装置挂在包装件上。

5. 标签应贴在反衬颜色的表面上。

（四）危险货物包装使用要求

1. 包装不得重复使用（盛装气体类危险货物的钢瓶除外）

2. 包装上应牢固、清晰地标明相应的包装标志和储运标志

使用集装箱运输危险货物时，托运人应根据危险货物类别在箱体上拴挂相应包装标志。拴挂位置：箱门把手处（罐式箱在装卸料设施适当位置）各 1 枚，箱角吊装孔各 1 枚，共计 6 枚，须拴挂牢固，不得脱落。标志采用塑料材质双面彩色印刷，规格为 100mm×100mm。

进出口危险货物在国内段运输时应粘贴或拴挂、喷涂相应的中文危险货物包装标志和储运标志。

3. 出具包装检验报告

运输时，危险货物包装应由取得工业产品生产许可证（列入国家实行生产许可证制度工业产品目录的包装）的企业生产，除符合国家有关标准外，还应符合《铁路危险货物运输包装性能试验规定》和《铁路危险货物运输包装性能试验要求和合格标准》，并经国家质量监督检验检疫部门认定的检验机构（简称包装检验机构）检验合格，出具包装检验报告。

放射性物质（物品）运输包装容器应符合《放射性物品运输安全管理条例》《放射性物品安全运输规程》（GB 11806—2019）的相关规定；钢瓶应符合《气瓶安全监察规程》的规定。

4. 采用集装化运输的危险货物

采用集装化运输的危险货物，使用的集装器具应有足够的强度，能够经受堆码和多次搬运，并便于机械装卸。

5. 放射性物质（物品）的包装

放射性物质（物品）的包装除应符合有关规定外，还应满足下列要求：

（1）包装件应有足够的强度，保证内容物不泄漏和散失。内、外容器应封严、盖紧，能有效地减弱放射线强度至允许水平并使放射性物质（物品）处于次临界状态。

（2）便于搬运、装卸和堆码，重量在 5kg 以上的包装件应有提手；袋装矿石、矿砂袋口两角应扎结抓手；30kg 以上的应有提环、挂钩；50kg 以上的包装件应清晰耐久地标明总重。

（3）应在包装件两侧分别粘贴、喷涂或拴挂放射性物质（物品）包装标志。

6. 进出口货物包装

（1）在《国际海运危险货物规则》和《国际铁路货物联运协定》附件 2（《危险货物运送规则》）等有关国际运输组织的规定中属危险货物，《危规》规定按普通货物运输的危险货物，包装和标志应符合上述有关国际运输组织的规定。

（2）办理非国际联运的危险货物时，同属危险货物但包装方法不同时，进口的货物，经托运人确认包装完好，符合安全运输要求，由托运人或代理人提供有关包装检测资料，车站请示铁路局批准后，可按原包装方法运输；出口的货物，托运人应按试运包装办理。

（五）危险货物的新包装试运

托运人要求采用新包装（含改变包装）时，应委托包装检验机构进行包装性能试验，合格后方可办理危险货物新包装试运手续。托运人申请试运前，应填写新运输包装申请表，一式四份。托运人办理新包装试运时，应向铁路局提交试运技术条件。

改变氯酸盐、高氯酸盐、高氯酸、黄磷、电石等包装需经国铁集团批准。

危险货物新包装试运应符合《铁路危险货物品名表》"特殊规定"栏的特殊规定，由铁路局批准，并报国铁集团运输部备案。经批准后，发站、铁路局、托运人各留存一份技术说明书和新运输包装申请表。试运应在指定的时间和区段内进行。跨铁路局试运时，由批准单位以电报形式通知有关铁路局。试运前办理站、托运人双方应签订试运安全运输协议。

新包装试运时，由托运人在运单"托运人记事"栏内注明"新包装试运，批准号×××"字样。

试运时间 2 年。试运结束时，托运人应会同办理站将试运结果报主管铁路局。铁路局对试运结果进行研究后，提出试运报告、新包装技术条件建议报国铁集团运输部。国铁集团运输部组织专家进行技术审查，通过技术审查后公布新包装技术条件，纳入正式运输。

二、危险货物载运工具

（一）罐车

在铁路运输中，除袋装、箱装、桶装等危险货物使用铁路棚车、敞车外，危险货物绝大多数使用罐车，而且大多数使用企业自备罐车。

1. 罐车分类

铁路罐车由车底架、牵枕装置、车钩缓冲装置、制动装置及转向架五部分组成，按不同方法分类，可以分为：

（1）按容积分　分为 $60m^3$、$70m^3$、$80m^3$ 罐车。

（2）按结构分　分为有中梁、无中梁；上卸、下卸；有加热层、无加热层等罐车。

（3）按材料分　分为碳钢、不锈钢、铝、铝合金、非金属罐车。

（4）按介质分　分为轻油类、黏油类、酸碱类、液化气体类、精细化工类、食品类、军用类、粉状类、固化类等。

2. 罐车简介

就危险货物运输而言，在各类罐车中，以轻、黏油类通用罐车数量最为庞大，其次为酸碱类罐车，液化气体类罐车虽然总数仅约 6000 辆，但其性质特殊，一旦发生危害，对社会稳定、生命财产安全影响巨大，因此其车辆结构也相对复杂。

（1）轻油类铁路罐车　主要装运汽油、煤油、轻柴油等轻油类介质，也可以装运苯类、醇类等相对密度小于 1，无腐蚀性的化工介质。装卸方式为上装上卸。主要类型有 G_{60}、G_{70}、GQ_{70}、GQ_{70H} 型等（图 5.1、图 5.2）。

图 5.1　GQ_{70} 型轻油罐车

图 5.2　GQ_{70H} 型轻油罐车

（2）黏油类罐车　主要供装运重柴油、润滑油、原油等黏油类介质。装卸方式为上装下卸方式。主要类型有 G_{17} 型、GN_{70H} 型。

（3）酸碱类罐车　主要装运浓度 98% 以上浓硫酸以及浓度 47% 以下液碱（氢氧化钠）。装卸方式为上装上卸。主要类型有 G_{11} 型、G_{11s} 型（浓硫酸车）、G_{11J} 型（液碱车）、GFA 型（玻璃钢盐酸车）、GH 型（黄磷车）。

（4）液化气体铁路罐车　液化气体铁路罐车适用于运输液化石油气、液氨等介质，也可用于装运与上述介质性质相似的丙烯、丙烷、液氯、液态二氧化硫等。这些介质大多是易燃、易爆的危险品。主要有 GY_{60}、GY_{70}、GY_{80}、GY_{95}、GY_{100} 等五大系列（图 5.3）。

液化气罐车罐体结构由受压元件、安全附件和附件三大部分组成。受压元件如封头、筒体、补强板、人孔盖及人孔颈、受压螺栓

图 5.3　GY_{80SK} 型液化气体罐车（无底架）

等。罐体安全附件如安全阀、压力表、气相阀、液相阀、排净检查阀、最高液位阀和液位计、温度计。罐体附件如操作台、内外扶梯、卡带、上鞍及上下鞍螺栓、纵立木座、人孔盖外罩及液下管（最高液位管、排净检查管、两根液相管）。

3. 罐车标识

企业自备货车一般在车辆中部涂有"×××企业自备车"字样及过轨站站名而无铁路路徽。其中企业自备罐车的罐体标识见表 5.15。

表 5.15　自备罐车标记

罐体本底色		罐体两侧纵向中部涂刷一条宽 300mm 表示货物重要特性的水平环形色带	
一般	银灰色	易燃性为红色	氧化性为绿色
		毒性为黄色	腐蚀性为黑色
		环带 300mm 为全蓝色时表示非易燃无毒气体	
		环带上层 200mm 宽涂蓝色，下层 100mm 宽涂红色表示易燃气体	
		环带上层 200mm 宽涂蓝色，下层 100mm 宽涂黄色表示毒性气体	

罐体本底色			罐体两侧纵向中部涂刷一条宽 300mm 表示货物重要特性的水平环形色带
特殊	装运酸、碱类	全黄色	黑色
	装运煤焦油、 焦油、原油	全黑色	红色
	装运黄磷	银灰色	不涂打环形色带,在罐体中部喷涂 9 号自燃物品标志和 13 号剧毒品标志

注：1. 环形色带中部（有扶梯时在扶梯右侧）以分子、分母形式表示货物名称及其危险性,如苯：苯/易燃、有毒。对遇水会剧烈反应,还应在分母内喷涂"禁水"二字,如硫酸：硫酸/腐蚀、禁水。

2. 在罐体两端头两侧环形色带下方喷涂相应危险货物包装标志,规格：400mm×400mm。

（二）危险货物集装箱

铁路危险货物集装箱除应执行铁路集装箱及其装卸场所、设施的一般规定外,还应符合下列规定：

（1）铁路通用箱只能装运二级易燃固体、二级氧化性物质和二级腐蚀性物质。自备危货箱能装运铁路通用箱所能装运的危险货物和二级毒性物质。

危货箱同一车限装同一品名、同一铁路危险货物编号的危险货物。

（2）危货箱投入运用前,铁路局应在铁路危险货物集装箱编号登记表中进行登记并编号,编号方式如：哈 TWX0001、京 TWX0001、上 TWX0001。

（3）罐式箱的标识比照罐车办理。

三、危险货物运输设备

铁路危险货物运输主要技术设备设施,是办理站（含专用线、专用铁路）办理危险货物运输、装卸、储存的基本条件。设备设施是否完整、齐全,是否符合国家相关规定,对于保证铁路安全地运输危险货物具有重要意义。

（一）危险货物办理站

危险货物办理站（以下简称办理站）是站内或接轨的专用线办理危险货物发送（含换装）、到达业务的车站。

1. 办理站类型

按类型分为三种：

（1）站内办理站　仅在站内办理危险货物业务的车站。

（2）专用线接轨站　仅在接轨的专用线办理危险货物业务的车站。

（3）兼办站　在站内和接轨的专用线均办理危险货物业务的车站。

2. 办理站的设备与设施

（1）货场　货场是货物承运、保管、装卸和交付作业并与其他运输方式相衔接的场所,由场库、配线、道路以及办理相应货运营业所需要的货运设施组成。

（2）场库　场库是堆放和保管货物的场所,由仓库、货物站台、雨棚、堆场和货场道路等组成。

（3）配线　专门办理货物运输作业的线路,由装卸线、存车线和轨道衡线等组成。

（4）装卸机具　装卸机具是指危险货物装卸搬运作业常用的机具,非罐装货物装卸搬运用的机具有起重机（桥式和门式）、叉车（内燃、电瓶）、手推车等,罐装货物装卸设备有栈桥、鹤管、作业泵、输送管线、流量计等。

（5）消防设备、设施　消防设备、设施主要包括灭火器材、消防水系统、灭火系统、消防泵、消防车、消防道路。

（6）防雷、防静电设施　爆炸品仓库及雷暴日大于 40 日/年地区的所有仓库、堆场、雨棚应采用独立避雷针或架空避雷线（网），使被保护的建筑物处于接闪器的保护范围内。

雷暴日小于 40 日/年地区的危险货物（爆炸品除外）仓库、堆场、雨棚应装设避雷针或避雷网，或者两者兼备。

仓库、站台、雨棚、装卸作业线、栈桥、鹤管、装卸泵、压缩机和输送管道，根据相关技术要求设置人体导除静电装置、接地措施和采用防静电材料等措施。

（7）劳动安全防护设备　危险货物办理站、专用线和专用铁路根据情况，设置必要的安全检测设备，配备安全防护用品、事故应急救援器材，设置通信设备、防溜装置、淋浴房等。

3. 办理站办理危险货物运输的要求

（1）危险货物办理站的储运仓库、作业站台、专用雨棚等专用设施、设备要与所办理危险货物的品类和运量相适应。耐火等级、防火、防爆、防雷、防静电、污水排放和污物处理等应符合国家有关规定和技术标准。

（2）铁路危险货物集装箱办理站应设置专用场地，并按货物性质和类项划分区域；场地须具备消防、报警和避雷等必要的安全设施；配备装卸设备设施及防爆机具和检测仪器。危险货物集装箱的堆码存放应符合铁路危险货物配放表中的有关规定。严禁在站内办理危险货物集装箱的装箱、掏箱作业。

（3）危险货物办理地点、场所应配备有关检测设备和报警装置；作业人员应配备相应的防护用品；装卸设备应具有防爆、防静电功能；装卸能力、计量方式、消防设施、安全作业防护应符合规定要求。

（4）货运人员、技术管理人员、装卸及驾驶人员应经过铁路危险货物运输业务知识培训，熟悉本岗位的相关危险货物知识，掌握铁路危险货物运输规定。

（5）建立健全危险货物受理、承运、装卸、储存保管、消防、劳动安全防护等安全作业规程及管理制度。

（6）有铁路危险货物运输事故应急预案，配备应急救援人员和必要的救援器材和设备。

（7）办理站内危险货物仓库、站台、雨棚、堆场的结构、面积、安全距离要求、防火间距等内容参见《铁路危险货物办理站、专用线（专用铁路）货运安全设备设施技术条件》。

4. 办理站建设

铁路局应根据危险货物运输需求和铁路运力资源配置等情况，对办理站统一规划，科学合理布局。

站内办理站、兼办站新建和改扩建时，应当按照《中华人民共和国安全生产法》《危险化学品安全管理条例》《铁路危险货物运输安全监督管理规定》《危险化学品建设项目安全监督管理办法》等法律、法规、规章相关规定，由建设单位在可行性研究阶段，委托国家安全生产监督管理部门认定且具备相应资质的安全评价机构（以下简称安全评价机构）进行安全评价，并出具安全评价报告。

站内办理站、兼办站应根据《危险化学品安全管理条例》等规定，委托安全评价机构对本单位危险货物储存安全条件每 3 年进行一次安全评价，并出具安全评价报告。

（二）专用线与专用铁路

专用线和专用铁路是专门服务于厂矿企事业单位的铁路运输设备，是我国铁路网延伸的部分，在我国铁路货物运输中发挥着重要作用。

我国铁路危险货物运量约占全路总货运量的 10%。其中，危险货物运输中 85% 的运量是在危险货物专用线（专用铁路）进行装卸的。

1. 专用线建设

与国家铁路接轨的危险货物专用线新建、改扩建时，应符合《铁路专用线接轨管理办法》有关规定。

与国家铁路接轨的危险货物专用线新建、改扩建时，应当按照《中华人民共和国安全生产法》《危险化学品安全管理条例》《铁路危险货物运输安全监督管理规定》《危险化学品建设项目安全监督管理办法》等法律、法规、规章相关规定，由建设单位在可行性研究阶段，委托国家安全生产监督管理部门认定且具备相应资质的安全评价机构进行安全评价，并出具安全评价报告。

与国家铁路接轨的危险货物专用线企业应根据《危险化学品安全管理条例》等规定，委托安全评价机构对本单位危险货物储存安全条件每3年进行一次安全评价，并出具安全评价报告。

2. 专用线共用

专用线共用是指在保证专用线产权单位运输需要和专用线既有设备能力富余的前提下，与其吸引范围内的单位，共同使用该专用线办理铁路货物发到业务。

3. 名称变更

危险货物专用线和共用单位名称变更的，由铁路局查验工商部门出具的企业名称变更核准通知书等企业名称变更的有关证明。

工作任务三 作业组织

任务实例

1. 山东××化工集团公司计划从铁路A站向陕西××矿业有限公司通过铁路运输25t三硝基甲苯（干的），到站为B站。货物信息见表5.16。

2. 安徽××石化有限公司计划从铁路A站向湖南××有限公司通过铁路运输6车液化石油气，到站为B站。货物信息见表5.16。

表5.16 部分危险货物信息

铁危编号	品名	别名	信息化品名	主要特性	包装标识	包装类	包装方法	灭火方法	洗刷除污编号	急救措施	特殊规定	联合国及国标编号
11035	三硝基甲苯[干的，或湿的，含水<30％]	梯恩梯，TNT，2,4,6-三硝基甲苯	梯恩梯	白色或淡黄色针状结晶，无臭，相对密度1.65，微溶于水。遇碱则生成不安定的爆炸物。爆燃点300℃，爆速6900m/s，撞击感度1.5kg·m。有毒	1,14	Ⅱ	装入四层坚韧的厚纸袋或一层塑料袋、一层纸袋内，袋口捆紧后再装入紧固木箱或坚韧的麻袋、复合塑料编织袋中。箱板厚15mm以上。单位包装净重不超过50kg	水，禁用砂土	1	中毒时移至空气新鲜处，皮肤沾染用微温肥皂水彻底冲洗，侵入眼睛时，用微温水冲洗15min以上，速送医院	3,4,6	0209
21053	液化石油气	石油气[液化的]	液化石油气	浅黄色易液化气体，有特殊臭味，气态是空气密度的1.5倍，不溶于水。主要成分为丙烷、丁烷、丙烯、丁烯。易燃、易爆	4,6	Ⅱ	1	雾状水、泡沫、干粉、二氧化碳	1	1	2(a)，18	1075

✳ **任务实施**

教学任务书——填写货物运单

针对"任务实例"中的货物，按照下面的步骤，根据《铁路货物运输规程》附件3（货物运单填制办法），逐项填写货物运单（表2.1），完成相关内容，未列条件可自拟。

一、确认办理限制

（一）对危险货物办理条件进行安全评估

铁路局确认批准管内办理站办理限制前，应组织对危险货物办理条件进行安全评估，并形成安全评估报告或安全评估意见，不符合安全要求的不得批准。

（二）公布办理限制

铁路局应根据相关规定和要求，确认批准管内办理站危险货物办理限制（以下简称办理限制），并报国铁集团运输部公布。新增爆炸品、剧毒品、放射性物质（物品）和气体类危险货物办理限制时，由铁路局确认后将安全评估报告等相关材料报国铁集团运输部批准公布。

站内办理时，办理限制包括办理站名称，发送、到达品名及相应的装运方式。接轨的专用线办理时，办理限制包括接轨站、专用线名称，发送、到达品名及相应的装运方式；专用线共用时，还应包括共用单位名称，发送、到达品名及相应的装运方式等。

办理罐式箱运输时，托运人、收货人、发到站、专用线、货物品名等应与办理限制相符。

办理国际联运的进出口危险货物，在我国陆运口岸站不进行换装时，不受办理限制中有关口岸站办理危险货物品名的限制，其他均应符合办理限制的规定。

（三）签订协议

1. 签订专用线运输协议、危险货物运输安全协议和危险货物专用线共用协议

在专用线办理危险货物运输时，产权单位应与办理站（货运中心）签订专用线运输协议和危险货物运输安全协议。危险货物运输需要共用专用线时，应由产权单位、共用单位、办理站（货运中心）签订危险货物专用线共用协议。

危险货物运输安全协议、危险货物专用线共用协议每年签订一次。首次签订协议应在办理限制公布之后、正式运输前进行；办理限制内容发生变化时，应在办理限制公布之后、运输实施前重新签订协议。

2. 签订托运危险货物安全协议

铁路局应与托运人每年签订托运危险货物安全协议，并将托运人名称、托运品名范围、协议有效期（起止日期）等上报国铁集团运输部备案，国铁集团运输部在危险货物托运人名称表中公布。

签订托运危险货物安全协议时，铁路局应查验托运人提供的下列相关材料：

（1）托运品名范围。

（2）营业执照。

（3）危险化学品安全生产许可证、安全使用许可证、经营许可证或工业产品生产许可证。

办理民用爆炸物品、烟花爆竹业务的，提供民用爆炸物品生产许可证或烟花爆竹安全生产许可证；办理民用液化石油气、天然气业务的，提供燃气经营许可证；办理放射性物质（物品）业务的，提供辐射安全许可证等。

对于列入《铁路危险货物品名表》或经鉴定为危险货物，但未列入国家实行生产许可证制度的工业产品目录或《危险化学品目录》的货物品名，在办理危险货物运输时，可不提交

相应的生产许可证或经营许可证等。

危险化学品建设项目试生产期间，企业未取得相应的安全生产许可证或经营许可证的，可凭设区的市级以上安全生产监督管理部门颁发的且在有效期内的《危险化学品建设项目试生产（使用）方案备案告知书》办理危险货物运输。

（4）办理气体类危险货物运输的，提交轨道衡年检合格证。

（5）铁路危险货物运输事故应急预案。

（6）包装检验合格证明文件。

（7）法律、法规、规章规定的其他材料。

不符合规定的，不得签订托运危险货物安全协议。托运危险货物安全协议的有效期应在上述相应证照文书有效期内。

铁路局应将相关材料的扫描件或彩色照片存档，填写托运人登记表，建立托运人材料信息化档案。

危险货物自备货车过轨运输应按照《自备铁路车辆经国家铁路过轨运输管理办法》实行协议制管理。

办理危险货物进出口运输时，对委托代理人代理的，铁路局在签订托运危险货物安全协议时，除查验代理人（委托人）的上述材料外，还应查验国家有关部门核发的进出口代理报关资质和委托代理合同。对国家规定需要办理进出口许可的危险货物，还应查验相应的许可证明。

（四）青藏线格拉段

青藏线格拉段等海拔超过 3000m 的高原铁路办理危险货物运输时，还应符合以下规定：

（1）装运车辆符合高原铁路运输的相关规定。

（2）办理站、托运人根据高原铁路运输危险货物的具体品名，制定专项事故应急预案和环保应急处理预案。

（3）所有有人值守的车站均应配备危险货物运输应急救援器材和安全防护设备。

（4）运输需要押运的危险货物时，应配备适应高原缺氧环境、符合环保要求的押运车辆。押运人员应接受高原体检和健康教育，合格后方可执行押运任务。押运时应配备必要的药品和应急备品。

（5）运输气体、放射性物质（物品）、危害环境的物质、高温物质等性质特殊的危险货物时，由国铁集团组织进行试验论证研究，确定安全运输条件。

（五）铁路轮渡

铁路轮渡不办理危险货物运输，遇特殊需求时，应按国家有关规定执行。

二、确定运输条件

1. 判定危险货物

危险货物运输需要按特殊条件组织，托运人托运货物时，所托运的货物是否需要按危险货物运输至关重要。

危险货物的具体判定方法，可按下述步骤进行：

（1）在《铁路危险货物品名表》中列载的品名，均属危险货物。

（2）未列入《铁路危险货物品名表》中，但国铁集团已确定并公布为危险货物的品名，按国铁集团规定办理。

（3）在《铁路危险货物品名表》中未列的化工原料和化工产品，可按《危规》中新产品的有关条件办理运输。

（4）不属于危险货物，在铁路运输中易引起燃烧、需采取防火措施的货物，属易燃普通货物，见表5.17易燃普通货物品名表。

表 5.17 易燃普通货物品名表

顺号	品 名
1	《铁路危险货物品名表》规定之外的籽棉、皮棉、黄棉花、废棉、飞花、破籽花
2	《铁路危险货物品名表》规定之外的各种麻类和麻屑
3	麻袋(包括废、破麻袋)、各种破布、碎布、线屑、乱线、化学纤维
4	牧草、谷草、油草、蒲草、羊草、芦苇、荻苇、玉米棒(去掉玉米的)、玉蜀黍秸、豆秸、秋秸、麦秸、蒲叶、烟秸、甘蔗渣、蒲棒、蒲棒绒、芒秆、亚麻草、烤烟叶、晒烟叶、棕叶以及其他草秸类
5	葵扇(芭蕉扇)、蒲扇、草扇、棕扇、草帽辫、草席、草帘、草包、草袋、蒲包、草绳、芦席、芦苇帘子、管帚以及其他芦苇、草秸的制品
6	干树皮、干树枝、干树条、树枝(经脱叶加工)、带叶的竹枝、薪柴(劈柴除外)、松明子、腐朽木材(喷涂化学防火涂料的除外)
7	刨花、木屑、锯末
8	纸屑、废纸、纸浆、柏油纸、油毡纸
9	炭黑、煤粉
10	粮谷壳、花生壳、笋壳
11	羊毛、驼毛、马毛、羽毛、猪鬃以及其他禽兽毛绒
12	麻黄、甘草

2. 确定运输种类

正确地办理危险货物的托运和承运，是保证危险货物运输安全的重要环节。危险货物仅办理整车和集装箱运输。

3.《危规》未作规定的自备罐车危险货物运输

自备罐车装运危险货物，品名范围及车种要求应符合《铁路危险货物品名表》"特殊规定"栏的特殊规定。未作规定的，由所属铁路局组织研究提出安全运输条件建议，报国铁集团运输部。安全运输条件建议应包括事故应急预案和环保应急处理预案。国铁集团运输部组织专家进行技术审查，通过技术审查后公布安全运输条件。

4. 危险货物新产品运输

《铁路危险货物品名表》中未列载的产品且货物性质不明确的，托运人办理运输时应委托国家安全生产监督管理部门认定的检测鉴定机构（以下简称鉴定机构）进行性质技术鉴定，出具鉴定报告；属于危险货物时，应办理危险货物新品名试运手续。

托运人提交技术鉴定前，需填写铁路货物运输技术说明书，一式四份。托运人对填写内容和送检样品真实性负责。托运人办理新品名试运时，应向铁路局提交试运技术条件、事故应急预案和环保应急处理预案。

危险货物新品名试运应符合《铁路危险货物品名表》"特殊规定"栏的特殊规定，由铁路局批准，并报国铁集团运输部备案。经批准后，发站、铁路局、托运人各留存一份铁路货物运输技术说明书。试运应在指定的时间和区段内进行。跨铁路局试运时，由批准单位以电报形式通知有关铁路局。试运前办理站、托运人双方应签订试运安全运输协议。

新品名试运时，由托运人在运单"托运人记事"栏内注明"比照铁危编号×××新品名试运，批准号×××"字样。

试运时间2年。试运结束时，托运人应会同办理站将试运结果报主管铁路局。铁路局对试运结果进行研究后，提出试运报告、新品名铁路运输条件报国铁集团运输部。新品名铁路运输条件建议应包括事故应急预案和环保应急处理预案。总公司运输局组织专家进行技术审查，通过技术审查后公布新品名铁路运输条件，纳入正式运输。

5. 按普通条件运输的货物

《铁路危险货物品名表》"特殊规定"栏规定符合按普通货物运输条件的，可按普通货物条件运输。运输时，经铁路局批准后可在非危险货物办理站（专用线）发运。托运人应在货物运单"托运人记事"栏内注明"×××（铁危编号），可按普通货物运输"〔如"石棉（91006），可按普通货物运输"〕。其包装、标志应符合危险货物运输包装的相应规定。

按普通条件运输的危险货物，使用整车或集装箱装载单一品种。

在《国际海运危险货物规则》和《国际铁路货物联运协定》附件 2（《危险货物运送规则》）等有关国际运输组织的规定中属危险货物，《危规》规定按普通货物运输的，包装和标志应符合国际运输组织的规定。

6. 禁止运输的危险货物

禁止运输国家禁止生产的危险物品。

禁止运输过度敏感或能自发反应而引起危险的物品。如：叠氮铵、无水雷汞、高氯酸（>72%）、高锰酸铵、4-亚硝基苯酚等。

对易发生爆炸性分解反应或需控温运输等危险性大的货物，应由国铁集团组织研究确定运输条件。如：乙酰过氧化磺酰环己烷、过氧重碳酸二仲丁酯等。

凡性质不稳定或由于聚合、分解在运输中能引起剧烈反应的危险货物，托运人应采用加入稳定剂或抑制剂等方法，保证运输安全。如：乙烯基甲醚、乙酰乙烯酮、丙烯醛、丙烯酸、醋酸乙烯、甲基丙烯酸甲酯等，并在运单"托运人记事"内填写"已加入稳定剂或抑制剂"字样。

7. 放射性物质（物品）运输

托运一类放射性物品、B 型包装件、气体放射性物品、国家管制的核材料以及《铁路危险货物品名表》内未列载的放射性物品时，应由托运人的主管部门与国铁集团商定运输条件。

国家管制的核材料主要是：

（1）易裂变物质，包括 ^{233}U（铀-233）、^{235}U（铀-235）、^{239}Pu（钚-239）和 ^{241}Pu（钚-241），或含有易裂变物质的材料和制品。

（2）T（氚、^{3}H）及含 T 的材料和制品。

（3）^{6}Li（锂-6）及含 ^{6}Li 的材料和制品。

（4）其他需要管制的核材料和制品。

8. 危险货物集装箱运输

危险货物集装箱运输时只允许办理一站直达并符合办理限制要求。

危货箱装运《危规》容许以外的危险货物，以及使用罐式集装箱装运危险货物时，由所属铁路局组织研究提出安全运输条件建议（罐式箱还应提出框架静强度及冲击试验合格报告），报国铁集团运输部。国铁集团运输部组织专家进行技术审查，通过技术审查后公布安全运输条件。

9. 剧毒品运输

《铁路危险货物品名表》"特殊规定"栏有特殊规定 67 号的，均实行铁路剧毒品运输跟踪管理。整列运输剧毒品由国铁集团确定有关运输条件。

10. 进出口货物

《危规》规定为危险货物，而《国际海运危险货物规则》和《国际铁路货物联运协定》附件 2（《危险货物运送规则》）等有关国际运输组织的规定中属非危险货物时，按《危规》规定办理。

进口集装箱装运的危险货物，在托运 30 个工作日前，托运人以中文文书形式提出申请报告、技术说明书、集装箱类型、包装形式及装载方式等有关技术文件和资料，经铁路局审核后，报国铁集团批准。

三、托运与受理

托运人托运危险货物时，应如实表明收货人名称、货物的名称、性质、重量、数量等，不得匿报、谎报品名、性质、重量，不得在普通货物中夹带危险货物。

（一）检查证明

1. 放射性物质（物品）

（1）托运一类放射性物品或者放射性空容器的，应由辐射监测机构对其表面和辐射水平进行监测，托运人凭监测报告和国务院核安全部门批准的核与辐射安全分析报告书批准书以及省级环保部门的一类放射性物品运输辐射监测备案表办理托运；托运二类、三类放射性物品的，托运人应当凭辐射检测机构出具的表面污染和辐射水平监测报告办理托运。

监测结果不符合国家放射性物品运输安全标准的，不得托运。

（2）运输国家管制的核材料时，托运人需提交下列文件：

① 托运一类放射性物品的，提交国务院核安全监管部门颁发的一类放射性物品运输容器设计批准书；托运二类放射性物品的，提交运输容器设计资料报国务院核安全监管部门备案的证明；托运三类放射性物品的，提交运输容器设计符合国家放射性物品运输安全标准的证明文件。

② 托运一类放射性物品的，提交国务院核安全监管部门颁发的一类放射性物品运输容器制造许可证；托运二类放射性物品的，提交运输容器制造单位报国务院核安全监管部门备案的证明。

③ 使用境外单位制造的一类放射性物品运输容器的，提交国务院核安全监管部门颁发的使用批准书；使用境外单位制造的二类放射性物品运输容器的，提交运输容器材料报国务院核安全监管部门备案的证明。

④ 托运国家管制的核材料，提交国家核安全主管部门颁发的核材料许可证。

⑤ 进出口运输的，出具国家原子能主管部门颁发的核材料许可证及国务院对外贸易主管部门签发的进出口许可证。

⑥ 法律、法规规定的其他文件。

托运放射性物质（物品）时，托运人应当向办理站提交运输说明书、辐射监测报告、核与辐射事故应急响应指南、装卸作业方法、安全防护指南，承运人应当查验、收存。

托运人提交文件不齐全的，办理站不得承运。

2. 爆炸品或烟花爆竹

托运爆炸品或烟花爆竹时，托运人应出具运达地县级人民政府公安部门核发的民用爆炸物品运输许可证或烟花爆竹道路运输许可证。

（二）托运人填写运单

1. 填写"货物名称"栏

托运人托运危险货物时，应在运单"货物名称"栏内填写信息化品名和铁危编号，如"汽油，31001"。运单包装栏应按铁路危险货物包装表的规定填写相应的外包装和内包装名称。

2. 在运单右上角空白处标明有关内容

在运单的右上角用红色戳记标明类项名称（图5.4），例如，托运爆炸品或烟花爆竹时，在运单右上角用红色戳记相应标明"爆炸品"或"烟花爆竹"字样。

| 2.1 易燃气体 |
| 2.2 非易燃无毒气体 |
| 2.3 毒性气体 |

图 5.4 危险货物类
项名称戳记

3. 填记托运人记载事项栏

（1）托运危险货物　填写经办人身份证号码，对派有押运员的还需填写押运员姓名、身份证号码。

（2）托运爆炸品　托运爆炸品或烟花爆竹时，注明许可证名称和号码。

（3）危险货物按普通货物运输　注明"×××，按普通货物运输"，如"椰肉，按普通货物运输"。

（4）新品名试运或改变包装　注明"比照铁危编号×××新品名试运，批准号×××"字样或"试运包装，批准号×××"字样。

（5）整车货物　注明要求使用的车种、吨位，是否需要苫盖篷布。在专用线卸车的，应记明"在××专用线卸车"。

（6）使用自备货车或租用铁路货车在营业线上运输货物　应记明"过轨运输证×××号"。

（7）使用托运人或收货人自备篷布　应记明"自备篷布××块"。

（8）托运"短寿命"放射性物品　注明货物容许运输期限，填写"容许运输期限×天"。

（9）国际联运中属危险货物，《危规》规定按普通货物运输的　注明"转运进（出）口"字样。

办理非国际联运的危险货物时，同属危险货物但包装方法不同时，进口的货物，经托运人确认包装完好，符合安全运输要求，注明"进口原包装"字样。

（10）托运人托运危货箱时，填写箱内所装危险货物信息化品名和铁危编号。

（三）受理货物

办理站受理危险货物时，应符合下列规定：

（1）托运人名称与危险货物托运人名称表相统一。

（2）经办人身份证与运单记载相统一。

（3）运单记载的品名、类项、编号等内容与《铁路危险货物品名表》的规定相统一，并核查《铁路危险货物品名表》"特殊规定"栏有无铁路危险货物运输特殊规定。

（4）发到站、办理品名、装运方式与办理限制相统一。

（5）货物品名、重量、件数与运单记载相统一。

（6）经办人具有培训合格证明。

（7）托运人具有包装检验合格证明文件。

（8）国家对生产、经营、储存、使用等实行许可管理的危险货物，发站还应查验收货人提供的相关证明材料并留存备查；必要时，到站应进行复查。

（9）货物运单右上角用红色戳记标明编组隔离、禁止溜放或限速连挂等警示标记。

（10）其他有关规定。例如运单"托运人记事"栏填写是否符合要求。再例如，托运军用危险货物时，必须在铁路军事运输计划中明确发送单位，并应审查经办人的有效证件与发送单位是否一致。直接与车站办理运输手续，与运输计划不符时，车站应拒绝承运，并及时向铁路上级单位和军交运输部门报告情况。任何货运代理公司不得代办军用危险货物运输。

（四）承运人填写货物运单

1. 承运人填写货物运单右上角内容

（1）编组隔离　为了保证人身、货物安全以及发生事故后不致使事故扩大，危险货物车辆在编入列车时，就要用普通货物车进行隔离，为此，制定了车辆编组隔离表（表 5.18）。

表5.18　铁路车辆编组隔离表

货物种类（品名编号）	隔离标记	距牵引的内燃、电力机车，推进运行或喂后部补机及使用火炉的车辆	距乘坐旅客的车辆	距装载雷管及导爆索车辆（11001,11002,11007,11008）△	距装载除雷管及导爆索以外的爆炸品车辆 △	距装载易燃普通货物的敞车、平车	距装载高出车帮易窜动货物车辆	备注
气体（含空罐车） 易燃气体	△	4	4	4	4	2	2	运输气体类危险货物时，空罐车重。每列编挂不得超过3组，每组间的隔离车不得少于10辆
非易燃无毒气体、毒性气体	△	2	3	3	4	2	2	
一级易燃液体 一级易燃固体 一级易于自燃的物质 一级氧化剂物质 有机过氧化物 一级毒性物质（剧毒品） 一级酸性腐蚀性物质 一级碱性腐蚀性物质	△	2	3	3	4	2	2	运输原油时，与机车及使用火炉的车辆可不隔离；运输硝酸铵时，与机车及使用火炉的车辆隔离不少于4辆
一级其他腐蚀性物质	△	2	4	4	4	4	2	
放射性物质（物品）（矿石、矿砂除外）	△	2	4	×	×	4	1	×标记表示不能编入同一列车
七〇七 一级	△	4	4	4	4	4	2	一级二级编入同一列车时，相互隔离10m以上，停放车站时相互隔离10m以上，严禁明火靠近
七〇七 二级	△	4	4	4	4	4	2	
敞、平车装载的易燃普通货物及散车装载的散装硫黄	△	2	2	2	2	2	2	装载未涂防火剂的腐朽木材的车辆，运行在规定的区段和季节须与牵引机车的车辆隔离10辆，如隔离有困难时，各铁路局与邻局协商规定隔离办法
爆炸品 雷管及导爆索（11001,11002,11007,11008）	△	4	4			2	2	
除雷管及导爆索以外的爆炸品	△	4	4	4	4	2	2	

注：1. 小运转列车及调车及隔离规定，由铁路局自行制定。

2. 有 △ 标记的车辆及装载蜜蜂的车辆运输时按有关规定办理。

3. 空罐车可不隔离（气体类危险货物除外）。

（2）车辆的禁止溜放和限速连挂 调车连挂时速度高低、冲击大小，与货物的安全有密切关系。装有危险货物的车辆，尤其是这样。在保证安全和积极提高效率的前提下，制定了铁路车辆禁止溜放和限速连挂表（表 5.19）。禁止溜放是指调动这些车辆时，禁止溜放和由驼峰上解体。限速连挂是指溜放或由驼峰上解体调车时，车辆连挂速度不得超过 2km/h。

表 5.19 铁路车辆禁止溜放和限速连挂表

顺号	种类	禁止溜放 （调动这些车辆时禁止溜放和由驼峰上解体）	限速连挂 （溜放或由驼峰上解体调车，车辆连挂速度不得超过 2km/h）
1	爆炸品	有整体爆炸危险的物质和物品；有进射危险，但无整体爆炸危险的物质和物品；有燃烧危险并有局部爆炸危险或局部进射危险或这两种危险都有，但无整体爆炸危险的物质和物品	不呈现重大危险的物质和物品。有整体爆炸危险的非常不敏感物质；无整体爆炸危险的极端不敏感物品
2	气体	罐车（含空罐车）和钢质气瓶装载的易燃气体、毒性气体	① 非易燃无毒气体；② 钢质气瓶以外其他包装装载的气体类危险货物
3	易燃液体	乙醚、二硫化碳、石油醚、苯、丙酮、甲醇、乙醇、甲苯	① 除禁止溜放栏内规定以外的装入玻璃或陶瓷容器的易燃液体；② 汽油
4	易燃固体、易于自燃的物质、遇水放出易燃气体的物质	硝化纤维素，黄磷，硝化纤维胶片	三硝基苯酚（含水≥30%），六硝基二苯胺（含水＞75%），三乙基铝，浸没在煤油或密封于石蜡中的金属钠、钾、铯、锂、铷、硼氢化物
5	氧化性物质和有机过氧化物	过氧化氢，过氧化钠，过氧化钾，氯酸钠，氯酸钾，氯酸铵，高氯酸钠，高氯酸钾，高氯酸钾，硝酸胍，漂粉精和有机过氧化物	除禁止溜放栏内规定以外的装入玻璃容器的氧化性物质和有机过氧化物
6	毒性物质和感染性物质	玻璃瓶装的氯化苦、硫酸二甲酯、四乙基铅（包括溶液）、一级（剧毒）有机磷液态农药、一级（剧毒）有机锡类、磷酸三甲苯酯、硫代膦酰氯	① 禁止溜放栏内的货物装入铁桶包装时；② 除禁止溜放栏内规定以外的装入玻璃或陶瓷容器的毒害性物质
7	放射性物质（物品）	二、三级运输包装或气体的放射性货物	
8	腐蚀性物质	罐车装载以及玻璃或陶瓷容器盛装的发烟硝酸、硝酸、发烟硫酸、硫酸、三氧化硫、氯磺酸、氯化亚砜、三氯化磷、五氯化磷、氧氯化磷、氢氟酸、氯化硫酰、高氯酸、氢溴酸、溴	除禁止溜放栏内规定以外的装入玻璃或陶瓷容器的腐蚀性物质
9	特种车辆	非工作机车，轨道起重机，机械冷藏车，大型的凹型和落下孔车，空客车及特种用途车（发电车、无线电车、轨道检查车、钢轨探伤车、电务试验车、通信车），检衡车	
10	特种货物	按规定"禁止溜放"的军用危险货物和军用特种货物	
11	其他车辆	搭乘旅客的车辆，国铁集团临时指定的货物车辆	乘有押运人员的货车
12	贵重、精密货物	由发站和托运人共同确定的贵重的以及高级的精密机械、仪器仪表	电子管、收音机、电视机以及装有电子管的机械
13	易碎货物	易碎的历史文物，易碎的展览品，外贸出口的易碎工艺美术品，易碎的涉外物质（各国驻华使、领馆公用或个人用品，外交用品，国际礼品，展品，外侨及归国华侨的搬家货物）	鲜蛋类，生铁制品，陶瓷制品，缸砂制品，玻璃制品以及用玻璃、陶瓷、缸砂容器盛装的液体货物

注：除顺号 1、2、9、10、11 "禁止溜放"外，其他"禁止溜放"的货物车辆可向空线溜放。

（3）停止制动作用 铁路车辆的制动是通过闸瓦与车辆轮箍的摩擦产生的摩擦力来阻止车辆运行。车辆制动因摩擦冒出的火星产生高温，严重时可将轮箍烧红，烧坏车地板。有些危险货物对火和热非常敏感，为保证货物完整和行车安全，规定装有电引爆雷管、导爆索、三硝基甲苯等有整体爆炸危险的物质和物品，须停止棚车的制动作用。在《铁路危险货物品名表》"特殊规定"栏内对须停止制动作用的危险货物作了规定。

特殊防护事项在运输单据和货车上的表示方式见特殊防护事项表（表 5.20）。

表 5.20　特殊防护事项表

特殊防护事项	货车上的表示	运输单据上的表示
禁止溜放和限速连挂的货车	在货车两侧插挂"禁止溜放"或"限速连挂"的货车表示牌	在运单右上角、票据封套上用红色记明"禁止溜放"或"限速连挂"的字样
编组需要隔离的货车	① 在货车表示牌上要记明三角标记 ② 未限定"禁止溜放"或"限速连挂"的货车可用货车表示牌背面记明三角标记，并插于货车两侧	在运单右上角、票据封套上用红色记明规定的三角标记
《危险货物品名表》"特殊规定"栏中规定停止制动作用的货车	在货车表示牌上记明"停止制动作用"字样	在运单右上角、票据封套上用红色记明"停止制动作用"的字样

（4）成组连挂，不得拆解　派有押运员的成组危险货物车辆，要求成组连挂，不得拆解；发站应在该组车辆每一张运单上注明"成组连挂，不得拆解"，并将该组票据单独装入封套（剧毒品除外），封套上注明"成组连挂，不得拆解"。

2. 在签认单上签字

危险货物运输管理工作要求高，安全责任重大，必须认真落实领导负责制、专业负责制、岗位负责制、逐级负责制。实行危险货物运输作业签认制度，是确保危险货物安全运输的一项举措。

爆炸品、硝酸铵、剧毒品（非罐装、"特殊规定"栏有特殊规定的 67 号）、气体类和其他另有规定的危险货物运输作业实行签认制度。作业应按规定程序和作业标准进行并签认。签认人员要对作业过程内容的完整性、真实性负责，严禁漏签、代签和补签。签认单保存期半年。

危险货物作业签认单分为铁路危险货物运输作业签认单（硝酸铵、爆炸品等袋装危险货物）、铁路剧毒品运输作业签认单（非罐装，需跟踪管理的剧毒品货物）和危险货物罐车作业签认单（气体类货物）。

每种签认单又分为发送作业签认单、途中作业签认单和到达作业签认单。每个作业环节，根据作业流程由相应岗位的工作人员进行签认。

（五）验货保管（站内办理）

1. 验货

货物搬入指定地点（货位）后，货运员按照运单的记载认真检查现货。验货是为了保证货物运输安全以及划清承运人与托运人之间责任。

验货时，主要核对现货与运单记载的品名、件数是否相符；货物的状态是否良好；包装是否符合《危规》的规定。

为了防止匿报品名等事项的发生，对托运人第一次来站托运的货物或无法判明货物性质的，车站应要求托运人进行货物性质鉴定，根据鉴定情况按相应的规定运输。对和普通货物外观差别不大的货物，为防止企业谎报品名运输，车站应建立抽验制度。

验货后，托运人或企业运输员与货运员现场办理交接签认。

2. 保管与配放

危险货物应按其性质和要求存放在指定的仓库、雨棚等场地，遇潮或受阳光照射容易燃烧或产生易燃、易爆、有毒气体的危险货物不得在雨棚、露天存放。存放时按类、项区别专库专用，如不同类项的危险货物确需同库混合存放，应符合铁路危险货物配放表（简称配放表）（表 5.21）的规定。编号不同的爆炸品不得同库存放。

表5.21 铁路危险货物配放表

危险货物的种类和品名			品名编号	配放号	1	2	3	4	5	6	7	8	9	10	11	12	13
气体	非易燃无毒气体	氧、空气、一氧化二氮（氧气、空气及氧气空钢瓶不得与油脂在同一库（车）库配放）	21001~21061, 21063~21064	1	1												
		其他非易燃无毒气体	22001, 22003, 22017	2	△	2											
	有毒气体（液氯、二氯化硫等液氨不得在同一库（车）配放）		22005~22016, 22019~22055	3			3										
	易燃气体		23001~23061	4				4									
危险货物	易燃固体、遇湿放出易燃气体的物质、遇水放出易燃气体的物质	易燃固体（发孔剂H不得与酸或易燃脂类危险品配放）	31001~31055, 31058, 31101~31302, 31319, 32001~32150, 32152	5	×	×		×	5								
		一级易于自燃的物质	41001~41062, 41501~41554	6	×	×		×	×	6							
		二级易于自燃的物质	42001~42040	7	×	×		×	×	×	7						
		遇水放出易燃气体的物质（不得与含水液体货物在同车货物配放）	42501~42526	8	△	△		×	△	△	×	8					
	氧化性物质和有机过氧化物	过氧化氢	43001~43051, 43501~43510	9	△	△		△	×	△	△	△	9				
		亚硝酸盐、亚氯酸盐（注2）次亚氯酸盐（注5）	51001, 51501	10					×			×		10			
		其他氧化性物质（配放号13所列品名除外）	51043~51046, 51071~51074, 51087, 51509, 51525	11	×	×		×	×	×	△	×	△		11		
		硝酸胍、高氯酸醋溶液、过氧化氢酸、三氯异氰尿酸、三氯异氰尿酸、四硝基甲烷等有机过氧化物	51002~51042, 51047~51067, 51069, 51080~51083, 51502~51508, 51510~51524, 51526, 51527	12	△			△	△	△	△	△	△		△	12	
			51068, 51075~51079, 52001~52103	13	×			×	×	×	×	×	×	△	×	×	13

说明：

一、配放符号

1. 无配放符号表示可以配放。

2. △表示可以配放，堆放时至少隔离2m。

3. ×表示不可以配放。

4. 有"注1""注2"等注释时按注释规定办理。

二、注释

1. 除硝酸盐（如硝酸钠、硝酸钾或硝酸铵等）与硝酸、发烟硝酸可以混存外，其他情况皆不得混存。

2. 氧化性物质不得与松软的粉状可燃物（如煤粉、锯末粉、焦炭、炭黑、药材、粮食、食品及活动物品、饮食品，以及畜禽产品中的生皮毛、生毛皮（包括碎皮）、畜禽毛、角、蹄、骨，粮食、饲料等物品混存。

3. 13号、14号、15号、16号包装能使货物污染异味的物品不得与6号、13号所列品名混存。

4. 饮食品、粮食、饲料等普通货物运输的化工原料、化学试剂、香料应隔离1m以上。

5. 漂白粉与过氧化氢、易燃物品、非饮食品、粮食、药材类、药品、食用油脂、活动物不得与食用油脂应隔离2m以上。

6. 贴有7号包装标志的液态农药不得与氧化性物质和有机过氧化物混存。

续表

危险货物的种类和品名		品名编号	配放号	1	2	3	4	5	6	7	8	9	10	11	12	13	14	15	16	17	18	19	20	21	22	23	24
毒性物质	氰化物(注6)	61001~61005	14										×				×											
	其他毒性物质	61006~61205、61501~61520、61551~61941	15										△	△				△										
	溴	81021	16	△		△		△				△				×		△	△									
危险货物	酸性腐蚀性物质	发烟硝酸、硝酸、硝化酸混合物、废硝酸、发烟硫酸、硫酸、含铬合酸、含铬硫酸、渣渣硫酸、氯磺酸	81001~81004、81006~81009、81023	×	×	△	×	×	△	×	×	×	△	×	注1	×	×	△	△	△	×			△	×	×	×	
		其他酸性腐蚀物质	81005、81010~81020、81022、81024~81135、81501~81647	△		△	△	△	△	△	△		△	△	△	△	×	△	△	△	×			△	×	△	×	
		碱性腐蚀物质(水合肼、氨水不得与氧化性物质和有机过氧化物配放) 其他腐蚀性物质	82001~82041、82501~82526、83001~83030、83501~83514									△								×		×			×	×	×	
普通货物	易燃普通货物		20	×			×	△	△				△			△		△	△	×	×		△					
	饮食品、粮食、饲料、药品、药材类、食用油脂(注3)(注4)		21	△	△		×	×	△	×	×	×	△	△		×	×	×	×	×	×	△	×	△	×	×	×	
	非食用油脂		22					△		×			△			△			×	×	×				×	×	×	
	活动物(注3)		23	×	×	×	×	×	△	×	×	×	×	△	△	△	×	×	×	×	×					×	×	
	其他(注3)(注4)		24	△	△			×	△	△	△	△	×	△	△	△	×	×	×	×	×	×		△	×	×	×	×
配放号				1	2	3	4	5	6	7	8	9	10	11	12	13	14	15	16	17	18	19					

危货箱的堆码存放也应符合配放表的有关规定。

货场应建立健全值班巡守制度。仓库作业完毕后应及时锁闭，剧毒品、爆炸品以及储存数量构成重大危险源的危险货物应加双锁，做到双人收发、双人保管。

各类危险货物存放保管主要注意事项见表5.22。

表5.22 危险货物存放保管主要注意事项

危险货物种类	存放保管主要注意事项
第1类 爆炸品	爆炸品必须存放于专库内,库房内应有避雷装置、防爆灯及低压防爆开关。仓库应有专人负责保管。库内应保持清洁,并隔绝热源与火源,在温度40℃以上时,要采取通风和降温措施。爆炸品的堆垛间及堆垛与库墙间应有0.5m以上的间隔。要避免日光直晒
第2类 气体	气瓶应存放于库内阴凉通风场所,防止日晒、油污,隔绝热源与火种,当库内温度超过40℃时,应采取通风降温措施。 气瓶平卧放置时,堆码不得超过5层,瓶头要朝向同一方向,瓶身要填塞妥实,防止滚动;立放时要放置稳固,防止倒塌
第3类 易燃液体	易燃液体应存放于阴凉通风场所,避免日晒,隔绝热源和火种。堆放要稳固,严禁倒置。库内温度超过40℃时,应采取通风降温措施。容器受热膨胀时,应浇洒冷水冷却,必要时应移至安全通风处放气处理
第4类 易燃固体、易于自燃的物质、遇水放出易燃气体的物质	应存放于阴凉、通风、干燥场所,防止日晒,隔绝热源和火种,与酸类、氧化剂必须隔离存放。严禁露天存放遇湿易燃物品,黄磷宜在雨棚的固定货位存放,要特别防止黄磷脱水引起自燃
第5类 氧化性物质和有机过氧化物	应存放于阴凉通风场所,防止日晒、受潮,远离酸类和可燃物,特别要远离硫黄、硝化棉、发孔剂H、金属粉末等还原性物质。亚硝酸盐类与其他氧化剂应分库或隔离存放。堆垛不宜过高过大,注意通风散热。库内货位应保持清洁,对搬出后的货位,应清扫干净
第6类 毒性物质和感染性物质	应存放在阴凉、通风、干燥的仓库内,不得露天存放。与酸类应隔离存放,严禁与食品同库存放。必须加强管理,严防丢失和发生误交付
第7类 放射性物质（物品）	存放放射性物品的仓库(或专用货位)应通风良好、干燥、地面平坦。仓库应有专人管理,放射性包装件必须按规定码放 遇到燃烧、爆炸可能危及放射性物质安全时,应迅速将放射性货物转移至安全位置,并派人看管
第8类 腐蚀性物质	应存放在清洁、通风、阴凉、干燥场所,防止日晒、雨淋。堆码要牢固。应保持堆放处清洁,不得留有可燃物、氧化剂等

四、装（卸）车

教学任务书——填写铁路液化气体罐车充装记录

针对"任务实例"中的第2项货物,根据铁路液化气体罐车充装记录(表5.23)中已有的数据,按照作业流程,依据相关规定填写铁路液化气体罐车充装记录,未列数据可自行假设。

危险货物应快装、快卸、快取、快送、优先编组、优先挂运。站内停放危险货物车辆时,应采取安全防护措施,对需要看护的重点危险货物,由车站派员看守并报告铁路公安部门。

罐车安全使用证明

我厂自备罐车_____、重车到站_____，_____号罐内允许充装品名_____，收货人_____。

该车设计、制造、标志、使用管理和检修均符合《液化气体铁路罐车安全管理规程》的各项要求，并符合铁路危险货物运输有关规定，特此证明。

×××单位
（签章）
　年　月　日

充装单位：

表 5.23　铁路液化气体罐车充装记录

过轨运输证编号：

车型车号		GY₇₀S6497169	标记载重	36.8t	标记容积	70.8m³
罐车自重		35t	空车检衡重量	t	上次检修时间	
装运品名			允许充装量	t	检衡人	中 修
						大 修
进厂检查	进厂日期		底架状况			
	罐体状况		检查人			
充装前检查	安全阀状况		其他表、阀类状况			
	罐体内余压	0.15MPa	气密性试验压力	MPa		
	气密性试验介质		气密性试验时间、检查人			
充装状况	充装时间		充装重量	t		
	充装压力	MPa	充装人			
封车状况	封车时间		封车压力	MPa		
	安全阀状况		其他表类状况			
	其他阀门状况		表、阀类状况	MPa		
出厂前复检	检衡结果	重罐车检衡重量	t	检衡人		
		实际充装量	t	押运人		
		罐车压力	MPa			

注：液氯、液态二氧化硫需作气密性试验。

（一）选择车辆

1. 棚车

危险货物限使用棚车装运（《铁路危险货物品名表》"特殊规定"栏有特殊规定的除外）。装运时，同一车限同一品名、同一铁危编号。

爆炸品、硝酸铵、氯酸钠、氯酸钾、黄磷和钢桶包装的一级易燃液体应选用 P_{64}、P_{64A}、P_{64AK}、P_{64AT}、P_{64GK}、P_{64GT}、P_{70} 等竹底棚车或木底棚车装运，并应对门口处金属磨耗板、端、侧墙的金属部分采用非破坏性措施进行衬垫隔离处理。如使用铁底棚车时，应经铁路局批准。

按普通货物条件运输的危险货物，限使用棚车装运。

2. 毒品专用车

毒性物质限使用毒品专用车，如毒品专用车不足时，经铁路局批准可使用铁底棚车装运（剧毒品除外）。铁路局应指定毒品专用车保管（备用）站。

3. 企业自备货车

使用企业自备罐车时，查看《铁路危险货物品名表》，看该危险货物是否具有《危规》中的"铁路危险货物运输特殊规定"中的第2条"2（a），2（b），2（c），2（d），2（e）"。

2（a）：限使用耐压液化气企业自备罐车装运；

2（b）：限使用铝制企业自备罐车装运；

2（c）：限使用有橡胶衬里钢制罐车或特制塑料衬里企业自备罐车装运；

2（d）：限使用钢制企业自备罐车装运，原油、汽油、煤油、航空煤油、柴油、溶剂油、石脑油、轻质燃料油可使用铁路产权罐车装运；

2（e）：限使用不锈钢材质企业自备罐车运输。

《铁路危险货物品名表》"特殊规定"栏未注明2（a）、2（b）、2（c）、2（d）、2（e），采用自备罐车装运时，由铁路局组织研究提出安全运输条件，报国铁集团组织技术审查确定。

苯、粗苯、甲苯、乙苯、二甲苯可用罐体涂打"苯类"字样的自备罐车运输；汽油、煤油、航空煤油、柴油、石脑油、溶剂油、轻质燃料油可用罐体涂打"轻油类"字样的自备罐车运输。

罐式箱介质充装比照罐车办理。

4. 铁路产权罐车

铁路产权罐车限装品名为原油、汽油、煤油、航空煤油、柴油、石脑油、溶剂油、轻质燃料油及非危险货物的重油、润滑油。

5. 集装箱专用平车（含两用平车）

罐式集装箱限使用集装箱专用平车（含两用平车）运输。

（二）装卸车作业

1. 通用要求

危险货物罐车装卸作业应在专用线内办理。严禁在站内办理危货箱的装箱、掏箱作业。

危险货物装卸作业前，应对车辆和仓库进行必要的通风和检查，向装卸工组说明货物品名、性质、作业安全事项并准备好消防器材和安全防护用品。对车辆采取防溜、防护措施。作业时要轻拿轻放，堆码整齐稳固，防止倒塌，严禁倒放、卧装（钢瓶等特殊容器除外）。装卸车作业要求如下：

（1）装车作业

① 检查车辆　检查车种车型是否与规定装运货物相符，查看门窗状态，进行透光检查，确认车辆状况良好。

② 检查货物　检查货物品名、包装、件数与运单填写是否一致，以及货物包装是否符

合规定。

　　③ 装车作业　传达安全注意事项及装载方案，检查消防器材和安全防护用品。装载货物（含国际联运换装）不得超过车辆（含集装箱）标记载重量及罐车允许充装量，严禁增载和超装、超载。

　　④ 装车后工作　检查堆码及装载状态，查验门窗是否关闭良好，做好施封加锁工作等。

　　（2）卸车作业

　　① 检查车辆　检查车辆状态及施封，核对票据与现车，确定卸车及堆码方法。

　　② 卸车作业　传达安全作业注意事项及卸车方案，检查消防器材和安全防护用品。

　　③ 卸车后工作　在收货人清理车辆残存废弃物后，对受到污染的车辆，及时回送洗刷所洗刷除污。因污染、腐蚀造成车辆损坏的，要按规定索赔。

　　④ 易燃易爆性质的危险货物装卸作业使用的照明设备及装卸机具应具有防爆性能，并能防止由于装卸作业摩擦、碰撞产生火花。

2. 具体要求

　　危险货物装卸搬运除满足上述一般要求之外，具体注意事项见表5.24。

表 5.24　危险货物装卸具体要求

危险货物种类	装卸与搬运
第1类　爆炸品	装卸作业时,开关车门、车窗不得使用铁撬棍、铁钩等铁质工具。必须使用时,应采取防火花涂层等防护措施。装卸搬运时,不准穿铁钉鞋,使用铁轮、铁铲头推车和叉车时应有防火花措施。禁止使用可能发生火花的机具设备。照明时应使用防爆灯具。作业时应轻拿轻放,不得摔碰、撞击、拖拉、翻滚。整体爆炸物品和燃烧爆炸物品的装载和堆码高度不得超过1.8m。车、库内不得残留酸、碱、油脂等物质。发现跌落破损的货件时应及时妥善处理,不能同车或同库存放
第2类　气体	装卸作业时,应使用抬架或搬运车,防止撞击、拖拉、摔落、滚动。防止气瓶安全帽脱落及瓶嘴损坏。装卸机械工具应有防止产生火花的措施 气瓶装车时应平卧横放。装卸搬运时,气瓶阀不要对着人身。装卸搬运工具、工作服及手套不得沾有油脂。装卸有毒气体时,应配备防护用品,必要时使用供氧式防毒面具
第3类　易燃液体	易燃液体装卸作业前应先通风,开关车门、车窗时不要使用铁制工具猛力敲打,必须使用时应采取防止产生火花的防护措施。作业人员不准穿铁钉鞋。装卸搬运中,不能撞击、摩擦、拖拉、翻滚。装卸机具应有防止产生火花的措施。装载钢桶包装的易燃液体,要采取防磨措施,不得倒放或卧放
第4类　易燃固体、易于自燃的物质、遇水放出易燃气体的物质	装卸作业时不得摔碰、撞击、拖拉、翻滚,防止容器破损。特别注意勿使黄磷脱水,引起自燃。装卸机具应有防止产生火花的措施。雨雪天无防雨设备时,不能装卸遇湿易燃物品
第5类　氧化性物质和有机过氧化物	装车前,车内应打扫干净,保持干燥,不得残留酸类和粉末状可燃物。卸车前,应先通风后作业。装卸搬运中不能摔碰、拖拉、翻滚和剧烈振动。托运工具上不得残留或沾有杂质,托盘和手推车尽量专用,装卸机具应有防止发生火花的防护措施
第6类　毒性物质和感染性物质	装卸车前应先行通风。装卸搬运时严禁肩扛、背负。要轻拿轻放,不得撞击、摔碰、翻滚,防止包装破损。装卸易燃毒害品时,机具应有防止发生火花的措施。作业时必须穿戴防护用品,严防皮肤破损处接触毒害品。作业完毕及时清洗身体后方可进食、饮水、吸烟
第7类　放射性物质（物品）	装卸车前应先行通风,卸车时尽量使用机械作业,严禁肩扛、背负、撞击、翻滚,作业时间应按《危规》中的要求控制。堆码不宜过高,应将辐射水平低的放射性包装件放在辐射水平高的包装件周围。皮肤有伤口者、孕妇、哺乳期妇女和有放射性工作禁忌证(如白细胞低于标准浓度等)者,不能参加放射性物品的作业。在搬运Ⅲ级放射性包装件时,应在搬运机械的适当位置上安装屏蔽物或穿防护围裙,以减少人员受照剂量 装卸、搬运放射性矿石、矿砂时,作业场所应喷水防止飞尘,作业人员应穿戴工作服、工作鞋,戴口罩和手套。作业完毕应全身清洗
第8类　腐蚀性物质	装卸作业前应穿戴耐腐蚀的防护用品,对易散发有毒蒸气或烟雾的腐蚀品装卸作业,还应备有防毒面具。卸车前先通风。货物堆码必须平稳牢固。严禁肩扛、背负、撞击、拖拉、翻滚。车内应保持清洁,不得留有稻草、木屑、煤炭油脂、纸屑、碎布等可燃物

3. 剧毒品装卸

各铁路局要根据专用线办理剧毒品运输的情况，配齐专用线货运员。装车作业时，货运员要会同托运人确认品名、清点件数（罐车除外），监督托运人进行施封，并检查施封是否有效。装有剧毒品的车辆应在车辆上门扣用加固锁加固并安装防盗报警装置。到站卸车时，应与押运人、收货人共同确认封印状态，并及时与收货人办理交接手续。

4. 气体类危险货物罐车装卸

（1）充装前

① 充装单位技术人员和押运人员应共同负责对车辆进行检查。

② 按规定对罐体外表面（颜色、标记、外观等）进行检查，发现表面腐蚀严重，标记不清等，严禁使用。

③ 检查车辆的安全附件，附件不全、损坏或者失灵，发生跑、冒、滴、漏等不符合安全附件使用规定的，应及时处理维修，若处理不了，不得使用。

④ 罐内没有余压，且无法判明罐内残留介质品种、重量的不能充装。

⑤ 罐体内含氧量超过 3% 的，不能进行充装。否则，充装时流速很大，如果接地不好，静电火花可能引起罐内的混合气体发生爆炸。

⑥ 罐车密封性能不良或各密封件有泄漏的，不能使用。液态二氧化硫罐车应用含水量小于或等于 100mg/kg 干燥空气进行气密性试验（压力为罐车设计压力的 0.9 倍），检查合格后，须将罐内气体排净方可充装。

⑦ 对空车进行检衡。

（2）充装过程

① 充装时应注意检查一切充装设备管路、阀门、轨道衡等是否能正常使用；充装时介质流速不得超过 900L/min。

② 充装量应按计算公式计算，但不得大于标记载重量；计算的充装量大于标记载重量时，充装量以标记载重量为准。

允许充装量的确定方法为：$W_{计算} = \Phi V_{标}$

当 $W_{计算} \geqslant P_{标}$ 时，$W_{许装} = P_{标}$

当 $W_{计算} < P_{标}$ 时，$W_{许装} = W_{计算}$

式中　$W_{计算}$——根据重量充装系数确定的计算充装量，t；

　　　$W_{许装}$——允许充装量，t；

　　　　Φ——重量充装系数，t/m^3；

　　　$V_{标}$——罐车标记容积，m^3；

　　　$P_{标}$——罐车标记载重，t。

常见介质的重量充装系数见表 5.25。

表 5.25　常见介质的重量充装系数

充装介质种类	重量充装系数 $\Phi/(t/m^3)$	充装介质种类	重量充装系数 $\Phi/(t/m^3)$
液氨	0.52	混合液化石油气	0.42
液氯	1.20	正丁烷	0.51
液态二氧化硫	1.20	异丁烷	0.49
丙烯	0.43	丁烯、异丁烯	0.50
丙烷	0.42	丁二烯	0.55

注：液化气体重量充装系数，按介质在 50℃ 时罐体内留有 6%～8% 气相空间及该温度下的密度求得。

（3）充装后

① 充装人员和押运人员共同对罐车各密封面进行泄漏检查，封车压力不得超过罐内介质温度下的饱和蒸气压力，确认后方可封车。

② 充装单位会同押运员用轨道衡再对重车进行计量，严禁超装，认真详细填记铁路液化气体罐车充装记录。

检衡复核充装量公式为：

$W_{空检} \geqslant W_{自重}$ 时，$W_{实装} = W_{总重} - W_{自重}$

$W_{空检} < W_{自重}$ 时，$W_{实装} = W_{总重} - W_{空检}$，要求 $W_{实装}$ 不得大于 $W_{许装}$，即 $W_{实装} \leqslant W_{许装}$。

式中　$W_{实装}$——实际充装量，t；

$\quad\quad W_{自重}$——罐车标记自重，t；

$\quad\quad W_{总重}$——重罐车检衡重量，t；

$\quad\quad W_{空检}$——罐车空车检衡重量，t。

气体类危险货物罐车卸后罐体内须留有不低于 0.05MPa 的余压。

5. 非气体类液体危险货物罐车装卸

（1）充装前　托运人应确认罐车是否良好，罐体有漏裂，阀、盖、垫及仪表等附件、配件不齐全完好或功能不良的罐车禁止使用。确认罐体外表应是否清洁，标记、文字是否清晰易辨。

（2）充装时　充装非气体类液体危险货物时，应根据液体货物的密度、罐车标记载重量、标记容积确定充装量。充装量不得大于罐车标记载重量；同时要留有膨胀余量，充装量上限不得大于罐体标记容积的 95%，下限不得小于罐体标记容积的 83%。

即允许充装量应同时符合以下重量和体积要求。

允许充装体积：$0.83V_{标} \leqslant V_{许装} \leqslant 0.95V_{标}$

允许充装重量：$W = \rho V_{许装} \leqslant P_{标}$

式中　W——允许充装量，t；

$\quad\quad \rho$——充装介质密度，t/m^3；

$\quad\quad V_{标}$——罐车标记容积，m^3；

$\quad\quad P_{标}$——罐车标记载重，t；

$\quad\quad V_{许装}$——罐车允许充装体积，m^3。

（3）充装后

① 及时关严罐车阀件，盖好人孔盖，拧紧螺栓（注意要对角上螺栓），严禁杂质混入。

② 货物静置后，量取货物充装高度，根据车辆的容积标号，用国家铁路罐车容积计量站提供的计量软件计算出罐车的充装量（充装体积），并打印出计量单。

充装量低于 83% 时，罐体内未加防波板不得办理运输；对硝酸等腐蚀性强的货物，可用轨道衡进行计重，通过密度计算出充装体积，认真填写计量单。

③ 企业运输人员和车站货运人员在危险货物运输作业签认单上签字。

（三）押运管理

1. 需押运的品名

运输爆炸品（烟花爆竹除外）、硝酸铵、剧毒品（《铁路危险货物品名表》"特殊规定"栏注有特殊规定 67 号的）、罐车装运气体类（含空车）危险货物实行全程押运。装运剧毒品的罐车和罐式箱不需押运。其他危险货物需要押运时按有关规定办理。

新造出厂的和洗罐站洗刷后送检修地点的及检修后首次返空的气体类危险货物罐车不需

押运，但应在运单上注明"新造车出厂""洗刷后送检修"或"检修后返空"字样。

2. 押运人数

同一托运人、同一到站押运方式、车辆及人数规定：

（1）气体类 6 辆重（空）罐车（含带押运间车辆）以内编为 1 组，每组押运员不得少于 2 人。每列编挂不得超过 3 组。每组间的隔离车不得少于 10 辆（原则上需要用普通货物车辆隔离）。

（2）剧毒品 4 辆（含带押运间车辆）以内编为 1 组，每组 2 人押运；2 组以上押运人数由铁路局确定。

（3）硝酸铵 4 辆以内编为 1 组，每组 2 人押运；2 组以上押运人数由铁路局确定。

（4）爆炸品（烟花爆竹除外）每车 2 人押运。

3. 对押运员的要求

押运员应当掌握所押运危险货物的性质、危害特性、包装容器、载运工具的使用特性和发生意外的应急措施。押运员押运时应携带培训合格证明，并符合下列规定：

（1）押运员在押运过程中应遵守铁路运输的各项安全规定，并对自身安全和所押运货物的安全负责。

（2）押运员应了解所押运货物的特性，押运时应携带所需安全防护、消防、通信、检测、维护等工具以及生活必需品，应按规定穿着印有红色"押运"字样的黄色马甲，不符合规定的不得押运。押运员执行押运任务期间，严禁吸烟、饮酒及做其他与押运工作无关的事情。

（3）押运员在途中要严格执行全程押运制度，认真进行签认，严禁擅自离岗、脱岗。严禁押运员在区间或站内向押运间外投掷杂物。对押运期间产生的垃圾要收集装袋，到沿途有关站后，可放置车站垃圾存放点集中处理。

（4）押运员应熟悉应急预案及施救措施，在运输途中发现异常现象时，应及时采取应急措施并向铁路部门报告。

（5）气体类危险货物押运员应对押运间进行日常维护保养，破损严重的要及时向所在车站报告，由车站通知所在地货车车辆段按规定予以扣修。对门窗玻璃损坏等能自行修复的，应及时修复。押运员应按《危规》中的"气体类罐车押运员携带工具备品及证件资料目录"携带相关工具备品及证件。

4. 押运间管理

押运间仅限押运员乘坐，不允许闲杂人员随乘。运行时，押运间的门不得开启。押运间内应保持清洁，严禁存放易燃易爆物品及其他与押运无关的物品。对未乘坐押运员的押运间应锁闭，车辆在沿途作业站停留时，押运员应对不用的押运间进行巡检，发现问题，及时处理。

5. 押运检查及签认

发站要对押运工具、备品、防护用品以及押运间清洁状态等进行严格检查，不符合要求的禁止运输。

押运管理工作实行区段签认负责制。货检人员应与押运员在所押运的车辆前签认，签认内容见全程押运签认登记表。托运人再次办理运输时（含应押运的气体类罐车返空）应出具此登记表，并由车站保留 3 个月。对未做到全程押运的，再次办理货物托运时车站不予受理。

运输时发现押运备品不符合要求，押运员身份与携带证件不符或押运员缺乘、漏乘时应及时甩车，做好登记，并通知发站或到站联系托运人、收货人补齐押运员或押运备品，编制普通记录后方可继运。

五、承运

整车危险货物在装车完毕后，集装箱危险货物在验收完毕后，托运人应向车站货运室支付运输费用，并办理制票和承运作业。

1. 审核计量单

袋装货物，检查磅单；气体类货物，检查铁路液化气体罐车充装记录；液体类货物，检查计量单。

2. 制票

在记事栏内选择"危险品"或"危险品加成××‰"，核收运杂费。

派有押运员的成组危险货物车辆，要求成组连挂，不得拆解；在该组车辆每一张运单上注明"成组连挂，不得拆解"。

3. 承运

在运单上加盖承运日期戳。

4. 停止车辆制动作用

装运需停止制动作用的货车时，车站应书面通知所在地货车车辆段，由货车车辆段派就近的列检作业场人员到场检查确认后关闭截断塞门并施封，封上应有"停止制动"字样，同时在运单上注明"停止制动"。施封后，所在地货车车辆段应认真做好记录，并将"停止制动"施封车辆的车种、车型、车号及到站及时通知到站所在地货车车辆段。到站卸车后，车站应书面通知所在地货车车辆段，由货车车辆段派就近的列检作业场人员到场检查确认后拆封，开启截断塞门，并将该车辆的车种、车型、车号及时通知发站所在地货车车辆段予以销号。

5. 剧毒品追踪

剧毒品运输实行三级计算机跟踪管理。

（1）铁路剧毒品运输计算机跟踪管理以办理站为基础，国铁集团、铁路局和车站，根据不同层次管理要求建立信息管理系统。

（2）装车站及时将剧毒品运单所载信息生成剧毒品运输管理信息登记表，实时报告给剧毒品运输跟踪管理系统。内容包括剧毒品车的车号（集装箱类型、箱号及所装车号）、发到站、品名及编号、件数、重量和承运、装车日期等。

（3）挂有剧毒品车辆的列车，在"运统一"记事栏中注明"D"字样，并将剧毒品车辆的车种车号、发到站、货物品名、挂运日期、挂运车次等信息及时报告给铁路局行车确报系统和剧毒品运输跟踪管理系统。

（4）中途站发现装有剧毒品的车辆或集装箱无封、封印无效以及有异状时，立即甩车，报告所属铁路局和铁路公安部门，并共同清点。同时按规定及时以电报形式，向发到站及所属铁路局和国铁集团报告有关情况。继续运送时，按第（2）条办理。

（5）剧毒品到站后和卸车交付完毕后，立即将车种车号（集装箱箱型、箱号及所装车号）、发到站、托运人、收货人、品名及编号、件数、重量、到达日期、到达车次、交付日期等信息上网报告剧毒品运输跟踪管理系统，并在2h内通知发站。

六、途中作业

（一）货物运输合同变更处理

气体类危险货物罐车运输不允许办理运输变更或重新托运，如遇特殊情况需要变更或重新托运时，须经铁路局批准。

（二）途中危险货物的签认

1. 一般规定

途中签认的车站指《铁路货运检查管理规则》中确定的路网性货检站和区域性货检站。签认要求按途中作业签认单中的要求办理。货检站未产生货检作业时，可不进行签认。

2. 剧毒品运输途中签认

剧毒品运输途中由货检员、押运员以及公安人员签认。装运剧毒品的罐车和罐式箱不需押运，故没有押运员签认。

车站货检人员对剧毒品车辆应作重点检查，用数码相机或手持机两侧拍照（如车号、施封、门窗状况），并存档保管至少三个月；运输过程中发现装有剧毒品的车辆或集装箱无封、封印无效以及有异状时，应立即甩车，并报告铁路公安部门共同清点，按规定进行处理。如发生丢失被盗等问题，立即报告铁路局和国铁集团调度、货运部门及铁路公安部门。

七、货物到达

（一）卸车

1. 货场卸车

对到达的货物要及时卸车并通知收货人，做到及时交付货物，及时取送车辆。货位清空后，需及时清扫、洗刷干净。对洒漏的危险货物及废弃物，应及时通知收货人进行处理。对危险性大、洒漏严重的，要会同卫生防疫、环保、消防等部门共同处理。

2. 专用线卸车

专用线、专用铁路承担着 95％的罐车和 65％非罐车的装卸任务，组织好专用线、专用铁路的危险货物的装卸工作，具有重要意义。

托运人、收货人自行装卸的货物，除派有押运人以外，承运人、托运人或收货人之间应进行交接。目的是确认货物状况，分清责任。

（1）交接凭证　由企业在专用线、专用铁路上交接货物时，使用的交接凭证为货车调送单。

（2）交接方法

① 施封的货车、集装箱，凭封印交接。

② 不施封的货车、集装箱凭门窗关闭状态，不苫盖篷布的敞车、砂石车凭货物装载状态和规定标记交接，苫盖篷布的凭篷布现状交接。

（3）交接地点

① 专用线的交接地点在货物的装卸地点。

② 专用铁路的交接地点在双方协议中指定的交接地点。

（二）交付货物

到站向运单内所记载的收货人进行交付货物，是承运人履行货运合同的重要义务，货物交付包括票据交付和现货交付。

1. 内交付（票据交付）

收货人持领货凭证和规定的证件到货运室办理货物领取手续，在支付费用和在运单上盖章（签字）后，留下领货凭证。到站在运单上加盖到站交付日期戳，将运单交给收货人，收货人凭此领取货物。

2. 外交付（现货交付）

现货交付即承运人向收货人点交货物。收货人持货运室交回的运单到货物存放地点领取货物，货运员向收货人点交货物完毕后，在运单上加盖"货物交讫"戳记，并记明交付完毕的时间，然后将运单还给收货人。

由收货人在专用线、专用铁路组织卸车时，承运人将货物送到专用线、专用铁路的交接地点即可。

作业完毕后，按规定签认危险货物运输作业签认单。

八、洗刷除污车辆

1. 应进行洗刷除污的货车

装过危险货物的货车，卸后应清扫干净。下列情况应进行洗刷除污：

（1）装过剧毒品的毒品车。

（2）发生过洒漏、受到污染（包括有刺激异味）的货车。

（3）回送检修后的运输危险货物的货车。

货车洗刷除污工艺应符合铁路货车洗刷除污方法。回送洗刷除污的货车，应在特殊货车及运送用具回送清单上注明品名及编号，并在货车两车门内外明显处粘贴铁路货车洗刷回送标签（表5.26）各一张。

表 5.26 铁路货车洗刷回送标签

此车 月 日	站装过货物品名：
我站卸车后未洗刷，经铁路局	号命令
回送	站洗刷。严禁排空和调配放货。
	卸车站
	年 月 日

规格：180mm×120mm

货车经洗刷除污达到要求后撤除货车洗刷回送标签，并在货车两车门内外明显处粘贴铁路货车洗刷除污工艺合格证各一张，并填写洗刷除污登记表。

对装过性质特殊、缺乏有效洗刷除污手段的货车，洗刷所应通知卸车站，要求收货人提供有效的洗刷除污方法和药物，再次洗刷处理。

未经合格洗刷除污的货车严禁使用或排空。

2. 装过放射性物质（物品）的货车、苫盖的篷布及有关用具

装过放射性物质（物品）的货车、苫盖的篷布及有关用具，卸后应由省级人民政府环境保护部门认定的有资质的辐射监测机构对 α 射线、β 射线、γ 射线发射体的污染水平进行监测，监测结果应低于规定的限值，达到要求后方可排空使用。

3. 危货箱

收货人负责危货箱的洗刷除污，并负责撤除拴挂的危险货物标志。无洗刷能力时，可委托铁路部门洗刷，费用由收货人负担。

工作任务四　危险货物运输事故应急救援

任务实例

××××年 5 月 22 日 8 时 28 分，10176 次列车到达 A 站，尾前第 6 位罐车（车号为 GY95S0832198）发生液化气泄漏。车站立即启动应急预案，并对站内接发列车、接触网采取停办、停电等措施，9 时 50 分处理完毕，10 时 30 分列车开出。事故造成 A 站上行 1054 次列车和下行 1063 次列车机外停车。泄漏部位为车辆顶部压力表。

理论知识

为了最大限度地减少危险化学品运输事故造成的人员伤亡、财产损失和对事故现场周边环境及社会的负面影响，及时有效处置铁路危险化学品运输事故，迅速控制危险源，维护铁路运输秩序，需要制定危险货物运输事故应急预案。

一、危险货物运输事故应急预案、施救信息网络

（一）定义

危险货物事故应急预案是指危险货物由于各种原因造成或者可能造成人员伤亡及其他重大社会危害时，针对该事件的特点，在事故发生的紧急时刻，为及时控制危险源或事故造成灾害范围，防止事态扩大，把损失减少到最低程度而采取的预先确定的行动方案。

施救信息网络是指为制定事故应急预案而汇集的相关涉及范围的共享信息资源，包括设定报告程序的联络部门和通信方式。

（二）分级管理

国铁集团根据国务院《公共事件应急预案框架指南》负责制定《铁路危险货物运输应急预案框架指南》，铁路各级部门应根据《铁路危险货物运输应急预案框架指南》制定和完善铁路危险货物运输事故应急预案及施救信息网络，并根据危险货物运输的发展变化，及时修改、补充和完善有关内容。

国务院、国铁集团、铁路局、站段的事故应急预案系列如图 5.5 所示。

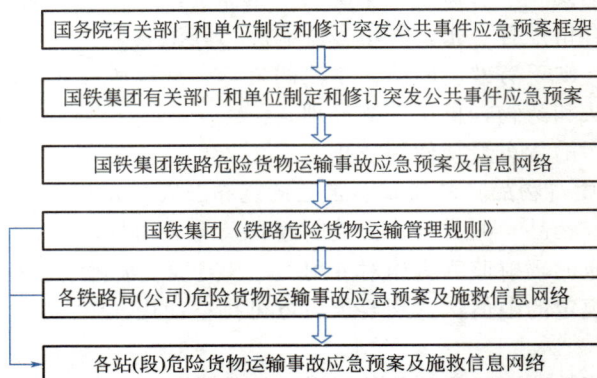

国务院有关部门和单位制定和修订突发公共事件应急预案框架

国铁集团有关部门和单位制定和修订突发公共事件应急预案

国铁集团铁路危险货物运输事故应急预案及信息网络

国铁集团《铁路危险货物运输管理规则》

各铁路局(公司)危险货物运输事故应急预案及施救信息网络

各站(段)危险货物运输事故应急预案及施救信息网络

图 5.5　事故应急预案系列

(三) 响应级别

根据铁路危险货物运输事故性质，按事故的可控性、严重程度和影响范围，铁路危险货物运输事故应急响应分为Ⅰ、Ⅱ、Ⅲ、Ⅳ四级。

Ⅰ级——特别严重，红色预警

Ⅱ级——严重，橙色预警

Ⅲ级——较重，黄色预警

Ⅳ级——一般，蓝色预警

应急响应行动按级别划分权属：

国务院应急领导小组——Ⅰ级；

国铁集团应急领导小组——Ⅱ级，国家授权Ⅰ级；

铁路局（公司）应急领导小组——Ⅲ级、Ⅳ级。

即分别由国务院或国务院授权国铁集团、铁路局响应。上一级预案启动时或启动前，其下级预案按照分级响应的原则分别启动。

1. Ⅰ级应急响应标准

铁路危险货物运输事故出现以下情形，启动Ⅰ级应急响应。

（1）造成 30 人及以上死亡。

（2）造成 100 人及以上重伤（包括中毒，下同）。

（3）造成 1 亿元及以上直接经济损失。

（4）国务院或国务院安全生产委员会认为有必要启动Ⅰ级应急响应。

2. Ⅱ级应急响应标准

铁路危险货物运输事故出现以下情形，启动Ⅱ级应急响应。

（1）造成 10 人及以上 30 人以下死亡。

（2）造成 50 人及以上 100 人以下重伤。

（3）造成 5000 万元及以上 1 亿元以下直接经济损失。

（4）国铁集团认为有必要启动Ⅱ级应急响应。

3. Ⅲ级应急响应标准

铁路危险货物运输事故出现以下情形，启动Ⅲ级应急响应。

（1）造成 3 人及以上 10 人以下死亡。

（2）造成 10 人及以上 50 人以下重伤。

（3）造成 1000 万元及以上 5000 万元以下直接经济损失。

（4）铁路局集团公司认为有必要启动Ⅲ级应急响应。

4. Ⅳ级应急响应标准

铁路危险货物运输事故出现以下情形，启动Ⅳ级应急响应。

（1）造成 3 人以下死亡。

（2）造成 10 人以下重伤。

（3）造成 1000 万元以下直接经济损失。

（4）发生爆炸品、易制爆危险化学品、剧毒品、放射性物质（物品）丢失或被盗。

（5）铁路局集团公司认为有必要启动Ⅳ级应急响应。

(四) 应急预案的框架内容

1. 基本情况

主要包括单位的办理种类和运量、重要基础设施及作业特点、危险目标、货物危险特性及对周边的影响和可利用的安全、消防、个体防护的设备与器材及其分布。

2. 组织机构

包括应急救援机构设置，组织人员及职责，组织指挥协调和应急救援联络网络。例如，国铁集团、路局、站段设铁路危险化学品运输事故应急领导小组，下设铁路危险化学品运输事故应急领导小组办公室。发生危险化学品运输事故时，由应急领导小组统一指挥、组织、协调有关各方按预案开展各项应急救援工作，应急办公室具体落实各项应急救援工作。国铁集团和路局应急领导小组下设若干个工作组，如图 5.6 所示。

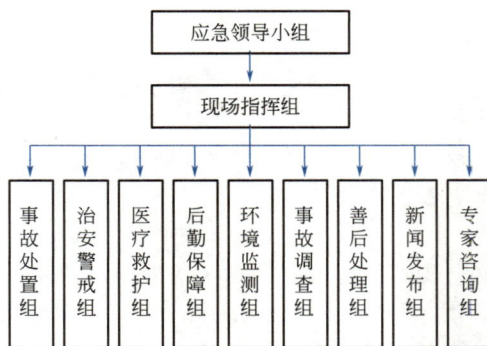

图 5.6　应急救援机构设置

3. 报警与通信联络方式

建立 24h 值班制度和有效的报警装置，以及有效的内、外部通信联络手段。

4. 事故发生后应急处理

包括现场人员清点、撤离方式；划定危险隔离区，非现场人员紧急疏散方式；周边区域单位人员的疏散方式；事故周边区域道路隔离或交通疏导办法等。

5. 检测、抢救、救援及控制措施

包括检测人员防护、监护措施；抢险救援人员的防护、监护措施；现场实时监测及异常情况下抢险人员撤离条件；应急救援队伍的调度；控制事故扩大的措施等。

6. 受伤人员的现场救护及救治

包括对受伤人员进行现场救护及救治的原则及送医救治的医院。

7. 现场保护与现场洗消

包括负责现场保护的人员构成、职责分工以及进行洗消人员分工、方法和原则。

8. 事故善后处理与总结分析

包括事故处理的"四不放过"原则及要求、新闻发布和善后处置的要求及原则。

（五）预案启动

达到预案应急响应条件，启动预案及以下各级预案；超出本级应急救援处置能力时，请求上一级应急救援指挥机构启动上一级应急预案。

1. 国铁集团应急响应

国铁集团应急响应流程如图 5.7 所示。

2. 铁路局应急响应

铁路局Ⅲ级应急响应行动按下列流程进行：

（1）应急办公室接报后，立即向应急领导小组组长报告，立即通知应急领导小组成员和应急办公室成员单位有关人员集中到铁路局应急救援指挥中心（调度所）。

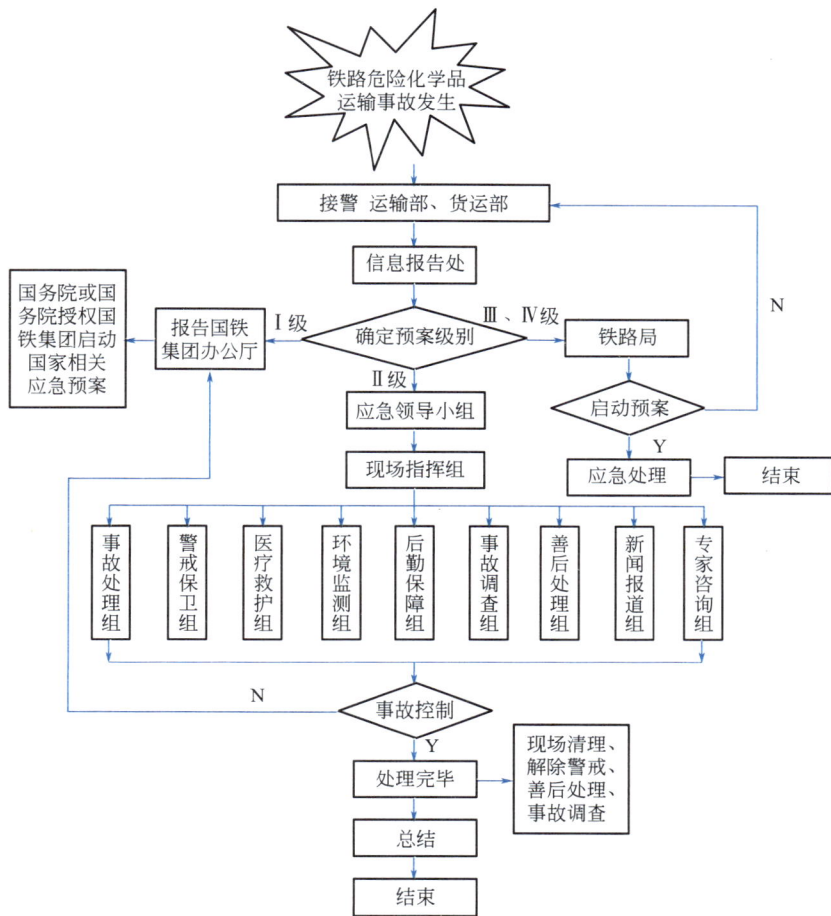

图 5.7　国铁集团应急响应流程

（2）根据事故性质和程度，应急领导小组决定设立现场指挥、事故处置、医疗救护、治安警戒、环境监测、新闻发布、后勤保障、专家咨询等应急工作组。

（3）立即派遣有关人员和专家赴现场参加、指导事故救援。

（4）应急办公室保持与事故现场救援指挥人员通信联系，随时掌握事故救援情况，协调有关救援事项。

（5）及时通报地方政府，视情况请求支援。

（6）若事故超出本级应急处置能力时，立即报请国铁集团启动上一级预案。

3. 车站应急响应

车站火灾事故处理过程如图 5.8 所示。

二、各类危险货物撒漏处理及消防方法

各类危险货物撒漏处理及消防方法见表 5.27。

❖ 任务实施

车站发现危险货物运输事故等情况时，按下列步骤进行处置。

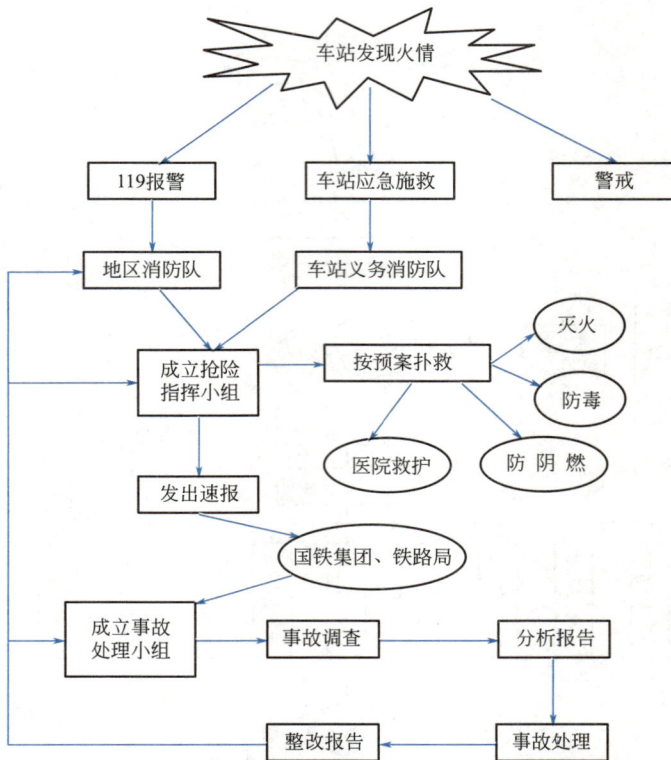

图 5.8　车站火灾事故处理过程

表 5.27　各类危险货物撒漏处理及消防方法

危险货物种类	撒(渗)漏处理与消防
第 1 类　爆炸品	发现撒漏的爆炸品应及时用水润湿,撒以松软物后轻轻收集,并通知公安和消防人员处理。禁止将收集物品装入原包装中;有火灾危险时,应尽可能将爆炸品转移或隔离,要立即组织人员疏散;扑救时,禁用酸碱灭火器或砂土,可用水或其他灭火器灭火。施救人员应配备防毒面具
第 2 类　气体	气瓶着火时,应向钢瓶浇洒大量冷水,或将气瓶投入水中使之冷却,同时将周围气瓶和可燃物搬离现场。 当发现阀门松动漏气应立即拧紧,若无法关闭时,可将气瓶浸入冷水或石灰水中(氯气瓶只能浸入水中)。液化气瓶破裂时,应将裂口部位朝上。 扑救有毒气体或处理气瓶泄漏时,应戴防毒面具或站在上风处
第 3 类　易燃液体	易燃液体发生着火时不宜用水来灭火,但对于密度大于水或溶于水的易燃液体,可用雾状水或开花水来灭火,同时应防止液体被冲散而扩大着火范围。发生容器渗漏时,应将易燃液体及时移至安全通风处更换包装,渗出的液体可用砂土等物覆盖后扫除干净
第 4 类　易燃固体、易于自燃的物质、遇水放出易燃气体的物质	本类中一些金属粉末、金属有机化合物、氨基化合物和遇水放出易燃气体的物质着火时,禁止用水、泡沫、二氧化碳和酸碱灭火剂。扑救浸油棉、毛、麻类制品火灾时,要注意防止复燃。扑救火灾,还应有防毒措施。 对撒漏物品,应谨慎收集妥善处理。撒漏的黄磷应立即浸入水中,硝化纤维素要用水润湿;金属钠、钾应浸入煤油或液体石蜡中,电石、保险粉等遇水放出易燃气体的物质撒漏,收集后另放安全处,不得并入原货件中
第 5 类　氧化性物质和有机过氧化物	氧化性物质撒漏时,应扫除干净,再用水冲洗。收集的撒漏物品,不得倒入原货件内。过氧化钠等着火时,不能用水扑救,其他氧化性物质用水灭火时,要防止水溶液流至易燃、易爆物品处

续表

危险货物种类	撒（渗）漏处理与消防
第6类　毒性物质和感染性物质	固态毒性物质撒漏时，应谨慎收集；液态毒性物质渗漏时，可先用砂土、锯末等物吸收，妥善处理。被毒性物质污染的机具、车辆及仓库地面，应进行洗刷除污。 发生火灾时，对遇水能发生危险反应的毒性物质（如金属铊、锑粉、铍粉、磷化锌、磷化铝、氯化汞、氟化铅、四氰基乙烯等）不能用水来灭火；对无机氰化物（如氰化钠、氰化钾、氰化亚铜等）不能用酸碱灭火器灭火，以免产生剧毒氰化氢气体。 处理撒漏毒性物质和扑救毒性物质火灾时，必须穿戴防护服、口罩、手套或防护面具，施救人员要站在上风处。发现头晕、恶心、呕吐等现象，要立即转移至空气新鲜处
第7类　放射性物质（物品）	运输中发生货包破裂、内容物撒漏时，应立即向有关部门报告，由安全防护人员测量并划出安全区域，悬挂明显标志。 当人体受污染时，应在防护人员指导下，迅速进行去污。若人员受到过量照射时，应立即送医院救治。放射性矿石、矿砂的包装件破裂时，应换包后方可继续运输，撒落的矿砂等应收集后交托运人处理
第8类　腐蚀性物质	发现有酸性腐蚀性物质撒漏应及时撒上干砂土，清除干净后，再用水冲洗污染处；大量酸液溢漏时，可用石灰水中和。 着火时，不可用柱状水，以防腐蚀液体飞溅伤人；对遇水能剧烈反应及引起燃烧、爆炸或放出有毒气体的腐蚀性物质，禁止用水灭火。 火灾现场的强酸，应尽力抢救，以防高温爆炸，酸液飞溅。无法抢救搬离火灾现场时，可用大量水浇洒降温。扑救人员必须穿戴防护用品。对易散发蒸气和有毒气体的物品，必须使用防毒面具

一、报警

教学任务书——编写货物损失速报

针对"任务实例"中的事故，填写货物损失速报（表5.28）。

表5.28　货物损失速报

铁 路 传 真 电 报

签发：　　　　　　核稿：　　　　　　　　　拟稿人：

电　话：

发报所名	电报号码	等　级	受理日	时　分	收到日	时　分	值机员

主送单位：

抄送单位：

报　文：

货物损失速报

(1)

(2)

(3)

(4)

(5)

(6)

1. 情形及程序

车站应在发生危险货物运输事故以及液化气体泄漏，剧毒品、爆炸品、放射性物质（物品）被盗丢失时，及时逐级向运输调度和货运、公安管理部门报告，并在 1h 内向有关站、铁路局拍发货物损失速报，同时抄报国铁集团、主管铁路局。依法应当报告有关部门的，同时报告有关部门。货物损失速报程序如图 5.9 所示。

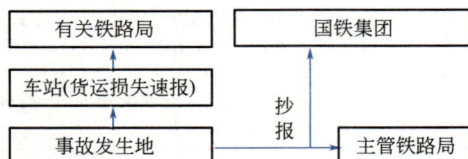

图 5.9 货物损失速报程序

2. 报告内容

拍发速报时，在电文首部冠以"货物损失速报"字样，表 5.28 中（1）～（6）为各项代号，内容如下：

（1）事故类型 火灾，爆炸，中毒，腐蚀，放射，爆炸品、剧毒品或放射性物品丢失，液化气体泄漏等。

（2）事故发生时间 发现问题的时间或预计问题发生的时间，时间标准应以 24h 制表述，精确到分。

（3）事故发生地点 发现问题的地点和将受影响的地区，线别、站名（货场、专用线、专用铁路）、区间（桥梁、隧道）、股道、方向和车位。

（4）发生事故货物品名、编号、车种、车号、列车车次、机后位置、有无押运人和运输方式（整车、集装箱）。

（5）事故概况及初步分析 人员伤亡、货物毁损程度，爆炸品、剧毒品或放射性物品丢失数量，液化气体泄漏部位，环境污染情况和对周边环境的威胁。

（6）事故地点的周边环境 桥隧、水源、地形、道路、厂矿、居民、天气和风向等。

3. 报警注意事项

（1）按照事故应急预案的程序和级别规定向铁路部门报警。

第一现场发现人→生产岗位值班室→站段的值班室→站段应急领导小组→路局应急领导小组。

（2）现场警戒、火灾和爆炸应及时向公安（110）、消防（119）部门报警。

（3）人员需要救护时，要及时向医疗卫生部门（120）报告联系。

（4）气体大量泄漏和毒气大量扩散要及时向环保、卫生部门报告。

（5）危及、影响铁路运输生产作业的要及时向生产调度部门报告。

（6）及时通知托运人或生产企业、装车单位，通知有能力协助处理事故的就近收货人参加抢险。

二、摘车

视情况进行甩车作业，及时将事故车辆送往危险货物固定存放线路或危险货物固定换装整理地点，并派专人看护，最大限度减少对行车工作的影响。

三、警戒疏散

（1）根据事故范围设立隔离区。

（2）沿逃生通道疏散被困人员。

（3）清除无关人员。

（4）指挥过往车辆，保证救援道路畅通。

四、监测救护

（1）根据污染源分红、黄、蓝三区检测，降低环境污染。
（2）医护人员进行救死扶伤。

五、联防抢险

（1）单位自救与社会救援。
（2）依据货物特点采取相应预案扑救。
（3）迅速控制危险源。
（4）做好防阴燃工作，做好冷却、稀释工作。
（5）掩护专业抢险队完成堵漏工作。

六、专业封堵

由专业人员使用专业设备采用专业方法进行封堵。

七、现场洗消

对事故外溢的有害物质和可能对人和环境继续造成危害的物质，由专业部门给予清除，防止对人和环境造成污染。

八、新闻发布

设立专门新闻发言人，按照专门发布格式，介绍事件基本情况、采取的措施和成效、下一步安排以及需要说明的问题。

九、善后处置

按照"事故原因未查清不放过，事故责任者未处理不放过，整改措施未落实不放过，事故教训未吸取不放过"的原则，查明原因，追究责任，吸取教训，防微杜渐。

按照相关法律法规，根据保险及保价的相关规定，对托运人、收货人和受影响群众进行安抚慰问。

⚙ 技能训练

有下列危险货物运输需求，请基于工作过程，按照"任务实施"的程序和要求填写对应的表单，完成相应的工作任务。能确定的事项，根据有关规定，查找相关资料和 95306 网站等确定，无法确定的，可自行假设。有关货物在《铁路危险货物品名表》中的信息见表 5.29。

1. 新疆××集团公司计划从铁路 A 站向江苏××有限公司通过铁路运输 38t 汽油 ［闪点≤−18℃］，到站为 B 站。

2. 辽宁××有限公司计划从铁路 A 站向福建××有限公司通过铁路运输 55t 碳化钙，到站为 B 站。

3. 贵州××有限公司计划从铁路 A 站向河北××有限公司通过铁路运输 45t 过氧化氢[含量≥40%]，到站为 B 站。

表 5.29 部分危险货物信息

铁危编号	品名	别名	信息化品品名	主要特性	包装标识	包装类	包装方法	灭火方法	洗刷除污编号	急救措施	特殊规定	联合国及国标编号
31001	汽油(闪点≤-18℃)		汽油	无色或淡黄色透明液体,有特殊臭味,易挥发。相对密度 0.67～0.71,沸点 40～200℃,闪点-50℃,爆炸极限 1.3%～6.0%。有低毒,长时间吸入蒸气能引起中毒	7	II	2,20,21	砂土、泡沫、干粉、二氧化碳	3	将中毒者移至新鲜空气处,松解患者衣服,给予氧气	2(d)	1203
43025	碳化钙	电石	电石	无色或灰黑色固体,相对密度 2.22。遇水放出易燃、易爆的乙炔气,受到撞击震动,摩擦或遇明火易爆炸。遇酸反应剧烈,含有硫磷等杂质时与水作用,易引起自燃爆炸	10,14	I	①装入坚固的铁桶内,每桶净重为100kg,桶口封闭严密,桶内充氮气,桶内未充氮气时,应装置低压安全阀。②按包装号21	干砂、干粉,禁用水和泡沫	1	将中毒者移至空气新鲜处,用含有 5% 二氧化碳的氧气帮助呼吸	41	1402
51001A	过氧化氢(含量≥40%)	双氧水[一]	双氧水	无色无臭透明液体,相对密度 1.11～1.13。有强氧化性,遇有微量杂质,甚至受热化或急剧分解、爆炸、震荡能引起燃烧、爆炸,其液体及气体能刺激皮肤、眼睛及肺部	11,20	I	①大包装:塑料桶(罐)。容器上部应有减压阀门或通气口。各容器内至少留有10%的余量。每桶(罐)净重≤50kg。②试剂包装:塑料袋瓶,再套入塑料袋内,合装在钙塑料箱内,空隙处用不燃吸收材料填塞安实。每塑料瓶内应有较大余量,要密封口。每瓶净重≤0.5kg,每箱净重≤20kg	雾状水、干砂、二氧化碳	1,48(a)	皮肤沾染用水冲洗 15min,触及眼睛用温水冲洗,再用硼酸水洗,送医院治疗	1,42(a)	2015

项目六
装载货物

🌱 知识要求
- 掌握货物重心在车辆上合理位置的要求；
- 掌握重车重心高的要求；
- 掌握车辆局部承载货物重量的规定。

🔑 技能要求
- 会确定和调整货物重心在车辆上的位置；
- 会确定和调整重车重心高；
- 会确定车辆局部承载货物的容许载重量。

📚 素质要求
- 具有安全第一的意识；
- 具有精益求精的思想；
- 具有科学、严谨的态度。

工作任务一　确定货物重心水平位置

📋 任务实例

三件货物使用一辆 60t N_{17} 型平车装运，装载有关数据如下：

$Q_1=20t$，$a_1=-850mm$，$b_1=120mm$，$h_{货1}=1400mm$

$Q_2=15t$，$a_2=4000mm$，$b_2=100mm$，$h_{货2}=1800mm$

$Q_3=10t$，$a_3=4000mm$，$b_3=-160mm$，$h_{货3}=1100mm$

🧲 理论知识

一、铁路车辆

在铁路运输中，运输货物的货车主要有通用货车、专用货车和特种货车。通用货车是能装运多种货物的车辆，包括敞车、平车、棚车；专用货车是专供装运某些种类货物的车辆，包括罐车、保温车、家畜车、水泥车等；特种货车是运送特大、特重、特长货物的车辆，包括凹型车、落下孔车、钳夹车等。

1. 敞车

二维码 6.1

敞车通用性较强，端侧板高度在 0.8m 以上，主要运输煤、焦炭、矿石等散堆装货物，也可以运输木材、钢材等，加上防水篷布还可以运送怕湿货物。

我国敞车的主要车型包括：C_{16AK}、C_{16K}、C_{62A*}、C_{62A*K}、C_{62AK}、C_{62A*T}、C_{62BK}、C_{62BT}、C_{64AT}、C_{70B}、C_{70BH}、C_{80E}、C_{76C}、C_{80EH}、C_{80EF}、C_{70C} 等，载重量大多为 60t、70t、80t，相关技术参数见表 6.1。

2. 平车

平车可分为普通平车、集装箱专业平车和平-集两用车三大类，主要用于运送钢材、汽车、机械设备、集装箱等体积或重量较大的货物。

我国平车的主要车型包括 N_{17AK}、N_{17AT}、N_{17GK}、N_{17GT}、N_{17K}、N_{17T}、NX_{17K}、NX_{17T}、NX_{17BH}、NX_{70}、NX_{70A}、NX_{70H} 等，载重量大多为 60t、70t，相关技术参数见表 6.2。

3. 长大货物车

长大货物车主要用来装运普通平车无法装运的长大笨重货物。我国长大货物车的主要车型包括：D_2、D_{2A}、D_{2G}、D_{9A}、D_{10}、D_{10A}、D_{12K}、D_{15}、D_{15A}、D_{15B}、D_{17A}、D_{18A}、D_{22A}、D_{22B}、D_{23G}、D_{25}、D_{25A}、D_{26}、D_{26A} 等，载重量大多为 90t、160t、210t、320t，相关技术参数见表 6.3。

4. 棚车

棚车主要用于运送日用品、仪器等比较贵重和怕晒、怕湿的货物。车型主要有 P_{62NK}、P_{62T}、P_{63}、P_{64}、P_{65}、P_{66K}、$P_{70(H)}$、P_{80}、PB 等，相关技术参数见表 6.4。

5. 货车主要尺寸参数的含义

（1）货车全长　车辆两端钩舌内侧面间的距离即货车全长。全长除以 11 即为该车的换长，又称计长。

（2）货车车底架长　对于敞、平车是指车底架两端梁外侧面间的距离。平车的车底架长就是其可承受货物重量的长度，也称车长或地板长度。

（3）货车车底架宽　对于敞、平车是指车底架两侧梁外侧面间的距离。平车的车底架宽就是其可承受货物重量的宽度，也称车宽。

（4）货车车内长　对于敞、棚车，是指车内两端墙间的距离，决定了可装货物的长度。敞、棚车车内长小于车底架长度。

（5）货车车内宽　对于敞、棚车，是指车内两侧墙间的距离，决定了可装货物的宽度。敞、棚车车内宽小于车底架宽度。

（6）货车车地板至轨面高　是指车地板距钢轨面的垂直距离，等于车底架高度与木地板厚度之和，也简称车地板高，决定了车辆承载面高度。

（7）货车最大高　敞车、平车的最大高是指车体端、侧板最高点距轨面的垂直距离。

（8）货车车辆销距　或者叫车辆定距，指车辆前后两走行部分之间的距离。对于普通平、敞车称为车辆转向架中心（销）距；对于有多层转向架的 D 型车称为车辆底架心盘中心（销）距。

（9）货车转向架轴距　同一转向架最前位轮轴中心线与最后位轮轴中心线之间的距离，也叫转向架的固定轴距。

表 6.1　敞车技术参数表

序号	车型	自重/t	载重/t	容积/m³	车内长×宽×高/mm	最大宽×高/mm	钩舌内侧距离/mm	轴数	车体材质	构造速度/(km/h)	转向架中心距/mm	地板面至轨面高/mm	空车重心高度/mm	车门宽×高/mm	车底架长×宽/mm	转向架轴距/mm	备注
1	C$_{16AK}$	20	64	44	10090×2890×1400	3180×2503	11938	4	耐候钢	120	7700	1093		825×600	11000×2900	1750	矿石专用车
2	C$_{16K}$	21.9	60	50	12500×2888×1400	3180×2483	13442	4	耐候钢	120	8700	1079			12500×2900	1750	矿石专用车
3	C$_{62A*}$	21.7	60	71.6	12500×2890×2000	3196×3095	13438	4	普碳钢	85	8700	1083	1000	中门 1620×1900 下门 1250×954	12500×2900	1750	通用敞车
4	C$_{62A*K}$ C$_{62AK}$	22.1	60	71.6	12500×2890×2000	3196×3102	13438	4	普碳钢	120	8700	1090	1000	中门 1620×1900 下门 1250×954	12500×2900	1750	通用敞车
5	C$_{62A*T}$ C$_{62AT}$	22	60	71.6	12500×2890×2000	3196×3099	13438	4	普碳钢	100	8700	1087	1000	中门 1620×1900 下门 1250×954	12500×2900	1750	通用敞车
6	C$_{62BK}$	22.7	60	71.6	12500×2890×2000	3242×3102	13438	4	耐候钢	120	8700	1090	1000	中门 1620×1900 下门 1250×954	12500×2900	1750	通用敞车
7	C$_{62BT}$	22.6	60	71.6	12500×2890×2000	3242×3099	13438	4	耐候钢	100	8700	1087	1000	中门 1620×1900 下门 1250×954	12500×2900	1750	焦炭专用车
8	C$_{64AT}$	23.5	60	91.3	13000×2890×2150	3242×3541	13948	4	耐候钢	120	9210	1081	1126	中门 1620×1900 下门 1250×954	13010×2900	1750	通用敞车
9	C$_{64K}$	22.9	61	73.3	12490×2890×2050	3242×3142	13438	4	全钢	120	8700	1082	1000	中门 1900×1620 下门 954×1250	12500×2900	1750	通用敞车
10	C$_{64H}$	22.5	61	73.3	12490×2890×2051	3242×3143	13438	4	全钢	120	8700	1082	1000	中门 1900×1620 下门 954×1250	12500×2900	1750	通用敞车
11	C$_{64T}$	22.8	61	73.3	12490×2890×2050	3242×3142	13438	4	全钢	100	8700	1082	1000	中门 1900×1620 下门 954×1250	12500×2900	1750	通用敞车
12	C$_{70}$ C$_{70H}$	23.8	70	77	13000×2892×2050	3242×3143	13976	4	高强钢	120	9210	1083	1085	1620×1900	13010×2900	1830 1800	通用敞车
13	C$_{70E}$ C$_{70EH}$	24	70	80.8	13000×2890×2150	3180×3243	13976	4	高强钢	120	9210	1083	1102	中门 1620×1900 下门 1250×951	13010×2900	1830 1800	通用敞车

续表

序号	车型	自重/t	载重/t	容积/m³	车内长×宽×高/mm	最大宽×高/mm	钩舌内侧距离/mm	轴数	车体材质	构造速度/(km/h)	转向架中心距/mm	地板面至轨面高/mm	空车重心高度/mm	车门宽×高/mm	车底架长×宽/mm	转向架轴距/mm	备注
14	C$_{70B}$ C$_{70BH}$	23.8	70	77	13000×2890×2050	3180×3143	13976	4	不锈钢	120	9210	1083	1085	中门1620×1900 下门1250×951	13010×2900	1830 1800	通用敞车
15	C$_{80E}$ C$_{80EH}$ C$_{80EF}$	26.5	80	92	13000×2900×2430	3190×3530	13976	4	高强钢	100	9210	1090	1087	中门1600×1900 下门1098×821	13010×3001	1860	通用敞车
16	C$_{70C}$	24	70	112	14590×2962×2600	3240×3667	15566	4	高强钢	120	10600	1057	1082	1250×951	14600×2970	1830	焦炭专用车
17	C$_{76}$	24.2	75	81.8	10520×2974	3184×3592	12000	4	高强钢	100	8200	1062	984	710×905	11200×3168	1830	煤炭专用车
18	C$_{76A}$	24	76	87.2	10246×3000	3542×3194	12005	4	高强钢	100	8250	1082		748×950	11200×3184	1800	煤炭专用车
19	C$_{76B}$	22.9	76	82	10400×2974	3184×3520	12000	4	高强钢	100	8200	1053		740×905	11200×3164	1830	煤炭专用车
20	C$_{76C}$	22.7	76	82	10400×2974	3184×3520	12000	4	高强钢	100	8200	1053		740×905	11200×3164	1830	煤炭专用车
21	C$_{76H}$	25	75	81.75	10520×2974	3184×3592	12000	4	高强钢	100	8200	1055		748×950	11200×3168	1800	煤炭专用车
22	C$_{80}$ C$_{80H}$	20	80	87	10728×2946	3184×3793	12000	4	铝合金	100	8200	1063	915	750×936	11200×3184	1830 1800	煤炭专用车
23	C$_{80A}$ C$_{80AH}$	20	80	84.8	10550×2876×2700	3244×3765	12000	4	高强钢	100	8200	1059	1011	780×950	10518×2972	1830 1800	煤炭专用车
24	C$_{80B}$ C$_{80BH}$	20	80	84.8	10550×2976×2700	3184×3767	12000	4	不锈钢	100	8200	1059	1011	756×950	11200×2984	1830 1800	煤炭专用车
25	C$_{80C}$	20.2	80	84.8	10000×2972×2428	3380×3548	12000	4	高强钢	100	8200	342	955	670×830	10070×3184	1800	煤炭专用车
26	C$_{80C}$A	20.2	80	84.8	10000×2972×2428	3380×3548	12000	4	不锈钢	100	8200	342	955	670×830	10070×3184	1800	煤炭专用车
27	CFK	22	62	72.5	12500×2890×2000	3242×3100	13438	4	耐候钢	120	8700	1086		825×600	12500×2900	1750	矿石专用车

表6.2　平车技术参数

序号	车型	自重/t	载重/t	面积/m²	车底架 长×宽/mm	最大 宽×高/mm	钩舌内侧距离/mm	轴数	车体材质	构造速度/(km/h)	通过最小曲线半径/m	转向架中心矩/mm	地板面至轨面高/mm	空车重心高度/mm	转向架	轴距/mm	特点
1	N₁₇AK	19.7/20.8/20.2/20.6	60	38.7	13000×2980	3160×1937	13938	4	木地板	120	145	9000	1211	723	转K2	1750	有活动的端板
2	N₁₇AT	19.7/20.8/20.2/20.6	60	38.7	13000×2980	3160×1937	13938	4	木地板	100	145	9000	1211	723	转8AG	1750	有活动的端板
3	N₁₆K	19.7/20.8/20.2/20.6	60	38.7	13000×2980	3176×1937	13938	4	木地板 铁地板	120	145	9000	1211	723	转K2	1750	有活动的端板
4	N₁₇GT	19.7/20.8/20.2/20.6	60	38.7	13000×2980	3176×1937	13938	4	木地板 铁地板	100	145	9000	1211	723	转8AG	1750	有活动的端板
5	N₁₇K	19.7/20.8/20.2/20.6	60	38.7	13000×2980	3176×1927	13938	4	木地板	120	145	9000	1211	723	转K2	1750	有活动的端板
6	N₁₇T	19.5/20.8/20.2/20.6	60	38.7	13000×2980	3176×1927	13938	4	木地板	100	145	9000	1209	723	转8AG	1750	有活动的端板
7	NX₁₇AK	22.4	60	38.7	13000×2980	3170×1486	13938	4	木地板	120	145	9000	1212	730	转K2	1750	有活动的端板
8	NX₁₇AT	22.5	60	38.7	13000×2980	3170×1490	13938	4	木地板	100	145	9000	1216	730	转8AG	1750	有活动的端板
9	NX₁₇BK	22.9	61	45.6	15400×2960	3165×1416	16338	4	木地板	120	145	10920	1214	740	转K2	1750	有活动的端板
10	NX₁₇BT	22.9	61	45.6	15400×2960	3165×1418	16338	4	木地板	100	145	10920	1216	740	转8G	1750	有活动的端板
11	NX₁₇BH	22.8	61	45.6	15400×2960	3165×1409	16338	4	木地板	120	145	10920	1207	740	转K4	1750	有活动的端板
12	NX₁₇K	22.4	60	38.7	13000×2980	3170×1486	13938	4	木地板	120	145	9000	1212	730	转K2	1750	有活动的端板
13	NX₁₇T	22.5	60	41.9	13000×2980	3170×1490	13938	4	木地板	100	145	9000	1216	777	转8G	1750	有活动的端板、木地板
14	NX₇₀	23.8	70	45.6	15400×2960	3157×1418	16366	4	木地板	120	145	10920	1216	738	转K6	1830	有活动的端板
15	NX₇₀A	23.8	70	38.7	13000×2980	3180×1393	13966	4	木地板	120	145	9000	1216	727	转K6	1830	有活动的端板，均为木地板；有活动锁头，无网纹地板
16	NX₇₀H	23.8	70	45.6	15400×2960	3157×1418	16366	4	木地板	120	145	10920	1216	738	转K5	1800	有活动的端板

表 6.3　长大货物车技术参数

序号	车型	自重/t	载重/t	车体长×宽/mm	钩舌内侧距离/mm	轴数	车体材质	构造速度/(km/h)	转向架中心距/mm	底架心盘中心距/mm	地板面至轨面高/mm	空车重心高度/mm	转向架型号	转向架固定轴距/mm	特点
1	D_2	166.8	160	23300×2780	35429	16	全钢	80	5800	22200	承载面 950	1032	Z10 型四轴	1400-1500-1400	地板面距轨面低
2	D_{2A}	136	210	24150×2760	36880	16	全钢	80	6300	23050	承载面 930	1072	Z21 型导框式	1450-1500-1450	中部凹底长 9000mm
3	D_{2G}	148.5	210	23800×2780	36330	16	全钢	80	6200	22700	承载面 950	1047	Z10 型四轴	1400-1500-1400	中部凹底长 9000mm
4	D_{9A}	35.8	90	16100×3100	21130	6	全钢	120	15500	15500	承载面 730	641	3D 轴	1200-1200	中部凹底长 10500mm
5	D_{10}	36	90	19400×3000	20338	6	全钢	80	14800	14800	承载面 777	652	三轴 H 形构架	1200-1200	中部凹底长 10000mm
6	D_{10A}	36	90	20020×3000	20958	6	全钢	120	15420	15420	690	610	3D 焊接构架式	1320	中部凹底长 10000mm
7	D_{12K}	47.8	120	17020×3000	24230	8	全钢	100	3100	16200	承载面 850	700.5	转 K2	1750	中部凹底长 9000mm
8	D_{15}	48.9	150	17480×2700	24830	8	全钢	90	3250	16700	承载面 900	748	2E 轴	1650	中部凹底长 9000mm
9	D_{15A}	49.6	150	18050×2846	26330	8	全钢	120	3350	17350	850	680	K6	1830	中部凹底长 9500mm
10	D_{15B}	50	150	17450×2900	25606	8	全钢	120	3300	16750	2150 中部 800	680	2E 轴焊接构架式	1650	中部凹底长 9000mm
11	D_{17A}	44.5	155	19500×2950	27780	8	全钢	80	3350	18800	2000	920	2E 轴中交叉低动力作用转向架	1830	落下孔 12500mm×2350mm
12	D_{18A}	135.4	180	23540×2800	35470	16	全钢	80	5700	22440	承载面 930	970	Z20 型导框式	1350-1500-1350	中部凹底长 9000mm
13	D_{22A}	44	120	25000×3000	25930	8	全钢	120	17800	17800	1080	552	4D 轴焊接构架	1300-2100-1300	承载面尺寸 25000mm×3000mm
14	D_{22B}	48	120	25000×3000	25966	8	木地板	100	17800	17800	1350	745	4D 轴构架式	1300-2100-1300	承载面尺寸 25000mm×3000mm
15	D_{23G}	70.7	265	19170×3128	30950	16	全钢	80	5700	18000	1500	794	四轴一体式	1350-1500-1350	平板式,双支承载
16	D_{25}	86	250	18900×2940	34146	16		90	3000	18000	1650	950	2D 轴转钢式	1750	平板式,双支承载

续表

序号	车型	自重/t	载重/t	车体长×宽/mm	钩舌内侧距离/mm	轴数	车体材质	构造速度/(km/h)	转向架中心距/mm	底架心盘中心距/mm	地板面至货物高/mm	空车重心高度/mm	转向架型号	转向架固定轴距/mm	特点
17	D$_{25A}$	142	250	26670×2630	40910	16	全钢	80	7810	25570	承载面1080	1115	Z21型导框式	1400-1500-1400	中部凹底长9800mm
18	D$_{26}$	140	260	26000×2680	41396	16	全钢	空80重70	3000	25200	1150		2E轴焊接构架式	1650	中部凹底长9800mm
19	D$_{26A}$	73.6	260	17500×3170	32138	16	全钢	空90重60	3000	小底架6900、大底架16500	1600	720	转8G	1750	双联式
20	D$_{26AK}$	75.6	260	17500×3280	32130	16	全钢	空100重50	3000	小底架6900、大底架16500	1620	720	K2	1750	双联式
21	D$_{26B}$	107	290	26800×4100(重)28000×2900(空)	40096	16	全钢	空90重50	3000	23900	3400	1377	2E轴焊接构架式	1650	落下孔10800mm×(2440～3640)mm
22	D$_{28}$	120	280	26300×2680	41696	16	全钢	空100重50	3000	25500	2730,中部1160	1000	2E轴焊接构架式	1650	中部凹底长10000mm
23	D$_{30G}$	101	370	11800×3380	42668	20	全钢	空80重50	11000	22380	1735	700	五轴包板式	1400-1400-1400-1400	双联式
24	D$_{32}$	226	320	34700×2900	58860	24	全钢	空100重50	3250	大底架12050、中底架6600、凹底架33800	中部1150	1570	焊接构架式	1750	中部凹底长10500mm
25	D$_{32}$	175	350	35100×2900	59560	24	全钢	空80重50	3250	大底架12050、中底架6600、侧承梁34500	3790	1650	焊接构架式	1750	落下孔14000mm×(2300～3400)mm

续表

序号	车型	自重/t	载重/t	车体长×宽/mm	钩舌内侧距离/mm	轴数	车体材质	构造速度/(km/h)	转向架中心距/mm	底架心盘中心距/mm	地板面至轨面高/mm	空车重心高度/mm	转向架 型号	转向架 固定轴距/mm	特点
26	D$_{32A}$	240	320	37700×2760	61910	24	全钢	空100 重50	5800	36900	承载面1225	1430	3E轴焊接构架	1400-1400	中部凹底长10500mm
27	D$_{38}$	227	380	26950×3000	52718（空）	32	全钢	空90 重50	5800	大底架12900，钳形梁（空）26150		1750	四轴包板式	1400-1400-1400	钳夹式
28	D$_{45}$	202	450	41600×2110	69580	28	全钢	空100 重50	3250	大底架14250，中部中底架6600，端部中底架4825，侧承梁40900	承载面4130	1810	2E轴焊接构架	1750	落下孔尺寸16100mm×（1450～2350）mm（宽可调）
29	D$_{70}$	26.6	70	19462×2950	20400	4	全钢	90	15500	15500	1169	798	2E轴	1650	平板式
30	DA$_{21}$	122.8	210	25030×2700	37996	16	全钢	120	6500	24130	承载面940	1035	4E轴焊接构架	1400-1400-1400	承载面尺寸9800mm×2700mm
31	DA$_{25}$	127.4	250	26160×2700	40026	16	全钢	120	7400	25260	承载面1050	1087	4E轴焊接构架	1400-1400-1400	承载面尺寸10000mm×2700mm
32	DA$_{37}$	200	370	38100×3000	61416	24	全钢	100（空）60（重）	4750	大底架13200，凹底架37300	承载面（圆弧底部），1380（空）1100（重）	1380	3E轴焊接构架	1400-1400	承载面底部长度11250mm

续表

序号	车型	自重/t	载重/t	车体长×宽/mm	钩舌内侧距离/mm	轴数	车体材质	构造速度/(km/h)	转向架中心距/mm	底架心盘中心距/mm	地板面至轨面高/mm	空车重心高度/mm	转向架型号	固定轴距/mm	特点
33	DK$_{17A}$	45	155	19500×2950	27780(13B钩)、27816(17型钩)	8	全钢	120	3350	18800	2000	920	转K6	1830	落下孔12500mm×2350mm
34	DK$_{23}$	70(心盘梁采用一字形梁)、73(心盘梁采用十字形梁)	230(一字形梁)、227(十字形梁)	25340×2880(一字梁空车位)、27440×2880(十字梁短臂空车位)、26320×4000(十字梁长臂重车位)	35290	12	全钢	120(空)80(重)	5800	23440	承载面3060	1220	3E轴焊接构架	1400-1400	落下孔尺寸13500mm×(2200~2360)mm(一字梁或十字梁短臂位)、13500mm×(2500~3480)mm(十字梁长臂位)(宽可调)
35	DK$_{29}$	110	290	30700×2700(空)、29300×4100(重)	42796	16	全钢	100(空)60(重)	3000	26600	承载面3400	1381	2E轴焊接构架	1650	落下孔尺寸13200mm×2240mm(空)、13200mm×(3140~3640)mm(重)
36	DK$_{36}$	200	360	38040×3000(空)、38040×4000(重)	61010	24	全钢	100(空)60(重)	5800	36000	承载面3720	1974	3E轴焊接构架	1400-1400	落下孔尺寸13200mm×2420mm(空)、13200mm×(3000~3540)mm(重)
37	DK$_{36A}$	182	360	56980×3000(空)、56980×4030(重)	56980(13B型车钩)/57016(17型车钩)	24	全钢	100(空)60(重)	4500	大底架12150、侧承梁34000	承载面3760	1750	3E轴焊接构架	1400-1400	落下孔尺寸13000mm×(2460~3550)mm

续表

序号	车型	自重/t	载重/t	车体长×宽/mm	钩舌内侧距离/mm	轴数	车体材质	构造速度/(km/h)	转向架中心距/mm	底架盘中心距/mm	地板面至轨面高/mm	空车重心高度/mm	转向架型号	转向架固定轴距/mm	特点	备注
38	DL₁	26	74	13000×2980	13966	4	全钢	120(空)	9000	9000	桥梁承载面1500	772	K6	1830	运梁专用车	
39	DQ₃₅	185	350	23590×3000	45520(短连挂)、56660(重车)	24	全钢	100(空)60(重)	4500	大底架12050,钳形梁(空)22890		1780	3E轴焊接构架	1400-1400	钳夹式	
40	DQ₄₅	208	450	27360×3000	53456(空)65186(重)	28	全钢	100(空)60(重)	5500	大底架14500,钳形梁(空)26640		1700	3E、4E轴焊接构架	1400-1400(三轴),1400-1400-1400(四轴)	钳夹式	
41	DNX₁₇K	20.8/22	60	13000×2980	13930	4	木地板	120	9000	9000	1212	740	K2	1750	运梁专用车组游车	

注:1. 在车辆技术参数表中,转K2、转K4、转K5、转K6型转向架及转8AG、转8G型转向架的旁承均为弹性旁承。
2. 在长大货物车参数表中,落下孔车地板面长均指两支点中心距。

表 6.4　棚车技术参数

序号	车型	自重/t	载重/t	容积/m³	车内尺寸 长/mm	车内尺寸 宽/mm	车内尺寸 内侧面高/mm	车内尺寸 拱顶高/mm	车体材质	转向架中心距/mm	地板面至轨面高/mm	空车重心高度/mm	地板面长/m 集中载重/t	备注
1	P₆₂NK P₆₂NT	23.4	60	120	15490	2820	2679	2855	车顶:外钢内木;端、侧墙:全钢、铁地板	11700	1141	约1290		
2	P₆₂K P₆₂T	24	60	120	15490	2820	2679	2855	车顶:外钢内木;端、侧墙:全钢、铁地板	11700	1141	约1290		
3	P₆₃	24.0	60	137	15722	2750		2900	外钢内木、木地板	12240	1150	约1200		
4	P₆₃K	24.4	60	137	15722	2750		2900	外钢内木、木地板	12240	1150	约1200		
5	P₆₄	25.4	58	116	15466	2796	2682	2835	外钢内竹、竹地板	11700	1130	约1310		

续表

序号	车型	自重/t	载重/t	容积/m³	车内尺寸/mm 长	宽	内侧面高	拱顶高	车体材质	转向架中心距/mm	地板面至轨面高/mm	空车重心高度/mm	地板面长/m	集中载重/t	备注
6	P₆₄T	25.5	58	116	15466	2796	2682	2835	外钢内竹,竹地板	11700	1130	约1310			
7	P₆₄K	25.6	58	116	15466	2796	2682	2835	外钢内竹,竹地板	11700	1130	约1310			
8	P₆₄A	25.9	58	135	15472	2800	2855	3248	外钢内竹,竹地板	11700	1130	约1320			
9	P₆₄AT	25.6	58	135	15472	2800	2855	3248	外钢内竹,竹地板	11700	1130	约1320			
10	P₆₄AK	25.7	58	135	15472	2800	2855	3248	外钢内竹,竹地板	11700	1130	约1320			
11	P₆₄GK	23.8	60	135	15478	2804	2855	3248	外钢内竹,竹地板	11700	1136	—			
12	P₆₄GT	23.7	60	135	15478	2804	2855	3248	外钢内竹,竹地板	11700	1136	—			
13	P₆₅	25.9	40	135	15462	2790	2855	3248	外钢内竹,竹地板	11700	1130	—			行包快运专用车
14	P₆₆K P₆₆H	24	60	135	15476	2800	2852	3310	外钢内PVC;带捆绑座,钢地板	11700	1124	—			活动侧墙
15	P₇₀(H)	24.8/25.2	70	145	16087	2793	2855	3395	车顶:外钢内竹,竹地板;端侧墙:外钢内竹,竹地板	12100	1136	1290			
16	P₇₀A	23.8	70	140	15494	2800	2852	3399	带捆绑座,钢地板	11700	1126	1122	16 18 21 25 30 31	2 3 4 5 6 7	活动侧墙
17	P₇₀B	33.4	20	154	20594	2546	2410	2947	外钢内中纤板	16800	1137	1434			全开滑动顶棚
18	P₈₀	28	66	168	17588	2860	2692	3348	外钢内纤维增强塑料,高强竹束板地板	13600	1134	—			
19	PB	28.5	45	141	16770	2854	2390	3280	车顶:外钢,内钢,内玻璃钢;端侧墙:外钢,内玻璃钢;夹层板,钢地板上加竹地板	12000	1133				行包快运专用车

（10）货车全轴距　车辆最前位轮轴中心线与最后位轮轴中心线间的距离。

（11）货车车体长　对于特种平车，车体长是指车地板的长度。

（12）货车车体宽　对于特种平车就是车地板宽。

车辆"距"之间关系如图6.1所示。

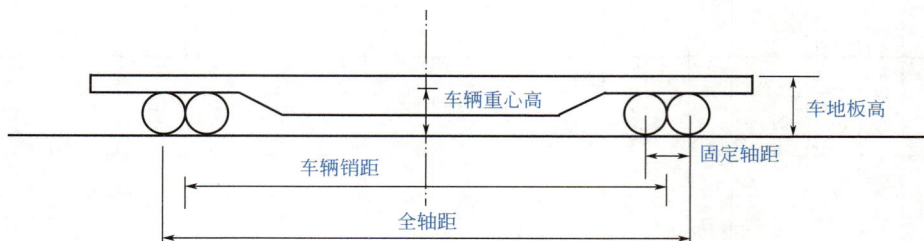

图6.1　车辆"距"之间关系

6. 货车主要性能参数

（1）自重　车辆本身具备的质量称为车辆的自重，即车体和转向架本身结构以及附于其上的所有固定设备和附件重量之和。

（2）载重　根据车辆结构所能承担的负载能力，在充分保证行车安全条件下所规定的货物载重量。涂打于车体上，即车辆的标记载重量。

（3）容积　车辆可以载货的最大容量，以 m^3 为单位。一般车辆容积＝内长×内宽×内高。罐车容积不包括空气包容积。

（4）轴重　指车辆总重（自重＋载重）与全车轴数之比。目前我国铁路运输正在向高速重载方向发展，货车轴重的发展方向是23t和25t（普通货车为23t，重载货车为25t）。

货车的轴重和轴数限制了货车的总重。对于载重量较大的车辆只能靠增加车辆轴数来满足要求，因此有些车采用了多层转向架的结构。

（5）每延米轨道载重（延米轨压）　即车辆总重与车辆全长之比。它与桥梁设计有关，标志着线路的允许承载能力。目前允许延米轨压为8t/m。

（6）空车重心高　空车重心所在位置距轨面的垂直距离。

二、车辆选用

货物装车前应正确选择车辆，遵守货车使用限制表（表2.3）及有关规定。未按管理权限经国铁集团或铁路局批准，各类货车装载的货物不得超出货车的设计用途范围。

货车的技术参数由国铁集团有关部门公布。凡货车车体上的标记技术参数与《装载加固规则》附录不一致时，以车体上的标记技术参数为准。货车制造、检修单位应确保货车车体上涂打的标记技术参数的准确性。

凡未经国铁集团有关部门公布的、技术参数不全的敞车、平车、棚车及长大货物车，一律不得使用。

三、货物装载加固的基本要求

货物装载加固的基本技术要求是：使货物均衡、稳定、合理地分布在货车上，不超载，不偏载，不偏重，不集重；能够经受正常调车作业以及列车运行中所产生各种力的作用，在运输全过程中，不发生移动、滚动、倾覆、倒塌或坠落等情况。

四、货物装载的基本技术条件

1. 对装载重量的要求

货车装载的货物重量（包括货物包装、防护物、装载加固材料及装置）不得超过其容许载重量。如果超过其容许载重量，即为超载。

特别是散堆装货物，如煤、矿石等货物，密度大，使用敞车装运，在未装满的情况下，均能达到货车的容许载重量，因此，装载这类货物，首先要防止超载。可采用带电子计量装置的装载机械装车，或使用计量衡器确定每辆货车所装载的货物重量。暂不具备条件的，可根据装载高度和货物密度确定货物重量。货物密度应根据货物的粒度、含水量等变化情况随时测定，每季至少应测定一次。货物密度的测定办法，由铁路局统一制定。装车时，按所装车辆的容积和货物密度，量尺划线，确定装载高度。

二维码 6.2

2. 货物的装载高度、宽度和计算宽度

货物的装载高度、宽度和计算宽度，除超限货物外，不得超过货物装载限界和特定区段装载限制。

3. 货物重心水平位置的要求

货物的重心或总重心的投影应位于车辆的横中心线上，这时，两转向架负担的货物重量相等，重车运行的稳定性最好。但是在实际工作中，有些货物装车后，货物重心或总重心需要偏离货车横中心线，产生纵向偏离。重心纵向偏离量过大，一方面会使一端的转向架受力过大，超过其允许值，会损坏转向架；另一方面，会造成两转向架一端重，一端轻，受力之差过大，重车运行稳定性得不到保证。

货物的重心或总重心的投影应位于车辆的纵中心线上，这时，同一转向架两侧轮压相同，两侧弹簧负荷均匀。但有的货物其重心所在的纵向垂直平面两侧的宽度不等，当将其重心落在车辆纵中心线上时，可能超限，甚至受限界的限制无法运输。为了避免超限或降低超限程度，可以将货物重心偏离纵中心线装载，即产生横向偏离。货物重心横向偏离将使车辆一侧弹簧负荷较大，如果偏离量过大，有可能造成车辆或线路的毁损，同时，亦可能使车辆一侧的旁承游间压死，影响车辆顺利通过曲线。实践证明，货物重心偏离车辆纵中心线距离不超过 100mm 时，不致影响重车运行安全。

货物重心水平位置的要求：装车后货物总重心的投影应位于货车纵、横中心线的交叉点上。必须偏离时，横向偏离量不得超过 100mm；纵向偏离时，每个车辆转向架所承受的货物重量不得超过货车容许载重量的二分之一，且两转向架承受重量之差不得大于 10t。

4. 货物集中装载的规定

货物重量应均衡地分布在货车上。对于重量大、支重面小的货物，需要平车、凹底平车、长大平车和敞车局部承载货物重量时，应遵守《铁路货物装载加固规则》的相关规定，避免集重装载。

5. 重车重心高的要求

货物装车后，货物和车辆整体（重车）的总重心为重车重心。重车重心自轨面起算的高度称为重车重心高。从钢轨面起，重车重心高超过 2000mm 时应采取配重措施降低重车重心高或按规定限速运行。装运危险货物的罐车重车重心高度不得超过 2200mm；双层集装箱专用车重车重心高不得超过 2400mm。

6. 货物突出车辆端梁长度要求

货物突出平车车端装载，突出端的半宽不大于车辆半宽时，允许突出端梁 300mm；大于车辆半宽时，允许突出端梁 200mm。超过此限时，应使用游车。当装载货物突出车端不加挂游车时，货物突出端不得与带风挡客车连挂。

7. 成件包装货物装载要求

装载成件包装货物时，应排列紧密、整齐。当装载高度或宽度超出货车端侧墙（板）时，应层层压缝，梯形码放，四周货物倾向中间，两侧超出侧墙（板）的宽度应一致。袋装货物袋（扎）口应朝向车内。

对超出货车端侧墙（板）高度的成件包装货物，应用绳网或绳索串联一起捆绑牢固，也可用挡板（壁）、支柱、镀锌铁线（盘条）等加固。袋装货物起脊部分应使用上封式绳网等进行加固。

✖ 任务实施

教学任务书——确定货物重心在车辆上的合理位置

针对"任务实例"中的货物，按照下列步骤，确定货物重心在车辆纵向、横向的位置，判定其是否合理，填写表 6.5。

表 6.5　工作任务计算结果

项目	$a_容$	$a_总$	$b_容$	$b_总$
计算结果				
是否合理				

一、确定货物重心在车辆纵向的合理位置

根据货物装载的基本技术条件要求，货物重心（含车内装载散堆装货物等）或总重心（一车装载多件货物或集装箱等）在车地板上的投影应位于车地板横中心线上，特殊情况下，必须偏离时，偏离横中心线的距离应保证车辆每个转向架承受的货物重量不超过货车容许载重量的 1/2，且两转向架负重之差不大于 10t。

设货车容许载重量为 $P_容$，车辆两个转向架承受货物重量分别为 R_A、R_B，且 $R_A > R_B$，如图 6.2 所示。上述条件可用数学公式表述为：

$$R_A \leqslant \frac{P_容}{2} \tag{6.1}$$

$$R_A - R_B \leqslant 10t \tag{6.2}$$

下面分一车装载一件货物（含车内装载散堆装货物）和一车装载多件货物（含多件成件包装货物、集装箱等）两种情况确定货物重心或总重心在车辆纵向的最大容许偏离量。

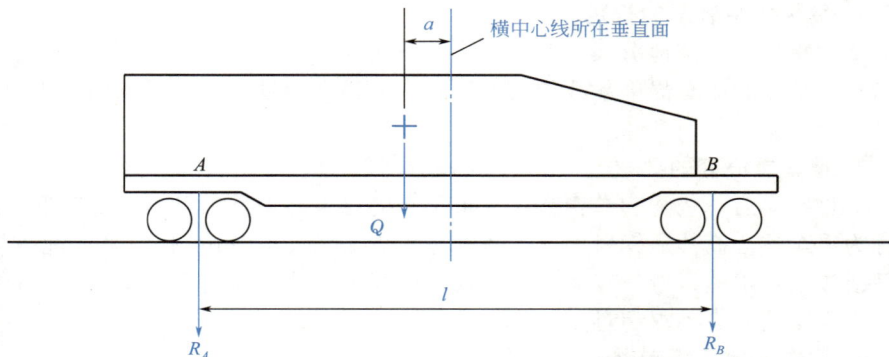

二维码 6.3

图 6.2　货物重心在车辆纵向水平偏离示意图

(一) 一车装载一件货物

如图 6.2 所示，设货物重量为 Q，车辆转向架中心距（销距）为 l，货物重心纵向实际或计划偏移量为 a。以 B 为支点，由力矩平衡原理 $\sum M_B = 0$ 得：

$$R_A l - Q(a + 0.5l) = 0$$

$$R_A = Q\left(0.5 + \frac{a}{l}\right) \tag{6.3}$$

$$R_B = Q - R_A = Q - Q\left(0.5 + \frac{a}{l}\right) = Q\left(0.5 - \frac{a}{l}\right) \tag{6.4}$$

将式（6.3）代入式（6.1），得：

$$Q\left(0.5 + \frac{a}{l}\right) \leqslant \frac{P_容}{2}$$

则：

$$a \leqslant \left(\frac{P_容}{2Q} - 0.5\right)l \tag{6.5}$$

将式（6.3）、式（6.4）代入式（6.2），得

$$Q\left(0.5 + \frac{a}{l}\right) - Q\left(0.5 - \frac{a}{l}\right) \leqslant 10$$

则：

$$a \leqslant \frac{5l}{Q} \tag{6.6}$$

为了同时符合货物重心纵向偏离量的两个条件，货物重心纵向偏离量应不大于式（6.5）和式（6.6）中 a 的较小值。

经比较两式可知，当 $P_容 - Q < 10\text{t}$ 时，由式（6.5）计算出的 a 值较小；当 $P_容 - Q > 10\text{t}$ 时，由式（6.6）计算出的 a 值较小；当 $P_容 - Q = 10\text{t}$ 时，两式计算出的 a 值相等。

设货物重心纵向最大容许偏离量为 $a_容$，则：

$$当 P_容 - Q < 10\text{t} 时：a_容 = \left(\frac{P_容}{2Q} - 0.5\right)l \tag{6.7}$$

$$当 P_容 - Q \geqslant 10\text{t} 时：a_容 = \frac{5l}{Q} \tag{6.8}$$

在工作中，将实际或计划方案里的货物重心纵向偏离量 a 和 $a_容$ 比较，如果 $a \leqslant a_容$，则符合货物重心在车辆纵向的技术条件。反之，$a > a_容$，即为偏重。

【例 6.1】 一件货物重 54t，长 12000mm，货物重心距货物一端为 6800mm，选用 N_{17K} 型 60t 平车一辆装载，距重心较远一端与车地板平齐。该装载方法是否符合货物重心在纵向的技术条件？

解 查表 6.2 得：N_{17K} 车地板长 13000mm，销距 l 为 9000mm

$$P_容 - Q = 60 - 54 = 6(\text{t}) < 10\text{t}$$

$$a_容 = \left(\frac{P_容}{2Q} - 0.5\right)l = \left(\frac{60}{2 \times 54} - 0.5\right) \times 9000 = 500(\text{mm})$$

$$a = 6800 - \frac{13000}{2} = 300(\text{mm})$$

$a < a_容$，装载方法符合货物重心纵向偏离的技术条件。

【**例 6.2**】 重 40t，长 16m，宽 2m，高 1.8m 均重货物一件，拟用 N_{17GK} 装运，横垫木高度为 200mm。确定经济合理的装载方案。

解 方案 I 使货物重心落到车辆中央，货物各突出车辆两端 1500mm，需要使用游车二辆，合理但不经济。

方案 II（参数查表 6.2） $P_容-Q=60-40=20(t)>10t$

$$a_容=\frac{5l}{Q}=\frac{5\times9000}{40}=1125(mm)$$

如果将货物一端与车辆一端对齐装载，另外一端突出车端 3000mm，需加挂一辆游车，和方案 I 对比，经济性更好，但 $a=\frac{16000}{2}-\frac{13000}{2}=1500(mm)>a_容$，不合理。

方案 III 货物重心在车上的位置按最大容许偏离量 1125mm 装载，货物突出车辆两端的长度分别为 375mm 与 2625mm，仍须使用两辆游车，方案合理，但不经济。

三种方案比较，应采用方案 I。

（二）一车装载多件货物

装载多件货物（图 6.3）可根据装载方法先求出多件货物的总重心距离横中心线的距离，然后按装载一件货物的方法判断装载是否符合技术条件。不符合时，调整货物装载方案，直到符合为止。

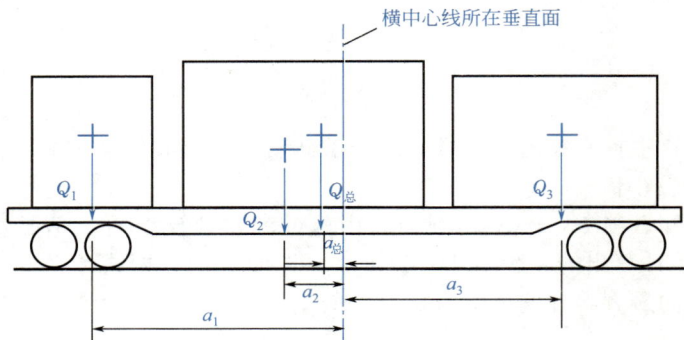

图 6.3　多件货物重心纵向偏离示意图

1. 求多件货物的总重心

以货车横中心线为轴，根据力矩平衡原理可得：

$$a_总 Q_总=a_总(Q_1+Q_2+Q_3+\cdots+Q_n)=a_1Q_1+a_2Q_2+a_3Q_3+\cdots+a_nQ_n$$

$$a_总=\frac{a_1Q_1+a_2Q_2+a_3Q_3+\cdots+a_nQ_n}{Q_1+Q_2+Q_3+\cdots+Q_n} \tag{6.9}$$

式中　Q_1，Q_2，$\cdots$，Q_n——每件货物的重量，t；

a_1，a_2，a_3，$\cdots$，a_n——每件货物重心距车辆横中心线的距离，在左侧，取正号，在右侧取负号，mm；

$a_总$——多件货物总重心距车辆横中心线的距离，即纵向偏离量，mm。

2. 求 $a_容$ 和 a，判断是否偏重

多件货物总重心纵向最大容许偏离量仍按一车一件的方法使用式（6.7）或式（6.8）计算，此时，$Q=Q_1+Q_2+\cdots+Q_n$。

【**例 6.3**】 用 60t 的 N_{17AT} 型平车一辆装载货物四件，计划装载方法为：$Q_1=10t$，$a_1=3800mm$；$Q_2=14t$，$a_2=200mm$；$Q_3=10t$，$a_3=-2000mm$；$Q_4=12t$，$a_4=-3400mm$。

确定此装载方法是否符合货物重心在车辆纵向的技术条件。

解　查表 6.2 得：N_{17AT} 型平车，车长 13000mm、销距 9000mm。

$$Q = Q_1 + Q_2 + Q_3 + Q_4 = 10 + 14 + 10 + 12 = 46(t)$$

$$P_容 - Q = 60 - 46 = 14(t) > 10t$$

$$a_容 = \frac{5l}{Q} = \frac{5 \times 9000}{46} = 978(mm)$$

$$a_总 = \frac{a_1 Q_1 + a_2 Q_2 + a_3 Q_3 + a_4 Q_4}{Q_1 + Q_2 + Q_3 + Q_4}$$

$$= \frac{10 \times 3800 + 14 \times 200 - 10 \times 2000 - 12 \times 3400}{46} = -435(mm)$$

$|a_总| = 435mm < a_容$，该装载方法符合货物重心纵向偏离的技术条件。

【例 6.4】　甲站承运 A、B 两件均重货物，其中货物 A 规格为长 6500mm，宽 2800mm，高 2000mm，重 Q_1 为 28t；货物 B 规格为长 5500mm，宽 2200mm，高 800mm，重 Q_2 为 7t。确定可否使用一辆 N_{17K} 型平车装运。

解　查表 6.2 得：N_{17K} 型平车，车长 13000mm、销距 9000mm。

将两货件紧靠顺装，其中 7t 重货物（货物 B）一端与车辆端部对齐装载。

$$Q = Q_1 + Q_2 = 28 + 7 = 35(t)$$

$$P_容 - Q = 60 - 35 = 25(t) > 10t$$

$$a_容 = \frac{5l}{Q} = \frac{5 \times 9000}{35} = 1286(mm)$$

货物 A：　　　　　$a_1 = 5500 + 6500/2 - 13000/2 = 2250(mm)$

货物 B：　　　　　$a_2 = 5500/2 - 13000/2 = -3750(mm)$

$$a_总 = \frac{a_1 Q_1 + a_2 Q_2}{Q_1 + Q_2} = \frac{28 \times 2250 - 7 \times 3750}{35} = 1050(mm)$$

$a_总 < a_容$，并且重量为 $28 + 7 = 35t$ 不超载，满足要求，可以装运。

二、确定货物重心在车辆横向的合理位置

（一）一车装载一件货物

根据计划装载方案或实际装载情况，测量货物重心横向偏离量 b，如果 $b \leqslant 100mm$，则货物重心在车辆横向位置符合要求，反之则不符合要求，即偏载，此时可以调整装载方案或采取配重措施，直至满足要求为止。

（二）一车装载多件货物

装载多件货物时，根据拟定的装载方法，先计算出多件货物的总重心横向偏离量 $b_总$，然后用 $b_总$ 与 100mm（即 $b_容$）做比较，如果 $b_总 \leqslant 100mm$，则货物总重心横向偏离量符合要求，反之则不符合要求，此时可以调整装载方案，直至满足要求为止。

设 Q_1，Q_2，…，Q_n 是每件货物的重量，以货车纵中心线为轴，b_1，b_2，…，b_n 为每件货物重心偏离车辆纵中心线的距离，$b_总$ 为货物总重心偏离车辆纵中心线的距离。根据力矩平衡原理得：

$$b_总 = \frac{b_1 Q_1 + b_2 Q_2 + \cdots + b_n Q_n}{Q_1 + Q_2 + \cdots + Q_n} \tag{6.10}$$

式中　Q_1，Q_2，…，Q_n——每件货物的重量，t；

b_1，b_2，…，b_n——每件货物重心距车辆纵中心线的距离，在俯视图上，以货车纵
中心线为准，上侧取正号，下侧取负号，mm；

$b_总$——多件货物总重心距车辆纵中心线的距离，即横向偏离量，mm。

（三）确定配重方案

1. 采用配重货物应具备的条件

（1）车地板上有可供配重的位置。

（2）车辆载重能力尚有富余，配重货物的重量 $Q_配 \leqslant P_容 - Q$。

（3）配重货物重心应位于原货重心的另一侧。

（4）配重货物装载后全车货物能够满足装载技术条件的要求。

2. 配重物重量（$Q_配$）和配重物重心偏移量（$b_配$）的确定

如图 6.4 所示，设原装货物重量为 $Q_主$，重心横向偏离量为 $b_主$，配重后货物总重为
$Q_总$，货物总重心偏离车辆纵中心线为 $b_总$，则式（6.10）转换为：

$$b_总 = \frac{Q_主 b_主 + Q_配 b_配}{Q_主 + Q_配} \tag{6.11}$$

$$b_配 = \frac{b_总(Q_主 + Q_配) - Q_主 b_主}{Q_配} \tag{6.12}$$

$$Q_配 = \frac{Q_主(b_主 - b_总)}{b_总 - b_配} \tag{6.13}$$

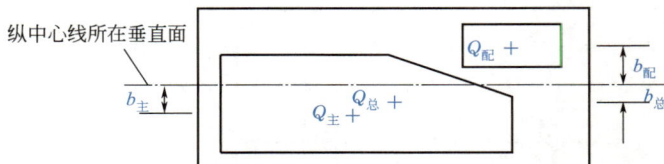

图 6.4　配重示意图

【**例 6.5**】 一件货物重 $Q_主$ 为 40t，选用 N_{17GK} 型平车（标重 60t，销距 9000mm）装载，重
心位置偏离车地板纵中心线 $b_主$ 为 200mm，偏离车地板横中心线 $a_主$ 为 1200mm，另一配重货物
$Q_配$ 为 10t，其重心偏离车地板横中心线 $a_配$ 为 2300mm。为使货物总重心在纵中心线上（即
$b_总 = 0$），配重货物重心横向偏离量 $b_配$ 应为多少？货物总重心纵向偏移 $a_总$ 是否符合要求？

解　　　　$b_配 = \dfrac{b_总(Q_主 + Q_配) - Q_主 b_主}{Q_配} = \dfrac{0 - 40 \times 200}{10} = -800（mm）$

即横向偏离量应为主货另一侧 800mm。

$$Q = Q_主 + Q_配 = 40 + 10 = 50（t）$$

$$P_容 - Q = 60 - 50 = 10（t）$$

$$a_容 = \frac{5l}{Q} = \frac{5 \times 9000}{50} = 900（mm）$$

$$a_总 = \frac{Q_主 a_主 + Q_配 a_配}{Q_主 + Q_配} = \frac{40 \times 1200 - 10 \times 2300}{50} = 500（mm）$$

$|a_总| < a_容$，总重心纵向偏离符合要求。

三、检查超载、偏重、偏载

铁路货车超偏载检测装置是铁路货运安全检测系统的重要组成部分，是检测货车超载、

偏载、偏重的主要装置之一。

货车运行状态地面安全监测系统（简称 TPDS），是针对货车空车脱轨问题而开发的一种轨边监测系统。系统利用设在轨道上的检测平台，实时在线监测运行中货车轮轨间的动力学参数，并对其运行状态进行分级评判，在此基础上各 TPDS 探测站联网识别运行状态不良车辆。通过对运行状态不良车辆预警、追踪、处理，货车运行状态地面安全监测系统可以减少货车提速后空车脱轨事故的发生。系统除识别运行状态不良的车辆，还能识别车轮踏面损伤、测量车辆装载的超、偏载状态。

在关键地点设置视频监控，在一定程度上也可以检查、发现超载、偏载和偏重的货车。

1. 偏载、偏重的定义

（1）偏载　货物总重心的投影偏离车辆纵中心线距离大于 100mm。

（2）偏重　货物总重心的投影偏离车辆横中心线，使货车两转架承受重量之差大于 10t。

2. 超载、偏重、偏载的分级

超载、偏重、偏载分级见表 6.6。

表 6.6　超载、偏重、偏载分级

项目	分级	
	严重	一般
超载	大于 10t	大于 5t
偏载	大于 150mm	大于 100mm
偏重	大于 15t	大于 10t

3. 超偏载货车换装整理作业流程

（1）车站货检人员应根据检测结果，核对现车无误后，对危及行车安全的，及时打印超偏载甩车通知卡（一式三份，调度、货检、列检各一份），并向车站行车调度部门报告。

（2）车站行车调度部门接到货检人员报告后，值班人员应在超偏载甩车通知卡上签字，安排甩车，并送入指定地点。

（3）车站对甩下的货车重新过衡或进行偏载复核，确认超载、偏载后，按规定换装整理和拍发电报。

（4）车站对卸载货车重新过衡复磅，确认货物重量不超过货车容许载重量后，方可编入列车继续运行。

（5）车站将严重超偏载货车的超偏载检测单和轨道衡复磅单，一并随运输票据寄送到站，到站应按规定处理，并按月将有关超偏载统计资料寄送主管铁路局和责任铁路局。

4. 超偏载货车的处理规定

（1）车站对没有扣车处理的严重超偏载、一般超偏载车辆，应记录车种、车号、发到站、货物品名、发收货人等，并将上述信息及时通知发到站，电报通知下一编组站。同时在 24h 内，将信息上报铁路局货运主管部门，并反馈到铁路局计量主管部门。

（2）责任铁路局在接到处理站的电报或超偏载统计资料后，应追究装车站责任，对管理混乱、恶意超载等性质严重的，除停装整顿外，要追究相关人员责任。

（3）配置超偏载检测装置的车站应具备换装整理条件，具有符合作业要求的线路、卸载货物的存放场地和计量衡器。对暂不具备条件的，由铁路局确定移送适当地点进行处理。

（4）超偏载检测装置在列车速度低于 60km/h 时检测数据有效，超过时检测数据无效。装载液态货物的罐车超载判定以轨道衡或罐车容积计量为准。对 D 型车和自轮运转货物的检测数据，不作为判定超偏载的依据。

工作任务二　确定重车重心高

▤ 任务实例

用 60t 木地板平车（自重 18t，车地板至轨面高 1170mm，重心高 715mm），装运一件 40t 的货物（重心高 1430mm），货物直接装在车地板上。

✖ 任务实施

一、计算重车重心高

教学任务书——计算重车重心高

针对"任务实例"中的货物，计算重车重心高。

1. 计算一车负重时重车重心高

一辆货车装载一件货物如图 6.5 所示，根据势能相等的原理：

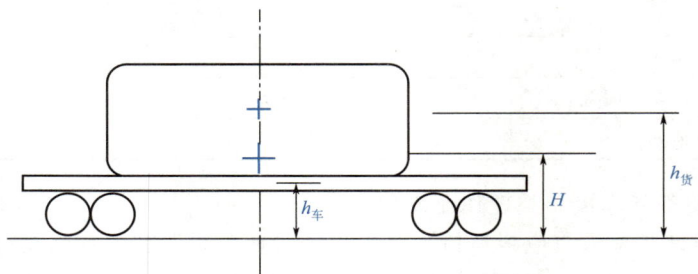

二维码 6.5　　　　　　　　　图 6.5　单件货物重车重心高示意图

$$Q_{车}\,h_{车}+Q_{货}\,h_{货}=(Q_{车}+Q_{货})H$$

$$H=\frac{Q_{车}\,h_{车}+Q_{货}\,h_{货}}{Q_{车}+Q_{货}} \tag{6.14}$$

式中　$Q_{货}$——货物重量，t；

　　　$Q_{车}$——车辆自重，t；

　　　$h_{货}$——装车后货物重心自轨面起算的高度，mm；

　　　$h_{车}$——车辆重心自轨面起算的高度，mm；

　　　H——重车重心高，mm。

【例 6.6】　一件货物重 38t，重心高为 1500mm，计划使用 N_{17GK} 型 60t 平车一辆装运。计算重车重心高。

解　查表 6.2 得 N_{17GK} 的技术参数：$Q_{车}$ 取其中的 19.7t，$h_{车}=723$mm，$h_{地}=1211$mm。

$$H=\frac{Q_{车}\,h_{车}+Q_{货}\,h_{货}}{Q_{车}+Q_{货}}=\frac{19.7\times723+38\times(1500+1211)}{19.7+38}=2032(\text{mm})$$

2. 计算一车装载多件货物时重车重心高

如图 6.6 所示，重车重心高 H 可按下式计算：

$$H=\frac{Q_{车}\,h_{车}+Q_{1}h_{1}+Q_{2}h_{2}+\cdots+Q_{n}h_{n}}{Q_{车}+Q_{1}+Q_{2}+\cdots+Q_{n}} \tag{6.15}$$

式中 Q_1，Q_2，…，Q_n——每件货物的重量，t；

h_1，h_2，…，h_n——装车后每件货物重心自轨面起算的高度，mm。

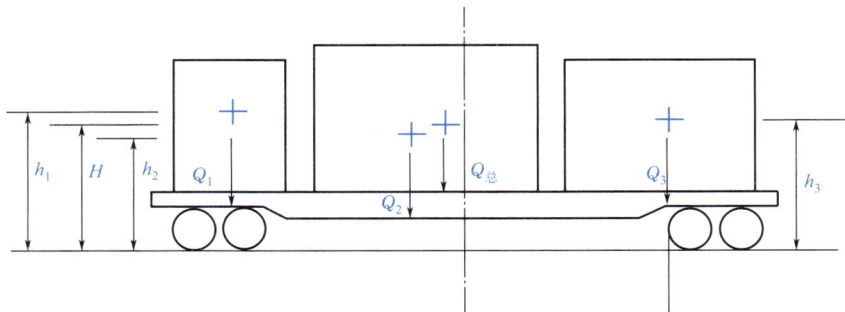

图 6.6 多件货物重车重心高计算示意图

3. 计算跨装运输时重车重心高

$$H = \frac{Q_{车1} h_{车1} + Q_{车2} h_{车2} + Q_{货} h_{货}}{Q_{车1} + Q_{车2} + Q_{货}} \quad (6.16)$$

式中 $Q_{车1}$，$Q_{车2}$——两负重车车辆自重，t；

$h_{车1}$，$h_{车2}$——两负重车车辆重心自轨面起算的高度，mm。

二、应对重车重心高超过 2000mm 的货物

教学任务书——计算配重货物重量

若"任务实例"中的货物装车后，重车重心高超过规定，用一件预计装车后由轨面起重心高度为 1913mm 的货物配重，确定该配重货物重量范围。

（一）配重

重车重心高超过 2000mm 时，应采取配重措施降低重车重心高或应按规定限速运行。

1. 配重的条件

（1）车地板上有可供配重货物装载的位置。

（2）车辆的载重能力尚有富余，配重货物的重量小于或等于货车容许载重量与原装货物重量之差。

（3）配重货物与原装货物到达同一到站且重心较原装货物重心低。

（4）配重后，全车货物装载仍符合装载技术条件的要求。

二维码 6.6

2. 计算配重货物的重量和重心高

设配重货物重量为 $Q_{配}$，配重货物装车后重心自轨面起的高度为 $h_{配}$，配重前重车重心高为 H，根据一车装载多件货物的重车重心高计算公式，可得配重后的重车重心高 H' 为：

$$H' = \frac{Q_{车} h_{车} + Q_{货} h_{货} + Q_{配} h_{配}}{Q_{车} + Q_{货} + Q_{配}} \leqslant 2000\text{mm} \quad (6.17)$$

也可以表示为：

$$H' = \frac{(Q_{车} + Q_{货})H + Q_{配} h_{配}}{Q_{车} + Q_{货} + Q_{配}} \leqslant 2000\text{mm} \quad (6.18)$$

当 $Q_{配}$、$h_{配}$ 满足上式时，配重后的重车重心高就会低于 2000mm。

（二）限速运行

采取配重措施无法使重车重心高降低至 2000mm 以下，应按表 6.7 规定的速度限速运行。

表 6.7　重车重心高超过 2000mm 时的限速运行规定

重车重心高度 H/mm	区间限速/(km/h)	通过侧向道岔限速/(km/h)
2001＜H≤2400	50	15
2401＜H≤2800	40	15
2801＜H≤3000	30	15

工作任务三　避免集重装载

📋 任务实例

有如下四件货物，分别使用一辆平车装载：

（1）使用 N_{17K} 型平车装载货物一件，货物重 26t，支重面长度为 2000mm。

（2）使用 N_{17K} 型平车装载货物一件，货物重 32t，支重面长度为 2000mm。

（3）使用 N_{17K} 型平车装载货物一件，货物重 50t，支重面长度为 3400mm。

（4）使用 N_{17K} 型平车装载货物一件，货物重 50t，支重面长度为 2400mm。

✳️ 任务实施

一、判断集重货物

教学任务书——判断是否为集重货物

判断"任务实例"中的货物是否为集重货物。

1. 支重面长度的确定

支重面长度是指货物底部用来支撑货物重量的长度，具体情况如图 6.7 所示。

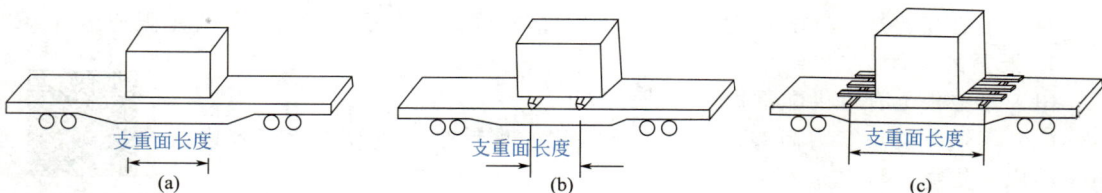

图 6.7　支重面长度的确定

2. 负重面长度的确定

负重面长度是指承担货物重量的货车地板的长度。

（1）当货物直接装在货车地板上时，负重面长度等于支重面长度。此时，货物的重量均匀地分布在车地板的负重面上，这种装载方法叫均布载荷，如图 6.7（a）所示。

二维码 6.7

（2）当货物使用横垫木时，负重面长度等于两横垫木中心线间距离的 2 倍。此时，货物的重量通过两根横垫木传给车地板，这种装载方法叫对称集中载荷，如图 6.7（b）所示。

（3）货物使用纵、横垫木时，负重面长度等于两横垫木中心线间距离的 2 倍，如图 6.7（c）所示。

3. 影响工作弯曲力矩 M 的因素

装有货物的车底架，因受压产生工作弯曲力矩 M，M 随着货物重量 Q 的增大而增大；

随着货车的负重面长度 K 的增大而减小；装载方法所决定的货物重心纵向偏离量 a 也影响 M 的大小，a 增大到一定量，M 会最小，但随着 a 的进一步增大，M 也会变大。

4. 集重货物的判定

装运货物的车辆，其承载构件有最大容许弯曲力矩 $[M]$，为保证运输安全，M 是不能超过 $[M]$ 的，据此，可以从三个方面给集重装载下定义：

（1）力学原理　装车后，车辆承载构件的工作弯曲力矩 M 大于其容许弯曲力矩 $[M]$，此时为集重装载，货物为集重货物。显然，集重货物在运输中是不允许存在的。

（2）用重量判断　装车后，货物重量 Q 大于所装车辆负重面长度的最大容许载重量 Q_{max}，此时为集重装载，货物为集重货物。

某一车型，在一定长度的负重面上的最大容许载重量 Q_{max} 见表 6.8 的第 3～7 列。

（3）用负重面长度判断　装车后，货车负重面长度 K 小于货物所需的最小负重面长度 K_{min}，此时为集重装载，货物为集重货物。

某一车型，一定重量的货物所需要的货车最小负重面长度 K_{min} 或两横垫木中心线间最小距离 K_1 见表 6.8 的第 1、2 列。

表 6.8　平车局部地板面承受均布载荷或对称集中载荷时容许载重量

地板负重面长度/mm	车型　容许载重量/t 两横垫木中心线间最小距离/mm	N_{17AK}、N_{17AT}、N_{17GK}、N_{17GT}、N_{17K}、N_{17T}	NX_{17AK}、NX_{17AT}、NX_{17K}、NX_{17T}	NX_{17BK}、NX_{17BT}、NX_{17BH}	NX_{70}、NX_{70H}	NX_{70A}
1000	500	25	25	25	30	40
2000	1000	30	30	30	35	50
3000	1500	40	40	40	45	62
4000	2000	45	45	45	50	66
5000	2500	50	50	50	55	70
6000	3000	53	53	53	57	
7000	3500	55	55	55	60	
8000	4000	57	57	57	63	
9000	4500	60	60	61	65	
10000	5000				70	
11000	5500					

注：当负重面长度介于上表两数之间时，可采用线性插入法确定容许载重量。
所谓线性插入法就是按两相邻数据之间的长度、重量差的比例确定容许载重量的方法。
使用线性插入法时可按下式计算货物的容许载重量：

$$Q = Q_1 + \frac{(Q_2 - Q_1)(L - L_1)}{L_2 - L_1} \tag{6.19}$$

式中　Q——地板实际负重面长度（或两横垫木中心线间距离）的容许载重量；
Q_1，Q_2——两相邻负重面长度的容许载重量；
L——需要计算的货物实际负重面长度；
L_1，L_2——两相邻负重面长度。

二、平车避免集重装载

教学任务书——确定货物的装载方案

确定"任务实例"中货物的装载方案。

1. 将货物直接装在车地板上

在车型一定的条件下，货物重量 Q 小于等于所装车辆支重面长度的负重面上最大容许载重量 Q_{max} 时，可以将货物直接装在车地板上。

【例 6.7】 使用 N_{17K} 型平车装载一件货物重 40t，货物支重面长 4000mm，确定装载方案。

解 货物支重面长 4000mm，将货物直接装在车地板上，车辆负重面长为 4000mm，查表 6.8，N_{17K} 型平车最大容许载重量为 45t，该货物重 40t，货物可以直接装载在车地板上。

二维码 6.8

2. 使用横垫木或纵、横垫木

在车型一定的条件下，货物重量 Q 大于所装车辆支重面长度的负重面上最大容许载重量 Q_{max} 时，为避免集重装载，根据货物支重面长度的大小考虑使用横垫木或纵、横垫木。

（1）使用横垫木的情况 当所需两横垫木中心线间的距离小于支重面长度时，先铺设两根横垫木，然后将货物均衡地装在横垫木上。

【例 6.8】 使用 N_{17T} 型平车装载一件货物重 45t，货物支重面长 3000mm，确定装载方案。

解 货物支重面长 3000mm，将货物直接装在车地板上，车辆负重面长为 3000mm，查表 6.8，N_{17T} 型平车最大容许载重量为 40t，该货物重 45t，该货物集重。继续查表 6.8，得知 45t 货物如使用横垫木，所需两横垫木中心线间的距离最小为 2000mm，小于货物支重面长 3000mm，因此，可以在地板上先铺设两根横垫木，使两横垫木中心线间的距离至少为 2000mm，然后将货物均衡地装在横垫木上即可避免集重装载。

（2）使用纵、横垫木的情况 当所需两横垫木中心线间的最小距离大于支重面长度时，先铺设两根横垫木，在横垫木上加纵垫木，然后将货物均衡地装在纵垫木上。

【例 6.9】 使用 NX_{70} 型平车装载一件货物重 60t，货物支重面长 3000mm，确定装载方案。

解 货物支重面长 3000mm，将货物直接装在车地板上，车辆负重面长为 3000mm，查表 6.8，NX_{70} 型平车最大容许载重量为 45t，该货物重 60t，该货集重。继续查表 6.8，得知 60t 货物如使用横垫木，所需两横垫木中心线间的最小距离为 3500mm，大于货物支重面长 3000mm，因此，可以在车地板上先铺设两根横垫木，使两横垫木中心线间的距离至少为 3500mm，然后在横垫木上再加纵垫木，最后将货物均衡地装在纵垫木上即可避免集重装载。

三、敞车避免集重装载

1. C_{62A}、C_{62A*}、C_{62A*K}、C_{62AK}、C_{62A*T}、C_{62AT}、C_{62B}、C_{62BK}、C_{62BT}、C_{64}、C_{64K}、C_{64H} 及 C_{64T} 型敞车局部地板面承受货物重量时

（1）仅在车辆两枕梁之间、横中心线两侧等距离范围内承受均布载荷或对称集中载荷时（图 6.8），容许载重量见表 6.9、表 6.10。

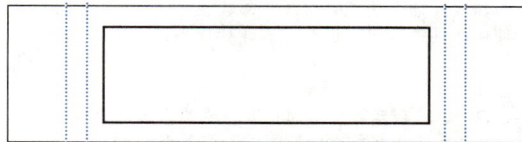

（2）两枕梁直接承受货物重量且两枕梁承受的货物重量相等时（图 6.9），全车装载重量可以达到车辆容许载重量。

图 6.8 两枕梁间均布载荷

（3）在车辆两枕梁内外等距离（装载长度不超过 3.8m）、宽度不小于 1.3m 范围内（小于 1.3m 时加垫长度不小于 1.3m 的横垫木）承受均布载荷时（图 6.10），全车装载重量可以达到车辆标记载重量。

如果需要在货物下加垫横垫木或条形草支垫（稻草绳把）时，应分别加

二维码 6.9

垫在枕梁上及其内外各1m处。

表6.9　60t、61t敞车两枕梁间承受均布载荷时容许载重量

车辆负重面长度/mm	车辆负重面宽度 B/mm	容许载重量/t
2000	$1300 \leqslant B < 2500$	15
	$B \geqslant 2500$	20
3000	$1300 \leqslant B < 2500$	16
	$B \geqslant 2500$	23
4000	$1300 \leqslant B < 2500$	17
	$B \geqslant 2500$	26
5000	$1300 \leqslant B < 2500$	18.5
	$B \geqslant 2500$	29
6000	$1300 \leqslant B < 2500$	20
	$B \geqslant 2500$	32
7000	$1300 \leqslant B < 2500$	23.5
	$B \geqslant 2500$	35.5
8000	$1300 \leqslant B < 2500$	27
	$B \geqslant 2500$	39
9000	$1300 \leqslant B < 2500$	40
	$B \geqslant 2500$	43

注：当负重面长度介于上表两数之间时，可采用插入法确定容许载重量。

表6.10　60t、61t敞车两枕梁间承受对称集中载荷时容许载重量

横垫木中心间距/mm	横垫木长度 L/mm	容许载重量/t
1000	$1300 \leqslant L < 2500$	13
	$L \geqslant 2500$	17
2000	$1300 \leqslant L < 2500$	14
	$L \geqslant 2500$	20
3000	$1300 \leqslant L < 2500$	17
	$L \geqslant 2500$	21
4000	$1300 \leqslant L < 2500$	24
	$L \geqslant 2500$	30
5000	$1300 \leqslant L < 2500$	32
	$L \geqslant 2500$	42
6000	$1300 \leqslant L < 2500$	43
	$L \geqslant 2500$	49
7000	$1300 \leqslant L < 2500$	46
	$L \geqslant 2500$	55
8000	$1300 \leqslant L < 2500$	50
	$L \geqslant 2500$	60(61)
8700		60(61)

注：1. 当负重面长度介于上表两数之间时，可采用插入法确定容许载重量。

2. 表中括号内数据表示当使用61t敞车时，两枕梁间承受对称集中载荷的容许载重量。

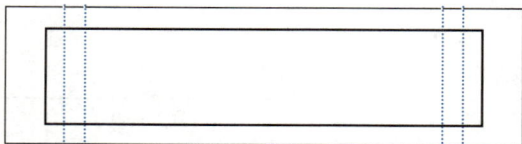

图 6.9　两枕梁直接承受货物重量

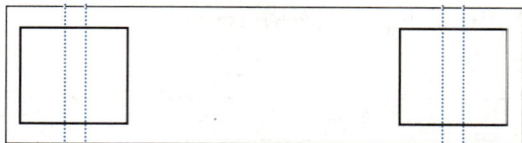

图 6.10　在车辆两枕梁内外等距离均布载荷

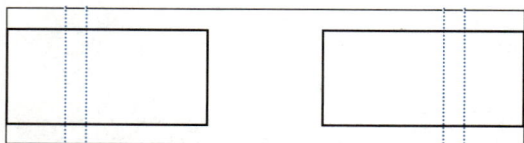

图 6.11　靠车辆两端墙向中部连续装载货物

（4）靠车辆两端墙向中部连续装载货物，每端装载长度超过 3.8m 时（图 6.11），应遵守下列规定：

　①装载宽度不小于 2.5m 时，全车装载重量可以达到车辆标记载重量。

　②装载宽度不小于 1.3m、不足 2.5m 时，全车装载重量不得超过 55t。

（5）在车辆两枕梁内外等距离、宽度不小于 1.3m 范围内和车辆中部三处承载时（图 6.12），中部货物重量不得大于 13t，全车装载重量不得超过 57t。

（6）靠车辆两端墙向中部连续装载，每端装载长度超过 3.8m，且在车辆中部装载货物时（图 6.13），应遵守下列规定：

　①中部所装货物的重量不得超过 13t。

　②当两端货物的装载宽度不小于 2.5m 时，全车装载重量不得超过 57t。

　③当两端货物的装载宽度不小于 1.3m、不足 2.5m 时，全车装载重量不得超过 55t。

（7）仅靠防滑衬垫防止货物移动时，全车装载重量不得超过 55t。

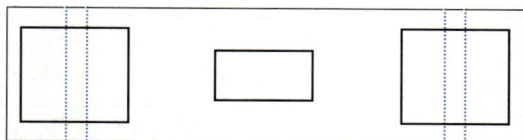

图 6.12　在车辆两枕梁内外等距离、三处承载

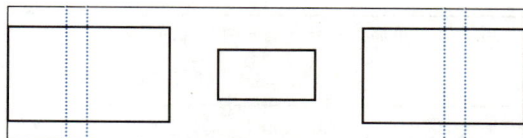

图 6.13　车辆两端墙向中部连续装载、三处承载

2. C_{70}、C_{70H} 型敞车局部地板面承受货物重量时

（1）仅在车辆两枕梁之间、横中心线两侧等距离范围内承受均布载荷或对称集中载荷时，容许载重量见《加规》附表。

（2）两枕梁直接承受货物重量且两枕梁承受的货物重量相等时，全车装载重量可以达到车辆标记载重量。

（3）在车辆两枕梁内外等距离（装载长度不超过 3.8m）范围内承受均布载荷时，应遵守下列规定：

　①装载宽度不小于 2.5m 时，全车装载重量可以达到车辆标记载重量。

　②装载宽度不小于 1.2m、不足 2.5m 时，全车装载重量不得超过 65t。

　如果需要在货物下加垫横垫木或条形草支垫（稻草绳把）时，应分别加垫在枕梁上及其内外各 1m 处。

（4）靠车辆两端墙向中部连续装载货物，每端装载长度超过 3.8m 时，应遵守下列规定：

　①装载宽度不小于 2.5m 时，全车装载重量可以达到车辆标记载重量。

　②装载宽度不小于 1.2m、不足 2.5m 时，全车装载重量不得超过 65t。

（5）在车辆两枕梁内外等距离（装载长度不超过 3.8m）范围内和车辆中部三处承载时，应遵守下列规定：

① 中部货物装载宽度不小于 1.2m，重量不得大于 25t。

② 当两端货物的装载宽度不小于 2.5m 时，全车装载重量可以达到车辆标记载重量。

③ 当两端货物的装载宽度不小于 1.2m、不足 2.5m 时，全车装载重量不得超过 65t。

（6）货物的装载宽度小于 1.2m 时，可双排装载或加垫长度不小于 1.2m 的横垫木。

工作任务四　货车满载

任务实例

某单位一次装车情况为化肥 3 车（60t 棚车 1 车，装 60t；70t 棚车 2 车，各装 70t）；沙 4 车（60t 敞车 1 车，装 60t；70t 敞车 3 车，各装 70t）；棉花 3 车（60t 棚车 1 车，装 32t；70t 棚车 2 车，各装 42t）。

任务实施

教学任务书——计算货车满载指标

针对"任务实例"中的货物，计算货车静载重和货车载重量利用率。

一、货车载重量利用

货车满载就是指货车装载量达到货车容许载重量或容积的状态。合理地装载和充分利用货车的载重量和容积是货车满载工作的技术性体现。

货车载重量利用，主要有货车静载重和货车载重量利用率两个指标。

（一）货车静载重

1. 货车静载重的含义

货车静载重是货车在静止状态下载重量的利用程度。货车静载重只能说明在装车时或重车在静止状态下货车标记载重量的利用程度，而不能反映全部运送过程中货车载重量利用的程度。

二维码 6.10

2. 货车静载重的计算

货车静载重指车站、铁路局或国铁集团在一定时期内每车平均装载的货物吨数。其计算公式如下：

$$P_{静} = \sum P_{发} / \sum U_{装} \tag{6.20}$$

式中　$P_{静}$——货车静载重，t/车；

$\sum P_{发}$——一定时间内货物发送总吨数，t；

$\sum U_{装}$——一定时间内的总装车数，车。

（二）货车载重量利用率

1. 货车载重量利用率的含义

货车载重量利用率又称货车载重力利用系数、货车载重力利用率，是指所装货车的载重能力被利用的百分率。

2. 货车载重量利用率的计算

货车载重量利用率是以相对数字反映货车载重能力利用程度的指标，是车站、铁路局或全路在一定时期内货车静载重与使用车平均标记载重量的比值。其计算公式如下：

$$\lambda = \frac{P_{静}}{P_{标}} \times 100\% \text{ 或 } \lambda = \frac{\sum P_{发}}{\sum P_{标}} \times 100\% \tag{6.21}$$

式中　λ——货车载重量利用率；

　　　$P_{\text{静}}$——货车静载重，t；

　　　$\overline{P_{\text{标}}}$——货车平均标记载重，$\overline{P_{\text{标}}}=\sum P_{\text{标}}/\sum U_{\text{装}}$，t。

货车载重量利用率的大小同货车静载重成正比。一切提高静载重的措施，也是提高货车载重量利用率的措施。货车载重量利用率比货车静载重能更好地反映车辆装载的质量。为了提高货车载重量利用率，必须注意车种适合货种，标重配合货吨，做好巧装满载工作。

二、满载工作的主要方法

货车满载工作是在安全运输的前提下，提高货车静载重。满载工作需要加强货车满载组织管理，深入开展攻关活动，不断改进货物包装和装载方法，优化装载方案，总结工作经验，实现巧装满载。

满载工作的主要方式有：

（1）改善货物包装及其状态。

（2）货物轻重配装。

（3）合理装载货物。

（4）正确测定货物体积，防止亏吨。

（5）制定货车装载技术标准。

三、集装化运输

1. 定义

凡使用集装用具或自货包装、捆扎等方法，将散装、小件包装、不易使用装卸机械作业的货物，按规定集装成特定的单元后运往到站，皆称为集装化运输。

2. 集装化用具

（1）在集装化运输中，用以集装货物的箱、盘、笼、夹、绳等称为集装用具。主要集装用具有集装盘、集装笼、集装桶、集装袋、集装网、集装捆、集装架等。

二维码 6.11

（2）集装用具应符合的基本条件

① 有足够的刚度和强度。

② 能充分利用货车容积和载重力。

③ 有利于货场码放，能够保证货物、人身和行车安全，不损坏车辆。

④ 具有机械作业需要的起吊装置或叉孔。

⑤ 循环使用的用具能够拆解、折叠、套装，便于回送。

四、集装化运输的基本条件

（1）集装化运输的货物，以集装后组成的特定单元（盘、架、袋、网、捆等）为一件。每件集装货物的体积应不小于 0.5m^3 或重量不小于 500kg。

（2）棚车装运的集装化货物，每件重量不得超过 1t，长度不得超过 1.5m，体积不得超过 2m^3。到站限制为叉车配属站。

（3）敞车装运的集装化货物，每件重量不超过到站最大起重能力（征得到站同意时除外）。

（4）集装化货物应捆绑牢固，表面平整，适合多层码放；码放要整齐、严密，并按规定有包装储运标志。以绳索预垫等方式运输竹、木等货物时，必须满足卸车时机械作业的要求。

（5）集装化货物与非集装化货物不能一批运输。

五、集装化运输组织

1. 集装化货源组织

凡适合于集装并通过集装之后能够取得经济效益的货物都是集装化货源。对托运人要求集装化的应给予满足；对托运人未要求集装化的，铁路货运部门应想办法动员物资单位集装化运输；对尚未集装化运输但向车站提出集装化要求的，必要时应派人员前往联系，协商研究解决。

2. 托运

（1）托运人托运集装化货物，应在运单"托运人记事"栏内注明集装化字样；运单"件数"栏内应填写集装后的件数；"包装"栏内填写集装用具名称。

（2）发站受理集装化货物时，应在运单右角上加盖"××站集装化运输"戳记。

3. 承运和交付

车站对集装化货物，按集装化的件数承运。承运时只检查集装化的件数和货件外部状态。到站交付时，也按集装化后的件数和货件外部状态交付。如收货人提出内部货物发生损坏、丢失，除能证明属于铁路责任外，均由托运人负责。

4. 集装用具的回送

集装化货物运抵到站后，对企业自备的集装用具，应一并交给收货人。对需要回送的集装用具，收货人凭特价运输证明书办理回送，车站应优先运输。回送时，在车站征得用具所有人同意后，可将回送的集装用具出租利用。对到站回送的铁路集装用具，应填写特殊货车及运送用具回送清单办理回送。

✿ 技能训练

1. ××××年5月18日9时30分，乌北站接41060次货物列车，货运检查员进行货运检查作业，N_{17K} 5076485喀什站发衡水站机械设备，一车配装三件，Q_1 重25t，Q_2 重9t，Q_3 重18t，货物重心投影在车底板纵向位置分别为：Q_1 在车辆横中心线左侧3000mm处，在纵中心线左侧50mm；Q_2 在车辆横中心线右侧1000mm处，在纵中心线右侧125mm处；Q_3 在车辆横中心线右侧4000mm处，在车辆纵中心线右侧360mm处。三件货物装载是否符合装载要求？

2. 计划用 N_{17K} 型平车装货三件，甲件货重11t，货物重心高1500mm；乙件货重12t，货物重心高1550mm；丙件货重13t，货物重心高1400mm。

（1）求重车重心高，并判断是否需要配重。

（2）若配重货物装在车上时重心距轨面高度为1800mm，则配重货物重量的取值范围是多少？

3. 均重货物一件，重45t，长16.4m，宽3.36m，高2.0m。拟用 NX_{17BK} 一辆负重，一端突出、另一端对齐车端梁装载，另以一辆 NX_{17AK} 作游车，横垫木高度取160mm。验算此装载方案是否偏重。

4. 用60t木地板平车（自重18t，车地板至轨面高1170mm，重心高715mm），装运一件40t的货物（重心高1430mm），货物直接装在车地板上。计算重车重心高度，并确定其运行条件。

5. 从甲站发往乙、丙两站粮食各1200t，甲站现有空棚车29辆（其中60t的23辆，70t的6辆），另由丙站向甲站调拨60t空棚车10辆，甲站至乙、丙站的运送距离分别为200km和500km。要求：

（1）计算货车平均静载重。

（2）计算货车载重量利用率。

项目七
加固货物

🌱 **知识要求**
- 了解运输中作用于货物上的力的产生原理；
- 了解常用加固材料和装置的选择；
- 掌握运输中作用于货物上各种力的计算方法；
- 掌握货物稳定性的检验方法；
- 掌握常用加固材料强度的计算方法；
- 掌握制定货物加固方案的程序。

🔧 **技能要求**
- 会计算运输中作用于货物上的各种力值；
- 会进行货物稳定性的检验；
- 会计算常用加固材料的数量；
- 能制定经济、合理的货物加固方案。

📚 **素质要求**
- 具有安全是铁路运输的基石的意识；
- 具有严谨的科学态度，学会精确计算；
- 具有理论联系实际的意识。

📋 **任务实例**

钢制桥式起重机梁，2片合装，合装后外形尺寸及重量见表7.1（参数可取范围中的某一具体值）。使用两辆 NX_{17T} 装载，一车负重、一端和车地板对齐、加挂游车。使用钢制货物支架一副，规格 3000mm×1500mm×1050mm，安装于车辆枕梁上方，支架底部各用 8 枚扒锔钉与车地板钉固，如图 7.1 所示，未列条件可自行假设。

表 7.1　桥式起重机梁的规格

长度/mm	宽度/mm	高度/mm	重心高度/mm	总重量/t
13600～17100	2500	2540	1240	21.4

续表

长度/mm	宽度/mm	高度/mm	重心高度/mm	总重量/t
13600～16900	2930	2730	1290～1700	10.0～23.0

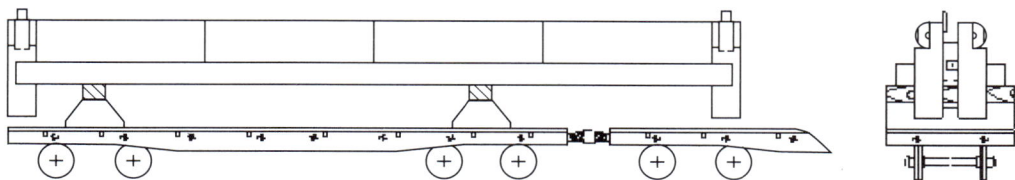

图 7.1　桥式起重机梁装载图

工作任务一　计算运输过程中作用于货物上的力

理论知识

列车在线路上运行时，由于突然启动、加速、制动及调车作业中车辆之间的相互冲击，均会导致车辆纵向运动状态发生变化，产生纵向加速度。由于线路方向变化、车辆的蛇形运动及车辆的技术状态等引起轮轨作用力的变化，又会引起车辆横向运动状态发生变化，产生横向加速度。

另外，车辆在运行过程中，由于线路和车辆相互作用，货物随着车体产生复杂的振动。车辆的主要振动有沉浮振动、点头振动、侧滚振动、侧摆振动和摇头振动等（图 7.2）。

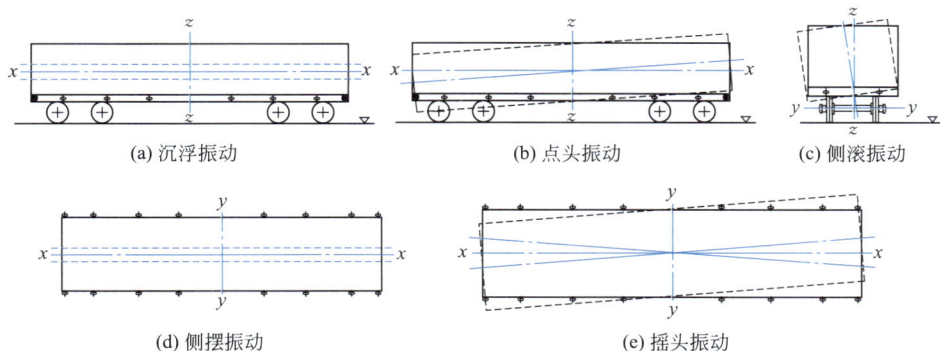

(a) 沉浮振动　　(b) 点头振动　　(c) 侧滚振动

(d) 侧摆振动　　(e) 摇头振动

图 7.2　运行中车辆振动的主要形态

二维码 7.1

一、沉浮振动

车辆运行中，由于车体与走行部之间弹簧的伸缩，使车体产生沿 z 轴方向垂直振动，如图 7.2（a）所示。在这种振动下，车体连同所装货物的各点，都具有相同的垂直（向上或向下）加速度。

二、点头振动

当车辆行经钢轨接缝处，轮对受到冲击或因车轮踏面擦伤、线路冻害以及轮对偏心而引起的冲击，使车体围绕横向水平 y 轴产生回转振动，如图 7.2（b）所示。这种振动使车体连同所装货物的各点具有不同的垂直和纵向加速度，在车辆纵向，离开车辆横中心线的距离越远，垂直加速度值越大。

三、侧滚振动

车辆行经相互错开的钢轨接缝时的冲击、左右轨面由于线路冻害或养护不良高度不等、某一车轮踏面擦伤、车辆行经道岔、曲线时离心力，使车体围绕其纵向水平 x 轴产生回转振动，如图 7.2（c）所示。在这种情况下，车体及货物各点具有不同的垂直及横向水平加速。距振动（回转）中心轴越远的点，其加速度值越大。

四、侧摆振动

当车辆经过道岔、曲线或与左右错开的钢轨接缝相冲击，在横向力的作用下，使车体产生沿其横向水平 y 轴方向的左右水平振动，如图 7.2（d）所示。这种振动也称为横向水平振动。这种振动使车体连同所装的货物各点具有相同的横向水平加速度。

五、摇头振动

车轮踏面倾斜、轮对安装不正确以及同一轮对两车轮滚圆直径大小不同等原因使车辆蛇行，使车体围绕其垂直中心线 z 轴产生回转振动，如图 7.2（e）所示。在这种情况下，车体及货物各点具有不同的横向水平加速度，并且离开振动（回转）中心的距离越远，加速度值越大。

在实际运行过程中，上述几种振动并非单独存在，而往往是同时出现，耦合在一起形成复杂的振动形态，使车辆产生各个方向的加速度。

如果不对车辆上所装的货物进行加固，使货物相对于车辆保持稳定的只有摩擦力和重力，通常摩擦力和重力不足以使货物获得与车辆相同的加速度，因而货物会与所装车辆发生相对运动，造成货物的移动、滚动、倾覆或者货垛倒塌、货物坠落等。为方便计算，假设货物还受到各个方向的惯性力（虚拟的力），是各个惯性力和风力使货物相对于车辆产生位移和加速度。为防止货物装载位置和状态发生变化，需要在货物装车后对货物采取加固措施，即使用适当的加固材料，把货物和车辆连接成一体，使车辆产生加速度和振动时，货物随之产生相同的加速度和振动，因此，加固材料必然要承受一定的力，克服惯性力和风力。

总之，在进行加固计算时，认为车上所装载的货物将受到纵向惯性力、横向惯性力、垂直惯性力、风力、摩擦力及重力的作用，各种力的作用点及作用方向如图 7.3 所示。

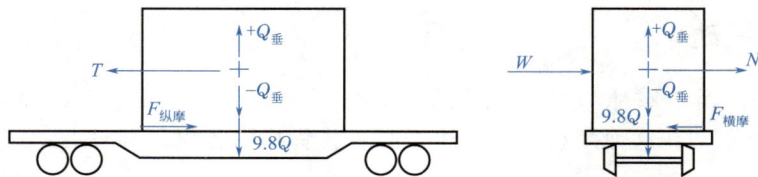

图 7.3　各种外力的作用点及作用方向

T—纵向惯性力；W—风力；N—横向惯性力；$Q_垂$—垂直惯性力；Q—重量；

$F_{纵摩}$—纵向摩擦力；$F_{横摩}$—横向摩擦力

任务实施

教学任务书——计算运输中作用于货物上的力

针对"任务实例"中的货物，按照下列步骤和方法，计算作用于货物上的力值，填写表 7.2。（货物取第一组，长度取 14200mm）

表 7.2　力值计算

力的名称	相关参数的取值		力值
纵向惯性力	$Q_{总}=$		
横向惯性力	$a=$	$l=$	
垂直惯性力	$a=$	$l=$	
风力	$q=$	$F=$	
纵向摩擦力	$\mu=$		
横向摩擦力	$\mu=$		

运输中作用于货物上的各种惯性力值大小均是通过试验而确定的，惯性力值计算公式均为试验公式。

二维码 7.2

一、计算纵向惯性力

力的作用点在货物的重心处。在直线区段，力的作用方向与线路中心线平行；在曲线区段，该力的作用方向为曲线的切线方向。纵向惯性力用下式计算：

$$T = t_0 Q \tag{7.1}$$

式中　T——纵向惯性力，kN；

t_0——每吨货物的纵向惯性力，kN/t；

Q——货物的重量，t。

单位重量货物的纵向惯性力（t_0）是通过多次运行冲击试验确定的。试验表明，它的大小与采用的加固种类（柔性或刚性）有相当大的关系。

1. 采用柔性加固

所谓柔性加固，是指采用抗拉强度较小的加固材料，如钢丝绳、多股铁线、挡木、腰箍等进行拉牵加固或下压式捆绑等的加固方式。此时，t_0 的计算如下式：

$$t_0 = 0.0012Q_{总}^2 - 0.32Q_{总} + 29.85 \tag{7.2}$$

式中　$Q_{总}$——重车总重，t，跨装运输时，按跨装车组总重计算；当 $130t < Q_{总} \leqslant 150t$ 时，$t_0 = 6.78$kN/t；当 $Q_{总} > 150t$ 时，$t_0 = 5.88$kN/t。

2. 采用刚性加固

所谓刚性加固，是指采用角钢焊接或螺栓加固。此时，每吨货物的纵向惯性力（kN/t）可用下式计算：

$$t_0 = 26.69 - 0.13Q_{总} \tag{7.3}$$

式中　$Q_{总}$——重车总重，t；当 $Q_{总} > 130t$ 时，按 130t 计算。

二、计算横向惯性力

力的作用点在货物重心处，方向沿车辆横向，有时向左，有时向右。

用下列公式计算：

$$N = n_0 Q \tag{7.4}$$

式中　N——横向惯性力，kN；

　　　n_0——每吨货物的横向惯性力，kN/t；

　　　Q——货物重量，t。

每吨货物的横向惯性力（kN/t）可用下式计算：

$$n_0 = 2.82 + 2.2\frac{a}{l} \tag{7.5}$$

式中　a——货物重心的纵向偏离量（跨装时，为货物转向架中心销偏离车辆横中心线的距离），mm；

　　　l——负重车的销距（具有多层转向架群的货车为底架心盘中心距），mm。

三、计算垂直惯性力

力作用于货物重心处，沿车辆垂直方向上、下交替。

用下式计算：

$$Q_{垂} = q_{垂} Q \tag{7.6}$$

式中　$Q_{垂}$——垂直惯性力，kN；

　　　Q——货物重量，t；

　　　$q_{垂}$——每吨货物的垂直惯性力，不同车型计算方法有所不同，kN/t。

1. 使用平车、敞车装载时

$$q_{垂} = 3.54 + 3.78\frac{a}{l} \tag{7.7}$$

式中　a——货物重心的纵向偏离量，跨装时为货物转向架中心销偏离车辆横中心线的距离，mm；

　　　l——车辆销距，mm。

2. 使用长大货物车装载时

$$q_{垂} = 4.53 + 7.84\frac{a}{l} \tag{7.8}$$

四、计算风力

列车在运行中，车上的货物将受到纵向、横向风力作用。由于在纵向上货物受到前后车辆及车上所装货物的阻挡，可忽略不计。横向风力对货物的影响很大，应考虑风力对货物稳定性的影响，而且，当风的方向与受风面垂直时，影响最大。

风力的作用点在受风面的几何中心，大小与受风面的形状、大小以及风压的大小有关，可用下式计算：

$$W = qF \tag{7.9}$$

式中　W——风力，kN；

　　　q——侧向计算风压，当受风面为平面时取 0.49kN/m^2，当受风面为圆球体或圆柱体的侧面时取 0.245kN/m^2；

　　　F——受风面的投影面积，m^2。

五、计算摩擦力

摩擦力作用于货物与车底板（或垫木）之间，方向与货物在车辆上的运动方向或运动趋势相反，分为纵向摩擦力和横向摩擦力。

1. 计算纵向摩擦力

$$F_{纵摩} = 9.8\mu Q \tag{7.10}$$

2. 计算横向摩擦力

$$F_{横摩} = \mu(9.8Q - Q_{垂}) \tag{7.11}$$

式中　Q——货物的重量，t；

$\quad\quad Q_{垂}$——货物的垂直惯性力，kN；

$\quad\quad \mu$——摩擦系数，其值按表7.3取，当货物与车地板间加有垫木或衬垫时，应取货物与垫木或衬垫间、垫木或衬垫与车地板间摩擦系数较小者计算。

表7.3　铁路常用摩擦系数（μ）

摩擦接触面	μ的取值	摩擦接触面	μ的取值
木与木	0.45	橡胶垫与木	0.60
木与钢板	0.40	橡胶垫与钢板	0.50
木与铸钢	0.60	稻草绳把与钢板	0.50
钢板与钢板	0.30	稻草绳把与铸钢	0.55
履带走行机械与车辆木地板	0.70	稻草帘与钢板	0.44
橡胶轮胎与车辆木地板	0.63	草支垫与钢板	0.42

【例7.1】　木质箱型均重货物一件，货重40t，长8000mm，宽2200mm，高1500mm，拟用N_{17K}型木地板平车一辆均匀对称顺装，装车后货物重心投影落在车地板的中央处，计算运行中作用于货物上的各种力值。

解　查表6.2得：N_{17K}型木地板平车自重为19.7t，销距为9000mm。

货物均匀对称顺装，$a=0$；货物和车地板均为木质，采用柔性加固，μ取0.45；货物受风面为平面，$q=0.49kN/m^2$。

各种力值计算如下：

1. 纵向惯性力

$$\begin{aligned}
T &= t_0 Q = (0.0012Q_{总}^2 - 0.32Q_{总} + 29.85)Q \\
&= [0.0012 \times (19.7+40)^2 - 0.32 \times (19.7+40) + 29.85] \times 40 \\
&= 600.920(kN)
\end{aligned}$$

2. 横向惯性力

$$N = n_0 Q = \left(2.82 + 2.2\frac{a}{l}\right)Q = \left(2.82 + 2.2 \times \frac{0}{9000}\right) \times 40 = 112.800(kN)$$

3. 垂直惯性力

$$Q_{垂} = q_{垂} Q = \left(3.54 + 3.78\frac{a}{l}\right)Q = \left(3.54 + 3.78 \times \frac{0}{9000}\right) \times 40 = 141.600(kN)$$

4. 风力

$$W = qF = 0.49 \times 8 \times 1.5 = 5.880(kN)$$

5. 摩擦力

$$F_{纵摩} = 9.8\mu Q = 9.8 \times 0.45 \times 40 = 176.400(kN)$$

$$F_{横摩} = \mu(9.8Q - Q_{垂}) = 0.45 \times (9.8 \times 40 - 141.600) = 112.680(kN)$$

【例7.2】　圆柱形钢制货物一件，货重80t，直径3000mm，长7000mm，货物下部有钢制托架一件，拟用 D_{10} 型凹底平车一辆均匀对称顺装，装车后货物重心投影落在车地板的中央处，计算运输中作用于货物上的各种力值。

解 查表 6.3 得：D_{10} 型凹底平车自重为 36t，销距为 14800mm。

货物均匀对称顺装，$a=0$；货物下部和车地板均为钢质，采用刚性加固，μ 取 0.3；货物受风面为圆柱体侧面，$q=0.245\text{kN/m}^2$。

各种力值计算如下：

1. 纵向惯性力

$$T = t_0 Q = (26.69 - 0.13 Q_总)Q = [26.69 - 0.13 \times (36+80)] \times 80 = 928.8(\text{kN})$$

2. 横向惯性力

$$N = n_0 Q = \left(2.82 + 2.2\frac{a}{l}\right)Q = \left(2.82 + 2.2 \times \frac{0}{14800}\right) \times 80 = 225.600(\text{kN})$$

3. 垂直惯性力

$$Q_垂 = q_垂 Q = \left(4.53 + 7.84\frac{a}{l}\right)Q = \left(4.53 + 7.84 \times \frac{0}{14800}\right) \times 80 = 362.400(\text{kN})$$

4. 风力

$$W = qF = 0.245 \times 7 \times 3 = 5.145(\text{kN})$$

5. 摩擦力

$$F_{纵摩} = 9.8\mu Q = 9.8 \times 0.3 \times 80 = 235.200(\text{kN})$$

$$F_{横摩} = \mu(9.8Q - Q_垂) = 0.3 \times (9.8 \times 80 - 362.400) = 126.480(\text{kN})$$

工作任务二　检验稳定性

任务实施

教学任务书——计算货物的稳定性系数

针对"任务实例"中的货物，根据在"工作任务一"中计算出的力值，按照下列步骤和方法，计算货物的稳定系数，填写表 7.4。

表 7.4　稳定系数计算

稳定系数名称	系数值	是否需要加固
纵向倾覆		
横向倾覆		
纵向移动		
横向移动		

货物在运输过程中，车上所装货物受到多种外力的作用，这些外力除摩擦力和重力是稳定的力外，其余均为不稳定的力。在两类外力的作用下，货物有可能发生不稳定，包括倾覆、水平移动和滚动三个方面。货物运输前，必须要检验货物的稳定情况，若不稳定，则须加固。

货物的稳定性可用稳定系数来表示。稳定系数是指稳定力产生的稳定力矩与不稳定力产生的不稳定力矩的比值或是稳定的力与不稳定力的比值。

一、检验倾覆方面稳定性

1. 当货物不进行任何加固时

货物在纵向上将受到纵向惯性力的作用，若重力相对纵向倾覆点形成的力矩（稳定力矩）与纵向惯性力相对纵向倾覆点形成的纵向倾覆力矩（不稳定力矩）之比不能达到稳定条件，则货物就会发生纵向倾覆。

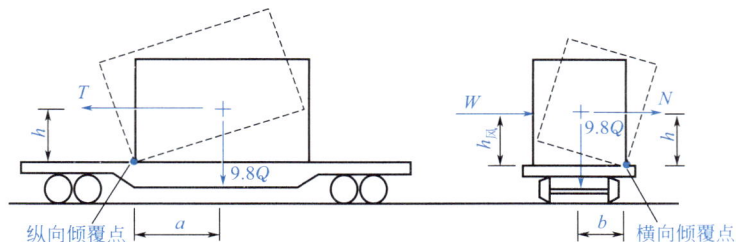

图 7.4　货物在车地板上倾覆趋势示意图　　　　二维码 7.3

由图 7.4 可见，货物免于纵向倾覆的稳定条件应为：

$$\eta_{纵倾} = \frac{稳定力矩}{倾覆力矩} = \frac{9.8Qa}{Th} \geqslant 1.25 \qquad (7.12)$$

式中　Q——货物重量，t；

　　　a——货物的纵向稳定力臂，即货物的纵向倾覆点至货物重心所在横向垂直平面的距离，mm；

　　　T——货物的纵向惯性力，kN；

　　　h——货物重心自倾覆点所在水平面起算的高度，mm。

货物在横向上受到横向惯性力和横向风力的作用，若重力相对横向倾覆点形成的力矩（稳定力矩）与横向惯性力和风力相对横向倾覆点形成的力矩（倾覆力矩）之比不能达到稳定条件，则货物就会发生横向倾覆。

同理，货物免于横向倾覆的稳定条件应为：

$$\eta_{横倾} = \frac{稳定力矩}{倾覆力矩} = \frac{9.8Qb}{Nh + Wh_风} \geqslant 1.25 \qquad (7.13)$$

式中　b——货物的横向稳定力臂，即货物的横向倾覆点至货物重心所在纵向垂直平面的距离，mm；

　　　N——货物的横向惯性力，kN；

　　　W——货物的风力，kN；

　　　$h_风$——风力合力作用点自横向倾覆点所在的水平面起算的高度，mm。

【例 7.3】　木质箱型均重货物一件，货重 40t，长 8000mm，宽 2200mm，高 1500mm，货物重心高 750mm。拟用 N_{17K} 型木地板平车一辆均匀对称顺装，装车后货物重心投影落在车地板的中央处，确定货物是否会发生倾覆。

解　查表 6.2 得：N_{17K} 平车自重 19.7t，载重 60t。

经例 7.1 计算得知：纵向惯性力 $T = 600.920$kN，横向惯性力 $N = 112.800$kN，风力 $W = 5.880$kN。

（1）纵向倾覆

$$\eta_{纵倾} = \frac{9.8Qa}{Th} = \frac{9.8 \times 40 \times 4000}{600.920 \times 750} = 3.48 > 1.25$$

（2）横向倾覆

$$\eta_{横倾}=\frac{9.8Qb}{Nh+Wh_{风}}=\frac{9.8\times40\times1100}{112.800\times750+5.880\times750}=4.84>1.25$$

计算表明，该件货物纵向和横向均不会发生倾覆。

2. 当货物加挡木进行加固时

此时，货物的倾覆点提高，即倾覆力臂缩短，因此货物的稳定系数相应地发生变化。

$$\eta_{纵倾}=\frac{稳定力矩}{倾覆力矩}=\frac{9.8Qa}{T(h-h_{挡})}\geq1.25 \tag{7.14}$$

$$\eta_{横倾}=\frac{稳定力矩}{倾覆力矩}=\frac{9.8Qb}{N(h-h_{挡})+W(h_{风}-h_{挡})}\geq1.25 \tag{7.15}$$

式中　$h_{挡}$——挡木的高度，mm。

3. 当货物采用多种加固材料加固时

此时，稳定系数公式中稳定力矩应该是多种加固材料所产生的稳定力矩之和。

二、检验滚动方面稳定性

圆柱（筒）形、球形、带轮子的货物，装车后，如不进行加固，将发生滚动。故此类货物首先采用三角挡、凹木、掩木等加固材料进行加固，如图7.5所示。

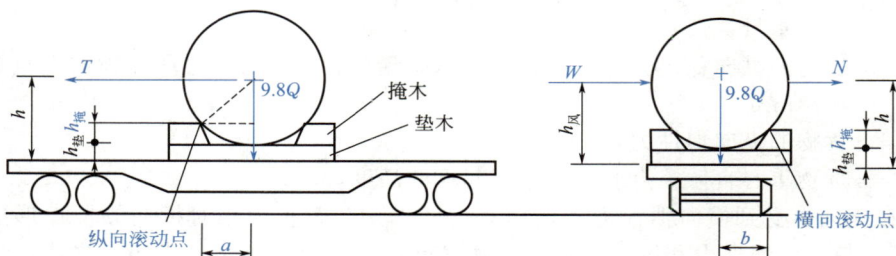

图7.5　货物在车地板上滚动趋势示意图

货物免于滚动的条件为：

$$\eta_{纵滚}=\frac{稳定力矩}{滚动力矩}=\frac{9.8Qa}{T(R-h_{掩})}\geq1.25 \tag{7.16}$$

$$\eta_{横滚}=\frac{稳定力矩}{滚动力矩}=\frac{9.8Qb}{(N+W)(R-h_{掩})}\geq1.25 \tag{7.17}$$

二维码7.4

式中　a——货物纵向滚动点至货物重心所在的横向垂直平面的距离，mm；

　　　b——货物横向滚动点至货物重心所在的纵向垂直平面的距离，mm；

　　　R——货物或轮子的半径，mm；

　　　$h_{掩}$——掩木的高度，mm。

根据图7.5，a、b可用下式计算：

$$a=\sqrt{R^2-(R-h_{掩})^2}\ \text{或}\ b=\sqrt{R^2-(R-h_{掩})^2} \tag{7.18}$$

若既用掩木又用凹木，则a、b应按下式计算：

$$a=\sqrt{R^2-(R-h_{掩}-h_{凹})^2}\ \text{或}\ b=\sqrt{R^2-(R-h_{掩}-h_{凹})^2} \tag{7.19}$$

式中　$h_{凹}$——凹木切口深度，mm。

【例7.4】 圆柱形钢制货物一件，货重80t，直径3000mm，长7000mm，拟用D_{10}型凹底平车一辆均匀对称顺装，装车后货物重心投影落在车地板的中央处，货物本身带有长

3000mm、宽 200mm、高 220mm 的横垫木两根，横垫木的凹形切口深度为 50mm，在横垫木上加有高度为 100mm 的掩木，试检验该货物在滚动方面的稳定性。

解 查表 6.3 得：D_{10} 平车自重 36t，载重 90t。

因为该件货物是顺向卧装，只有可能发生横向方面的滚动，所以只需检验此方面的稳定性。经例 7.2 计算得知：横向惯性力 $N=225.600$kN，风力 $W=5.145$kN。

检验货物稳定性：

$$b=\sqrt{R^2-(R-h_{掩}-h_{凹})^2}=\sqrt{1500^2-(1500-100-50)^2}=654(\text{mm})$$

$$\eta_{横滚}=\frac{9.8Qb}{(N+W)(R-h_{掩}-h_{凹})}=\frac{9.8\times80\times654}{(225.600+5.145)\times(1500-100-50)}=1.65>1.25$$

计算表明，该件货物在横向不会发生滚动。

三、检验水平移动方面稳定性

货物水平移动包括纵向水平移动和横向水平移动。根据力学原理可知，当纵向摩擦力不能抵消纵向惯性力，横向摩擦力不能抵消横向惯性力和风力时，货物将产生纵向、横向上的水平移动，因此，货物免于水平移动的条件应为：

$$\eta_{纵移}=\frac{F_{纵摩}}{T}>1 \tag{7.20}$$

$$\eta_{横移}=\frac{F_{横摩}}{N+W}\geq1.25 \tag{7.21}$$

二维码 7.5

式（7.20）、式（7.21）还可分别表示为：

$$\Delta T=T-F_{纵摩}<0 \tag{7.22}$$

$$\Delta N=1.25(N+W)-F_{横摩}\leq0 \tag{7.23}$$

由于货物横向位移的危险性较大，并且横向力的最大值是当重车以比较高的速度在曲线上运行时产生的，为确保安全，在考虑横向加固时，将横向惯性力和风力之和加大了 25%。

当 $\eta_{纵移}$ 或 $\eta_{横移}$ 不满足式（7.20）、式（7.21）或 ΔT 或 ΔN 不满足式（7.22）、式（7.23）的条件时，货物须加固。

【例 7.5】 木质箱型均重货物一件，货重 40t，长 8000mm，宽 2200mm，高 1500mm，拟用 N_{17K} 型木地板平车一辆均匀对称顺装，装车后货物重心投影落在车地板的中央处，确定货物是否会发生移动。

解 查表 6.2 得：N_{17K} 型平车自重 19.7t，载重 60t。

经例 7.1 计算得知：$T=600.920$kN，$N=112.800$kN，$W=5.880$kN，$F_{纵摩}=176.400$kN，$F_{横摩}=112.680$kN。

1. 纵向移动

$$\eta_{纵移}=\frac{F_{纵摩}}{T}=\frac{176.400}{600.920}=0.29<1$$

2. 横向移动

$$\eta_{横移}=\frac{F_{横摩}}{N+W}=\frac{112.680}{112.800+5.880}=0.95<1.25$$

计算表明，该件货物在纵向和横向均可能发生移动，需要加固。

由于货物的形状各异，所以应综合考虑不稳定因素，并分别进行校验，以确定是否需要进行加固。

工作任务三　选择加固方法与计算强度

理论知识

一、常用加固材料及加固装置

在设计装载加固方案时，若检验出货物有发生倾覆、水平移动或滚动可能，则必须对其进行加固，以保证货物在运输过程中的稳定和安全。

对货物进行加固，须根据货物、车辆情况选择合适的加固材料，设计安全、经济的加固方案。

（一）加固材料分类

1. 按加固方式分类

（1）拉牵捆绑材料，包括镀锌铁线、盘条、钢丝绳、固定捆绑铁索、绳索、螺旋式紧线器、84紧线器和腰箍等。

（2）衬垫材料，包括垫木、隔木、条形草支垫、稻草绳把、稻草垫和橡胶垫等。

（3）掩挡类材料，包括支柱、挡木、掩木、钢挡、锅炉挡铁、围挡、挡板（壁）、圆钢钉和扒锔钉等。

（4）其他材料，包括绳网、焦炭网、U形钉、U形夹和钢板夹等。

2. 按材质分类

可分为木质类，如支柱、垫木和挡木等；钢铁制品类，如铁线、钢丝绳和型钢等；其他材质类，如橡胶垫和草支垫等。

（二）常用加固材料的适用范围

常用加固材料的适用范围见表7.5。

表 7.5　加固材料适用范围

货物种类	防止货物不稳定的种类	可使用的加固材料
平支重面货物	纵向或横向倾覆	镀锌铁线、钢丝绳等
	纵向或横向移动	镀锌铁线、钢丝绳、挡木、钢挡等
圆柱形货物	纵向或横向滚动	镀锌铁线、钢丝绳、腰箍、凹形垫木、掩木、三角挡等
	顺装时纵向移动	镀锌铁线、钢丝绳、腰箍等
	横装时横向移动	镀锌铁线、钢丝绳、挡木等
带轮货物	纵向或横向滚动	三角挡、掩木、镀锌铁线、钢丝绳、轮挡等
	纵向或横向移动	镀锌铁线、钢丝绳、挡木等
轻浮货物	倒塌	支柱、铁线、绳子、绳网等

（三）常用加固材料的用途及规格

1. 拉牵捆绑材料

（1）加固方式　使用镀锌铁线、盘条、钢丝绳拉牵捆绑加固方式如图7.6所示。

使用镀锌铁线、钢丝绳拉牵捆绑加固货物，应依据所加固货物的拴结点情况，尽量考虑对称拉牵捆绑。

二维码 7.6

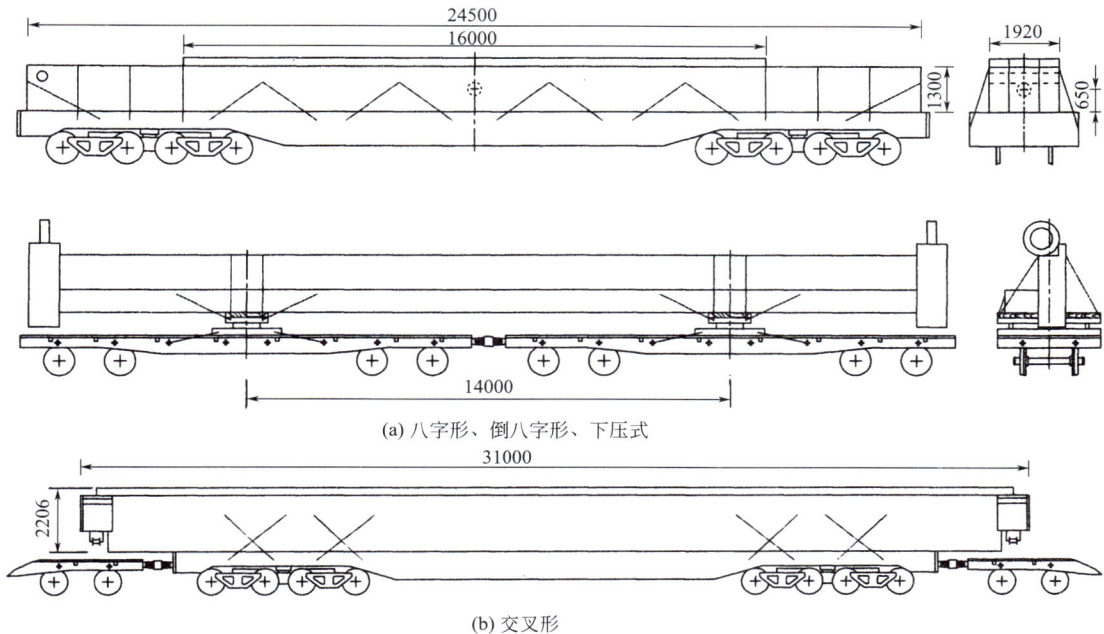

（a）八字形、倒八字形、下压式

（b）交叉形

图 7.6 加固线加固方式（单位：mm）

拉牵绳与车地板的夹角一般应接近 45°。若加固主要用于防止货物水平移动时，拉牵绳与车地板的夹角可小于 45°；若主要用于防止货物倾覆，拉牵绳与车地板的夹角应适当大于 45°。

（2）加固材料

① 镀锌铁线 镀锌铁线是一种适应性比较强，应用广泛的加固材料。它主要用于拉牵、捆绑货物，可防止货物产生倾覆、移动和滚动。镀锌铁线不得用作腰箍下压式加固，一般不用作整体捆绑。

拉牵用镀锌铁线直径不得小于 4mm，捆绑用镀锌铁线直径不得小于 2.6mm，弹性变形较大，抗拉能力较小的镀锌铁线，不宜作为重量较大货物捆绑加固用。禁止使用受损、使用过的镀锌铁线。

加固货物常用的镀锌铁线的破断拉力和许用拉力值见表 7.6。

表 7.6 常用镀锌铁线的破断拉力和许用拉力

线号	6	7	8	9	10	11	12
直径/mm	5.0	4.5	4.0	3.5	3.2	2.9	2.6
破断拉力/kN	6.7	5.4	4.3	3.29	2.75	2.26	1.82
许用拉力/kN	3.35	2.7	2.15	1.64	1.37	1.13	0.91

镀锌铁线使用时，一般数股拧成一根。绞紧时不得损伤镀锌铁线。禁止使用两股以上镀锌铁线一次性缠绕的操作方法。

一般当单道拉牵绳需由 14 股以上镀锌铁线组成时，应改用钢丝绳加固。

② 盘条 盘条主要用于拉牵加固货物，可防止货物产生倾覆、移动和滚动，不得用作腰箍，可用作整体捆绑。禁止使用受损、使用过的和表面有裂纹、结疤等情况的盘条。绞紧时不得损伤盘条。拉牵时，禁止盘条两端头相互搭接缠绕。常用盘条的破断拉力和许用拉力

见表 7.7。

表 7.7　常用盘条的破断拉力和许用拉力

直径/mm	5.5	6	6.5
破断拉力/kN	7.96	9.47	11.12
许用拉力/kN	3.98	4.73	5.56

③ 绞棍　绞棍用于将缠绕后的镀锌铁线、盘条等绞紧，绞棍应置于镀锌铁线、盘条的中部，绞拧不宜过紧和过松，不得损伤拉牵捆绑线。绞棍留用时须固定（图 7.7），且不得超限；不留用时须采取措施防止捆绑线回松（图 7.8）。

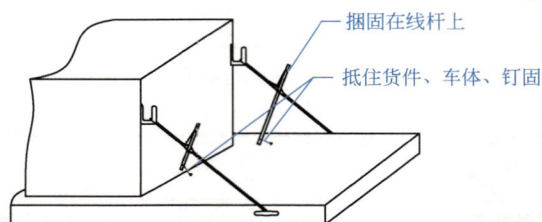

图 7.7　绞棍的固定示意图

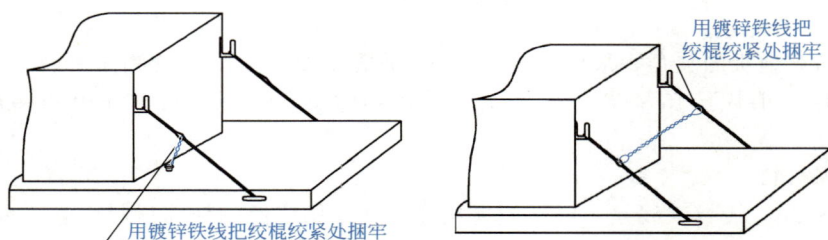

图 7.8　绞棍不留用时防松措施示意图

绞棍的直径一般为 50mm，长度为 600mm，操作困难时，可根据实际需要确定。绞棍应选用圆直坚实的硬杂木、钢管等制作。

④ 钢丝绳和钢丝绳夹　钢丝绳可用于拉牵加固、整体捆绑和腰箍。加固货物用的钢丝绳应选用柔性较好的起重、提升和牵引用钢丝绳。推荐公称抗拉强度 1670MPa（N/mm^2）的 6×19（b）（1＋6＋12）型钢丝绳，其规格和破断拉力见表 7.8。

表 7.8　公称抗拉强度 1670N/mm^2 规格 6×19（b）（1＋6＋12）型钢丝绳的最小破断拉力和许用拉力

钢丝绳直径/mm	6	7	7.7	8	9	9.3	10	11	12	12.5	13
最小破断拉力/kN	18.5	25.1	31.7	32.8	41.6	45.6	51.3	62	73.8	81.04	86.6
许用拉力/kN	9.25	12.55	15.85	16.4	20.8	22.8	25.65	31	36.9	40.52	43.3
钢丝绳直径/mm	14	15.5	16	17	18	18.5	20	22	24	26	28
最小破断拉力/kN	100	126.6	131	153.27	166	182.37	205	248	295	346	402
许用拉力/kN	50	63.3	65.5	76.63	83	91.18	102.5	124	147.5	173	201

紧固钢丝绳的装置为钢丝绳夹头，应按钢丝绳的直径选用相应公称尺寸的钢丝绳夹头。钢丝绳夹头使用方式如图 7.9。钢丝绳夹间的距离 A 等于 6～7 倍钢丝绳直径，绳头余尾长度应控制在 100～300mm 间。

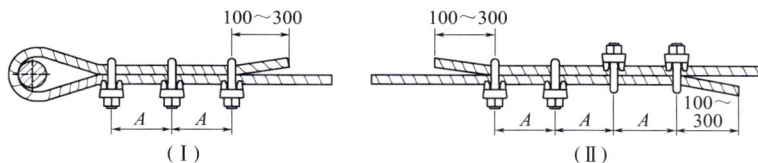

图 7.9　钢丝绳夹使用示意图（单位：mm）

多股小直径钢丝绳捆绑加固货物时，两端绳头用钢丝绳夹头正反扣紧固定后，应用铁质绞棍绞紧，在此种情况下，绞棍必须留用并予以固定。

⑤ 螺旋式紧线器　螺旋式紧线器又称花篮螺栓，与钢丝绳配合使用。主要分"OO 型""OC 型""CC 型""OU 型"四种，具体结构如图 7.10 所示。

螺旋式紧线器与钢丝绳等配合使用时，抗拉强度应匹配。加固货物时，应优先选用"OO 型"和"OU 型"螺旋式紧线器。

⑥ 固定捆绑铁索　固定捆绑铁索是配合支柱作腰线拦护货物使用，可重复使用，由 8 号镀锌铁线 4 股制作，铁索两端的环状铁线必须拼齐缠绕，如图 7.11 所示。

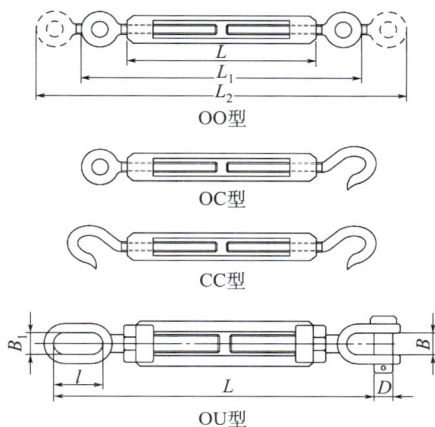

图 7.10　螺旋式紧线器结构示意图

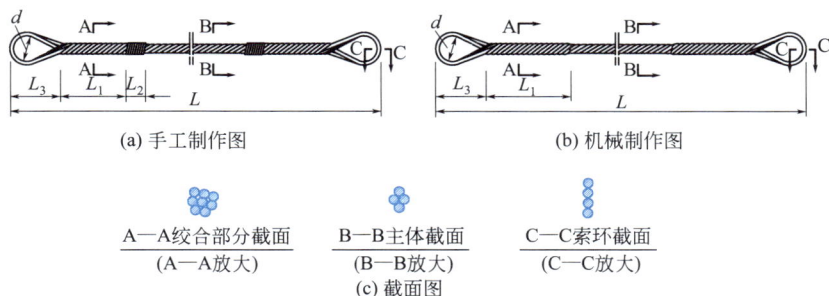

图 7.11　固定捆绑铁索结构

⑦ 腰箍　腰箍指将货物捆绑（箍）在车辆上，增大货物与车底板或垫木间的摩擦力，以防止货物滚动或移动的材料。腰箍可用钢丝绳或扁钢带制作，主要用于加固顺装的圆柱形货物或箱型货物，使用方法见后面内容介绍。

腰箍两端应分别与车辆拴结点或钢座架相连，其预紧力应达到设计要求。通过螺栓张紧腰箍时须用双螺母紧固。腰箍可与螺旋式紧线器配合使用。

禁止使用镀锌铁线、盘条制作腰箍。禁止使用仅一端有紧固装置的扁钢腰箍。

使用腰箍加固货物的注意事项：

a. 货物必须能够承受腰箍的压力。木箱包装的货物、外壳较薄易于损坏的货物不宜采用腰箍进行加固。

b. 腰箍在整个运输过程中，必须处于紧固状态，如松动将失去加固作用，且紧固部件的强度必须与腰箍的强度相匹配。

c. 货物与腰箍间应加防磨衬垫。

⑧ 绳索　绳索应使用优质棕、麻制作或用抗拉强度和伸长率符合要求的尼龙丝等材料制作。绳索的破断拉力不得小于 7.84kN，加固轻浮货物时其破断拉力不得小于 2.94kN，绳索 80% 破断拉力时的伸长率不大于 15%。

根据货物装载情况，绳索可采用横向下压捆绑、纵向下压捆绑、端部交叉捆绑和货件的串联捆绑等形式。横向下压捆绑应垂直下压，操作有困难时，也可采用横向扇形下压捆绑（图 7.12）。

超出车辆端侧板（墙）装载的成件包装货物可采用端部单交叉捆绑（图 7.13），也可采用端部双交叉捆绑（图 7.14）。

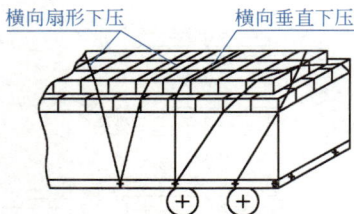

图 7.12　绳索下压捆绑　　　　图 7.13　绳索单交叉捆绑　　　图 7.14　绳索双交叉捆绑

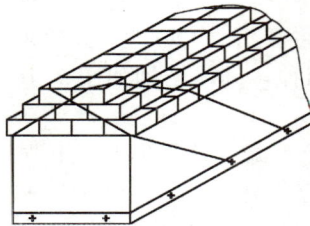

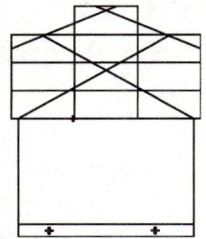

2. 衬垫加固材料

（1）垫木和隔木　装运超长、集重和超限货物时，为增大货物支重面的长度和宽度、降低超限等级或避免超长货物突出部分底部与游车车地板接触，必要时需使用纵、横垫木；在分层装载货物时，特别是金属制品，为防止层间货物滑动，必须使用隔木。

垫木和隔木必须使用无削弱强度的木节和裂纹、坚实、纹理清晰、无腐烂的整块木材制作。

横垫木和隔木的长度一般不应小于货物装载宽度，但不大于车辆的宽度。垫木的宽度不得小于高度。垫木和隔木的常用规格尺寸见表 7.9。

表 7.9　垫木和隔木的常用规格尺寸

名称	规格尺寸/mm			要　求
	长	宽	高（厚）	
横垫木	2700～3000	150	140	装载超长货物时横垫木的高度根据突出车端长度计算确定
纵垫木	—	150	140	
隔木	—	100	35	长度不得小于货物的装载宽度

注：本表规定的规格，如不能适应所装货物需要，应在具体装载加固方案中明确。

（2）条形草支垫、稻草绳把、稻草垫和橡胶垫　条形草支垫、稻草绳把用于支撑货物并起防滑作用。稻草垫和橡胶垫起衬垫防滑作用。橡胶垫还可作缓冲材料。

条形草支垫、稻草绳把和稻草垫均限一次性使用。

3. 掩挡加固材料

（1）支柱　支柱一般分为木支柱、钢管支柱和竹支柱三种，常用支柱的材质和规格见表 7.10。

木支柱一般用来加固原木、木材制品和轻浮货物。应直接使用原木，不允许有腐朽、死节和虫眼（表皮虫沟除外），活节不超过两个。支柱必须选用坚实圆直的木材，并将其大头加工成四方形，紧插于支柱槽内，并适当露出支柱槽下，露出长度不超过 200mm。敞车使用木、竹支柱时必须倒插。

表 7.10 常用支柱的材质和规格

类型	材质或树种	规格/mm		
		长度	大头直径	小头直径
木支柱	榆、柞、槐、楸、桦、栗、柊、榉、水曲柳等各种硬木	≤2800	不小于 85 不大于 160	不小于 65
	落叶松、黄菠萝		不小于 105 不大于 160	不小于 85
	杉木、樟松		不大于 180	不小于 100
钢管支柱	普通碳素钢或其他钢种的无缝钢管或焊接钢管		不小于 65	不小于 65
竹支柱	毛竹		不小于 80	不小于 80

注：各种材质木支柱的直径均不含树皮的厚度。

钢管支柱一般用来加固钢管。禁止使用铸铁管制作支柱，要求其直径不得小于 65mm，钢管壁厚不小于 4mm，钢管的下部应有焊接处，可用铁线将其与支柱槽捆绑；顶部应有孔，可用来穿封顶线。

竹支柱仅限装运竹子及轻浮货物时使用。竹支柱需用节密、瓤实、圆直的竹子制成，不得有腐朽、虫眼和裂缝。

（2）挡木、钢挡 装载平支重面货物时，可以在货物两端和两侧加挡木或钢挡，防止货物移动和倾覆，如图 7.15 所示。挡木的宽度与高度应相等，常用规格（长×宽×高）为 400mm×100mm×100mm。挡木、钢挡一般采用钉固或螺栓连接的方式固定，钢挡还可通过直接焊接的方式固定。固定挡木和钢挡的圆钢钉应垂直钉进，圆钢钉的长度应接近于将车地板钉穿。

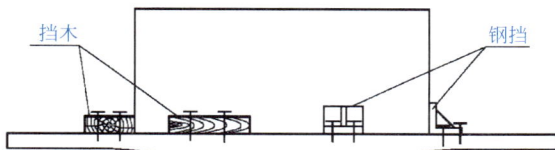

图 7.15 挡木、钢挡与车地板钉固

（3）掩挡（三角挡、掩木、方木、凹木） 三角挡、掩木、方木、凹木主要用来加固圆柱形货物和轮式走行机械，其规格应根据货物的重量、直径（或轮径）等确定。

单独使用时，三角挡、掩木的有效高度 $h_{掩}$（mm）和凹木的凹部深度 $h_{凹}$（mm）按下式计算确定。

防止货物纵向滚动时：

$$h_{掩} 或 h_{凹} \geqslant (0.3744 - 0.0018 Q_{总}) D \qquad (7.24)$$

式中 $Q_{总}$——重车总重，t；

D——货物的直径或轮径，mm。

防止货物横向滚动时：

$$h_{掩} 或 h_{凹} \geqslant 0.08 D \qquad (7.25)$$

配合其他加固方法使用时，高度（深度）可适当降低。

三角挡的底宽不得小于高度的 1.5 倍，其高度经计算不足 100mm 时，按 100mm 取用。常用方木的规格（长×宽×高）为 500mm×200mm×160mm。

凹木的宽度不小于凹木低面至凹部最低点高度的 1.2 倍。

（4）圆钢钉、扒锔钉 圆钢钉、扒锔钉用于钉固挡木、三角挡、垫木和轮挡等加固材料。

钉固用圆钉一般直径不小于5mm，常用圆钢钉的规格尺寸见表7.11。

表 7.11　常用圆钢钉的规格尺寸

直径/mm	5	5.5	6	6.5
长度/mm	100～130	120～175	150～200	160～220

扒锔钉常用圆钢或螺纹钢制作。常用扒锔钉规格（长×直径×钉脚长度）为200mm×10mm×（50～60）mm。

（5）围挡及挡板（壁）　竹笆围挡、竹板围挡、箭竹围挡、钢网围挡和木板围挡用于挡固敞车装载焦炭时的起脊部分。在焦炭装到一定高度时，将围挡沿车辆端侧墙内侧一周安插在端侧墙与焦炭之间。竹笆围挡、竹板围挡、钢网围挡和木板围挡超出车辆端侧墙的高度不得超过围挡总高度的1/2，箭竹围挡超出车辆端侧墙的高度不得大于600mm。

4. 其他加固材料

（1）绳网、焦炭网　绳网一般用于加固起脊装运的成件包装货物或袋装货物。绳网分为上封式绳网和下捆式绳网两种。上封式绳网结构如图7.16。采用优质棕、熟麻、丙纶等材料制作。

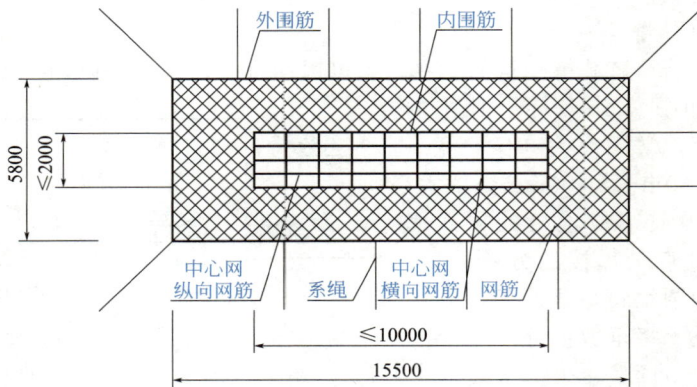

图 7.16　上封式绳网（A 型）（单位：mm）

上封式绳网使用时，需预埋在未超出敞车端侧墙的货物下，继续装载货物至规定的层数，向上翻起绳网，拉紧系绳，将起脊货物通过绳网上的系绳捆绑成一体。

下捆式绳网通常用于加固空铁桶。当空铁桶起脊装载至规定的高度后，先按要求捆绑绳索，然后苫盖下捆式绳网，拉紧系绳并将其捆绑拴结在敞车下门挂钩或丁字铁上。

焦炭网为运输焦炭时防坠落的下捆式苫盖网，一般由彩尼龙等聚合料绳纺织制成。

（2）U形钉、U形夹、钢板夹　U形钉骑跨在整体捆绑线（封顶线、腰线、拦护线等）上，并钉固在木材或木质加固材料上。常用规格尺寸：$d×L$ 为（2.5～4.0）mm×（30～60）mm，钉肩宽 B 为15～35mm，钉尖角不大于30°，具体结构尺寸也可根据实际需要确定。U形钉的结构如图7.17所示。

U形夹是将冷轧板剪断成条形（800mm×60mm×2mm），然后在条形冷轧板的中部，用直径6.5mm的圆钢焊接一个加固环［图7.18(a)］或在距800mm×60mm的条形钢板两端300mm处各冲1个孔，孔径为 φ30mm［图7.18（b）］。

图 7.17　U 形钉的结构示意图

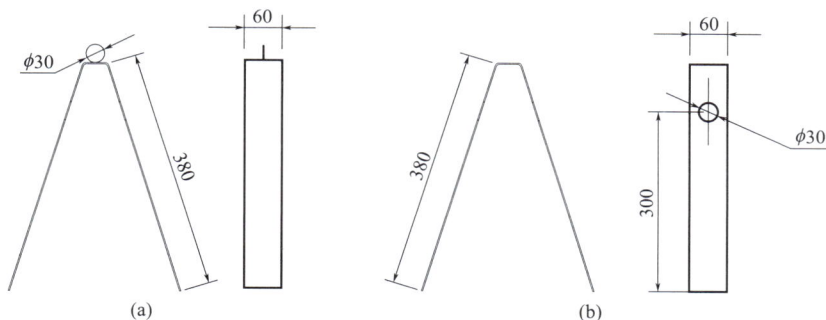

图 7.18　U 形夹结构示意图（单位：mm）

使用时，将 U 形夹开口端从货物端部插入至圆环（孔）位置，加固线穿过圆环（孔）紧固。

钢板夹主要用于钢板的整体加固。钢板夹的长度和高度根据所装钢板的宽度、高度确定，钢板夹结构示意如图 7.19 所示。

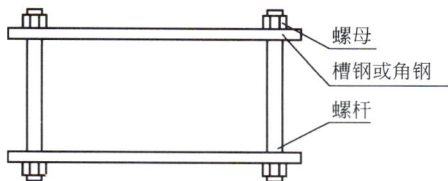

图 7.19　钢板夹结构示意图

（四）加固装置

常用加固装置有货物转向架、车钩缓冲停止器、货物钢支架和钢座架。

1. 货物转向架

货物跨装时，必须使用货物转向架。货物转向架每副两个，一个具有死心盘，中心销孔为一圆孔；另一个具有活心盘，中心销孔为一长孔。每个转向架由上架体和下架体组成。

货物转向架分为普通型和专用型两类，普通型是指通用的货物转向架，如图 7.20 所示，专用型是为某种超长货物专门制备的转向架。

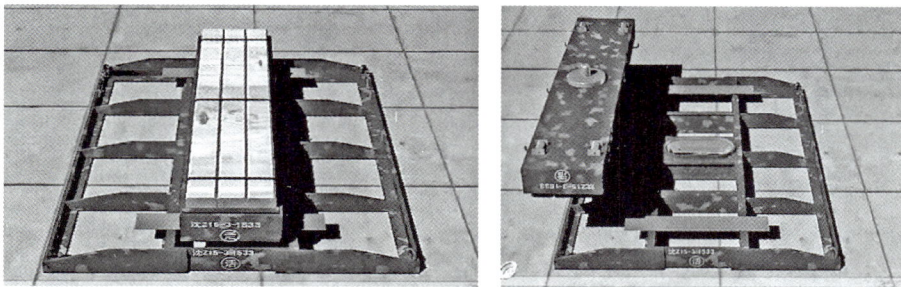

图 7.20　普通货物转向架结构

转向架根据其活心盘孔的长度和是否加挂中间游车分为两种：两车一组跨装货物、不加挂中间游车为一种；三车一组跨装货物、加挂中间游车为另一种。

两车一组跨装货物时，活心盘中心销定位于活心盘孔的中央；三车一组跨装货物、中间加挂游车时，活心盘中心销置于活心盘孔内的位置，距中间游车一端（内侧）180mm，距另一端（外侧）120mm。活心盘孔在上架体上时则相反。

2. 车钩缓冲停止器

跨装货物应使用车钩缓冲停止器（图 7.21），由钢板和螺杆等部件组成。

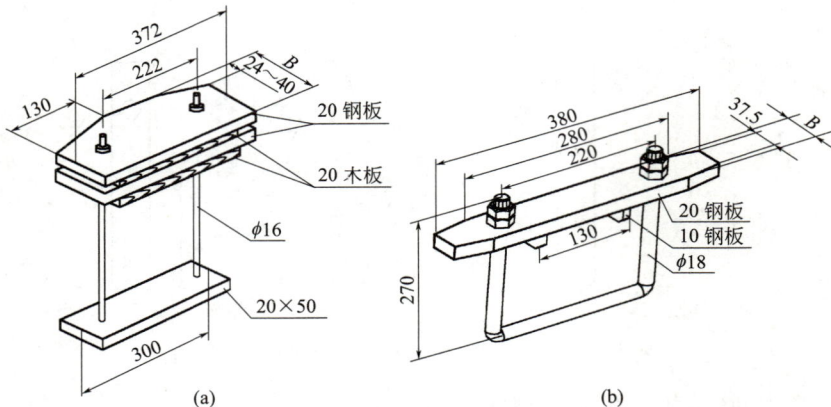

图 7.21 车钩缓冲停止器（单位：mm）

在车钩自然状态下，将车钩缓冲停止器安装在货车冲击座和车钩钩头背之间。

3. 货物钢支架、钢座架

钢支架、钢座架用于支撑球形、卧装圆柱形和需用支架、座架的货物。应根据货物形状、重量和使用车辆等条件制作，其强度、规格、防滑和加固措施应能满足货物运输安全要求。

4. 专用货车配备的装载加固装置

如 SQ_1 型运输小汽车双层平车止轮器、SQ_3 型运输小汽车双层平车加固装置等。

二、装载加固方案及其管理

装载加固方案设计是一项技术工程，是规章的落实，是实践的总结。铁路货运工作者在长期实践的基础上，汲取国外经验，结合国情和铁路运输实际，总结制定出一套具有中国特色的铁路运输装载加固方案。它的公布实施，对于保证铁路运输安全起到了重要作用。但是，加固方案并非一成不变，随着科技进步，新产品层出不穷，装载加固方案需不断完善、修订，并且逐步走向规范化、标准化。

（一）装载加固方案的种类、作用和内容

铁路货物装载加固方案分为装载加固定型方案（以下简称定型方案）、装载加固暂行方案（以下简称暂行方案）和装载加固试运方案（以下简称试运方案）。

定型方案是《铁路货物装载加固规则》（简称《加规》）附件 1，所列方案是铁路明确规定品名与规格的货物装载加固定型方案，此方案系列化程度较强、覆盖范围较广，是一个规范性文件，与《加规》具有同等效力，是执行"按方案装车"和"装车质量签认"制度的基本依据。托运人与承运人都应该严格遵守和执行。

暂行方案是由铁路局审批报国铁集团备案的铁路局明定的货物装载加固方案，是对定型方案的有效补充，很可能在适当时机被纳入定型方案。

试运方案是《加规》附件 6，与《加规》具有同等效力，规定了相应的试运内容（站名、托运人等）。

装载加固方案包括 11 类 50 项，涉及货物千余种，包括货物规格、准用货车、装载加固材料（装置）、装载方法、加固方法和其他要求等内容。14.2m 钢结构装载加固定型方案见表 7.12。

表 7.12　14.2m 钢结构装载加固定型方案

编号:050203

14.2m 钢结构

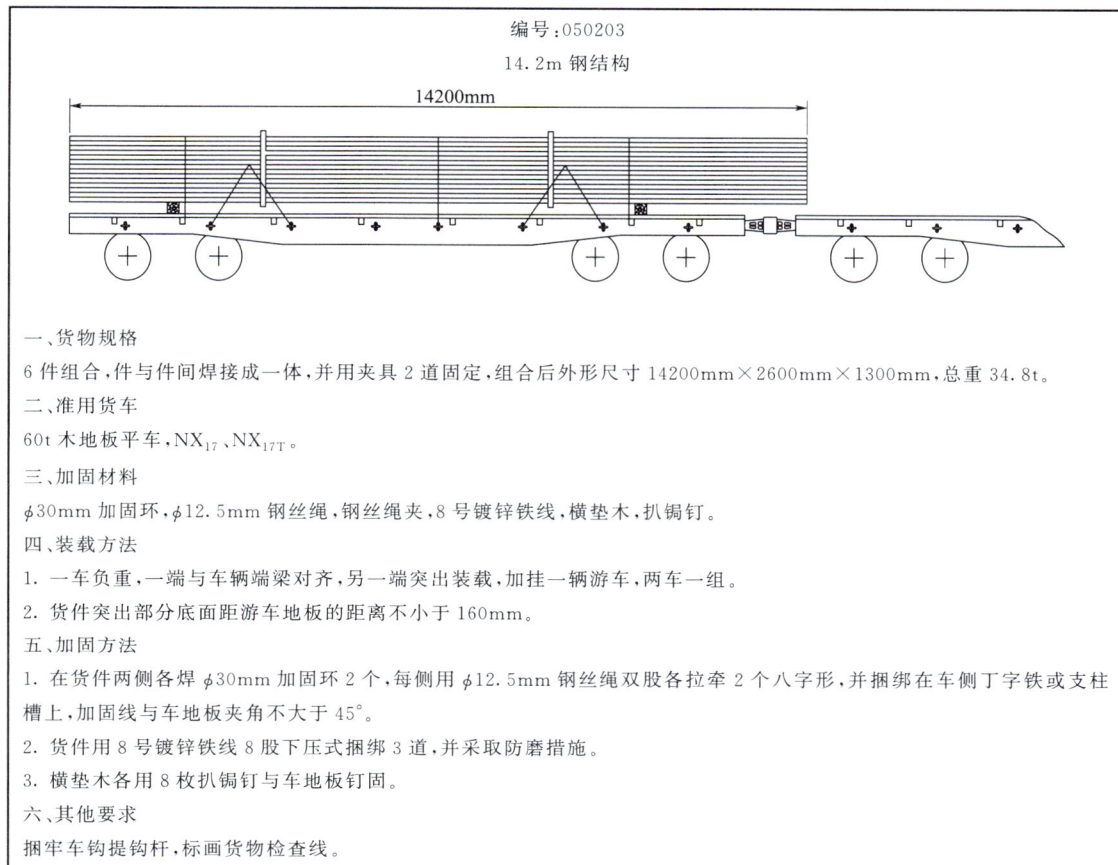

一、货物规格

6 件组合,件与件间焊接成一体,并用夹具 2 道固定,组合后外形尺寸 14200mm×2600mm×1300mm,总重 34.8t。

二、准用货车

60t 木地板平车,NX$_{17}$、NX$_{17T}$。

三、加固材料

φ30mm 加固环,φ12.5mm 钢丝绳,钢丝绳夹,8 号镀锌铁线,横垫木,扒锔钉。

四、装载方法

1. 一车负重,一端与车辆端梁对齐,另一端突出装载,加挂一辆游车,两车一组。

2. 货件突出部分底面距游车地板的距离不小于 160mm。

五、加固方法

1. 在货件两侧各焊 φ30mm 加固环 2 个,每侧用 φ12.5mm 钢丝绳双股各拉牵 2 个八字形,并捆绑在车侧丁字铁或支柱槽上,加固线与车地板夹角不大于 45°。

2. 货件用 8 号镀锌铁线 8 股下压式捆绑 3 道,并采取防磨措施。

3. 横垫木各用 8 枚扒锔钉与车地板钉固。

六、其他要求

捆牢车钩提钩杆,标画货物检查线。

（二）装载加固方案的执行

1. 方案管理

国铁集团负责定型方案的补充、修改和试运方案的审批管理工作,铁路局货物装载加固主管部门负责暂行方案和比照方案的审批管理工作,铁路局应及时将批准的暂行方案和比照方案报国铁集团备案。

2. 适应范围

凡使用铁路敞车、平车、长大货物车及敞车、平车类专用货车装运的成件货物,有定型方案、暂行方案和试运方案的,一律严格按方案装车;无方案的,由托运人在托运货物之前向装车站申报计划装载加固方案（以下简称计划方案,含方案比照申请）和相关资料,装车站按规定报批。装车单位按批准的方案组织装车。

与定型方案和暂行方案中货物规格（包括单件重量、重心位置、外形尺寸、支重面长度和宽度等）相近,装载加固方法相同并且使用相同车辆装载的货物,托运人可向装车站申请比照该定型方案或暂行方案,经发送铁路局审查批准后方可实施。

试运方案和超过有效期的暂行方案不得比照。

3. 有效期

定型方案长期有效;试运方案不跨年度,连续试运期限一般不应超过 3 年;暂行方案有效期及比照方案有效期由铁路局规定。

凡需继续执行的暂行方案和试运方案，方案执行单位须在有效期结束前一个月将方案执行情况（试运方案为试运总结）和下一步运用请求逐级审核上报方案批准单位，经审查批准后方可继续实施。逾期未申报者，原暂行方案和试运方案自行废止。

🧩 任务实施

教学任务书——确定加固材料的种类、规格和数量

针对"任务实例"中的货物，在前期计算结果的基础上，选用合适的加固材料，确定加固材料的规格，计算加固材料的数量，填写表 7.13。

表 7.13　加固材料数量计算

勾选加固材料	加固对应的参数	材料规格	材料数量
A. 镀锌铁线（　　） B. 钢丝绳（　　） C. 挡木（　　） D. 其他（　　）	$AC=2.5\text{m}$ $BC=$ $BO=$ $l_纵=无$ $l_横=$		$n=8$ $n_股=$ 或 钢丝绳直径$=$

为了保证运输安全，当检验出货物不稳定，要发生倾覆、水平移动和滚动现象时，需对货物进行加固。同时，为了制定一个经济、合理的加固方案，有必要对加固材料的强度及数量进行计算，下面介绍几种实际工作中常用的加固材料强度和数量的计算方法。

一、计算镀锌铁线、钢丝绳的规格、数量

（一）计算每根拉牵绳应提供的拉力

使用铁线、钢丝绳加固货物，拉牵绳与车地板形成一个夹角 α，拉牵绳的拉力可分解成垂直分力、纵向水平分力和横向水平分力，如图 7.22 所示。

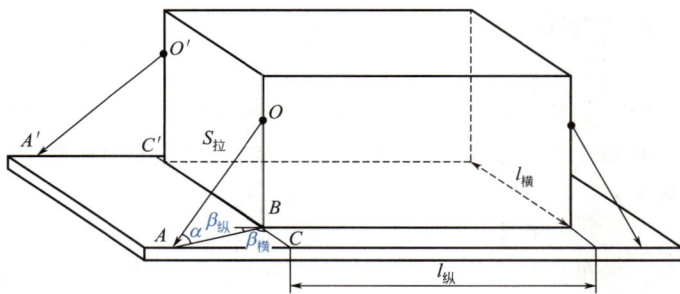

图 7.22　拉牵加固

$S_拉$—每根拉牵绳需提供的拉力；A—拉牵绳在车辆上的拴结点；O—拉牵绳在货物上的拴结点；
B—O 点在车地板上的投影；BC—O 点所在纵向垂直平面与车辆边线的距离；α—拉牵绳与车地板的夹角；
$\beta_纵$—拉牵绳的水平投影与纵向水平分力在车地板投影的夹角；
$\beta_横$—拉牵绳的水平投影与横向水平分力在车地板投影的夹角

以 A、B、O 三点为顶点，形成个长方体，拉牵绳需提供的拉力 $S_拉$ 可以分解出三个分力：

纵向水平分力：　　　　　　　　$S_纵=S_拉\cos\alpha \cdot \cos\beta_纵$

横向水平分力：　　　　　　　　$S_横=S_拉\cos\alpha \cdot \cos\beta_横$

垂直分力： $$S_垂 = S_拉 \sin\alpha$$

用长方体的三边可表示如下：

$$S_纵 = S_拉 \frac{AC}{AO}, S_横 = S_拉 \frac{BC}{AO}, S_垂 = S_拉 \frac{BO}{AO}$$

当同一方向采用 n 根拉牵绳时，每根拉牵绳应承受的力 $S_拉$ 按下列方法计算。

（1）防止货物纵向倾覆，起作用的力为纵向水平分力和垂直分力，根据稳定系数计算方法和公式，推导出为了防止货物纵向倾覆，拉牵绳需提供的拉力 $S_{纵倾}$ 为：

$$S_{纵倾} = \frac{1.25Th - 9.8Qa}{n(l_纵 + AC)\dfrac{BO}{AO}} \tag{7.26}$$

（2）防止货物横向倾覆，起作用的力为横向水平分力和垂直分力，根据稳定系数计算方法和公式，推导出为了防止货物横向倾覆，拉牵绳需提供的拉力 $S_{横倾}$ 为：

$$S_{横倾} = \frac{1.25(Nh + Wh_风) - 9.8Qb}{n(l_横 + BC)\dfrac{BO}{AO}} \tag{7.27}$$

（3）防止货物纵向水平移动，起作用的力为纵向水平分力和纵向摩擦力，根据稳定系数计算方法和公式，推导出为了防止货物纵向移动，拉牵绳需提供的拉力 $S_{纵移}$ 为：

$$S_{纵移} = \frac{T - F_{纵摩}}{n\dfrac{AC}{AO}} \tag{7.28}$$

（4）防止横向水平移动，起作用的力为横向分力和横向摩擦力，根据稳定系数计算方法和公式，推导出为了防止货物横向移动，拉牵绳需提供的拉力 $S_{横移}$ 为：

$$S_{横移} = \frac{1.25(N + W) - F_{横摩}}{n\dfrac{BC}{AO}} \tag{7.29}$$

式中　n——同一方向采用的拉牵绳根数；

$l_纵$——B 点至货物纵向倾覆轴（点）的距离，mm；

$l_横$——B 点至货物横向倾覆轴（点）的距离，mm。

如果拉牵绳既要防止倾覆，又要防止移动，则每根拉牵绳应承受的力为：

$$S_拉 = \max\{S_{纵倾}, S_{横倾}, S_{纵移}, S_{横移}\} \tag{7.30}$$

（二）确定拉牵绳的规格和数量

1. 使用镀锌铁线做拉牵绳

当数股铁线拧成一根拉牵绳使用时，由于每股镀锌铁线受力不均等，所以每根拉牵绳的拉力值 $S_拉$ 应取多股铁线许用拉力之和的 90%。当选用某种线号的镀锌铁线来做拉牵绳时，根据表 7.6 可查出 $P_许$，则每根拉纤绳所包含的铁线股数为：

$$n_股 = \frac{S_拉}{0.9P_许} \tag{7.31}$$

根据镀锌铁线的加固方式，计算出的 $n_股$ 应进为偶数。

2. 使用钢丝绳作拉牵绳

钢丝绳的破断拉力应为：

$$P_破 \geqslant 2S_拉 \tag{7.32}$$

根据破断拉力，查表 7.8 可确定应使用钢丝绳的直径。

二、计算腰箍规格数量

利用腰箍加固，主要是利用腰箍的拉力，增大货物对垫木（或垫木对车地板）之间的正压力，以增加摩擦力，防止货物移动。同时利用自身的拉力防止倾覆和滚动。

（一）计算每道腰箍应承受的力

采用腰箍加固货物，每道腰箍应承受的力按下列方法计算：

1. 顺向卧装圆柱形货物

（1）防止货物横向滚动 如图 7.23 所示，防止货物横向滚动，起作用的为腰箍的垂直分力，根据稳定系数的计算方法和公式，推导出每道腰箍应承受的拉力 $P_{横滚}$ 为：

$$P_{横滚} = \frac{1.25(N+W)(R-h_{掩}-h_{凹})-9.8Qb}{2nb\dfrac{EF}{EG}} \qquad (7.33)$$

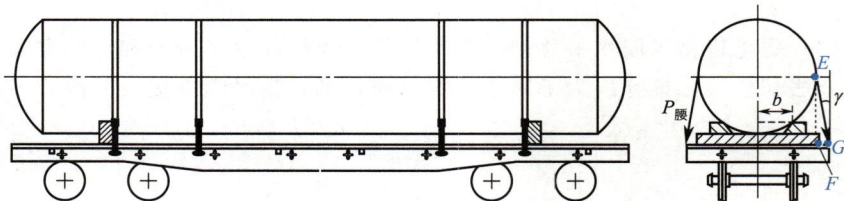

二维码 7.7

图 7.23 腰箍下压加固圆柱形货物示意图

$P_{腰}$—下压腰箍应承受的拉力；E—下压腰箍与圆柱形货物的最低接触点；EF—E 到车地板的距离；EG—E 到货车拴结点的距离；γ—拉牵绳与 E 点所在纵向垂面的夹角；b—货物重心所在纵向垂直平面至货物与掩木或三角挡接触点之间的距离

（2）防止货物纵向水平移动 防止货物纵向水平移动，起作用的力为腰箍的垂直分力和纵向摩擦力，根据稳定系数的计算方法和公式，推导出每道腰箍应承受的拉力 $P_{纵移}$ 为：

$$P_{纵移} = \frac{T-F_{纵摩}}{2n\mu\dfrac{EF}{EG}} \qquad (7.34)$$

式中，EF、EG 的计算方法参见后面的例 7.7。

（3）防止货物横向水平移动 防止货物连同座架（凹木）横向水平移动，起作用的力为腰箍的垂直分力和横向摩擦力，根据稳定系数的计算方法和公式，推导出每道腰箍应承受的拉力 $P_{横移}$ 为：

$$P_{横移} = \frac{1.25(N+W)-F_{横摩}}{2n\mu\dfrac{EF}{EG}} \qquad (7.35)$$

式中 n——采用的下压腰箍道数。

如果腰箍既要防止货物发生滚动，又要防止货物发生移动，故每道腰箍应承受的拉力为：

$$P_{腰} = \max\{P_{横滚}, P_{纵移}, P_{横移}\} \qquad (7.36)$$

2. 箱形货物

当箱形货物无拴结点时，可采用腰箍加固，如图 7.24 所示。

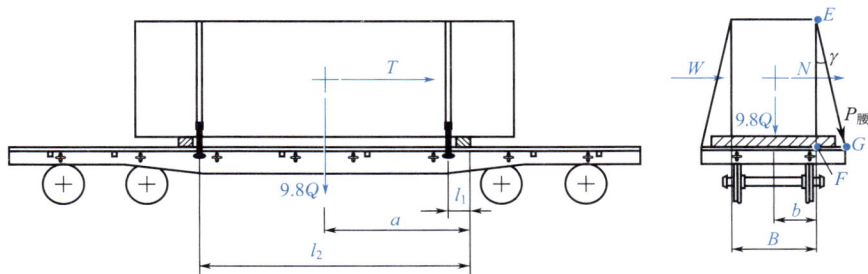

图 7.24　腰箍加固箱形货物示意图

$P_{腰}$—下压腰箍应承受的拉力；E—下压腰箍与货物的最外侧接触点；EF—E 到车地板的距离；

EG—E 到货车拴结点的距离；γ—下压腰箍与 E 点所在纵向垂面的夹角

（1）防止货物纵向倾覆　防止货物纵向倾覆，起作用的力为腰箍的垂直分力，根据稳定系数的计算方法和公式，推导出每道腰箍应承受的力 $P_{纵倾}$ 为：

$$P_{纵倾} = \frac{1.25Th - 9.8Qa}{2\dfrac{EF}{EG}(l_1 + l_2 + \cdots + l_n)} \tag{7.37}$$

（2）防止货物横向倾覆　防止货物横向倾覆，起作用的力为腰箍的垂直分力，根据稳定系数的计算方法和公式，推导出每道腰箍应承受的力 $P_{横倾}$ 为：

$$P_{横倾} = \frac{1.25(Nh + Wh_{风}) - 9.8Qb}{nB\dfrac{EF}{EG}} \tag{7.38}$$

式中　l_1，l_2，$\cdots$，l_n——腰箍各垂直分力到货物纵向倾覆点的距离，mm；

B——货物支重物宽度，mm。

（3）防止货物水平移动　防止货物纵向、横向水平移动计算公式同式（7.34）、式（7.35）。

如果腰箍既要防止货物发生倾覆，又要防止货物发生移动，则每道腰箍应承受的力为：

$$P_{腰} = \max\{P_{纵倾}, P_{横倾}, P_{纵移}, P_{横移}\} \tag{7.39}$$

（二）确定腰箍的规格和数量

1. 用钢丝绳制作腰箍

若用钢丝绳作腰箍，钢丝绳的破断拉力应不低于 $2P_{腰}$，钢丝绳的直径可查表 7.8 确定。

2. 用扁钢带制作腰箍

若用扁钢带作腰箍，扁钢带的截面积（cm^2）应为：

$$F \geqslant \frac{10P_{腰}}{[\delta]} \tag{7.40}$$

式中　$[\delta]$——扁钢带的许用应力，MPa，普通碳素钢许用应力 $[\delta]$ 取 140MPa。

三、焊缝长度计算

当用铁地板货车装运货物时，可用在货物周围加焊钢挡的方法防止货物移动。在同一端（或同一侧）可以焊 1～4 个钢挡。

在货物同一端或同一侧加焊钢挡的数量与需要钢挡承受的力 ΔT 或 ΔN 和钢挡的加固强度有关，钢挡的加固强度取决于钢挡与车地板间的焊缝长度。

同一端（或同一侧）焊 n 个钢挡时，每个钢挡需要的焊缝长度 $l_{纵}$（cm）、$l_{横}$（cm）可按下式计算：

防止纵向移动

$$l_纵 \geqslant \frac{10\Delta T}{0.7nK[\tau]}$$ （7.41）

防止横向移动

$$l_横 \geqslant \frac{10\Delta N}{0.7nK[\tau]}$$ （7.42）

式中 K——焊缝高度，cm，一般取1cm；

$[\tau]$——焊缝的许用剪切应力，MPa，一般取60～70MPa。

焊缝长度 $l_纵$、$l_横$ 就是钢挡的最小长度。

【例7.6】 钢制桥式起重机梁一件（图7.25），重36t，长34000mm，宽2100mm，高2600mm，重心高1350mm，采用 D_{22E} 型平车（自重48t，车地板长25000mm，宽3000mm，底架心盘中心距 l_1 为17800mm，木地板）一车负重，两端均衡突出，各加挂一辆 N_{17K} 型平车作游车。货物直接装在车地板上，重心投影落在负重车纵、横中心线交叉点上。确定其加固方案。

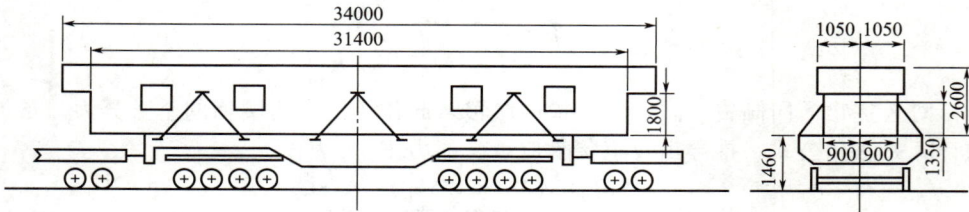

图7.25 水闸装载加固示意图（单位：mm）

解 1.计算运输中作用于货物上的力

（1）纵向惯性力

拟采用柔性加固。

$T = t_0 Q = (0.0012Q_总^2 - 0.32Q_总 + 29.85)Q$

$= [0.0012 \times (36+48)^2 - 0.32 \times (36+48) + 29.85] \times 36 = 411.739(\text{kN})$

（2）横向惯性力

重心投影落在负重车纵、横中心线交叉点上，$a=0$。

$$N = n_0 Q = \left(2.82 + 2.2\frac{a}{l}\right)Q = 2.82 \times 36 = 101.520(\text{kN})$$

（3）垂直惯性力

$$Q_垂 = q_垂 Q = \left(4.53 + 7.84\frac{a}{l}\right)Q = 4.53 \times 36 = 163.08(\text{kN})$$

（4）风力

货物受风面为平面，$q = 0.49\text{kN/m}^2$

$$W = qF = 0.49 \times 34 \times 2.6 = 43.316(\text{kN})$$

（5）摩擦力

货物和车地板为钢板与木，根据表7.3，μ 取0.4。

纵向 $F_{纵摩} = 9.8\mu Q = 9.8 \times 0.4 \times 36 = 141.120(\text{kN})$

横向 $F_{横摩} = \mu(9.8Q - Q_垂) = 0.4 \times (9.8 \times 36 - 163.08) = 75.888(\text{kN})$

2.检验稳定性

（1）倾覆方面

纵向　$\eta_{纵倾}=\dfrac{9.8Qa}{Th}=\dfrac{9.8\times36\times\dfrac{25000}{2}}{411.739\times1350}=7.93>1.25$

横向　$\eta_{横倾}=\dfrac{9.8Qb}{Nh+Wh_{风}}=\dfrac{9.8\times36\times900}{101.520\times1350+43.316\times1300}=1.64>1.25$

（2）水平移动方面

纵向　$\Delta T=T-F_{纵摩}=411.739-141.120=270.619(\text{kN})$

横向　$\Delta N=1.25(N+W)-F_{横摩}=1.25\times(101.520+43.316)-75.888=105.157(\text{kN})$

计算结果表明，该货物不会倾覆，但会发生纵、横方向的水平移动，需在此方面进行加固。

3. 选择加固方法与计算强度

根据货物和车辆情况，在货物两侧用 3 个八字形拉牵绳拉牵加固，拉牵绳在货物上的拴结点与货物重心等高；结合车辆丁字铁、支柱槽位置情况，可取 $AC=1200\text{mm}$（A、B、C、D 位置参见图 7.22），则：

$$OB=1350\text{mm},BC=\dfrac{3000}{2}-900=600(\text{mm})$$

$$AO=\sqrt{AC^2+BC^2+OB^2}=\sqrt{1200^2+600^2+1350^2}\approx1903(\text{mm})$$

$$S_{纵移}=\dfrac{\Delta T}{n\dfrac{AC}{AO}}=\dfrac{270.619}{6\times\dfrac{1200}{1903}}=71.526(\text{kN})$$

$$S_{横移}=\dfrac{\Delta N}{n\dfrac{BC}{AO}}=\dfrac{105.157}{6\times\dfrac{600}{1903}}=55.587(\text{kN})$$

$$S_{拉}=\max\{S_{纵移},S_{横移}\}=71.526(\text{kN})$$

若用 8 号镀锌铁线作拉牵绳，则

$$n_{股}=\dfrac{71.526}{0.9\times2.15}=36.96\approx37(\text{股})$$

超过 14 股，改用钢丝绳作拉牵绳，钢丝绳的破断拉力应大于 $2S_{拉}=143.052\text{kN}$，查表 7.8 可得，直径 18mm，破断拉力为 166kN，公称抗拉强度 1670MPa，规格 6×19 的钢丝绳符合要求。

【例 7.7】　铝罐一件（见图 7.26），重 19t，长 16000mm，直径 3300mm，重心高 1650mm，采用一辆 N_{17K} 负重，一端对齐，一端突出，加挂一辆 N_{17K} 作游车。货物与 2 个凹型钢支座固定为一体，钢支座的规格为：长 2600mm，宽 280mm，凹部高 220mm。货物支座置于负重车枕梁上方。确定加固方案。

解　查表 6.2 得，N_{17K} 型平车自重 19.7t，车地板长 13000mm，宽 2980mm，销距为 9000mm，木地板。

1. 计算运输中作用于货物上的力

（1）纵向惯性力

拟采用柔性加固。

$$T=t_0Q=(0.0012Q_{总}^2-0.32Q_{总}+29.85)Q$$
$$=[0.0012\times(19+19.7)^2-0.32\times(19+19.7)+29.85]\times19=366.001(\text{kN})$$

（2）横向惯性力

重心投影偏离负重车横中心线，货物重心的纵向偏离量 $a=1500\text{mm}$。

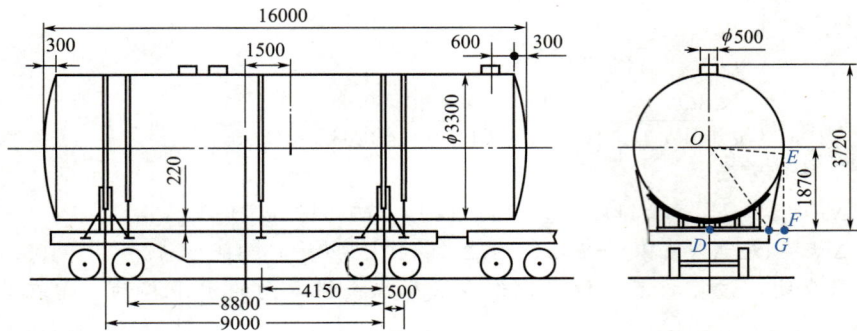

图 7.26　铝罐装载加固

$$N = n_0 Q = \left(2.82 + 2.2\,\frac{a}{l}\right)Q = \left(2.82 + 2.2 \times \frac{1500}{9000}\right) \times 19 = 60.547\,(\text{kN})$$

（3）垂直惯性力

$$Q_{垂} = q_{垂}Q = \left(3.54 + 3.78\,\frac{a}{l}\right)Q = \left(3.54 + 3.78 \times \frac{1500}{9000}\right) \times 19 = 79.230\,(\text{kN})$$

（4）风力

货物受风面为圆柱体的侧面，$q = 0.245\text{kN/m}^2$

$$W = qF = 0.245 \times 16 \times 3.3 = 12.936\,(\text{kN})$$

（5）摩擦力

货物和车地板为铝与木，参照表 7.3 钢板与木的摩擦系数，μ 取 0.4。

纵向　$F_{纵摩} = 9.8\mu Q = 9.8 \times 0.4 \times 19 = 74.480\,(\text{kN})$

横向　$F_{横摩} = \mu(9.8Q - Q_{垂}) = 0.4 \times (9.8 \times 19 - 79.230) = 42.788\,(\text{kN})$

2. 检验稳定性

（1）倾覆方面

纵向　$\eta_{纵倾} = \dfrac{9.8Qa}{Th} = \dfrac{9.8 \times 19 \times \left(\dfrac{9000}{2} - 1500 + \dfrac{280}{2}\right)}{366.001 \times 1870} = 0.85 < 1.25$

横向　$\eta_{横倾} = \dfrac{9.8Qb}{Nh + Wh_{风}} = \dfrac{9.8 \times 19 \times \dfrac{2600}{2}}{60.547 \times 1870 + 12.936 \times 1870} = 1.79 > 1.25$

（2）水平移动方面

纵向　$\Delta T = T - F_{纵摩} = 366.001 - 74.480 = 291.521\,(\text{kN})$

横向　$\Delta N = 1.25(N + W) - F_{横摩} = 1.25 \times (60.547 + 12.936) - 42.788 = 49.066\,(\text{kN})$

计算结果表明，该货物会发生纵向倾覆和纵横方向的水平移动，需在此方面进行加固。

3. 选择加固方法与计算强度

根据货物和车辆情况，在每个支座附近及负重车中部各下压腰箍 1 道，共 3 道。根据车辆支柱槽位置情况，可取 $l_1 = -500\text{mm}$，$l_2 = 4150\text{mm}$、$l_3 = 8800\text{mm}$，如图 7.26 所示。

$$EG = \sqrt{OG^2 - OE^2} = \sqrt{OD^2 + DG^2 - R^2} = \sqrt{(R + h_{凹})^2 + \left(\frac{B_{车}}{2}\right)^2 - R^2}$$

$$= \sqrt{(1650 + 220)^2 + \left(\frac{2980}{2}\right)^2 - 1650^2} = 1730\,(\text{mm})$$

$$GF \approx R - \frac{B_{车}}{2} = 1650 - 1490 = 160 \text{(mm)}$$

$$EF = \sqrt{EG^2 - GF^2} = \sqrt{1730^2 - 160^2} = 1723 \text{(mm)}$$

$$P_{纵倾} = \frac{1.25Th - 9.8Qa}{2\frac{EF}{EG}(l_1 + l_2 + \cdots + l_n)}$$

$$= \frac{1.25 \times 366.001 \times 1870 - 9.8 \times 19 \times \left(\frac{9000}{2} - 1500 + \frac{280}{2}\right)}{2 \times \frac{1723}{1730} \times (-500 + 4150 + 8800)}$$

$$= 10.922 \text{(kN)}$$

$$P_{纵移} = \frac{T - F_{纵摩}}{2n\mu\frac{EF}{EG}} = \frac{291.521}{2 \times 3 \times 0.4 \times \frac{1723}{1730}} = 121.961 \text{(kN)}$$

$$P_{横移} = \frac{1.25(N + W) - F_{横摩}}{2n\mu\frac{EF}{EG}} = \frac{49.066}{2 \times 3 \times 0.4 \times \frac{1723}{1730}} = 20.527 \text{(kN)}$$

$$P_{腰} = \max\{P_{纵倾}, P_{纵移}, P_{横移}\} = 121.961 \text{(kN)}$$

选用扁钢带做腰箍，扁钢带的截面积为：

$$F \geqslant \frac{10P_{腰}}{[\delta]} = \frac{10 \times 121.961}{140} = 8.71 \text{(cm}^2)$$

工作任务四　装载加固特殊货物

任务实例

均重货物一件重 10t，长 16m，拟使用一辆 N_{17T} 型平车一端与车地板对齐、一端突出装载，并使用一辆 N_{17K} 型平车做游车，挠度为 2mm。

任务实施

一、装载超长货物

教学任务书——计算横垫木最小高度

针对"任务实例"中的货物，计算需要的横垫木最小高度。

(一) 超长货物定义

超长货物是指因长度较大，一车负重，突出车端，需要使用游车或需要跨装运输的货物。可见，超长货物的装车方式有一车负重、加挂游车和跨装运输等几种，如图 7.27 所示。

货物在装车时，有时候要满足有关技术条件，会突出车端装载。当突出端半宽小于或等于车地板半宽时，货物突出端梁超过 300mm 时，须加挂游车；当突出端半宽大于车地板半宽时，货物突出端梁超过 200mm 时，须加挂游车。

二维码 7.8

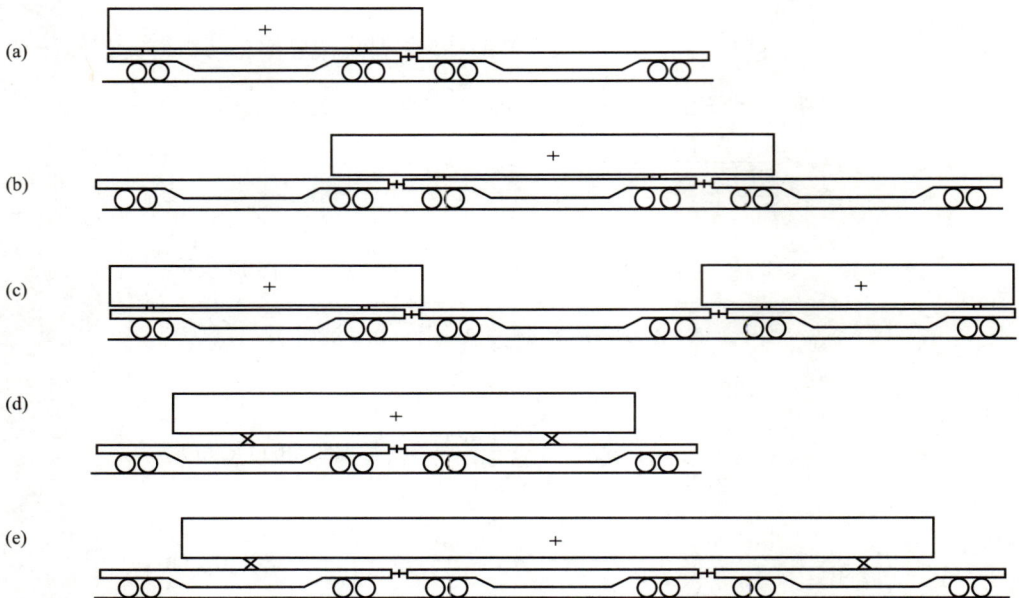

图 7.27 超长货物装载方法

当采用一车负重、加挂游车的方法不能保证货物安全和运行安全时，须采用跨装的方式。

当然，超长货物不是绝对的，而是相对于装载方案而言的。如全长 13250mm 的货物，采用 N_{17K}（车地板长 13m）两端均衡突出装载，每端突出 125mm，不需要加挂游车，不是超长货物。如采用货物一端和车端对齐，另一端会突出 250mm，当货物突出端半宽大于车地板半宽时就是超长货物，当突出端半宽小于或等于车地板半宽时，不是超长货物。如采用 NX_{70}（车地板长 15.4m）装载，不管均衡装载，还是货端和车辆一端对齐装载，都不是超长货物。

（二）装载超长、超限货物的技术条件

1. 一辆平车装载超长货物应遵守的规定

（1）均重货物使用 60t、61t 平车装载，两端均衡突出时，其装载重量不得超过表 7.14 的规定。

表 7.14 两端均衡突出时，装载重量限制

突出车端长度 L/mm	$L<1500$	$1500 \leqslant L < 2000$	$2000 \leqslant L < 2500$	$2500 \leqslant L < 3000$	$3000 \leqslant L < 3500$	$3500 \leqslant L < 4000$	$4000 \leqslant L < 4500$	$4500 \leqslant L \leqslant 5000$
容许载重量/t	58	57	56	56	55	54	53	52

（2）货物一端突出端梁装载时，重心容许纵向偏离量应根据计算确定。

（3）横垫木或支（座）架的高度应计算确定。为使装有超长货物的连挂车组通过驼峰的纵向变坡点时，货物突出部分的底部不与游车地板相接触，垫木所需的最小高度（mm）应通过计算确定（图 7.28）。

$$H_{垫} = 0.031a + h_{车差} + f + 80 = 0.031a + (h_{游} - h_{主}) + f + 80 \tag{7.43}$$

式中　a——货物突出端至负重车最近轮轴轴心所在垂直面的距离，mm，a 的计算见图 7.29；

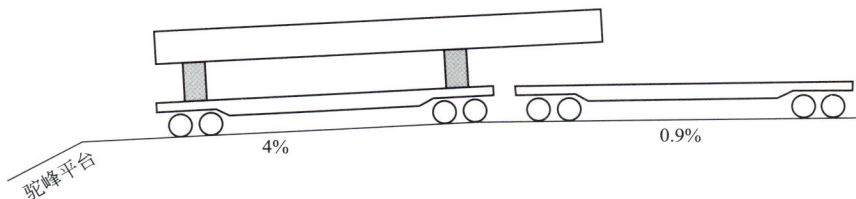

图 7.28 横垫木或支架高度计算

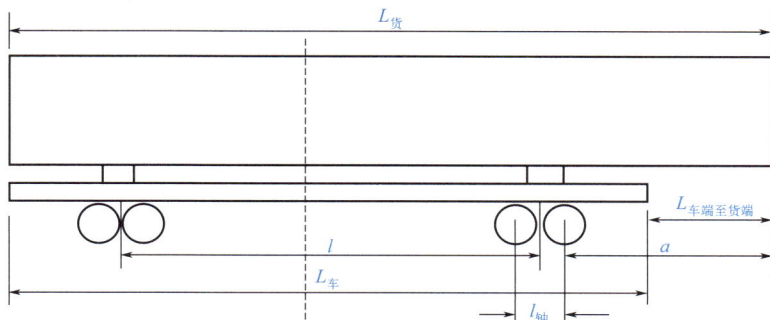

图 7.29 a 的计算图

$$a = L_{车端至货端} + \frac{L_车 - l - l_轴}{2} \tag{7.44}$$

$h_{车差}$——游车地板高度与负重车地板高度差，游车地板比负重车地板高时，取正值，反之取负值，mm；

f——货物突出端的挠度，mm。

若货物突出车端部分底部低于其支重面时，垫木最小高度还应加该突出部分低于货物支重面的尺寸；如果货物突出车端部分底部高于货物支重面时，垫木最小高度应减去货物突出车端部分高于货物支重面的尺寸。

【例 7.8】 用 N_{17T} 型平车装均重货物一件，货重 30t，长 15000mm，f 为 0。使用一辆 NX_{17K} 型平车做游车。货物一端与车端对齐，另一端突出车端，需要使用横垫木。计算横垫木最小高度。

解 查表 6.2 得，N_{17T} 平车的参数为：$L_车 = 13000mm$，$l = 9000mm$，$l_轴 = 1750mm$，$h_{车地板} = 1209mm$；

NX_{17K} 平车的参数为：$h_{车地板} = 1211mm$。

$$a = L_{车端至货端} + \frac{L_车 - l - l_轴}{2} = 15000 - 13000 + \frac{13000 - 9000 - 1750}{2} = 3125（mm）$$

$$H_垫 = 0.031a + (h_游 - h_主) + f + 80 = 0.031 \times 3125 + (1211 - 1209) + 0 + 80 = 179（mm）$$

（4）共用游车时，两货物突出端间距不小于 500mm，如图 7.30 所示。

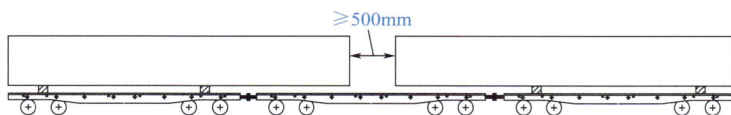

图 7.30 共用游车货物间距

（5）游车上装载的货物，与货物突出端间距不小于 350mm，如图 7.31 所示，货物突出部分的两侧不得装载货物。

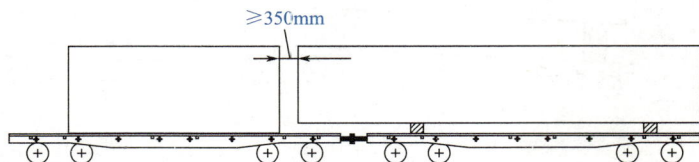

图 7.31　游车加装货物间距

2. 跨装超长货物应遵守的规定

（1）只准两车负重。负重车地板高度应相等，如高度不等时，需要垫平。

对未达到容许载重量的货车，可以加装货物，但不得加装在货物的两侧，与跨装货物端部间距不小于 400mm。

（2）在两辆负重车的中间只准加挂一辆游车。

（3）跨装货物应使用货物转向架，货物转向架的支重面长度应遵守不集重的规定。货物转向架下架体的重心投影应位于货车纵、横中心线的交叉点上，必须纵向偏离时，应遵守货物重心偏离货车横中心线的最大容许距离的规定。

（4）货物转向架上架体与跨装货物，下架体与车辆分别固定在一起。对货物及货物转向架的加固不得影响车辆通过曲线，并将提钩杆用镀锌铁线捆紧。

（5）中间加挂游车的跨装车组通过 9 号及以下道岔时不得推送调车。遇设备条件不容许或尽头线时，可以不超过 5km/h 的速度匀速推进。

（6）跨装车组应使用车钩缓冲停止器，安装应在车钩自然状态下进行。

（7）跨装车组禁止溜放。

超限、超长货物装车后，车辆转向架任何一侧旁承游间不得为零（弹性旁承及旁承承载结构的货车除外）。遇球形心盘货车一侧旁承游间为零时，可用千斤顶将压死一侧顶起，落顶后出现游间，表明货物装载符合要求。

超限、超长货物装车后，应用白色或红色油漆标划易于判定货物是否移动的检查线。

限速运行时，发站应在运单、票据封套、编组顺序表及货车表示牌上注明"限速××千米"字样。

装运超限、超长货物，发站还应在运单、票据封套、编组顺序表及货车表示牌上注明"超限货物"或"超长货物"字样；以连挂车组装运时，应注明"连挂车组不得分摘"字样。

二、装载木材和竹子

（1）木材使用敞车装载时，应大小头颠倒，紧密排摆，紧靠支柱，压缝挤紧；两端木材应倾向货车中部，不准形成向外溜坡。装车后中心高度不得大于 4600mm。支柱底面必须与敞车车地板接触。

腐朽木材应采取防火措施。

（2）装载原木（包括坑木、小径木）时，应对每垛起脊部分做整体捆绑，整体捆绑线使用直径不小于 7mm 的钢丝绳或破断拉力不小于 21kN 的专用捆绑加固器材；腰线使用专用捆绑加固器材时，整体捆绑线可使用 $\phi6.5mm$ 盘条 2 股。每道整体捆绑线的铺设位置距车辆端、侧墙顶面向下不小于 100mm。材长大于 4m 的，每垛整体捆绑 5 道，4m 及以下的每垛整体捆绑 3 道。整体捆绑线的余尾部分折向车内，并用 U 形钉钉固。车辆两端安装挡板时，应使用 8 号镀锌铁线对挡板进行拦护；不使用挡板时，靠车辆两端的起脊部分的顶层，应使用 2 股 8 号镀锌铁线对原木端部向支柱方向兜头拦护，镀锌铁线与每根原木端部接触处用 U 形钉钉固。

敞车装载板、方材时，货物高度超出车辆端侧墙的，应在车辆两端安装挡板（围装除外），并使用 8 号镀锌铁线对挡板进行拦护。

（3）支柱的对数应符合表 7.15 的规定。支柱折断时，必须更换。

表 7.15 支柱对数

每垛木材的长度 L/mm	每垛木材使用支柱对数
2500≤L<5000	3
5000≤L<8000	4
L≥8000	5

（4）每对支柱捆绑腰线的道数，视敞车侧墙高度而定，高度小于 1600mm 的不少于 3 道，1600～1900mm 的为 2 道，大于 1900mm 的为 1 道。腰线间距适当，不得卡侧墙，捆绑松紧适度，应使上层木材与下层木材密贴。每对支柱使用封顶线 1 道。

腰线及封顶线的捆绑周数应符合表 7.16 的规定。

表 7.16 腰线及封顶线的捆绑周数

捆绑材料	规格	腰线周数	封顶线周数
镀锌铁线	φ4.0mm	3	2

注：1. 装载杉木时，腰线周数可按封顶线周数办理。
2. 每道封顶线与每根（块）木材的接触处使用 U 形钉钉固。

（5）紧靠支柱的木材，两端超出支柱的长度，不得小于 200mm（由支柱中心线算起）。紧靠支柱顶部的原木不得超出支柱。紧靠支柱的原木，其树节、枝丫、弯曲部分或根部，两侧允许超出支柱。

（6）长度不足 2.5m 的木材不能全部成捆时，需用长材或成捆材压顶。其装载方法可根据木材长度，分别采取围装或顺装。

围装：将木材沿车辆端侧墙内侧竖立一周，超出端侧墙部分，不得大于端侧墙高度（立装木材长度）的二分之一。围板厚度不得小于 40mm，围板四周用 8 号镀锌铁线 2 股串联，并用 U 形钉钉固。

顺装：每垛内插 2 对支柱，垛间距离须小于木材本身长度的五分之一。

（7）竹子应使用敞车装载。在敞车两端使用竹篱作挡壁，并在挡壁外内插木支柱 5～7 对；两侧内插木支柱不少于 4 对。

装运小竹子，应成捆装载；围装时，可不安装挡壁。

腰线、封顶线与端支柱拉线，各使用 8 号镀锌铁线捆绑两周。

三、装载轮式、履带式货物

轮式、履带式货物应使用木地板平车装载（专用货车装运时除外），其本身有制动装置的，装车后应制动，门窗闭锁并将变速手柄放在初速位置，制动手柄或拉杆应用镀锌铁线固定（运输轿车时，其制动手柄应拉紧，并将挡位放在空挡或 P 挡上）。其装载方法如下：

顺装时，相邻两辆间距不小于 100mm。横装时，相邻两辆应头尾颠倒，间距不小于 50mm。

跨装在两平车上的汽车，其头部与前辆汽车的尾部间距不小于 350mm，如图 7.32 所示。

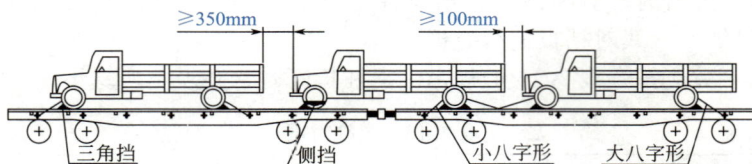

图 7.32　汽车跨装

爬装汽车方法如图 7.33 所示。

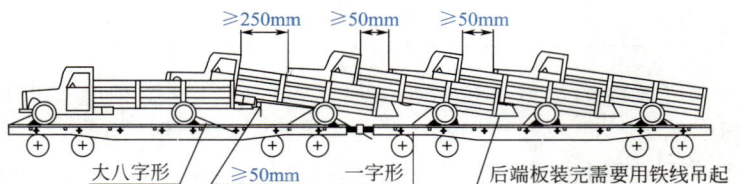

图 7.33　汽车爬装

无车厢的汽车爬装时，应将第二辆及其后各辆的前轮依次放在前辆的后轮上对齐，如图 7.34 所示。

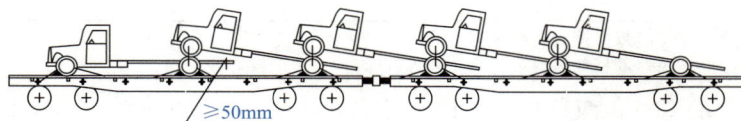

图 7.34　无车厢的汽车爬装

四、装载金属材料及制品

（1）装载单件重量 1t 及以下的金属块、锭、坯时，须均匀分布在车地板上。靠端侧墙（板）处货物的装载高度须低于端侧墙（板）。

单件重量超过 1t、不足 4t 的金属块、锭、坯，应大小头颠倒，均衡装载，可使用挡木或支撑方木加固。

成垛（捆）装载时，要求堆码整齐，每垛货物高度不得大于货物底宽的 80%，并用镀锌铁线或盘条捆牢。

使用全钢敞车时，应用稻草垫等防滑。将中、下门关闭后用 8 号或 10 号镀锌铁线捆固。

（2）钢板可使用敞、平车装载。每垛货物高度不得大于货物底宽的 80%，货物层间及与车地板间应衬垫防滑，重量分布应符合规定。

使用平车装载钢板时，可单排或双排顺装，装载高度超出端、侧板时，可使用支柱。每垛钢板使用盘条（钢丝绳）或钢带整体捆绑，捆绑间距不大于 2.5m。每垛钢板采用反又字下压加固 2 道，端部采用交叉斜拉加固。

使用敞车装载钢板，钢板宽度小于 1.3m 时，应双排顺装，每垛使用盘条（钢丝绳）或钢带整体捆绑，捆绑间距不大于 2.5m。钢板宽度不小于 1.3m 时，可单排顺装。长度 7～9m 的钢板允许中部搭头，两端紧靠车端墙。

（3）成捆或盒装薄板、马口铁（即镀锡钢板）、硅钢片等货物可使用敞车、棚车装载。成垛装载时，要求分布均衡，每垛货物高度不得大于货物底宽的 80%。货物层间及与车地板间须加防滑衬垫。

（4）卷钢（板）应使用平车和 C_{62A*}、C_{62A*K}、C_{62AK}、C_{62A*T}、C_{62AT}、C_{62BK}、C_{62BT}、C_{64K}、C_{64H}、C_{64T}、C_{70}、C_{70H}、C_{70E}、C_{70EH} 等敞车装载。

卷钢（板）可立装、卧装或集束立装。立装时，卷钢（板）的直径须大于本身高度；卧装时，可使用钢座架（座架须与车体加固），用木地板平车卧装时，可将相邻卷钢（板）用夹具或镀锌铁线（盘条）捆在一起，并用三角挡掩紧钉固；集束立装时，集束端最短距离应大于集束高度，卷钢（板）中部用镀锌铁线（盘条）捆绑在一起，并采取防止镀锌铁线（盘条）下滑措施。

卷钢（板）无论立装、卧装或集束立装，均应采取有效的防滑措施，卷钢（板）本身应用镀锌铁线、盘条或钢丝绳等与车体捆绑加固（装载在座架上的除外）。

（5）25m 钢轨采用专用货物转向架两平车跨装方式，两平车地板面高度差超过 20mm 时，必须垫平，可不安装车钩缓冲停止器。遇有涂打"Ⓧ"的平车，允许放下端侧板进行装运，提钩杆和放下的端侧板要捆紧锁牢。

（6）钢丝绳、电缆可使用敞、平车装载。卧装时，可使用钢、木座架，并采取加固措施。使用敞车立装时，每个轮盘下部垫横垫木（条形草支垫）或稻草垫。

（7）型钢及管材可使用敞车、平车装载。根据需要可使用硬木支柱（钢管支柱）、隔木、掩木、稻草垫（条形草支垫或稻草绳把）、镀锌铁线、盘条、钢丝绳等材料进行加固。

① 长短不一的各类型钢及管材混装一车时，应将重的装在下面，轻的装在上面，长的装在两侧，短的装在中间。

同一规格型钢及管材应成垛（捆）装载，堆码整齐，必要时，允许搭头、压边、压缝或重叠装载。

② 型钢及管材的装载高度超出侧墙（板）时，每垛货物至少安插两对支柱。超出高度在 1m 及以内时，捆 1 道腰线；超过 1m 时，捆 2 道腰线。必须封顶。

敞车起脊装载管材不使用支柱时，每垛（捆）管材需用钢带或钢丝绳捆绑，层间衬垫防滑。

③ 使用有端侧板平车装载长大型钢时，应紧密排摆成梯形，层间加垫防滑衬垫，并采用整体捆绑及反叉字下压式加固。

④ 使用敞车装载大型管材时，应成垛（捆）装载，底部须掩垫牢固。仅使用衬垫防滑加固时，装载在最上层的管材，超过端侧墙高度应小于管材直径的二分之一。

不使用支柱起脊装载时，每垛（捆）管材需用钢带或钢丝绳下压式捆绑，层间衬垫防滑。

五、装载预应力梁

长度为 32.6m（重量不大于 115t）和 24.6m 的预应力梁，可使用 N_{15} 型桥梁专用车装运。使用木地板平车装运时，只准使用 N_{17AK}、N_{17AT}、N_{17GK}、N_{17GT}、N_{17K}、N_{17T}、NX 型共用车，可不受平车局部地板面承受均布载荷或对称集中载荷时容许载重量表的限制。

（1）长度为 32.6m 的预应力梁，跨装支距为 27～28m，使用两辆平车负重跨装（中间加挂游车一辆）运送时，负重车及游车限用 13m 长木地板平车。

（2）长度为 24.6m 的预应力梁，跨装支距 18m，使用两辆平车跨装运送时，限用

NX_{17B}、NX_{17BH}、NX_{17BK}、NX_{17BT}、NX_{70}、NX_{70H} 型共用车。

✿ 技能训练

有下列货物运输需求，请基于工作过程，按照"任务实施"的程序和要求完成相应的工作任务。能确定的事项，根据有关规定，查找相关资料和 95306 网站确定，无法确定的可自行假设。

1. 木质箱型均重货物一件，货重 50t，长 9000mm，宽 2000mm，高 3000mm，使用标重为 60t 的 N_{17K} 型车一辆均衡装载。

2. 化工设备一件，货重 12t，直径 3.2m，长 18m，使用标重为 60t 的 N_{17K} 型车一车负重，均匀顺向卧装，两端用同样车型作游车，货物下面垫凹口深为 80mm，凹部高为 150mm 的凹木，两凹木中心线间距与车辆转向架中心销间距相等。

3. 钢制圆柱形货物一件，货重 30t，直径 2m，长 11.5m，自带高度为 100mm 的钢鞍座两个，鞍座鞍口深度为 160mm，货物与鞍座间垫有厚 10mm 的橡胶垫，拟用 N_{17T} 型木地板平车均衡装载，采用腰箍加固。

4. 钢结构货物一件，货重 28t，长 11m，宽 2.8m，高 2.4m，重心位于其长度中央，距支重面高 1m 处。拟用 N_{17T} 型木地板平车一辆均衡装载，如图 7.35 所示。

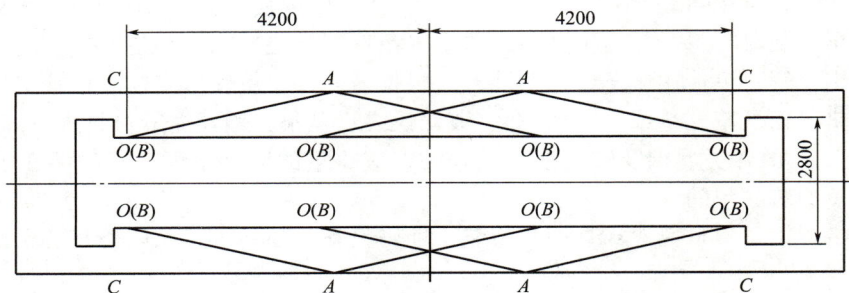

图 7.35　货物装载加固方案示意图（单位：mm）

经计算，货物不可能发生纵向或横向倾覆，但可能发生纵、横方向移动。在货物上距其重心所在横向垂直平面 4.2m，距重心所在纵向垂直平面 0.8m，从支重面起算高度为 0.5m 处各有可供拉牵加固的拴结点两处，采用拉牵加固。

5. 军运设备一件（吊杆），长 18m，使用 N_{17T} 平车一车负重、突出装载。货物检查：一端横垫木压坏，突出端下部与游车地板间距不足，押运人要求更换垫木。经测量游车高于主车 10mm，货物突出端挠度 5mm，另一端突出端梁 200mm，计算所需横垫木的最小高度。

6. 和静站发邯郸站预应力梁一件，货物长 20000mm，高 2000mm，底宽 1000mm，重 65t，拟用 N_{17T} 型平车跨装。发货单位：××铸管股份有限公司；发货地址：新疆维吾尔自治区巴音郭楞蒙古自治州和静县×××工业园区；发货人：李××；收货单位：河北邯郸××铸管厂；收货地址：河北省邯郸市复兴区石化街；收货人：张××。保价：50 万元。（其他未尽事宜自行假设）。请制定经济合理的装载方案，绘制货物装载示意图。

项目八
超限超重货物运输

知识要求

- 理解超限货物定义、等级划分，会描述货物三视图，理解超限货物测量方法和要求；
- 理解货物超限等级确定的方法和步骤；
- 理解《铁路超限超重货物运输电报管理规定》，理解装卸车组织要求；
- 掌握超限超重货物运输记录填写规定；
- 掌握超限超重货物运输途中作业和到达交付规定。

技能要求

- 会受理、审核超限超重货物技术资料，会测量超限货物；
- 会计算超限货物的超限等级；
- 会拍发申请电报，会按装载加固方案装车并检查；
- 会填记超限超重货物运输记录，会拍发挂运申请电报；
- 会组织超限超重货物途中作业和到达作业。

素质要求

- 具有"安全第一、预防为主"的思想；
- 具有精益求精、实事求是的思想；
- 具有标准是安全的基石的意识。

任务实例

A 站受理了甲托运人发往 B 站给乙收货人的钢结构一件，重 20t，计划使用两辆 NX_{17K} 平车装载，货物尺寸和计划装载方案如图 8.1 所示。

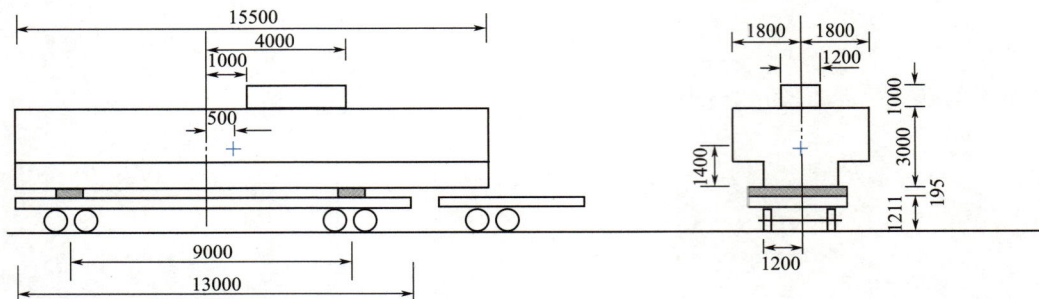

图 8.1 钢结构尺寸（单位：mm）

工作任务一　认识超限超重货物

理论知识

一、限界

为了确保机车车辆运行安全，防止机车车辆在运行中与建筑物或设备相接触，铁路运输企业和主管部门制定了各种限界，主要有机车车辆限界、各级超限限界和建筑限界等。

1. 机车车辆限界

机车车辆限界是指机车、车辆在设计制造时，距钢轨平面不同高度处各部位距线路中心线所在垂直面最宽尺寸的轮廓图，即机车车辆横断面的最大容许轮廓（图 8.2）。当机车、

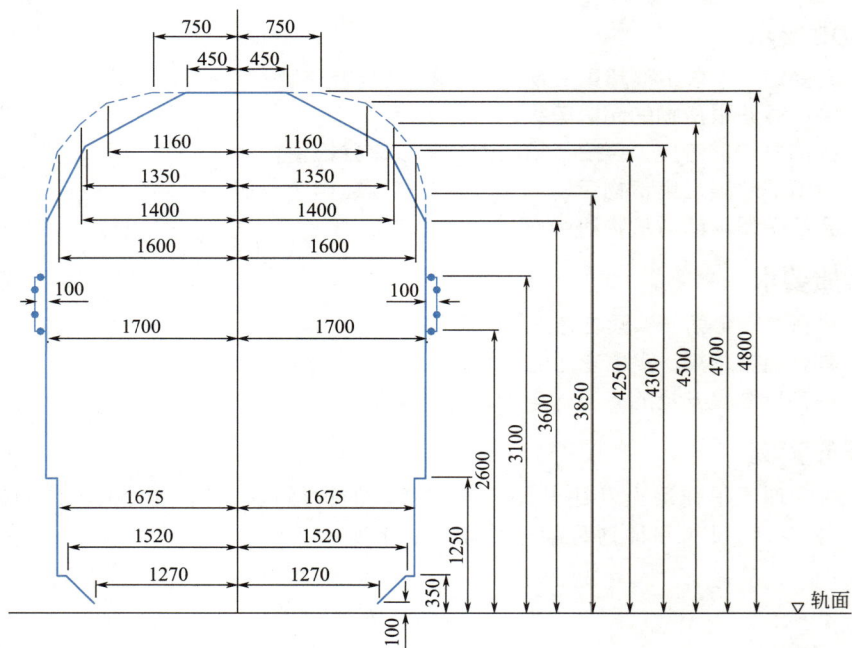

单位：mm

　───── 机车车辆限界基本轮廓

　- - - - - 电力机车限界轮廓

　•─•─•─• 列车信号装置、后视镜限界轮廓

二维码 8.1

图 8.2　机车车辆限界

车辆停在平直线路上，其纵中心线和线路中心线处于同一垂直平面时，不管是新车还是旧车，以及车上所装货物（超限货物除外）不得超出机车车辆限界。

机车车辆限界既可以用轮廓图来表示，也可以用数据表示，如表 8.1 所示。

表 8.1　限界距线路中心线所在垂直平面的距离（摘录）

自轨面起算的高度/mm	限界距线路中心线所在垂直平面的距离/mm			
	机车车辆限界	一级超限限界	二级超限限界	建筑限界①
…	…		…	…
360～1100	1600		1650	1875
1110	1600		1650	2376
1120	1600		1650	2382
1130	1600		1650	2389
…	…		…	…
1150	1600		1650	2401
…	…		…	…
1210～1240	1600		1650	2440
1250～3000	1700	1900	1940	2440
…	…		…	…
3600	1700	1800	1850	2264
3610	1695	1796	1846	2261
…	…	…	…	…
4780	486	830	975	1832
4790	468	815	962	1826
4800	450	800	950	1820
4810		777	925	1814
4820		753	900	1808
4830		730	875	1802
4840		707	850	1796
…	…	…	…	…
5460				1424
5470				1418
5480				1412
5490				1406
5500				1400
…	…	…	…	…

① 建筑限界系引用《标准轨距铁路限界 第 2 部分：建筑限界》（GB 146.2—2020）的基本建筑限界。

2. 特定区段装载限制

货物的装载高度、宽度和计算宽度，除超限货物外，不得超过机车车辆特定区段装载限制（表 8.2）和限界基本轮廓（图 8.3）。

表 8.2　特定区段装载限制

序号	线名	区段	限制事项		车辆自重加实际载重最大吨数/t	附记
			装载限界			
1	京包线	南口—西拨子间	装载货物高度和宽度按表 8.3 规定			
2		运往朝鲜的货物	按货物装载限界装载,但最高不得超过 4750mm			
3	京广线	坪木线			100	坪石站出岔
4	丰沙线	沙城—三家店间上行线	装载货物中心高度由钢轨面起不得超过 4600mm			

表 8.3　装载货物高度和宽度

由钢轨面起算的高度/mm	由车辆纵中心线起算每侧的宽度/mm	全部宽度/mm
4300	1050	2100
4200	1150	2300
4100	1250	2500
4000	1350	2700
3900	1450	2900
1250～3600	1600	3200

3. 建筑限界

建筑限界是指在线路两侧及上部的建筑物、设备距钢轨平面最低和距线路中心线所在垂直平面最窄尺寸的轮廓图,即为了确保行车安全,不与机车车辆相互作用的各种建筑物及设备不得侵入的一定的限制轮廓(图 8.3)。铁路建筑限界在《铁路技术管理规程》中有规定。

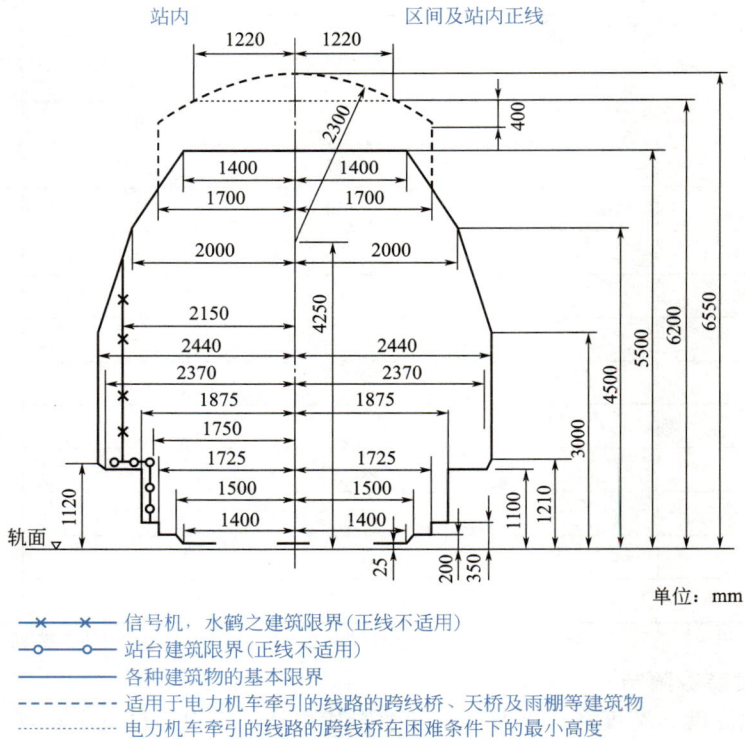

单位:mm

✕——✕ 信号机,水鹤之建筑限界(正线不适用)
○——○ 站台建筑限界(正线不适用)
———— 各种建筑物的基本限界
-------- 适用于电力机车牵引的线路的跨线桥、天桥及雨棚等建筑物
……… 电力机车牵引的线路的跨线桥在困难条件下的最小高度

图 8.3　建筑限界

国家标准把铁路建筑限界分为直线建筑限界或基本建筑限界（简称建筑限界）、隧道建筑限界和桥梁建筑限界。三种限界的尺寸都是按平直线路制定的，曲线地段的建筑限界需根据曲线半径、外轨超高值等因素计算确定，因此，建筑限界在曲线上需加宽。

站内和区间的建筑限界在局部有区别，内燃牵引区段和电力牵引区段在限界最大高度上有区别。

4. 各级超限限界

一级超限限界即一级超限货物装载的最大轮廓图，如图 8.4 所示。货物如超过此限界即为二级超限货物。二级超限限界，即二级超限货物装载的最大轮廓图，如图 8.5 所示。货物超过此限界即为超级超限货物。

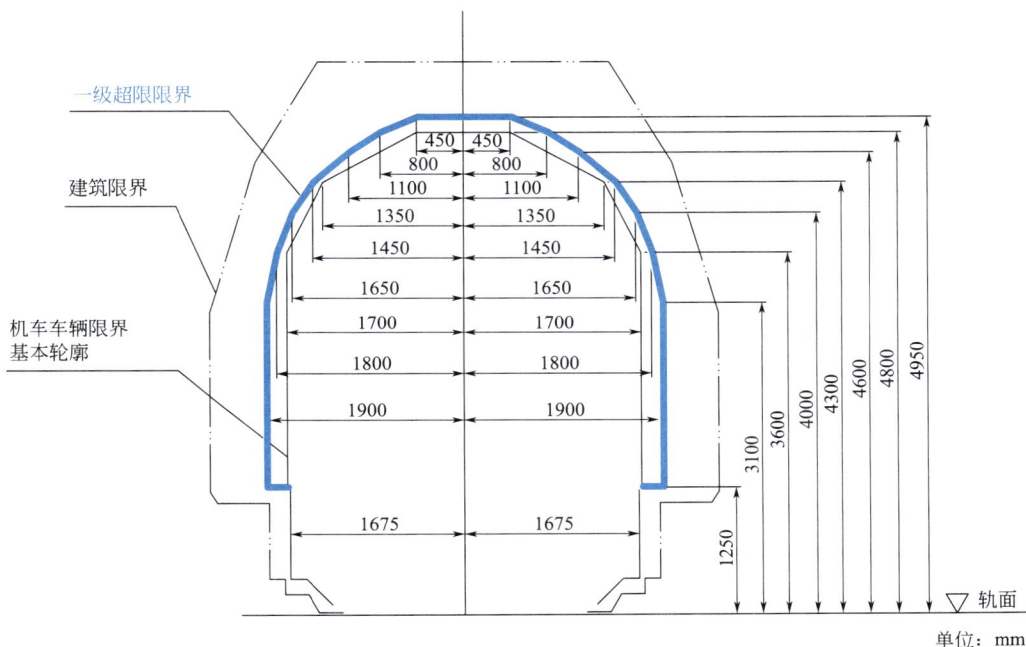

图 8.4　一级超限限界

为了更准确地描述机车车辆限界、各级超限限界和建筑限界，《铁路超限超重货物运输规则》（简称《超规》）公布了限界距线路中心线所在垂直平面的距离表（表 8.1）。

5. 限界管理

铁路局按《铁路技术管理规程》规定定期对管内建筑限界进行检测，并将办理超限货物运输线路的建筑限界资料报国铁集团备案。

建筑限界资料应包括分区段的综合最小限界尺寸表和断面图，以及线路的相关技术资料（最小线间距、最小曲线半径、最小道岔辙岔号等）。

办理超限货物运输线路上需要临时缩小既有限界施工时，施工单位应书面向铁路局申请，铁路局审核后上报国铁集团，经批准后方可施工。

未经国铁集团批准，任何单位及个人均不得擅自缩小原限界。设备和建筑物违章侵入铁路建筑限界的，应追究责任单位责任并限期拆除。

二、超限货物定义

货物装车后，车辆停留在水平直线上，货物的任何部位超出机车车辆限界基本轮廓者或

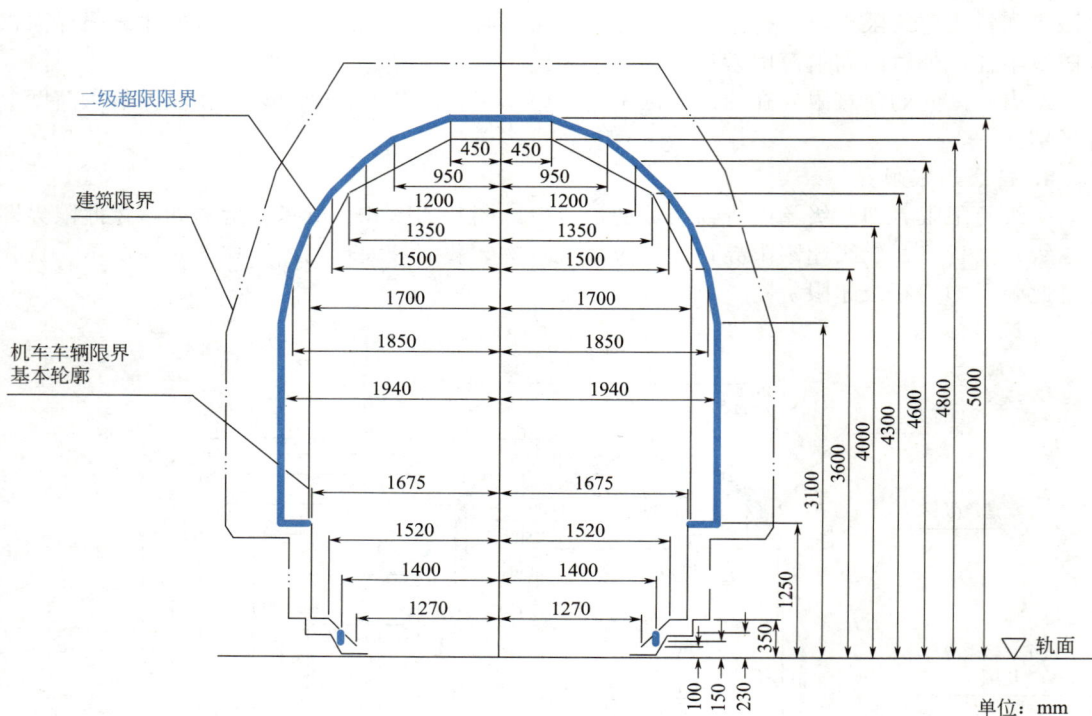

图 8.5　二级超限限界

车辆行经半径为 300m 的曲线时，货物的计算宽度超出机车车辆限界基本轮廓者，均为超限货物。

有些特殊货物，装车后虽超出机车车辆限界基本轮廓，但经国铁集团批准，也可不按超限货物办理。

二维码 8.2

三、超限货物种类和等级

1. 按超限程度分

根据货物的超限程度，超限货物分为三个等级：一级超限、二级超限和超级超限。

（1）一级超限　自轨面起高度在 1250mm 以上超限但未超出一级超限限界者。

（2）二级超限　超出一级超限限界而未超出二级超限限界者，以及自轨面起高度在 150mm 至未满 230mm 间超限但未超出二级超限限界者。

（3）超级超限　超出二级超限限界者，以及自轨面起高度在 230mm 至 1250mm 间超限者。

2. 按超限部位分

根据货物超限部位所在的高度，超限货物分为三种类型：上部超限、中部超限和下部超限。

（1）上部超限　自轨面起高度超过 3600mm，任何部位超限者。

（2）中部超限　自轨面起高度在 1250～3600mm（含本数），任何部位超限者。

（3）下部超限　自轨面起高度在 150～1250mm，任何部位超限者。

自轨面起高度在 150mm 以下，不允许超限。

四、超重货物定义及分级

装车后，重车总重活载效应超过桥涵设计标准活载（中-活载）的货物，称为超重货物。

超重货物以装车后对桥梁的作用作为衡量标准，主要以桥梁设计活载标准来判断其是否超重，判断前需要进行比较复杂的计算。

超重货物运输可能会对桥梁造成不同程度的损害，直接威胁运输安全，需要采取特殊的组织措施，例如，合理选择车辆、制订装载方案、选取运输径路、科学地确定车辆的编组和合适的运行速度，甚至会对桥梁进行临时或永久性加固。

根据货物的超重程度，超重货物分为三个等级：一级超重、二级超重和超级超重。

一级超重，$1.00 < Q \leqslant 1.05$；二级超重，$1.05 < Q \leqslant 1.09$；超级超重，$Q > 1.09$。

注：Q 为活载系数。

为便于判断和组织超重货物运输，《铁路超限超重货物运输规则》（简称《超规》）公布了《超重货物分级表》（表8.4）。

表 8.4　超重货物分级

项目 等级	长大货车型号	重车总重 P/t	长大货车型号	重车总重 P/t
一级	D_2	$314 < P$	D_{28}	$369 < P \leqslant 388$
	D_{2A}	$P > 329$	DK_{29}	$370.8 < P \leqslant 389.5$
	D_{2G}	$326 < P \leqslant 342$	D_{30G}	$437 < P \leqslant 459$
	D_{18A}	$P > 310$	D_{32}	$491 < P \leqslant 515$
	DK_{23}	$P > 296$	350t 落下孔车	$490 < P \leqslant 514$
	D_{23G}	$310 < P \leqslant 326$	DQ_{35}	$P > 508$
	D_{25A}	$P > 374$	DK_{36}	$P > 545.7$
	DA_{25}	$P > 361$	DK_{36A}	$P > 521.3$
	D_{32A}	$P > 545$	D_{38}	$543 < P \leqslant 571$
	D_{26}	$371 < P \leqslant 390$	D_{45}	$580 < P \leqslant 609$
	D_{26AK}	$P > 332$	DA_{37}	$P > 542.2$
	D_{26B}	$371 < P \leqslant 390$	DQ_{45}	$585 < P \leqslant 615$
二级	D_{2G}	$342 < P \leqslant 355$	350t 落下孔车	$P > 514$
	D_{23G}	$P > 326$	D_{32}	$515 < P \leqslant 535$
	D_{26}	$P > 390$	D_{38}	$571 < P \leqslant 592$
	D_{26B}	$P > 390$	D_{45}	$609 < P \leqslant 632$
	D_{28}	$P > 388$	DQ_{45}	$615 < P \leqslant 638$
	D_{30G}	$P > 459$	DK_{29}	$P > 389.5$
超级	D_{2G}	$P > 355$	D_{45}	$P > 632$
	D_{32}	$P > 535$	DQ_{45}	$P > 638$
	D_{38}	$P > 592$		

注：以上均为货物装载无偏心情况，如有偏心，则应按实际装载偏心另行计算等级。

工作任务二　受理货物

❊ 任务实施

　　超限超重货物运输的基本作业包括发送作业、途中作业和到达作业，其中发送作业主要包括托运、受理、进货、验收、制票、装车、承运、挂运等环节；途中作业包括货物的交接、检查、整理、换装、运输变更、运输障碍处理等；到达作业主要包括重车和货运票据的交接、货物的卸车、保管、交付以及运杂费的最后结算等。

　　超限超重货物运输作业流程如图 8.6 所示。

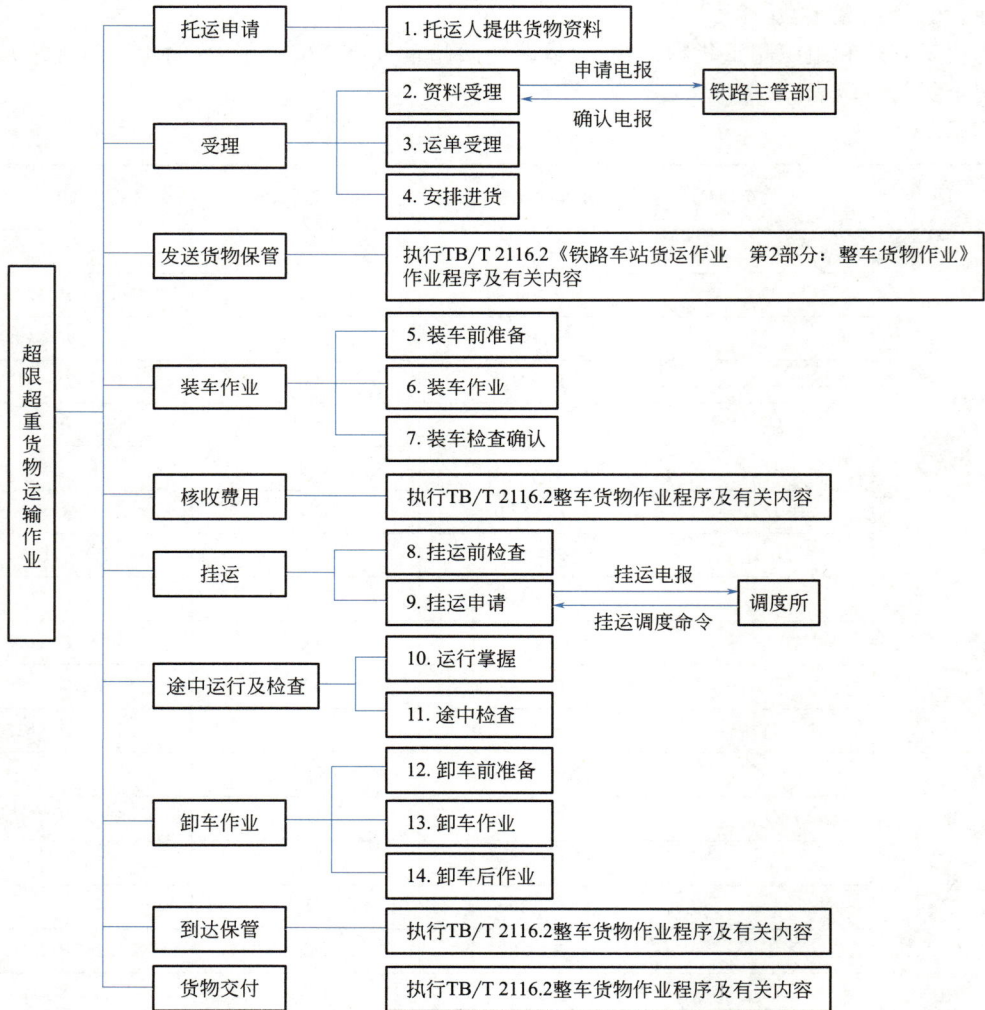

图 8.6　超限超重货物运输作业流程

一、托运货物

　　托运人托运超限超重货物时，除按一般货运手续办理外，还应提供下列资料：

（1）超限超重货物托运说明书（表8.5），货物外形的三视图。图中应标明货物的有关尺寸，支重面长度，并以"＋"号标明重心位置。

表8.5　超限超重货物托运说明书

发局		到局		预计装后尺寸		
发站		到站		由轨面起高度	由车辆纵中心线起	
装车地点		卸车地点				
品名		件数			左宽	右宽
每件重量		总重量	重心位置	中心高		
货物长度		支重面长度		侧高		
高度	中心高	宽度	左	右	侧高	
	侧高		左	右	侧高	
	侧高		左	右	侧高	
	侧高		左	右	侧高	
要求使用车种		标记载重		侧高		
卸车时的要求						
其他要求				车地板高度		
				垫木或转向架高度		
				预计装在车上货物重心位置距轨面的高度		
				重车重心高度		

注：粗线栏内由铁路填记。

发货单位戳记　　　　　　　　　　　　　　　　　　　　　　年　　月　　日提出

（2）自轮运转货物，应有自重、长度、轴数、轴距、固定轴距、转向架中心销间距离、运行限制条件，以及过轨技术检查合格证。

（3）申请使用的车种、车型、车数和计划装载加固方案。

（4）超过承运人计量能力的货物由托运人确定货物重量，并应有货物生产厂家出具的货物重量证明文件（数据应为货物运输状态时的重量，重量数据如不含装载加固材料或装置重量，须单独注明），对变压器、电抗器等货物，残余油料重量须单独注明；货物生产厂家具备货物称重计量条件的，应要求托运人提供经厂家计量衡器称重的货物重量数据。

（5）其他规定的资料。

托运人应在超限超重货物托运说明书、装载加固建议方案和所提供的资料上签字盖章，并对内容的真实性负责。

二、装车前测量货物

教学任务书——填写超限超重货物托运说明书

针对"任务实例"的钢结构，进行装车前测量，将测量结果填入超限超重货物托运说明书（表8.5）。

车站受理超限超重货物时，应认真审查托运人提出的有关技术资料。托运人提供的货物技术资料及相关证明文件齐全有效、符合规定，且货物发到站（含专用线、专用铁路）具备超限超重货物运输条件的，发站应受理资料。

受理资料后，发站测量核对货物外形尺寸和重心位置，以超限超重货物运输申请电报向铁路局货运主管部门申请装运办法。

跨三个及以上铁路局的各级超重货物和超级超限货物，由铁路局审查后向国铁集团运输部提出申请。

装车前测量得到的尺寸是确定货物的装载方案、计算超限等级和确定运行条件的重要依据，因此要求测量的尺寸准确，如实反映货物外形实际情况。若测得的尺寸大于实际，就会把一般货物误认为超限货物或将超限等级提级，从严了运输条件，造成不必要的限速、禁止会车等；若测得的尺寸小于实际，就会将超限货物误认为一般货物或降低超限等级，从而降低运输条件，易于酿成事故，造成损失。所以，测量应满足以下基本要求：

（1）测量前要根据装载加固的要求，合理选择计划装车方案。有了计划装车方案，可判断需测量的测点。

（2）测量时要以 mm 为单位，认真细致，尺寸准确，记录完整。

（3）装车前按计划装车方案进行测量，以发站列车运行方向为前方，以货物重心为准，分别测量中心高、中心宽和各个侧高及其侧宽。

（4）测量高度应严格按垂直距离，测量宽度应严格按水平距离。装载的高度和宽度应包括篷布、绳索和支柱等加固材料在内。

（5）货物摆放的地面要水平。

1. 测量长度

测量货物最大长度、支重面长度、重心至端部的距离、检定断面至重心的距离，如图 8.7 所示。检定断面的选取参考"超限等级计算"相关内容。

二维码 8.3　　　　　　　　　　　　图 8.7　长度测量

2. 测量高度

自支重面起，测量货物中心高度、侧高度和重心高度。

（1）中心高度　自支重面起至最大高度处的高度为中心高度。

（2）侧高度　中心高度以下各测点至支重面的高度。如有数个不同侧高度时，应由上至下测出每一个不同的侧高度。测量侧高度以货物重心为准，按发站列车运行方向分为左、右两侧测量，自上而下顺序按第一侧高度、第二侧高度……分别测出其不同高度。

一般在选取测点时，装车后货物距轨面 1250mm 以上部分，同宽测高点，同高测宽点；1250mm 以下部分，同宽测低点，同高测宽点。

圆形和圆柱形货物测量最高处、最宽处和圆心高度。

货物上部为圆形，测量圆弧部分的最高点、最低点和圆心位置；上部为椭圆形，在椭圆形上选取不同高度的几个点进行测量。其他部分的测点按一般货物的选取方法选取。

圆形和圆柱形货物上的突出部分，需要测量。

测量方法如图 8.8 所示。

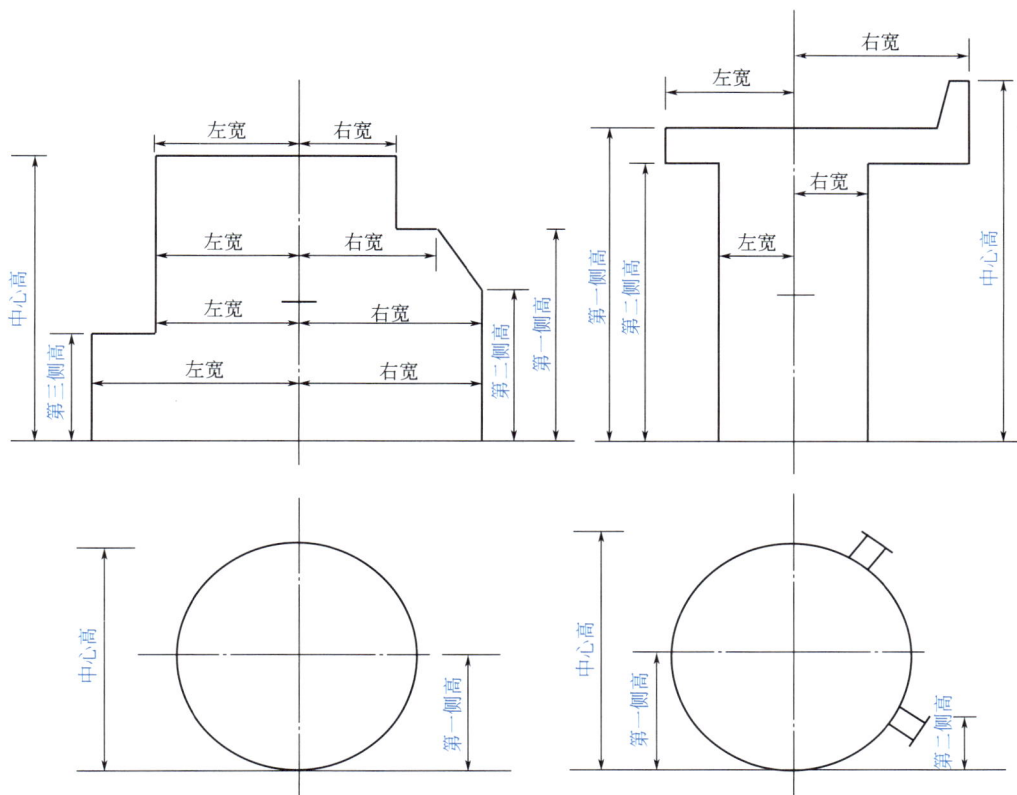

图 8.8　测量货物高度

3. 测量宽度

测量中心高度处的宽度和不同侧高度处的宽度。

（1）中心高度处的宽度　中心高度处，在货物重心所在纵向垂直平面左侧和右侧的最大宽度。

（2）侧高度处的宽度　每一侧高度处，在货物重心所在纵向垂直平面左侧和右侧的最大宽度。

三、计算超限等级

教学任务书——计算超限等级

根据任务一的测量结果，填写表 8.6。

表 8.6　超限等级计算

计算点	实测宽度	偏差量	附加偏差	计算宽度	高度	超限等级

理论知识

根据超限货物定义可知，当货物行经在半径为 300m 的曲线时，判断货物超限等级需用计算宽度。影响计算宽度的主要因素有计算点的实测宽度、偏差量、附加偏差量和曲线线路建筑限界内外侧水平距离的加宽值。

（一）实测宽度

计算点的实测宽度是指计算点至负重车纵中心线垂直面的水平距离，通常用米尺测量而得，用符号"B"表示。

（二）偏差量

当超限车（装有超限货物的车辆）行经在平直线路上时，两转向架中心销的垂直投影落在线路中心线上，此时货车纵中心线与线路中心线重合。当超限车行经在曲线线路上时，两转向架中心销的垂直投影落在线路中心线上时，两中心销间的货车纵中心线偏向线路内侧，

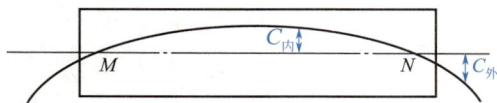

图 8.9　偏差量命名

产生偏差量，称为内偏差量（用 $C_内$ 表示）；两中心销外方的货车纵中心线偏向线路外侧，产生偏差量，称为外偏差量（用 $C_外$ 表示），如图 8.9 所示。

计算点的偏差量按下列方法进行计算。

1. 使用一辆六轴及以下货车装载时偏差量计算

（1）计算公式

① 当计算点所在的检定断面位于车辆两转向架中心销之间时，其计算公式为：

$$C_内 = \frac{l^2 - (2x)^2}{8R} \tag{8.1}$$

② 当计算点所在的检定断面位于车辆两转向架中心销外方时，其计算公式为：

$$C_外 = \frac{(2x)^2 - l^2}{8R} \tag{8.2}$$

式中　l——车辆转向架中心距，m；

　　　x——检定断面至车辆横中心线的距离，m；

　　　R——曲线半径，m。

（2）原理　一车负重时，车辆、货物和线路相对位置如图 8.10 所示，图 8.10 中圆为半径 300m 曲线的线路中心线，AB 直线为货车纵中心线，M、N 为车辆转向架中心销在线路中心线上的投影。

在直角 $\triangle KGN$ 和直角 $\triangle NGD$ 中，GN 为 KG 和 DG 的比例中项，所以有：

$$KG = \frac{GN^2}{GD} = \frac{GN^2}{KD - KG} = \frac{\left(\frac{l}{2}\right)^2}{2R - KG}$$

由于 $2R \gg KG$，将 $2R-KG$ 中的 KG 忽略不计，上式得：$KG = \dfrac{l^2}{8R}$

设 x 为计算点 E 所在检定断面至车辆横中心线所在断面的距离，同理可得：$KF = \dfrac{(2x)^2}{8R}$。

由图 8.10(a) 可知，E 点的内偏差量 $C_内 = EH = FG = KG - KF$，即 $C_内 = \dfrac{l^2}{8R} - \dfrac{(2x)^2}{8R} =$

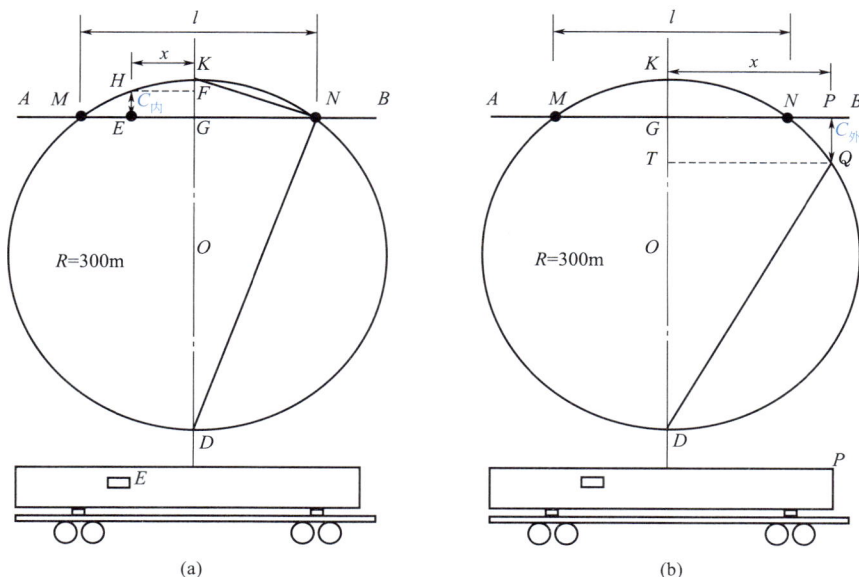

图 8.10 货物偏差量计算示意图

$\dfrac{l^2-(2x)^2}{8R}$。又由图 8.10（b）可知，P 点的外偏差量 $C_{外}=PQ=GT=KT-KG$，即

$$C_{外}=\dfrac{(2x)^2-l^2}{8R}。$$

2. 使用普通平车跨装时偏差量计算

（1）计算公式

① 当计算点所在的检定断面位于两货物转向架中心销之间时，其计算公式为：

$$C_{内}=\dfrac{L^2+l^2-(2x)^2-(2a)^2}{8R} \tag{8.3}$$

式中　L——跨装支距，m；

　　　l——负重车的转向架中心距，m；

　　　a——货物转向架中心销偏离所在车辆横中心线的距离，m；

　　　x——检定断面至跨装支距中心线的距离，m。

② 当计算点所在的检定断面位于两货物转向架中心销外方时，其计算公式为：

$$C_{外}=\dfrac{(2x)^2-L^2-l^2+(2a)^2}{8R} \tag{8.4}$$

（2）原理　使用两辆以上普通平车跨装货物，当超限车行经在曲线时（图 8.11），货物会向曲线一侧偏离，产生内偏差和外偏差，同时，由于负重车纵中心线也会向曲线一侧偏离，亦会使货物向曲线内侧和外侧的偏差量增大。

3. 用六轴以上长大货物车装载时偏差量计算

（1）当计算点所在的检定断面位于大底架两心盘中心之间时，其计算公式为：

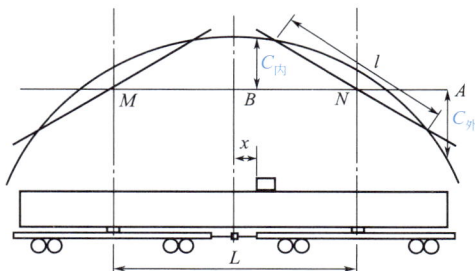

图 8.11 跨装货物偏差量计算示意图

$$C_{内} = \frac{L_1^2 + L_2^2 \cdots + L_n^2 - (2x)^2}{8R} \qquad (8.5)$$

式中　L_1，L_2，$\cdots$，L_n——长大货物车由上向下各层底架心盘中心距，m；其中，n 为长大货物车底架层数；

　　　　　x——检定断面至车辆横中心线的距离，m。

注：用具有导向装置的长大货物车装载时，$C_{内}$ 根据车辆使用说明书计算。

（2）当计算点所在的检定断面位于大底架两心盘中心外方时，其计算公式为：

$$C_{外} = \frac{(2x)^2 - L_1^2 - \cdots - L_n^2}{8R} \qquad (8.6)$$

（三）附加偏差量

若某计算点的 $\frac{2x}{l} > 1.4$ 时，还必须考虑由于车辆走行部分的游间、曲线线路轨距的加宽量和车辆在线路上蛇行运动而产生的附加偏差量（用符号"K"表示）。

若 $\frac{2x}{l} \leqslant 1.4$ 时，附加偏差量 K 为 0。同一件货物，计算点不同时，K 值不同。

1. 计算公式

$$K = 75\left(\frac{2x}{l} - 1.4\right) \qquad (8.7)$$

注：当 $\frac{2x}{l} \leqslant 1.4$ 时不计算。跨装运输时，l 改为 L。

2. 原理

影响附加偏差量 K 的主要因素如下：

（1）车辆走行部位的游间　货车转向架由摇枕、侧梁、弹簧减震装置、轴箱油润装置、轮对、下心盘和旁承等各部件组成。各部件之间，都存在着一定的间隙，这些间隙称为游间。当车辆行经曲线线路时，由于离心力等作用，一侧的游间被压缩，使中心销向线路外侧偏离，产生偏离量，用"S_1"表示，取值 44mm，具体情况见表 8.7。

表 8.7　车辆走行部分游间值

影响因素（50t 以上车辆）	游间/mm
轴瓦及轴领间	14
轴瓦纵向磨耗	14
轴箱导框与轴箱	5
上、下心盘之间	6.5
架柱与摇枕之间	—
侧架与摇枕挡面	5
合计	44.5
走行部分 S_1 取值	44

（2）曲线线路轨距的加宽　为了使机车车辆能顺利通过曲线，防止外轨侧面磨耗和抵压外轨，曲线线路轨距应适当加宽。加宽值应根据有关规定计算确定。为保证轮对不掉道，轨距加宽有最大值。

最大轨距＝车辆最小内侧距＋最小轮缘厚度＋车辆内侧至踏面变坡点最小距离－钢轨轨头圆角半径＝1350＋22＋97－13＝1456（mm）。

为保证轮对的正常使用，轮对轮缘外侧之间的距离有最小值。

轮对轮缘外侧的最小距离＝车辆最小内侧距＋最小轮缘厚度×2＝1350＋22×2＝1394（mm）。

在最大轨距处，轮对轮缘外侧距离最小的车辆运行时，其中心销由线路中心线向一侧移动最大距离为：$S_2 = \dfrac{1456 - 1394}{2} = 31$（mm）

（3）车辆在曲线线路上的蛇行运动　车辆运行在曲线线路时，由于游间的压缩和轨距的加宽，一端转向架的中心销会向线路中心线一侧偏离，偏离量 $S_销$ 为 $S_1 + S_2 = 44 + 31 = 75$（mm）。同时，另一端转向架中心销由于车辆的蛇形运动，会向线路中心线的另一侧偏离，如图 8.12 所示。

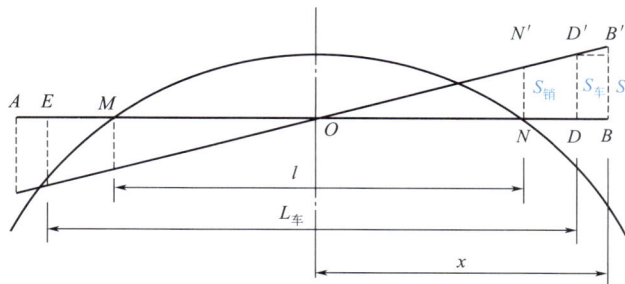

图 8.12　附加偏差量的计算

$S_销$—车辆中心销的摆动量；$S_车$—车辆两端的摆动量；
S—计算点的摆动量；x—计算点所在检定断面至车辆横中心线的距离

设车辆端部的摆动量为 $S_车$。因为 $\triangle ONN' \backsim \triangle ODD'$，所以 $\dfrac{S_车}{S_销} = \dfrac{\dfrac{L_车}{2}}{\dfrac{l}{2}}$，则 $S_车 = \dfrac{L_车 S_销}{l}$。因为铁路普通平车的车长与销距之比约等于 1.4，即 $\dfrac{L_车}{l} \approx 1.4$，所以 $S_车 \approx 1.4 S_销$。设计算点的摆动量为 S。因为 $\triangle OBB' \backsim \triangle ONN'$，所以 $\dfrac{S}{S_销} = \dfrac{x}{l/2}$，则 $S = \dfrac{2x}{l} S_销$。

在确定曲线线路限界的加宽值时，已经考虑了 $S_车$，因而在确定 K 值时，应将 $S_车$ 扣除。

$$K = S - S_车 = \frac{2x}{l} S_销 - 1.4 S_销，\text{代入} S_销 \text{值}，K = 75\left(\frac{2x}{l} - 1.4\right)$$

（四）扣减曲线线路建筑限界内外侧水平距离的加宽值

《超规》所采用的曲线内、外侧水平距离加宽值为 36mm，它是以车长为 13.2m，销距为 9.35m 的平车，行经半径为 300m 的曲线线路时，所产生的内、外偏差量（均为 36mm）作为曲线线路建筑限界内外侧水平距离的加宽值。在确定曲线线路建筑限界的实际宽度时，已考虑了该值，所以确定计算宽度时，须减去 36mm。

（五）确定计算宽度

综合影响计算宽度的四个因素，考虑机车车辆限界和建筑限界的作用和运输货物时需保证的安全空间，计算点的计算宽度按下列公式计算。

1. 用一辆六轴及以下货车装载时

（1）当检定断面位于车辆转向架中心销之间任何部位时

$$X_{内}(\text{mm})=B+C_{内}-36=B+\frac{l^2-(2x)^2}{8R}-36 \tag{8.8}$$

当 $C_{内}$ 的计算结果小于 36mm 时，货物停留在水平直线上时的超限等级高于运行在曲线上时的超限等级，此时 $X_{内}=B$。

假设 $\frac{l^2}{8R}=36\text{mm}$，得出 $l=9350\text{mm}$，即用销距小于 9350mm 的货车装载货物，货物两端不超出车辆中心销时，$X_{内}=B$。

（2）当检定断面位于车辆转向架中心销外方任何部位时

$$X_{外}(\text{mm})=B+C_{外}+K-36=B+\frac{(2x)^2-l^2}{8R}+75\left(\frac{2x}{l}-1.4\right)-36 \tag{8.9}$$

当 $\frac{2x}{l}\leqslant1.4$ 时，不计算 K。

2. 用普通平车跨装时

（1）当检定断面位于两货物转向架中心销之间时

$$X_{内}(\text{mm})=B+C_{内}-36=B+\frac{L^2+l^2-(2x)^2-(2a)^2}{8R}-36 \tag{8.10}$$

（2）当检定断面位于两货物转向架中心销外方时

$$X_{外}(\text{mm})=B+C_{外}+K-36=B+\frac{(2x)^2-L^2-l^2+(2a)^2}{8R}+75\left(\frac{2x}{L}-1.4\right)-36 \tag{8.11}$$

当 $\frac{2x}{L}\leqslant1.4$ 时，不计算 K。

3. 用六轴以上长大货物车装载时

（1）当检定断面位于大底架两心盘中心之间时

$$X_{内}(\text{mm})=B+C_{内}-36=B+\frac{L_1^2+\cdots+L_n^2-(2x)^2}{8R}-36 \tag{8.12}$$

注：用具有导向装置的长大货物车装载时，$C_{内}$ 根据车辆使用说明书计算。

（2）当检定断面位于大底架两心盘中心外方时

$$X_{外}(\text{mm})=B+C_{外}+K-36=B+\frac{(2x)^2-L_1^2-\cdots-L_n^2}{8R}+75\left(\frac{2x}{L_1}-1.4\right)-36 \tag{8.13}$$

注：当 $\frac{2x}{L_1}\leqslant1.4$ 时，不计算 K。

任务实施

对货物进行装车前测量之后，需进行装载方案设计，图 8.1 显示了该货物的计划装载方案。货物超限等级按下列步骤计算。

（一）标出需要计算的点（简称"标点"）

以计划装载方案为依据，在左视图上标出不同高度、不同宽度的点作为计算点。

在等宽条件下，在 1250mm 以上时，标高不标低；不足 1250mm 时，标低不标高。

（二）选择检定断面（简称"选面"或"选点"）

1. 用一辆六轴及以下货车装载时

在正视图上，与某一计算点相对应的是一线段，线段上所有的点都等宽等高，因此，应选偏差量大的点。在两转向架中心销之间，应选近不选远（距离货车横中心线所在垂直面）；在两转向架中心销外方，应选远不选近。

（1）当货物为等断面体时　假设车辆横中心线所在检定断面的内偏差量（$x=0$，此时内偏差量最大）大于货物某检定断面的外偏差量，即 $C_内 > C_外$，$\dfrac{l^2}{8R} > \dfrac{(2x)^2 - l^2}{8R}$，推导得出 $\dfrac{2x}{l} < \sqrt{2} \approx 1.4$。

因此，对于等断面体货物，装车后：若货物最外端的 $\dfrac{2x}{l} < 1.4$，选取距离货车横中心线所在垂直面最近的点；若货物最外端的 $\dfrac{2x}{l} \geqslant 1.4$，选取距离货车横中心线所在垂直面最远的点。

因为铁路普通平车的车地板长与销距之比约等于 1.4，所以，当货物不突出车端装载时，取距离货车横中心线所在垂直面最近的点；当货物突出车端装载时，选取货物最外端。

（2）当货物为非等断面体时　首先只看第一个突出部分，此时，突出部分也是一个等断面体，按第一种情况选取一个点作为计算点。再看第二个突出部分，此时，突出部分也是一个等断面体，按第一种情况选取一个点作为计算点，以此类推……。最后只看货物主体部分，应是一个等断面体，同样可选取一个计算点。

2. 用普通平车跨装或六轴以上长大货物车装载时

对于等断面体货物，所有位于两货物转向架中心销之间或位于大底架两心盘中心之间的检定断面，当其 x 等于 0 时，$C_内$ 最大；所有位于两货物转向架中心销之外或位于大底架两心盘中心之外的检定断面中，最外端的 $C_外$ 最大，可分别计算两点的计算宽度，取较大值对应的横断面作为检定断面。对于非等断面体，同用一辆六轴及以下货车装载时的处理流程。

（三）　计算计算点的计算宽度和高度（简称"计算"）

根据货物的装载方案、计算点所处的位置，分别用不同的公式计算计算点的计算宽度和计算点高度。

计算点高度是计算点至轨面的高度。一般包括货车车地板高度、垫木（或座架、货物转向架）高度和计算点至货物支重面的高度。

（四）　确定超限等级（简称"查表"）

根据计算宽度和计算点高度数值，查表 8.1（机车车辆限界、各级超限限界与建筑限界距离线路中心线所在垂直平面尺寸表）来确定超限等级。

【例 8.1】　长方形货物一件，长 10000mm，宽 3800mm，高 1500mm，使用 N_{17AT} 型平车装载，货物底部选用高 140mm 的横垫木 2 根，装载方案主要内容如图 8.13 所示。计算货物超限等级。

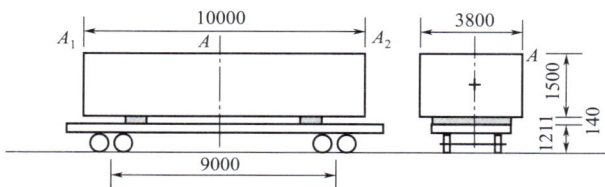

图 8.13　长方形货物装载方案图（单位：mm）

解 （1）标点

货物装车后，所有部位都在 $1211+140=1351$（mm）以上，超过 1250mm。等宽时，选高不选低，在左视图上标明 A 点。

（2）选面

A 点在正视图上对应的是线段 A_1A_2，没有超出车端，应选择货车横中心线所在垂直面作为检定断面，即 A 点。

（3）计算

$$X_A = B + C_内 - 36 = B + \frac{l^2 - (2x)^2}{8R} - 36 = 1900 + \frac{9000^2 - 0^2}{8 \times 300000} - 36 = 1900 + 34 - 36 = 1898 \text{（mm）}$$

计算宽度小于实测宽度，取 $X_A = B = 1900$mm。

或者直接判断：货物没有超过车端装载，车辆销距小于 9350mm，所以按货物实宽计算超限等级，即 $X_A = B = 1900$mm。

$$H_A = h_{车地板} + h_{垫} + h_A = 1211 + 140 + 1500 = 2851 \text{（mm）}$$

（4）查表

根据 $X_A = 1900$mm、$H_A = 2851$mm，查《超规》附件四得 A 点为一级超限，该货物属于一级超限。

【**例 8.2**】 钢梁一件，长 15000mm，宽 3400mm，高 2000mm，使用 N_{17K} 型 60t 平车一辆装载，货物一端和车底板对齐，一端突出，用 60t 平车一辆做游车，使用垫木高度 180mm，装载方案主要内容如图 8.14 所示。计算货物超限等级。

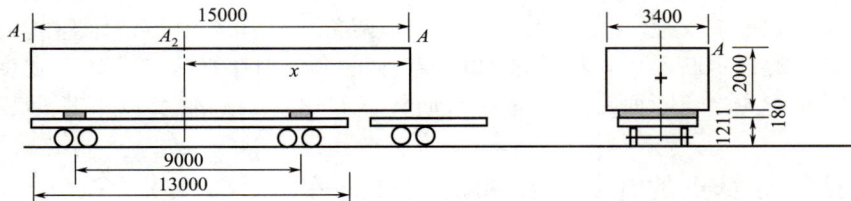

图 8.14　钢梁装载方案（单位：mm）

解 （1）标点

在左视图上标明 A 点。

（2）选面

A 点在正视图上对应的是线段 A_1A，超出车端，应选择距离货车横中心线最远的点，即 A 点。

（3）计算

$$2x = 2 \times \left(15000 - \frac{13000}{2}\right) = 17000 \text{（mm）}$$

$$X_A = B + C_外 + K - 36 = B + \frac{(2x)^2 - l^2}{8R} + 75\left(\frac{2x}{l} - 1.4\right) - 36$$

$$= 1700 + \frac{17000^2 - 9000^2}{8 \times 300000} + 75 \times \left(\frac{17000}{9000} - 1.4\right) - 36$$

$$= 1700 + 87 + 37 - 36 = 1788 \text{（mm）}$$

$$H_A = h_{车地板} + h_{垫} + h_A = 1211 + 180 + 2000 = 3391 \text{（mm）}$$

（4）查表

根据 $X_A = 1788$mm、$H_A = 3391$mm，查《超规》附件四得 A 点为一级超限，该货物

属于一级超限。

（五）降低超限等级

根据计划装载方案计算出超限等级后，为更经济、安全地运输超限货物，可采取一定措施降低超限等级。主要有以下一些方法：

（1）分部制造　对超限超重的大型设备，托运人应在设计的同时考虑经铁路运输的可行性，必要时，应分部制造。

（2）选择装车方案　根据货物外形、重量等情况研究顺装、横装或立装等方案，以确定最有利的装载方法。

（3）对货物采取措施　对通行上有困难的货物，应采取改变货物包装、拆解货体的方法，以降低超限等级、超重程度。

（4）对车辆采取措施　货物如不能拆解，为通过个别区段的建筑限界，经铁路局确定，准许将木制车底板拆下，以容纳货物的突出部分。拆下的车底板必须装在原车上，并应在运单内说明。

四、拍发申请电报

教学任务书——拟申请电报报文

车站装运超限货物必须向上级有关部门（国铁集团、铁路局）发申请文电。根据前面的"教学任务书"的计算结果，拟申请电报报文（表8.8）。

表 8.8　铁路超限超重货物运输申请电报

签发：　　　　　　　核稿：　　　　　　　拟稿人：
　　　　　　　　　　　　　　　　　　　　　电　话：

发报所名	电报号码	等级	受理日	时分	收到日	时分	值机员

主送：
抄送：

报文：

（一）拟报文内容

申请电报主要内容包括：发站、到局、到站、货物概况、货物外形尺寸、拟使用车种、车型和辆数、装载方法、预计装后尺寸和特殊运输要求等。具体内容如下：

1. 发站、到局、到站

2. 货物概况

应注明货物品名、件数、重量、全长、支重面长度、货物的重心高、货物的重心位置。自轮运转货物应注明自重、轴数、轴距、固定轴距、长度、转向架中心销间距离、制动机形式、运行限制条件和其他特殊运输条件要求等。

货物重量含装载加固装置和材料等重量。货物重心高度含垫木或支架等高度，并须注明"垫木或支架等高度为××mm"。支重面长度为垫木或支架等之间距离时，须注明"两横垫木或支架之间距离为××mm"。

3. 货物外形尺寸

货物外形尺寸应包括固定包装、装载加固装置和材料，高度自货物支重面或货物底部开始计算，宽度自货物重心所在的纵向垂直平面开始计算，不同高度处的宽度按自上而下顺序排列，尺寸均以 mm 为单位。货物外形尺寸表述必须完整、准确、正确。

货物外形尺寸表述方式规定如下：

（1）一个高度

中心高××——××mm 处左宽××mm，右宽××mm。

（2）两个高度

中心高××mm 处左宽××mm，右宽××mm；

侧　　高××mm 处左宽××mm，右宽××mm。

（3）三个及以上高度

中心高××mm 处左宽××mm，右宽××mm；

一侧高××mm 处左宽××mm，右宽××mm；

二侧高××mm 处左宽××mm，右宽××mm；

……

（4）圆弧形货物

×侧高（中心高）××——××mm 处为××mm 半径圆弧，并注明圆心位置。

（5）不同高度之间为等宽

×侧高（中心高）××——××mm 处左宽××mm，右宽××mm。

（6）不同高度之间为斜坡形

×侧高（中心高）——×侧高之间为斜坡形。

（7）同一高度左右两侧等宽

×侧高（中心高）××mm 处各××mm。

（8）一般情况下，货物外形尺寸采用同一高度处左右等宽方式表述，等宽宽度取左右宽度的最大数值。特殊需要时，采用左右宽度实际数值表述。

4. 装载方法

主要包括不突出车端装载、突出车端装载和两车跨装装载三种方式。

（1）不突出车端装载　注明每车装载件数和合装、分装等具体装载方法。

（2）突出车端装载　除需注明前述规定内容外，还应注明货物突出车端的长度、突出端的宽度和高度、突出端的底部距游车车地板的高度，两端同时突出的应分别注明。需要使用游车的，注明使用游车的车种、车型和辆数。

（3）两车跨装装载　两负重车中间或两端需要使用游车的，注明中间或两端使用游车的车种、车型和辆数。注明货物跨装支距、突出支点长度和突出端的宽度和高度，同时突出两支点的应分别注明。货物突出支点后，又突出负重车车端的，注明突出端底部距游车车地板的高度，两端同时突出的应分别注明。注明货物转向架的高度及重量。

5. 车种、车型及辆数

应根据货物件数、尺寸、重量和装载要求等合理选择，科学确定。

6. 预计装后尺寸

高度自轨面开始计算，宽度自车辆纵中心线所在垂直平面开始计算，按前述货物外形尺寸表述规定表述。预计装后尺寸必须完整、准确、正确，保证预计货物装后的各不同高度处的最大计算宽度对应的部位不遗漏。

7. 特殊运输要求

指为保证货物和铁路运输安全，根据货物自身性质，必须明确的特殊运输限制条件等。如：变压器运输时，托运人提出的途中运输加速度不得超过 3g；自轮运转货物的区间限速、曲线限速、过岔限速和通过最小曲线半径限制等。

（二）确定主送范围

车站申请电报主送铁路局货运主管部门。铁路局申请电报主送国铁集团运输部。

（1）各铁路局间运输的一、二级超限货物和到站跨及三个及其以下铁路局的超级超限货物由发站所在铁路局确认。

（2）到站跨级四个及其以上铁路局的超级超限货物由发站所在铁路局确认后报国铁集团确认。

（3）到站跨及三个及其以下铁路局的超重货物由发站所在铁路局确认。

（4）到站跨及四个及其以上铁路局的超重货物由发站所在铁路局确认后报国铁集团确认。

（5）超重同时又超限的货物，同超重货物审批权限规定。

详细规定见表 8.9。

表 8.9　申请电报、确认电报的范围

运输范围	自局管内	跨及三局以下	跨及四局以上
超限等级	各级超限	各级超限	超级超限
申请单位	车站	车站	报铁路局确认后，向国铁集团申请
确认单位	铁路局	铁路局	国铁集团
主送单位	发站、有关站段	发站、有关局、站段	发局、经由局、到达局
抄送单位		经由局、到达局	

（三）确定抄送单位

车站超限超重货物运输申请电报主送铁路局货运部，需使用 D 型车的抄送调度所。

（四）申请电报实例（表 8.10）

表 8.10　铁路超限超重货物运输申请电报

签发　　　　　　　　核稿　　　　　　　　拟稿人
　　　　　　　　　　　　　　　　　　　　电　话

发报所名	电报号码	等级	受理日	时分	收到日	时分	值机员

主送：上海铁路局货运部
抄送：铁路局调度所（特调）

报文：

续表

新闸镇站拟发成都局堰塘坎站变压器 1 件,重 175t,全长 9262mm,支重面长为两横垫木之间距离 3200mm,货物重心高 1835mm。货物外形尺寸(包括横垫木高 100mm):

中 心 高 3620mm 处宽各 1350mm;

第一侧高 3190mm 处宽各 1530mm;

第二侧高 3080mm 处宽各 1590mm;

第三侧高 2670—2100mm 处宽各 1780mm;

第四侧高 560mm 处宽各 1800mm;

第五侧高 270—0mm 处宽各 1600mm;

中心高至第一侧高间为斜线。

拟使用 250t(D_{25A})凹型车 1 辆装运,预计装后:

中 心 高 4700mm 处宽各 1350mm;

第一侧高 4270mm 处宽各 1530mm;

第二侧高 4160mm 处宽各 1590mm;

第三侧高 3750—3180mm 处宽各 1780mm;

第四侧高 1640mm 处宽各 1800mm;

第五侧高 1250—980mm 处宽各 1600mm;

中心高至第一侧高间为斜线。

按局批 2006-Z-207 号方案。

请示装运办法。

新闸镇超限超重 02 号

新闸镇站

××××.××.××

工作任务三 装车及挂运

教学任务书——填写车站超限超重货物发送作业质量控制表

根据确认电报要求组织装车,进行装车后的检查和测量,填写车站超限超重货物发送作业质量控制表(表8.11)。

表 8.11 车站超限超重货物发送作业质量控制表

到站			品名			超限等级			超重等级		
托运人								装车工班			
件数			件重	A	B	C	D	总重		装车日期	年 月 日
程序		控制项目				控制记录					
一、货物受理		(一)审查受理资料	1. 托运超限超重货物说明书编号: 2. 自轮运转特种设备复查合格证编号: 　　过轨技术检查合格证编号:								
		(二)对照资料核对货物	1. 全长　　　mm。2. 支重面长　　　mm。3. 重心高度:　　mm。 4. 中心高　　mm 处宽各　　　mm; 一侧高　　　mm 处宽各　　　mm; 二侧高　　　mm 处宽各　　　mm; 三侧高　　　mm 处宽各　　　mm; 四侧高　　　mm 处宽各　　　mm; 五侧高　　　mm 处宽各　　　mm。 5. 自轮运转货物　(1)轴数　　　;(2)轴距　　　mm; 　　　　　　　　(3)固定轴距　　　mm;(4)转向架中心销距　　　mm								

续表

程序	控制项目	控制记录
一、货物受理	（三）确定货物运输条件	1. 装载加固方案编号： 2. 超限超重货物运输申请电报号： 3. 超限超重货物运输确认电报号：
	（四）签认	主控人：　　　　　　　　　　　　　互控人：
二、装车作业	（一）装车前准备	1. 车型、车种、车数符合电报要求，车况良好。（　　） 2. 车地板：(1)长度　　　mm；(2)宽度　　　mm；(3)平均高度　　　mm。 3. 已标划车地板纵横中心线。（　　）
	（二）检查货物装载加固状态	1. 货物重心偏离车地板中心线量：纵向　　　mm，横向　　　mm。 2. 重车重心高：　　　mm。 3. 车辆转向架旁承符合要求。（　　） 4. 加固材料、装置和加固方法符合方案要求。（　　） 5. 跨装车组提钩杆已捆绑牢固，车钩缓冲停止器已安装。（　　） 6. 带动力的设备传动装置已断开，制动装置全部制动，变速器已置于初速位置，旋转位置已锁定牢固。（　　）
	（三）对照电报复核	1. 货物突出端梁尺寸：　　　mm，符合要求。（　　） 2. 货物底部与游车车地板的距离：　　　mm，符合要求。（　　） 3. 货物突出端与游车所装货物距离：　　　mm，符合要求。（　　） 4. 超限货物装车后尺寸不大于确认电报尺寸。（　　） 5. 重车重心高　　　mm，货物支重面长度　　　mm，符合要求。（　　）
	（四）标画货物检查线及拴挂、书写表示牌	1. 超限货物已标划货物检查线。（　　） 2. 已拴挂或书写超限货物表示牌。（　　） 3. 已安插货车表示牌。（　　）
	（五）填写超限货物运输记录	1. 已填写正确，相关单位已确认。（　　） 2. 一份已随运输票据同行。（　　） 3. 一份已留站存查。（　　）
	（六）检查票据记载事项	运单已填写"×级超限×级超重货物"或"禁止溜放""限速连挂""区间运行限速××km/h""连挂车组，不得分离"等内容。（　　）
	（七）签认	主控人：　　　　　　　　　　　　　互控人：
	（八）主管站长签字	

二维码 8.4

理论知识

一、确认电报

铁路局接到车站申请电报后，应按规定确认权限及时确认批示或国铁集团申请。

国铁集团或铁路局接到申请电报后，确定装载方案，计算超限等级，确定通行条件，发确认电报。

铁路局接到国铁集团或兄弟铁路局确认电报后，应及时结合管内实际向管内有关站段确认通行条件，管内通行确有困难时，应立即以电报和电话通知电报确认单位和发局。

（一）电报主送、抄送

国铁集团运输部确认电报主送始发、经由和到达铁路局货运主管部门。

铁路局确认电报主送发站、本局调度所、发站所在地车辆段及沿途货检站等；根据需要主送本局其他相关站段，抄送本局运输、工务、电务、车辆、机务、供电部等。铁路局直接确认的本局发送的超限超重货物运输电报须抄送经由和到达铁路局货运主管部门。铁路局接到发布的确认电报后，应结合管内的实际情况及时确认转发。对需临时改变建筑物、固定设备的，应在电报中详细指明。

（二）主要内容

包括：发站、经由、到站、货物概况、使用车种、车型和辆数、装载方法、装后尺寸、超限超重等级和装运办法等。

1. 发到站和经由

经由的铁路正线（区段）根据超限货物装后尺寸、超重货物等级、相关铁路正线（区段）的限界、线桥承载能力，结合车流径路、列车编组计划等正确确定。超限超重货物应经由最短径路运输，但受限界等条件限制的，可指定径路绕道运输。跨铁路局运输的，经由以铁路局间分界站表述。

2. 货物概况

须明确货物品名、件数、重量、全长和支重面长度。自轮运转货物还须明确货物自重、轴数、轴距、固定轴距、长度、转向架中心销间距离和制动机形式。支重面长度为垫木或支架等之间距离时，须明确支重面长度为两横垫木或支架之间距离为××mm。

3. 装载方法

主要包括不突出车端装载、突出车端装载、两车跨装装载等三种方式。

（1）不突出车端装载 明确每车装载件数和合装、分装等具体装载方法。

（2）突出车端装载 除须明确第（1）条规定内容外，还须明确货物突出车端的长度、突出端的宽度及高度和突出端的底部距游车车地板的高度，两端同时突出的分别明确。使用游车的，明确使用游车的车种、车型和辆数。

（3）两车跨装装载 两负重车中间或两端使用游车的，明确中间或两端使用游车的车种、车型和辆数。明确货物跨装支距、突出支点长度和货物突出端的宽度及高度，同时突出两支点的应分别明确。货物突出支点后，又突出负重车车端的，明确突出端底部距游车车地板的高度，两端同时突出的应分别明确。明确货物转向架的高度。

根据货物重量和经由铁路正线（区段）的线桥承载能力，正确、合理确定超限超重车两端加挂的隔离车车种、车型、辆数和重量等。

4. 装后尺寸

高度自轨面开始计算，宽度自车辆纵中心线所在垂直平面开始计算，按货物外形尺寸表述方式规定表述（圆心位置表述时，应明确圆心高度和圆心距车辆纵中心线的水平距离）。装后尺寸必须完整、准确和正确，保证货物装后的各不同高度处的最大计算宽度对应的部位不遗漏。

5. 装运办法

必须准确、完整和正确。一般用铁路超限超重货物运输电报代号表（表8.12）中规定的电报代号加文字表述，无代号的应直接用文字准确、完整和规范表述。

表 8.12 运输超限货物电报代号

顺序	代字	被代用的文字	附注
1	A	超限等级	代号后写几级
2	C	凡距线路中心线几毫米，高度超过几毫米，如道岔表示器等设备，在列车通过前拆除，通过后立即恢复正常位置	代号后分子为距线路中心线宽度的毫米数，分母为自轨面起高度的毫米数
3	D	通过接近限界的限制速度，按《超规》第四十二条办理	

续表

顺序	代字	被代用的文字	附注
4	E	禁止接入距离线路中心线几毫米,高度超过几毫米的站台线路	代号后分子为距线路中心线宽度的毫米数,分母为自轨面起高度的毫米数
5	G	最高运行速度	代号后写限速值
6	K	会车条件按《超规》第四十一条办理	
7	L	通过 300m 及以下半径曲线线路时的限制速度	代号后写限速值
8	M	途中货检站按规定检查无碍后继续运送	
9	N	各邻接调度所密切联系注意运行状态,接运和挂运按《超规》第三十六和三十九条办理	
10	P	需要货物转向架和使用车钩缓冲停止器	
11	R	货物重心高度	代号后写 mm 数
12	S	重车重心高度	代号后写 mm 数
13	W	经过侧向道岔的限制速度	代号后写限速值
14	Z	超重等级	代号后写几级

装运办法表述示例如下:

（1）重车重心不超高时

①A×级超限；②Z×级超重；③KMN。

（2）重车重心超高时

①A×级超限；②Z×级超重；③R1950mm；④S2029mm；⑤G50km；⑥L20km；⑦W15km；⑧KMN。

（3）较复杂情况时

① A×级超限；

② Z×级超重；

③ G50km；

④ $R \geqslant 600m$，限速 40km/h；$600m > R \geqslant 400m$，限速 30km/h；$400m > R \geqslant 300m$，限速 20km/h；$R < 300m$，限速 10km/h；

⑤ W15km；

⑥ 禁止侧向通过 8 号及以下道岔；

⑦ 禁止通过半径小于 250m 曲线线路；

⑧ 禁止通过驼峰和高站台线路、禁止溜放和冲撞；

⑨ KMNP；

⑩ 附车辆技术鉴定书一份；

⑪ 承租运输不得拆解,该机组挂列车尾部（专列除外）；

⑫ 严格按铁运电〔2014〕86 号电报要求办理。

（三）电报编号及印章

超限超重运输电报编号实行年度循环制,以阿拉伯数字顺序编号,本年度确认电报有效期截至下年度 1 月 31 日,逾期未装运的须重新申请确认电报。

国铁集团运输部确认电报编号为:国铁集团超限超重××××号。铁路局申请、确认电报编号为:×（铁路局简称）超限超重××××号,如哈尔滨局为:哈超限超重××××号。车站申请电报编号为:×站超限超重××××号。车站挂运电报编号原则和方法由铁路局自行规定。

238

国铁集团运输部确认电报加盖"中国国家铁路集团有限公司运输部超限超重货物运输专用章",铁路局申请、确认电报加盖"××铁路局货运主管部门超限超重货物运输专用章"。车站申请电报、挂运电报加盖的印章由铁路局自行规定。

二、确认电报实例（表8.13）

表8.13　铁路超限超重货物运输确认电报

签发		核稿		拟稿人				
		会签		电　话				

发报所名	电报号码	等级	受理日	时分	收到日	时分	值机员

主送：调度所(特调)，新闸镇站、金华东站，南京东车辆段
抄送：上海局运输、工务、电务、车辆、机务部

报文

国铁集团超限超重25号

新闸镇经新塘边，醴陵，大龙到堰塘坎站变压器1件，重175t，全长9262mm，支重面长为两横垫木之间距离3200mm。使用250t(D_{25A})凹型车1辆装运并在其大车前后各挂空车1辆作隔离。装后：

中　心　高4700mm处宽各1350mm；
第一侧高4270mm处宽各1530mm；
第二侧高4160mm处宽各1590mm；
第三侧高3750—3180mm处宽各1780mm；
第四侧高1640mm处宽各1800mm；
第五侧高1250—980mm处宽各1600mm；
以上未衔接高度间均为斜坡形。

装运办法：
(1)A超级超限；(2)R1835mm；(3)S2109mm；(4)G50km；(5)L20km；(6)W15km；(7)KMN

上超限超重7075号
上海铁路局货运部
××××.××.××

任务实施

发站接到铁路局确认电报后，应按规定及时审核、受理托运人提出的运单和有关证明文件等资料，及时安排托运人进货，并对照申请电报核查、确认待装货物的外形尺寸、重心位置和重量等。

一、装车前准备

发站接到批复的文电后，严格按批复的文电内容和要求选择车辆。

（1）通知车辆部门检查车辆技术状态　车辆经车辆部门技术检查合格，并经货运人员确认后，方能使用。超限货物装车地点，最好选择在平直的线路上。

（2）确认待使用的车种、车型和车数符合确认电报和装车要求，加固材料和加固装置的规格、数量和质量符合装载加固方案规定。

（3）测量车地板的长度和宽度，在负重车上标画车辆纵横中心线。

测量车地板高度时应将车辆停于平直线路上。车地板高度的确认办法按下列规定办理：

① 普通平车或敞车　分别测量出车地板四角至轨面的高度，然后取其平均值为车地板高度。

② 凹型平车　取车地板中部为车地板高度；若货物装在大底架悬臂上，以悬臂高度为准。

③ 球形心盘的D型车　分别测量出车地板中部到两侧钢轨面的高度，取其平均值为车

地板高度。

　　用涂料或颜料在车底板上标画货车纵、横中心线。车辆纵、横中心线是确定货物装载位置的依据，又是装车后测量各部位尺寸的标准线。

　　（4）在货物上标明重心位置（投影）和索点。

　　（5）开好装车前准备会，向装车人员布置装车事项。

二、装车

　　装车时，站段超限超重运输和装载加固主管人员须到装车现场进行指导。装载和加固作业须严格按装载加固方案进行。

三、检查装车

1. 检查和确认装载加固

　　（1）货物实际装载位置符合装载加固方案。

　　（2）车辆转向架旁承游间符合《加规》规定。车辆转向架任何一侧旁承游间不得为零（结构规定为常接触式旁承的货车除外），遇球形心盘货车一侧旁承游间为零时，可用千斤顶将压死一侧顶起，落顶后出现游间，表明货物装载符合要求。

　　（3）使用的加固材料（装置）规格、数量、质量和加固方法、措施和质量符合装载加固方案。

　　（4）垫木和支（座）架等加固装置，状态良好，完好无损坏。

　　（5）加固线（钢丝绳、镀锌铁线）已采取防磨措施，捆绑拴结牢固，拴结点无损坏。

　　（6）焊接处焊缝长度和高度符合规定，焊接质量良好，无虚焊现象。

　　（7）跨装车组连接处的提钩杆捆绑牢固，车钩缓冲停止器已按《加规》要求安装。

　　（8）带有制动装置、变速器和旋转装置的货物，制动装置全部制动，变速器置于初速位置，旋转部位锁定牢固。

　　（9）自轮运转货物的动力传动装置已断开（机车车辆除外），制动手柄在重联位置并固定良好。

2. 复核和确认装车后数据（装车后测量）

　　超限货物装车后应进行复测，其目的是检查装载状态是否与上级确认的装运办法相符。测量时由轨面起测量货物中心高度和侧高度，由车辆纵中心线所在的纵向垂直平面起分别测量中心高度和不同侧高度处的左侧和右侧宽度。主要复核和确认以下数据是否符合要求：

　　（1）货物突出车端的尺寸符合规定或确认电报要求。

　　（2）货物突出端底部与游车车地板的距离和货物突出端与游车上所装货物的距离符合规定。

　　（3）超限货物装后各部位的尺寸（高度和宽度）符合确认电报。

　　（4）重车重心高和货物支重面长度（跨装货物支距）等符合确认电报。

　　（5）其他各有关数据和要求符合确认电报。使用落下孔和钳夹式车辆装载的货物，装后货物底部与轨面的距离不得少于150mm。

　　对照确认电报复核后，如发现货物装后尺寸和重车重心高度等数据和要求超出确认电报条件的，发站则须重新向铁路局拍发超限超重货物运输申请电报。

四、标识

　　用颜色醒目的涂料标划易于判定货物是否移动的检查线，并在货物两侧明显处以涂料书写、印刷或粘贴"×级超限、×级超重",或挂牌标识。并按规定在车辆上插挂货车表示牌,如"禁止溜放"。

在运单、票据封套和编组顺序表上注明"超限货物"或"超重货物"或"超限超重货物";以连挂车组装运时,应注明"连挂车组不得分摘";限速运行时,应注明"限速××千米"。

五、填写超限超重货物运输记录

对复测后各超限部位的尺寸和运输有关事项,车站应会同工务和车辆等有关部门确认与实际情况相符无误后,填入超限超重货物运输记录(表8.14)。

表 8.14　超限超重货物运输记录

甲页		级超限		级超重			单位:mm	
装车局		发　站			经由线名			
到达局		到　站			经由站名			
品　名		件　数			每件重　吨		配重　吨	总重　吨
货物长度		支重面长　度		转向架中心销间距离		重车重心高		
装车后尺寸	中心高		中心高的宽	左	记事			
				右				
	第一侧高		侧高的宽	左				
				右				
	第二侧高		侧高的宽	左				
				右				
	第三侧高		侧高的宽	左				
				右				
	第四侧高		侧高的宽	左				
				右				
车　种		车　号		标记载重		吨	轴数	
文电内有关指示	国铁集团　年　月　日　超限超重　号　批准使用　车							
	铁路局　年　月　日　超限超重　号　批准使用　车							
				本记录在　　　站作成,经检查完全符合确认的条件				
				发　站　　　签字				
				段　　　　　签字				
				段　　　　　签字				
				段　　　　　签字				
				段　　　　　签字				
				年　　月　　日				

注:1. 不用的各栏应划去;
2. 按确认电报指示尺寸填记,小于确认电报时,将实际尺寸填于记事栏内,大于确认电报尺寸时,必须重新申请;
3. "重车重心高"栏在不超出2000mm时须以[/]号标示之;
4. 一式两份,第一份仅为甲页留站存查;第二份为甲、乙页,随货运票据送到达站。规格270mm×185mm。

六、填写车站超限超重货物发送作业质量控制表

超限超重货物运输实行关键作业质量签认制度和关键作业工序间交接签认制度。超限超

重车装车质量由装车站段主管站、段长签认，特殊情况时可由站段长授权货运主任签认，发站发送作业按车站超限超重货物发送作业质量控制表规定进行质量签认。

七、拟定挂运电报

发站装车完毕并复核确认符合批示电报条件后，要及时向铁路局调度所拍发超限超重车辆挂运电报（表8.15）。条件不具备时也可电话请示。车站超限超重货物运输挂运电报主送调度所，抄送铁路局货运主管部门。

挂运电报主要内容包括：确认电报号，发站、到站、货物品名、件数，使用车种、车型、车号（含游车、隔离车）及辆数，装载完毕时间，装后尺寸复测情况，装后货物装载加固状态和车辆状态检查确认情况等。

表 8.15　铁路超限超重车辆挂运电报

签发　　　　　　　　　　核稿　　　　　　　　　　　拟稿人
　　　　　　　　　　　　　　　　　　　　　　　　　电　话

发报所名	电报号码	等级	受理日	时分	收到日	时分	值机员

主送：
抄送：

报文：

奉×(局)超限超重××××号电报,××站发××站的××(货物品名)×件,使用××(车种、车型、车号)×辆装运,×级超限×级超重,已于×月×日×时装载(检查)完毕,经复测(检查),货物装后尺寸符合确认电报要求,装载加固状态良好,申请挂运。

　　　　　　　　　　　　　　　　　　　　　　　　　××站××号
　　　　　　　　　　　　　　　　　　　　　　　　　　年　月　日

八、变更

超限超重货物变更到站时，受理变更的车站应复测货物装车后尺寸，以电报向铁路局重新请示，并注明原批准单位、电报号码、新到站和车号。受理变更的车站，应对货物的装载加固状况进行检查，并在超限超重货物运输记录中签认。

九、办理国际联运超限货物

1. 办理经由铁路运输的进口（包括过境）超限货物

经由铁路运输的进口（包括过境）超限货物，国铁集团国际部应根据国际联运有关规定，在接到有关国家铁路部门商定超限货物的文电后，会同国铁集团运输部（必要时请有关铁路局参加）共同审核确定。对于可以接运的，由国铁集团国际部以电报形式答复有关国家铁路部门，并通知国内国境站所在铁路局。

国境站接到邻国铁路国境站的预（确）报后，须做好接运前的相关准备工作。

2. 办理经由铁路运输的出口（包括过境）超限货物

超限货物到达国境站后，国境站应根据《超规》第二十三、二十四条的规定，向上级申请装运办法，根据确认的装运办法及时组织运输。

工作任务四　运行及卸车

根据前述货物资料及计算结果，填写运行条件表（表8.16）。

表8.16　运行条件

项目	运行条件
会车条件（设邻线列车运行速度大于等于120km/h,小于160km/h）	
限速规定（考虑与建筑限界之间的距离）	
调车限制	
电气化区段运输（设接触网最低点离轨面高度5700mm）	

任务实施

一、挂运车辆

1. 路局挂运工作

铁路局调度所接到发站挂运申请后，特运调度员须根据对应的超限超重货物运输确认电报核对发站的挂运申请内容；核对无误后，根据超限超重货物运输确认电报和管内实际情况制定会车、限速等具体运行条件，填写超限超重车辆挂运通知单，交计划调度员纳入日（班）计划，由列车调度员以调度命令下达有关站段。挂运跨及两个调度所的超限超重车前，需征得邻局调度所的同意。相邻调度所间的预报内容，应包括挂运车次、确认电报号码、车种车型、到站、品名、超限等级、超重等级和有关注意事项等。

2. 车站挂运工作

发站（中转站）接到挂运命令后，应及时做好车辆挂运准备工作，并将调度命令交值乘司机。挂运前，若发现货物装后尺寸、重车重心高度等超出确认电报条件的，则须立即报告调度所并重新向铁路局拍发超限超重货物运输申请电报。

二、运行掌握

调度所应加强超限超重车辆的运行组织和途中运行掌控，提高运行效率，确保安全及时运输。

（1）超限超重车应经由最短径路运输，但受到建筑限界或其他不利因素影响时，可指定径路绕道运输。

（2）运行上有限制条件的超限超重车辆，除确认电报明确规定外，禁止编入直达、直通列车。

（3）挂有超限超重车辆的列车，按《车站行车工作细则》规定的线路办理到发或通过。遇到特殊情况需要临时变更线路时，须得到铁路局批准。

（4）会车条件　挂有超限车的列车运行在复线、多线或并行单线的直线地段与邻线列车会车时，应遵守下列规定：

① 邻线列车运行速度小于120km/h的，两运行列车之间的最小距离大于350mm者不限速，300～350mm者运行速度不得超过30km/h，小于300mm者禁止会车。

② 邻线列车运行速度大于等于120km/h、小于160km/h的，两运行列车之间的最小距离大于450mm者不限速，400～450mm者运行速度不得超过30km/h，小于400mm者禁止会车。

③ 邻线列车运行速度大于等于 160km/h、小于 200km/h 的，两运行列车之间的最小距离大于 550mm 者不限速，500～550mm 者运行速度不得超过 30km/h，小于 500mm 者禁止会车。

曲线地段与邻线列车会车，必须根据规定相应加宽。

挂有超限车的列车在 CTCS-2 级区段的区间禁会动车组。

（5）限速规定　超限车在运行过程中，如超限货物的任何部位接近建筑物或设备时，应遵守下列规定：

① 超限货物的任何超限部位与建筑限界之间的距离（以下简称限界距离），在 100～150mm 时，时速不得超过 15km。

② 限界距离在超过 150～200mm 时，时速不得超过 25km。

③ 限界距离不足 100mm 时，由铁路局根据实际情况规定运行办法。

（6）调车限制　装有二级及以上超限货物的车辆禁止溜放。

（7）检查架试运　为确保特大型超限货物运输安全，可采用检查架等方法检查确认运输线路或区段的限界能否通过。

① 检查架的尺寸应与货物检定断面的实际尺寸相同。

② 安装检查架的车辆应与拟用车辆的车型相同。

③ 检查架应安装在货物检定断面所在的位置。

当使用其他车辆安装检查架时，应安装在车辆转向架中心销所在横断面位置，检查架的尺寸应考虑拟用车辆的偏差量和倾斜量等。

（8）电气化区段运输

① 电气化区段超限货物停电、不停电运输的条件

a. 在电气化区段，超限货物顶部距接触网导线的垂直距离 $L \geqslant 350mm$ 时，可不停电运输；$100mm \leqslant L < 350mm$ 时，加盖绝缘软盖板后，可不停电运输；$50mm \leqslant L < 100mm$ 时，必须停电运输。

b. 超限货物顶部距接触网导线的垂直距离，在线路平面海拔高度超过 1000m 时，应按每超过 100m 增加 3.5mm 的附加安全距离计算（不足 100m 时四舍五入计算）。

② 电气化区段使用的绝缘软盖板必须是经过国铁集团科技鉴定，并经省、部级以上技术监督部门认可的检测机构检测认证的产品。使用前须经耐压试验合格，使用过程应严格遵守使用说明书规定。

③ 铁路局应指定绝缘软盖板苫盖、撤卸站，绝缘软盖板苫盖、押运人员必须经过铁路局培训合格。

④ 绝缘软盖板的苫盖、撤卸、途中故障处理必须在无电区进行。

（9）专列运输

以下车型装运的超限、超重货物，应开行超限超重货物专列：

（1）钳夹车。

（2）标记载重 260t 及以上的落下孔车。

（3）标记载重 300t 及以上的凹底平车。

其他需要采取全程派人监护、监测运行等特殊安全保障措施的重车，也可组织开行超限超重货物运输专列。

铁路超限超重货物运输专列按超限超重货物专列运输管理规定办理。

三、途中检查

超限超重车的途中检查是确保超限超重货物运输安全的重要措施，铁路局必须加强对超

限超重车运行途中的检查，落实区段负责制。

途中货检站应加强对超限超重车辆的安全检查，除按《铁路车站货运作业 第 5 部分：货运检查作业》（TB/T 2116.5—2005）规定检查外，还须重点检查、确认以下内容：

（1）有无超限超重货物运输记录及其填写是否完整；

（2）货物两侧明显位置，是否有超限、超重等级标识；

（3）是否标划有检查线，货物装载加固是否良好，加固材料是否有松动或损坏。

如发现问题，应按照《铁路货运检查管理规则》和《铁路货物运输管理规则》等文件中的有关规定处理。

检查确认后，须在超限超重货物运输记录背面记录检查结果，并签章。

四、卸车交付

（1）超限超重货物到站应根据确认电报正确选择、确定卸车地点和货位，科学制定卸车方案，严格加强卸车组织，确保安全。

（2）收货人组织自卸的，车站应与收货人签订自卸车协议，明确安全责任，并在卸车前与收货人办理完货物交付手续。

✿ 技能训练

有下列超限货物运输需求，请基于工作过程，按照"任务实施"的程序和要求，完成相应的工作任务。能确定的事项，根据有关规定，查找相关资料和 95306 网站等确定，无法确定的可自行假设。

1. A 站受理了甲托运人发往 B 站给乙收货人的圆柱体锅炉一件，重 25t，长 16000mm，直径 3600mm，重心在中央部位，计划使用一辆 N_{17K} 型平车一端对齐，一端突出、加挂游车装载，使用的凹木高 300mm，切口深 100mm。货物有关尺寸和计划装载方案如图 8.15 所示。

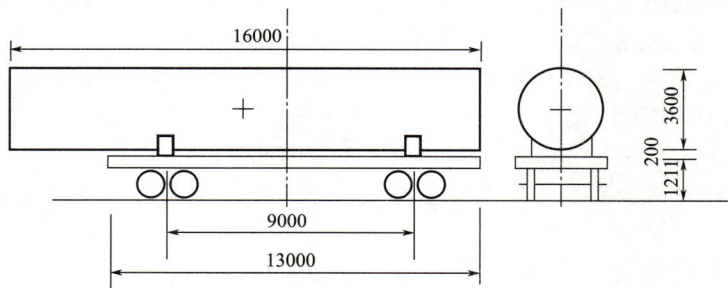

图 8.15　锅炉装载方案（单位：mm）

2. A 站受理了甲托运人发往 B 站给乙收货人的机器设备一件，重 35t，长 17000mm，重心在中央部位，计划用 3 辆 N_{17G} 型平车均衡装运，货物有关尺寸和计划装载方案如图 8.16 所示。

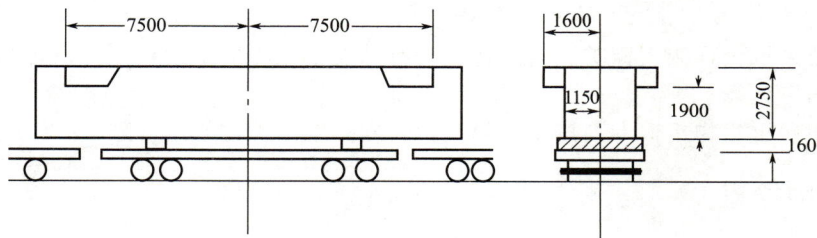

图 8.16　机器装载方案（单位：mm）

3. A站受理了甲托运人发往B站给乙收货人的钢梁一件，重46t，计划使用3辆 N$_{17AK}$ 装载，货物有关尺寸和计划装载方案如图8.17所示。

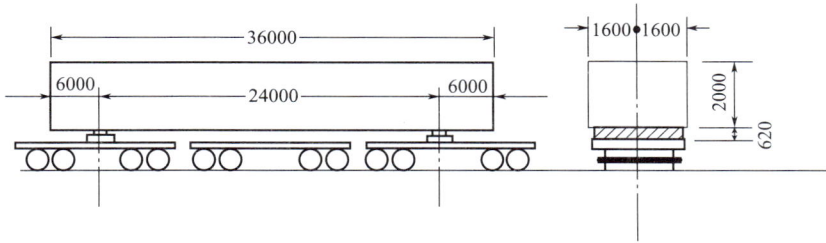

图 8.17 钢梁装载方案（单位：mm）

项目九
计算货物运价

🌱 **知识要求**

- 掌握《铁路货物运价规则》的基本内容；
- 理解货物运价的分类；
- 掌握影响运费计算的因素及运费计算公式；
- 了解货物其他费用的核收方法。

🔑 **技能要求**

- 会正确计算整车、集装箱货物运费；
- 会处理货物运输变更及运输阻碍运费的清算；
- 能确定零散、批量、新管内、新直通一口价。

📚 **素质要求**

- 具有精益求精的财会态度；
- 具有市场化的合同意识；
- 具有国企要承担更多社会责任的意识。

工作任务一　计算整车货物运费

📋 **任务实例**

　　甲站发乙站机械设备 1 台，货重 45t，二级超限，限速运行，使用 60t 平车一辆装运（运价里程 1507km）。

🧲 **理论知识**

一、运价概念

　　铁路货物运价是铁路运输产品的销售价格，即铁路向货主核收的运输费用。铁路货物运输费用是对铁路运输企业所提供的各项生产服务消耗的补偿，包括车站费用、运行费用、服务费用和额外占用铁路设备的费用等。铁路货物运输费用由铁路运输企业使用货票、运费杂费收据核收。

铁路货物运价实行政府指导价与市场调节价相结合。根据国家规定的费率，结合运价里程、运价号、计费重量等具体因素对整车、集装箱货物的运费、杂费和其他专项费用进行核算。

二、货物运价的分类

铁路货物运价可按适用范围和货物运输种类进行划分。

（一）按适用范围分

1. 普通运价

普通运价是铁路货物运价的基本形式，凡在路网上办理正式营业的铁路运输线上运输都适用统一运价。现行铁路的整车货物（含机械冷藏车货物）和集装箱货物运价都属于普通运价。

二维码 9.1

2. 特殊运价

特殊运价是指地方铁路、临时营业线和特殊线路的运价。

3. 国际联运运价

国际联运运价是指为铁路国际联运的货物所规定的运价，包括国内段运输和过境运输的运价。国际联运国内段运输运价同普通运价，过境运输运价根据联运有关规定计算。

4. 军运运价

军运运价是指对军事运输中军运物资所规定的运价。

（二）按货物运输种类分

1. 整车货物运价

整车货物运价是铁路对按整车运送的货物所规定的运价。机械冷藏车货物运价是铁路对机械冷藏车运送的货物所规定的运价，是整车货物运价的组成部分。

2. 集装箱货物运价

集装箱货物运价是铁路对按集装箱运送的货物所规定的运价。

三、影响运费计算的因素

1. 运价里程

运价里程是计算运价时所采用的发、到站间的里程，可通过查《货物运价里程表》得到。

2. 运价号和运价率

铁路货物运价实行分号运价制。整车（含机械冷藏车）货物运价号分为 8 个（1～7 和机械冷藏车）；集装箱货物运价号分为 2 个（20ft、40ft）。按照运单上填写的货物品名和运输方式，查找《铁路货物运价规则》附件一，即《铁路货物运输品名分类与代码表》或附件三，即《铁路货物运输品名检查表》可确定该货物适用的运价号。

铁路货物运价率是根据运价号制定出对应每一运价号的基价 1 和基价 2。基价 1 是货物在发站及到站进行发到作业时单位重量（箱数）的运价，它只与计费重量（箱数）有关，与运价里程无关。基价 2 是货物在途运输期间单位重量（箱数）每一运价千米的运价，它既与计费重量（箱数）有关，又与运价里程有关。

根据查得的运价号，再查找《铁路货物运价规则》附件二（铁路货物运价率表）可确定

二维码 9.2

铁路货物运价率。

3. 计费重量

用来计算运输费用的货物重量称为计费重量。货物运费与计费重量有关，因此，计算运费时，首先应根据所运送的货物确定计费重量。整车货物运费计费重量以吨（吨以下四舍五入）、轴为单位；集装箱计费以箱为单位。计费重量是根据货物实际重量、轴数、箱数按有关规定确定的。

四、计算货物运输费用的主要规章

计算铁路货物运输费用的主要规章有《铁路货物运价规则》《铁路货物装卸作业计费办法》《铁路货物保价运输办法》和《货车使用费核收办法》等。

（一）《铁路货物运价规则》

1. 适用范围

《铁路货物运价规则》是计算国家铁路货物运输费用的依据，也是合资、地方铁路涉及与国家铁路办理直通运输的货物运输费用的计算依据。承运人和托运人、收货人必须遵守《铁路货物运价规则》的规定。

国家铁路营业线的货物运输，除军事运输、水陆联运、国际铁路联运过境运输及其他铁路国铁集团另有规定的货物运输费用外，都按《铁路货物运价规则》计算货物运输费用。

2. 基本内容

《铁路货物运价规则》规定了在各种不同情况下计算货物运输费用的基本条件、各种货物运费、杂费和代收款的计算方法及铁路国际联运国内段运输费用的计算方法。

3. 《铁路货物运价规则》附件

《铁路货物运价规则》包含四个附件。

（1）附件一　《铁路货物运输品名分类与代码表》是判定货物品类代码和确定运价号的工具。《铁路货物运输品名分类与代码表》由代码、货物品类、运价号和说明四部分组成。货物按大类、中类和小类进行分类，共分为 26 大类，大类名称分类见表 9.1。货物代码由 4 位阿拉伯数字组成，是类别码，它对应运价号，前 2 位表示货物大类、第 3 位表示中类、第 4 位表示小类。《铁路货物运输品名分类与代码表》见表 9.2。

表 9.1　货物大类名称

品类代码	品类名称	品类代码	品类名称	品类代码	品类名称	品类代码	品类名称
01	煤	08	矿物性建筑材料	15	化工品	22	饮食品及烟草制品
02	石油	09	水泥	16	金属制品	23	纺织品和毛皮及其制品
03	焦炭	10	木材	17	工业机械	24	纸及文教用品
04	金属矿石	11	粮食	18	电子、电气机械	25	医药品
05	钢铁及有色金属	12	棉花	19	农业机具	99	其他货物
06	非金属矿石	13	化肥及农药	20	鲜活货物		
07	磷矿石	14	盐	21	农副产品		

表 9.2　铁路货物运输品名分类与代码表（摘录）

代码			货物品类	运价号 整车	说　明
01			煤		
	1	0	原煤	4	含未经入洗、筛选的无烟煤、炼焦烟煤、一般烟煤、褐煤
	2	0	洗精煤	5	含冶炼用炼焦精煤及其他洗精煤
	3	0	块煤	4	含各种粒度的洗块煤和筛选块煤
01	4	0	洗、选煤	4	指洗精煤、洗块煤以外的其他洗煤（含洗混煤、洗中煤、洗末煤、洗粉煤、洗原煤、煤泥），及筛选块煤以外的其他筛选煤（含筛选混煤、筛选末煤、筛选粉煤）
	5	0	水煤浆	4	
	9	0	其他煤	4	含煤粉、煤球、煤砖、煤饼、蜂窝煤等煤制品,泥炭、风化煤及其他煤。不含煤矸石（列入 0897）
02			石油		
	1	0	原油	6	含天然原油、页岩原油、煤炼原油
	2	0	汽油	6	含各种用途的汽油
	3	0	煤油	6	含灯用煤油、喷气燃料及其他煤油
	4	0	柴油	6	含轻柴油、重柴油及其他柴油
02	5	0	重油	6	
	6	0	润滑油、脂	6	含机械油、车轴油、齿轮油、轴承油、压缩机油、内燃机油、液压油、刹车油、电器绝缘用油、防护、防腐蚀用油、电缆油、热处理油等各种用途的润滑油；机械用脂、铁道润滑脂、合成润滑脂、仪器仪表脂、防锈脂等各种用途的润滑脂
	9	0	其他成品	6	含本类 0220～0260 以外的其他石油加工油,如燃料油、溶剂油、标准油、白色油、原料油、渣油等,不含沥青、沥青油（列入 1591）,以及石蜡、地蜡、凡士林（列入 1595）、液化石油气（列入 1570）等固体和气体石油副产品

（2）附件二　铁路货物运价率表（表 9.3），用来查找不同运价号的货物运价率。

表 9.3　铁路货物运价率

办理类别	运价号	基价 1		基价 2	
		单位	标准	单位	标准
	1	元/t		元/(t·km)	0.525
	2	元/t	9.50	元/(t·km)	0.086
	3	元/t	12.80	元/(t·km)	0.091
整车	4	元/t	16.30	元/(t·km)	0.098
	5	元/t	18.60	元/(t·km)	0.103
	6	元/t	26.00	元/(t·km)	0.138
	机械冷藏车	元/t	20.00	元/(t·km)	0.140

续表

办理类别	运价号	基价1		基价2	
		单位	标准	单位	标准
集装箱	20ft 箱	元/箱	440.00	元/(箱·km)	3.185
	40ft 箱	元/箱	532.00	元/(箱·km)	3.357

（3）附件三 《铁路货物运输品名检查表》（表 9.4）也是用来判定货物的类别代码和确定运价号的工具。它由品名、拼音码、代码、整车运价号四部分组成。代码由 7 位阿拉伯数字组成，在《铁路货物运输品名分类与代码表》中的 4 位代码后面又加 3 位品名码。拼音码根据品名，由左向右，取前 5 字拼音的首音；品名有括号且带文字的只取第一字的首音，带数字的只写第一个数字；品名前、后有阿拉伯数字和英文字母的直接写入。

表 9.4 铁路货物运输品名检查表（摘录）

品名	拼音码	代码	整车运价号
氨水（化肥）	ASH	1310002	2
电动机零配件	DDJLP	1899048	6
7X-4 四行悬挂通用机架	7X4SH	1910001	3
氟里昂.11	FLA11	1570051	5

（4）附件四 《货物运价里程表》，主要包含货物运价里程表使用说明、站名索引表、全国铁路管辖线路分界示意图、货物运价里程接算站示意图、铁路和水路货物联运换装站到交接点里程表、国际联运国境站到国境线里程表、线路名称表和货物运价里程表等。

4. 附录

（1）附录一 铁路电气化附加费核收办法（已取消）。

（2）附录二 新路新价均摊运费核收办法（目前费率为零）。

（3）附录三 铁路建设基金计算核收办法。

（4）附录四 超重货物分级表。

附录一、附录三分别规定了核收电气化附加费和铁路建设基金的计费重量、费率、计费里程、计算方法与尾数的处理方法等。

（二）《铁路货物装卸作业计费办法》

1. 适用范围

该办法适用在国家铁路和国铁控股的合资铁路的车站内进行装卸火车、汽车（或其他车辆）和船舶以及在货场内的搬运作业。

2. 主要内容

该办法包括铁路货物装卸作业计费方法和附表，附表主要有铁路整车货物装卸搬运作业费率表、铁路通用集装箱装卸综合作业费率表、空集装箱装卸和中转、换装综合作业和集装箱货场内搬运费率表等。

（三）《铁路货物保价运输办法》

1. 适用范围

该办法适用于与铁路办理保价运输的托运人及承运人。

2. 主要内容

该办法规定了保价费核收办法、承运人承担的赔偿责任和承运人不承担的赔偿责任等内容和保价费率表。

（四）《铁路货车延期占用费核收办法》

1．适用范围

该办法适用于在专用线（包括铁路的段管线、厂管线）、专用铁路内装卸的铁路货车和其他根据规定由托运人、收货人自行组织装卸的铁路货车。

对以上超过规定装卸作业时间标准的货车需核收货车延期占用费。

2．主要内容

该办法包括货车使用费核收办法、专用线专用铁路货车占用时间的最长标准和铁路货车延期占用费费率表等。

五、运费计算公式

不同运输种类的货物计费公式如下。

1．整车货物

$$按重量计费：\quad 运费＝（基价1＋基价2×运价里程）×计费重量 \tag{9.1}$$

$$按轴数计费：\quad 运费＝基价2×运价里程×轴数 \tag{9.2}$$

2．集装箱货物

$$运费＝（基价1＋基价2×运价里程）×箱数 \tag{9.3}$$

❖ 任务实施

一、确定运价里程

教学任务书——确定运价里程

对"任务实例"中的货物，查《货物运价里程表》，按下列步骤和方法，确定货物运价里程。

（一）查找车站和里程

首先从《货物运价里程表》（简称《里程表》）上册中的站名首字汉语拼音或首字笔画索引表中，查出发站和到站首字在站名索引表中的页数，然后在站名索引表对应的页数中查出发站、到站的具体名称和在《里程表》下册中的页数。

二维码 9.3

用来计算跨及两条或两条以上线路车站间运价里程的车站，称为接算站，接算站在路网上位于两条以上线路的交叉点。《里程表》里用"★"表示，示意图上用红色"○"表示。

（二）确定计费径路

（1）运价里程根据《里程表》，按照发站至到站间国铁正式营业线最短径路计算，与国家铁路办理直通的合资、地方铁路和铁路局临管线到发的货物也按发、到站间最短径路计算。

所谓最短径路，是指发站至到站间运价里程最小的经由路线。

（2）《里程表》内或国铁集团规定有计费径路的，按规定的计费径路计算。

（3）下列情况，发站在运单内注明，运价里程按实际经由计算。

① 因货物性质（如鲜活货物、超限货物等）必须绕路运输时。由于有些活动物运输在途中需要进行上水作业，但在最短径路上没有上水站，根据托运人的要求，可以绕路经由有

上水站的线路绕路运输。超限货物运输由于受最短径路上建筑限界或其他不利因素的影响，铁路可指定经由适合其运输的线路绕路运输。

② 因自然灾害或其他非铁路责任，托运人要求绕路运输时。因自然灾害造成铁路线路中断或其他不属于铁路的原因，托运人可要求绕路运输。遇此种情况，由有关部门做出具体指示办理绕路运输。

③ 班列运输的货物，按班列径路运输。

（4）承运后的货物发生绕路运输时，仍按运单内记载的径路计算运输费用。为保护托运人的利益，由于铁路内部车流调整发生的绕路运输，未经国铁集团明定按绕路计费的都不按绕路计算运费。

（三）计算运价里程

1. 最短径路运价里程的计算方法

（1）发站和到站在同一线上　用两站到本线起点站和终点站的里程相减，即可求得两站间的运价里程。

（2）发站和到站不在同一线上　首先参照货运运价里程接算站示意图和货物运价里程最短径路示意图，查明发站至到站的最短径路，确定经由的接算站（可能多个），再查明发站至接算站里程和到站至接算站里程，最后相加即得发到站间运价里程。部分情况用发站和到站至最近接算站的里程之和，再加上两接算站间的里程。

2. 其他情况运价里程计算方法

按照规定计费径路或实际经由，分段计算运价里程，最后相加即可。

3. 说明

（1）运价里程不包括专用线、货物支线的里程　运价里程是以两站的站中心之间的距离确定的，不包括专用线、货物支线的里程。

（2）实行统一运价的营业铁路与特价营业铁路直通运输，运价里程分别计算。

（3）需另加入的运价里程

① 通过轮渡时，应将规定的轮渡里程加入运价里程内，轮渡线里程由国铁集团公布。

② 水陆联运的货物，应将换装站至码头线的里程加入运价里程内。此里程按《里程表》里的铁路和水路货物联运换装站至交接点里程表确定。

③ 国际联运货物，应另加算国境站至国境线的里程。因国境站不是设在国境线上，所以运价里程应加算国境站至国境线里程，此里程按《里程表》里的国际联运国境站至国境线里程表确定。

（4）站界内搬运按实际里程计算。

二、确定运价号和运价率

教学任务书——确定运价号、运价率

对"任务实例"中的货物，查《铁路货物运输品名分类与代码表》或《铁路货物运输品名检查表》和《铁路货物运价率表》，按下列步骤，确定货物运价号和运价率。

（一）确定运价号

根据运单上填写的货物品名查《铁路货物运输品名分类与代码表》或《铁路货物运输品名检查表》。

（1）先查《铁路货物运输品名检查表》。从品名首字汉语拼音索引表或品名首字笔画索引表中，查出该品名在《铁路货物运输品名检查表》中的页码，再根据页码查出该品名的拼音码、代码，结合货物运输种类查出运价号。

（2）《铁路货物运输品名分类与代码表》或《铁路货物运输品名检查表》中有具体名称时，按具体名称判定类别和运价号，不属该具体名称的不能比照。但由于有的货物有别名、俗名和地方名称等，实际属于该具体名称的，应按该具体名称判定适用的类别和运价号。

（3）《铁路货物运输品名分类与代码表》和《铁路货物运输品名检查表》中无该具体名称时：

① 适用制材或加工工艺概括名称的，除明定者外，均不分用途。当货物具有两种以上制材时，则按其主要制材判定类别和运价号。

② 适用用途概括名称时，除明定者外，均不分制材，并在用途概括名称后加括弧注明该货物具体名称。如药用的桑皮在《铁路货物运输品名检查表》中无此名称，则在运单上写成"中药材（桑皮）"。

③ 适用自然属性概括名称的，除明定者外，均不分用途、制材、形态和品种。

④ 在《铁路货物运输品名分类与代码表》和《铁路货物运输品名检查表》中既无该货物的具体名称，又无概括名称或难以判定概括名称时，按小类→中类→大类的顺序逐层次判定其归属的收容类目。各类均不能归属的货物，则列入总收容类目"9990 未列名的其他货物"。

（二）确定运价率

（1）查铁路货物运价率表，根据货物运价号查出对应的基价 1 和基价 2。

（2）超长、超限货物游车的运价率。运送超长、超限货物时，有时需使用游车，除核收主车运费外，还要核收游车运费，游车运价率和运费按下列规定执行：

二维码 9.4

① 游车不装货物时，游车运价率为主车货物运价率。

② 利用游车装运货物时，将游车所装货物运价率与主车货物运价率相比，取高的作为游车运价率。

③ 两批货物共同使用游车时，游车运价率为各自主车货物的运价率。

④ 自轮运转的轨道机械以企业自备货车或租用铁路货车作游车时，游车运价率为整车 1 号运价率确定游车运价率；自轮运转的轨道机械以铁路货车作游车时，游车运价率为整车 6 号运价率。

⑤ D 型车运输货物使用的隔离车加装货物时，以所加装货物适用的运价率作为隔离车的运价率，隔离车不加装货物时，隔离车不另核收运费。

（3）自备、租用车的运价率

① 托运人自备货车或租用铁路货车（不论空重）用自备机车或租用铁路机车牵引时，按 1 号运价率执行。

② 托运人自备货车或租用的铁路货车空车挂运时，按 1 号运价率执行。

三、确定加减成率

1. 一般整车货物

确定货物承运当日的运价率后，再按下述规定计算加减成率，有特殊规定的除外：

（1）一批或一项货物，运价率适用两种以上减成率时，只适用其中较大的一种减成率。

（2）一批或一项货物，运价率适用两种以上加成率时，应以加成率相加之和作为适用的加成率。

（3）一批或一项货物，运价率适用加成率和减成率时，应以加成率和减成率相抵后的差额作为适用的加（减）成率。

2. 冷藏车货物

（1）途中不需要加温（或托运人自行加温）或制冷的机械冷藏车按机械冷藏车的运价率减 20% 计费。

（2）使用铁路机械冷藏车运输，要求途中保持温度在 −12℃（不含）以下的货物，按机械冷藏车运价率加 20% 计费。

（3）自备冷藏车、隔热车（无冷源车）和代替其他货车装运非易腐货物的铁路冷藏车，均按所装货物适用的运价率计费。

3. 快运货物

快运货物的运费计算与不按快运办理的货物相同，但需加收快运费。快运费的费率为该批货物运价率的 30%。

4. 超长、超限货物

由于超限货物和需限速运行的货物的运输条件特殊，办理手续复杂，影响铁路运输效率，增加运输成本，其运费计算按下列规定进行。

（1）一级超限，运价率加 50%。

（2）二级超限，运价率加 100%。

（3）超级超限，运价率加 150%。

（4）限速运行（不包括仅通过桥梁、隧道和出入站线限速运行）的货物，运价率加 150%。需限速运行的超限货物，运价率加 150%，不计超限货物加成。

二维码 9.5

（5）超限货物或需要限速运行的货物使用游车时，游车运费不加成。

5. 危险货物

由于危险货物具有爆炸、易燃、毒害、腐蚀和放射性等特性，在运输过程中需进行特殊防护，因而车站在办理危险货物运输时，按下述规定进行运费核算：

（1）一级毒性物质（剧毒品）运价率加 100%。

（2）爆炸品、一级易燃液体（02 石油类除外）、一级易燃固体、一级易于自燃的物质、一级遇水放出易燃气体的物质、一级氧化性物质和有机过氧化物、二级毒性物质、感染性物质和放射性物质的运价率加 50%。

6. 自备、租用车

（1）托运人自备货车或租用铁路货车装运货物，用铁路机车牵引或铁路货车装运货物，用该托运人机车牵引运输时，按所装货物运价率减 20%。

（2）自备或租用铁路的客车、餐车、行李车、邮政车和专用工作车挂运于货物列车时，空车运价率按 7 号运价率加 100%，装运货物时按货物适用的运价率加 100%。但换长 1.5以下的专用工作车不装货物时不加成。

7. 专供押运人乘坐的空车

专供押运人乘坐的空车（客车除外），按整车 1 号基准运价率加成 100% 计费。

四、确定计费重量

1. 一般整车货物

（1）整车货物一般情况下，均按货车标记载重量计算运费，货物重量超过标重时按货物重量计费。

除超长、超重、超限及国际联运货物外，焦炭（03）、钢铁及有色金属（钢锭钢坯 0520、钢材 0530、有色金属及其合金的加工材 0571、半导体材料 0573、石油套管油管 0574）、木材（10）按货物重量计费，但货物重量低于货车标重 60% 的，按货车标重的 60% 计费。

（2）特殊情况下，使用规定车种车型装运特定货物，计费重量按表 9.5 所规定计费重量计算，货物重量超过规定计费重量的按货物重量计算。

二维码 9.6

表 9.5　整车货物规定计费重量

顺号	项目	计费重量/t
1	标重不足 30t 的家畜车	30
2	矿石车、平车、砂石车经国铁集团批准装运"品名分类与代码表"01（煤）、0310（焦炭）、04（金属矿石）、06（非金属矿石）、081（土、砂、石、石灰）、14（盐）类货物	40
3	标重低于 50t、车辆换长小于 1.5 的自备罐车	50
4	SQ_1（小汽车专用平车）	80
5	SQ_4（小汽车专用平车）	60
6	JSQ_5（小汽车专用平车）	100
7	J_{6SQ}（家畜车改造的小汽车专用平车）	60
8	JSQ_6（凹底双层小汽车专用车）	100
9	QD_3（凹底平车）	70
10	GY_{95S}　GY_{95}　GH_{40}　GY_{40}　$GH_{95/22}$　$GY_{95/22}$（石油液化气罐车）	65
11	GY_{100S}　GY_{100}　GY_{100-I}　GY_{100-II}（石油液化气罐车）	70
12	GY_{80S}（石油液化气罐车）	56

（3）车辆换长超过 1.5 的货车（D 型长大货物车除外），未明定计费重量的，按其超过部分以每米（不足 1m 的部分不计）折合 5t 后与 60t 相加之和计费。

（4）米、准轨间换装运输的货物，均按发站的原计费重量计费。

（5）承运人提供的 D 型长大货物车的车辆标重大于托运人要求的货车吨位时，经中铁特货运输公司批准，可根据实际使用车辆的标重减少计费重量，但减吨量最多不超过 60t。

（6）使用标重低于 50t、车辆换长小于 1.5 的自备罐车装运货物时按 50t 计费。

2. 冷藏车货物

机械冷藏车运送易腐货物按表 9.6 规定的计费重量计费，超过时按货物重量计费。

表 9.6　冷藏车规定计费重量

车种	车型	计费重量/t	附注
机械冷藏车	B_{21}（机械冷藏车）	42	4 辆装货
	B_{10}（机械冷藏车）	44	单节
	B_{22}、B_{23}（机械冷藏车）	48	4 辆装货
冷板冷藏车	BSY（冷板冷藏车）	40	
自备机械冷藏车		60	
自备冷板冷藏车		50	
代替其他货车装运非易腐货物的铁路冷藏车		冷藏车标重	

3. 游车

（1）游车不装货物时，游车运费按游车标重计费。

（2）利用游车装运货物，游车运费按游车标重计费。

（3）两批货物共同使用游车时，每批货物的游车运费按游车标重的 1/2 计费。

（4）自轮运转的轨道机械使用的游车运费按游车标重核收。

（5）D 型长大货物车运输货物使用的隔离车加装货物时，隔离车的运费按隔离车标重核收运费；隔离车不加装货物时，隔离车不另核收运费。

4. 自备、租用车

（1）托运人自备货车或租用铁路货车（不论空重）用自备机车或租用铁路机车牵引时，运费按照全部列车（包括机车、守车）的轴数计算。

（2）托运人自备货车或租用的铁路货车空车挂运时，按货车轴数计费。

五、计算运费

由于有的货物运费须考虑加减成率，因此整车货物运费在前述公式的基础上可改按下列公式计算：

按重量计费：运费＝（基价 1＋基价 2×运价里程）×（1＋加减成率）×计费重量　　　　（9.4）

按轴数计费：　　运费＝基价 2×运价里程×（1＋加减成率）×轴数　　　　（9.5）

六、处理尾数

运费以元为单位，每项运费尾数不足 1 角时，按四舍五入处理。

【例 9.1】　淮北站发咸阳站一批云母，重 61.6t，使用标重 60t 的 C_{62AK} 货车一辆装运，计算其运费。

二维码 9.7

解　（1）查《里程表》，淮北站至咸阳站运价里程为 927km。

（2）查《铁路货物运输品名检查表》或《铁路货物运输品名分类与代码表》，云母以整车运输时，运价号为 2 号；查铁路货物运价率表，2 号运价率的基价 1 为 9.5 元/t，基价 2 为 0.086 元/（t·km）。

（3）云母是一般货物，货物重量超过货车标重，按货物重量计费，计费重量为 62t。

（4）运费＝（9.5＋0.086×927）×62＝5531.76≈5531.80（元）

【例 9.2】　安阳站发桂林北站钢结构一批重 36t，为一级超限，使用一辆 60t 平车装运，计算其运费。

解　（1）运价里程 1627km。

（2）运价号 5，加成 50%。

（3）计量重量 60t。

（4）运费＝（18.60＋0.103×1627）×（1＋50%）×60＝16756.29≈16756.30（元）

工作任务二　计算集装箱货物运费

任务实例

乌北站发襄河站铁路通用 20ft 集装箱 2 个，箱号 TBJU5673289、TBJU5673290，标记总重每箱 30480kg，品名锌精矿。

❖ 任务实施

教学任务书——计算集装箱货物运费

针对"任务实例"中的货物，按照下面的步骤和方法，根据《铁路货物运价规则》，计算集装箱货物运费。

一、确定运价里程

查《里程表》，按照模块一的程序和方法，确定运价里程。

二维码 9.8

二、确定运价号

查《铁路货物运输品名分类与代码表》或《铁路货物运输品名检查表》，确定货物适用的集装箱运价号。

三、确定运价率

查铁路货物运价率表，确定集装箱的运价率。

四、确定加减成率

（1）20ft 罐式集装箱加成 5％，20ft35t 通用集装箱加成 20％，20ft 冷藏集装箱（使用 BX 型车为冷藏箱提供在途供电时）加成 30％，40ft 罐式集装箱加成 30％。

（2）标记总重量为 30.480t 的通用 20ft 集装箱按铁路货物运价率表中规定的运价率加 20％计算，按规定对集装箱总重限制在 24t 以下的除外。

20ft 干散货集装箱的运价率暂按《铁路货物运价规则》规定的 20ft 集装箱费率加成 20％计算核收。

（3）装运一级毒性物质（剧毒品）的集装箱按铁路货物运价率表中规定的运价率加 100％计算；装运爆炸品、易燃气体、非易燃无毒气体、毒性气体、一级易燃液体（代码表 02 石油类除外）、一级易燃固体、一级自燃物品、一级遇水易燃物品、一级氧化性物质、有机过氧化物、二级毒性物质（有毒品）、感染性物质、放射性物质的集装箱按铁路货物运价率表中规定的运价率加 50％计算。

装运危险货物的集装箱按上述规定适用两种加成率时，只适用其中较大的一种加成率。

（4）自备集装箱空箱运价率按铁路货物运价率表规定的重箱运价率的 40％计算。

（5）承运人利用自备箱装箱回空捎运货物，按集装箱重箱使用的运价率计费，在运单"承运人记事"栏内注明，免收回空运费。

（6）20ft35t 敞顶箱货物运费按所装货物适用的整车运价号、基准运价率及运价里程计费。除整车规定的实重计费品类外，装运其他品类货物的计费重量按 32t 计算，装运实重计费品类时，按实际重量计算，当货物重量低于 19t 时，按 19t 计算。

（7）自备集装箱重空联运、空重联运（国际联运除外）时，空箱运费按重箱费率 10％计费，20ft35t 敞顶箱在自备空箱运距小于重箱运距时，免收回空运费。

五、确定计费箱数

集装箱运费按箱计费，不再考虑箱内所装货物重量，但所装货物重量与自重之和不得超过集装箱总重。

六、计算运费

考虑加减成率，集装箱货物运费在前述公式的基础上可改按下列公式计算：

$$运费＝（基价1＋基价2×运价里程）×（1＋加减成率）×箱数 \qquad (9.6)$$

七、处理尾数

计算出的每项费用均以元为单位，尾数不足1角时，按四舍五入处理。

工作任务三　计算货运其他费用

任务实例

某专用线里程为7.6km，专用线内有装卸作业线1条，8月10日14：55送入该专用线5辆敞车铁矿石，15：00又送入5辆敞车铁矿石，卸车结束时间分别为15：50、16：00、16：30、17：00、17：30、18：00、18：30、19：00、19：30、20：00，车站于23：00点挂出。（根据《专用线运输协议》，卸车时间标准为2h）。

任务实施

教学任务书——计算货运其他费用

针对"任务实例"中的货物，按照下面的步骤，根据《铁路货物运价规则》，计算货运其他运费。

一、计算杂费

1. 铁路杂费收费项目、标准和依据

运输费用除运费外，还包括货物运送过程中实际发生的各种杂费。铁路货运杂费是指铁路运输的货物自承运至交付时的全过程中，铁路运输企业向托运人、收货人提供的辅助作业和劳务，以及托运人或收货人额外占用铁路设备、使用用具和备品所发生的费用。

二维码9.9

铁路杂费收费项目和标准见表9.7。

表9.7　铁路杂费收费项目和标准（摘录）

序号	收费项目	收费标准
1	取送车费	整车:8.1元/(车·km);集装箱:40ft箱8.1元/(箱·km),20ft箱4.05元/(箱·km)
2	押运人乘车费	3元/(人·100km)
3	货车篷布使用费	D型篷布:500km以内120元/张,501km以上168元/张;其他篷布:500km以内60元/张,501km以上84元/张

续表

序号	收费项目	收费标准
4	接取送达费	计费里程:起码里程10km,之后里程按0、5取整,1、2去,8、9进,3、7、4、6作5。起码里程10km的费率:整车货物13元/t、20ft箱300元/箱、40ft箱450元/箱。超过起码里程后每千米费率:整车货物0.6元/(t·km)、20ft箱20元/(箱·km)、40ft箱30元/(箱·km)。每单位重量货物接取送达费=每单位重量货物起码里程费率+(计费里程-起码里程)×超过起码里程后每千米费率。铁路局可上浮50%,下浮不限
5	集装箱使用费	20ft箱:250km以内35元/箱,250km以上每增加100km加收6元/箱(不足100km部分按100km计算);40ft箱:250km以内70元/箱,250km以上每增加100km加收12元/箱(不足100km部分按100km计算)
6	货物装卸作业费	按《铁路货物装卸作业计费办法》的规定核收
7	保价费	按《铁路保价运输规则》的规定核收
8	装载加固材料使用服务费	按所用材料成本价加15%计算。具体加成幅度由铁路运输企业在不超过15%的幅度内自主确定
9	仓储费	承运后交付前:整车货物150元/(车·d),20ft箱75.00元/(箱·d),40ft箱150.00元/(箱·d),45ft箱150.00元/(箱·d);仓储服务时:20ft箱75.00元/(箱·d),40ft箱150.00元/(箱·d),45ft箱150.00元/(箱·d),其他货物2.50元/(t·d)
10	货车延期占用费	机冷车:1~10h,10元/(车·h);11~20h,20元/(车·h);21~30h,30元/(车·h);30h以上40元/(车·h)。罐车:1~10h,6.5元/(车·h);11~20h,13元/(车·h);21~30h,19.5元/(车·h);30h以上26元/(车·h)。其他货车1~10h,5.7元/(车·h);11~20h,11.4元/(车·h);21~30h,17.1元/(车·h);30h以上22.8元/(车·h)
11	货车篷布延期使用费	60元/(张·d)
12	集装箱延期使用费	20ft箱:前5日10元/(箱·d),第6日起,60元/(箱·d);40ft箱:前5日,20元/(箱·d),第6日起,120元/(箱·d)
13	货物运输变更手续费	变更到站、变更收货人:整车货物和20ft、40ft集装箱货物300元/批;发送前取消托运:整车货物和20ft、40ft集装箱货物100元/批
14	车辆使用费	在营业线上:罐车、散装水泥车、粮食专用车3.60元/(t·d);其他货车(机冷车、D型长大货物车除外)3.00元/(t·d)。在专用线、专用铁路上:罐车、散装水泥车、粮食专用车7.20元/(t·d);其他货车(机冷车、D型长大货物车除外)6.00元/(t·d);机械冷藏车:单节型160元/(车·d);5辆型660元/(车·组·d);长大货物车:标重180t以上8.6元/(t·d),标重不足180t为5元/(t·d)
15	运杂费迟交金	按运杂费(包括垫付款)迟交总额的0.1%核收
16	违约金	承运后发现托运人匿报、错报货物品名填写运单,致使货物运费减收或危险货物匿报、错报货物品名按一般货物运输时,按批核收全程正当运费二倍的违约金
17	机车作业费	90元/半小时

2. 计算杂费及处理尾数

杂费的核收按照《铁路运杂费核收管理办法》规定进行核收。杂费计算公式如下:

$$杂费=杂费费率×杂费计费单位$$

各项杂费不满一个计算单位的,均按一个计算单位计算(另定者除外)。货运杂费按实际发生核收,未发生的项目不准核收。杂费的尾数不足1角时按四舍五入处理。

二、计算铁路建设基金

(一) 计算公式

货物经由国家铁路正式营业线和实行统一运价的运营临管线时应核收铁路建设基金。其计算公式为:

$$铁路建设基金=费率×计费重量(或箱数、轴数)×运价里程$$

式中　费率——铁路建设基金费率(表9.8);

计费重量——整车货物按该批货物运费的计费重量计算，集装箱货物按箱计费，运单内分项填记重量的货物，按运费计费重量合并计算；

运价里程——按国家正式营业线和实行统一运价运营临管线的运价里程计算。

表 9.8　铁路建设基金费率

项目 种类		计费单位	农药	磷矿石	其他货物
整车货物		元/(t·km)	0.019	0.028	0.033
自轮运转货物		元/(轴·km)	0.099		
集装箱	20ft 箱	元/(箱·km)	0.5280		
	40ft 箱	元/(箱·km)	1.1220		
	空自 备箱 20ft 箱	元/(箱·km)	0.2640		
	40ft 箱	元/(箱·km)	0.5610		

注：特定运输条件及支农物资运输等特定货物，减免收铁路建设基金：
（1）免收运费的货物、站界内搬运的货物免收铁路建设基金；
（2）整车黄磷、豆饼、豆粕、籽棉、皮棉免收铁路建设基金；
（3）整车运输的稻谷、小麦等粮食类货物，除经山海关入关及铁路运输出口外，免收铁路建设基金；
（4）整车化肥除出口化肥及用于工业生产的化工品（不含用于混配复合肥生产的化肥外），免收铁路建设基金；
（5）经兰新、南疆等铁路运往内地方向的鲜活、农副产品等，经兰新线红柳河—乌齐段入疆的玻璃、钢材等货物，免收相关区段铁路建设基金；
（6）经山海关入关的稻谷、小麦、大米、小麦粉、玉米、大豆整车运输，按每吨 18 元收取铁路建设基金。

（二）其他说明

（1）费用由发站一次核收，尾数不足 1 角按四舍五入处理。
（2）水陆联运、国际联运、军事运输均需核收。
（3）免收运费的货物和站界内搬运货物免收。
（4）承运后发生运输变更时，按《铁路货物运价规则》处理运费方法处理。
（5）承运后发现托运人匿报、错报货物品名，致使铁路建设基金少收时，到站除按正当铁路建设基金补收差额外，另核收该差额等额的违约金。

三、计算印花税

在中华人民共和国境内书立应税凭证、进行证券交易的单位和个人，为印花税的纳税人，应当依法缴纳印花税。印花税是对在经济活动和经济交往中书立、领受具有法律效力的凭证的行为征收的一种税。因采用在应税凭证上粘贴印花税票作为完税的标志而得名。印花税属铁路代收费用，印花税按运费的万分之五核收。印花税以元为单位，精确至分，分以下四舍五入。印花税起码价为 1 角。运费不足 200 元的货物，免收印花税。

工作任务四　处理货物运输变更及运输阻碍运费

任务实例

某托运人自 A 站发锰矿石一车到 C 站，使用 C_{62AK} 装载。运单计费重量为 60t。托运人在中途 B 站要求变更到 D 站。经 D 站确认，货物实际品名为锰硅合金。各站间距离：A→B 为 182km，B→D 为 454km，A→C 为 438km。全程无电气化线路。

任务实施

教学任务书——计算货物运输变更及运输阻碍运费

针对"任务实例"中的货物，按照下面的步骤，根据《铁路货物运价规则》，计算货物运输变更及运输阻碍运费。

一、货物运输变更运费清算

托运人或收货人要求货物运输变更时，应提出领货凭证和货物运输变更要求书办理运输变更。

（1）货物发送前取消托运时，由发站处理，运输合同即终止，相应运单作废。

费用清算：由发站退还全部运费和按里程计算的杂费，如货物运费低于变更手续费时，免收变更手续费，但不退还运费。

二维码9.10

（2）货物发送后，托运人或收货人要求变更到站（包括同时变更收货人）时，变更处理站在承运人记载事项栏内记载有关变更事宜，并将变更事项记入运单内。

费用清算：运费与押运人乘车费应按发站至处理站，处理站至新到站分别计算，由到站向收货人清算。运输费用多退少补。

（3）货物发送后，托运人或收货人要求变更收货人，变更处理站在承运人记载事项栏记载有关变更事宜，并记入运单内。

费用清算：由到站核收变更手续费。

二、运输阻碍运费清算

对已承运的货物，因自然灾害发生运输阻碍变更到站时，处理站应在运单上记明有关变更事项。新到站处理运费如下：

（1）运费按发站至处理站与自处理站至新到站的实际经由里程合并通算。若新到站经由发站至处理站的原径路时，计算时应扣除原径路的回程里程，杂费按实际发生核收。

（2）运输阻碍免收变更手续费。

工作任务五　确定一口价

任务实例

1. 乌北发商洛站吨袋包装锌精矿30件，承运人装车，使用标重60t棚车装运，全程运价里程2759km，电气化里程2749km，上机计算"新直通"一口价运费。

2. A站发B站胶合板一车，56t，使用P_{62K}型棚车装运，批量快运，站到站运输。运单记载：全程运费1596.00元，货物保价费100元，货运一口价为1696.0元。卸车发现为甘蔗渣板，到站应如何处理？A站到B站运价里程1585km，电气化里程691km。

任务实施

教学任务书——"新管内""新直通"一口价运费

针对"任务实例"中的货物，计算"新管内""新直通"一口价运费。

一、确定"新管内"一口价

1. 定义

整车货物（批量零散快运货物除外）在铁路局管内运输时，铁路局可根据运输市场自主定价，称为"新管内"一口价。分为常规性一口价和竞争性一口价两种。

2. 定价原则

运价不高于国家有关价格政策规定的水平（整车运费加收 30%快运费），最低不低于铁路货运单位变动成本。

3. 计费原则

（1）实行项目管理制。将运输、装卸、装载加固材料、接取送达、专用线取送车和与运输相关的仓储、篷布使用费等纳入一口价。

（2）一口价"新管内"货物的计费重量按货车标重确定，超过标重的按货物实际重量计费。计费重量以吨为单位，吨以下四舍五入。

（3）对管内既有铁路货源和不存在与公路竞争的货源，不得调低现有价格水平。

（4）对不分品类且物化性质不相抵触的混装货物，可按一口价"新管内"办理，以整车6 号运价计算常规性一口价和竞争性一口价。

（5）若发生变更到站，则在新的到站补收全程正常运费与已收运费的差额；在到站发生无卸车二次起运时，应补收全程正常运费与已收运费的差额。

二、确定"新直通"一口价

1. 定义

新增大宗货物（除批量零散货物之外的所有物资）跨局运输时，紧贴公路运输的市场定价方式，称为"新直通"一口价。分为常规性一口价和竞争性一口价两种。

既有大宗货物跨局运输时，实施常规性一口价，不得下浮，始发局及始发站，终到局及终到站收取的杂费，必须执行国铁集团确定的项目与标准，除此之外不允许收取其他任何费用。

大宗货物是指 276 类货物中，除 165 类批量散货之外的所有物资。分为既有大宗货物和新增大宗货物两类。

2. 计费原则

（1）在比公路价格低 5%的范围内提出铁路竞争性一口价。

（2）实行一口价"新直通"运输的各项杂费不得上浮。

（3）一口价"新直通"货物计费重量按货车标重确定，超过标重的按货物实际重量计费。以吨为单位，吨以下四舍五入。

（4）煤、石油、焦炭、磷矿石、棉花、化肥、军运、危险货物、超限超重超长和国际联运暂不执行竞争性一口价。

（5）季节性、阶段性运输能力紧张的方向和卸车能力紧张的卸车点不执行竞争性一口价。

（6）对不分品类且物化性质不相抵触的混装货物，可按一口价"新直通"办理，以整车6 号运价计算常规性一口价和竞争性一口价。

3. 一口价"新直通"杂费核收

（1）"新直通"一口价纳入的杂费包括装卸费、取送车费、机车作业费、篷布使用费、

D 型车使用费、押运人乘车费、接取送达费、加固材料使用费、自备车管理费、抑尘费、翻卸车费、冷却费、分卸费、D 型车回空费、防风网使用费、清扫除污费、仓储费和保价费。

（2）交付前的仓储费用，到站根据实际产生费用向收货人核收。

（3）单纯的仓储服务以及其他非营运性质的杂费项目，不纳入一口价价差系数调整的范畴，收费标准仍按国铁集团及各局有关规定执行。

（4）货物保价费不随一口价"新直通"项目确定的价差系数同比例调整。

（5）常规性一口价包含的各项杂费按国铁集团规定标准计算，不得按各局浮动后标准计算。

（6）竞争性一口价中的杂费，应根据价差系数在规定标准基础上调整。

（7）到站增加服务项目并产生营运性质的杂费，也应按规定标准和竞争性一口价中确定的价差系数收取，不得按到局确定的收费标准核收。

三、批量货物入箱及自备箱计费规定

（一）165 类批量散货入箱与计费条件

1. 165 类批量散货入箱条件

对国铁及控股的标准箱办理站（包括货场、专用线和专用铁路）间发到的批量零散货物快运办理门到门或门到站运输时，原则上全部使用 20ft、40ft 铁路通用箱装载。

2. 165 类批量散货计费条件

（1）所有费用与批量零散货物快运运价率和计费条件保持一致。

（2）发到站不允许加收集装箱使用费、装卸箱费、站内装掏箱费和仓储费等任何费用。

（3）集装箱视同集装化用具。

（4）发站、到站均应为办理相应箱型的国铁及控股的标准箱办理站。

（5）单批按重量 30t 及以上或体积 60m^3 及以上掌握。

（6）货物品名和重量由车站确定。

（二）其他货物入箱与计费条件

除有关零散货物和 165 类批量散货之外的货物入箱（含国际联运和自备箱运输），仍实行按箱受理和承运。在执行现有集装箱按箱计费有关规定的基础上，实行完全的一口价。

（1）一口价由运输费用、发到站营运杂费和有关税费组成。其中运输费用包括运费、铁路建设基金、电气化附加费、特定线路运费、特定加价运费、与国铁办理直通的合资和地方铁路运费。发到站营运杂费包括装卸箱费、站内装掏箱费、接取送达费、取送车费、集装箱使用费、交付前仓储费和保价费。

（2）发站或到站为国境站时，一口价相应增加换装费、验关手续费、声明价格费、阿拉山口口岸建设费和进出口有关的杂费。

（3）接取送达费和保价费根据托运人自愿选择，按规定标准收取。

（4）集装箱运输不得收取清扫除污费和装载加固材料使用服务费。

（5）集装箱一口价，由发站向托运人一次收取。除规定的运输费用外，发、到站不得再收取其他任何费用。除保价费单列外，其他所有费用列全程运费。

（6）集装箱一口价中包括的各项费用计费条件和费率标准，均按国家和国铁集团相关规定执行。

（7）对新增集装箱货源，可按照紧贴公路运输的市场定价方式确定竞争性集装箱一口价，实施项目管理制。

① 执行竞争性集装箱一口价的项目不办理变更到站。

② 承运后发现危险货物匿报、瞒报品名，由到站按批核收全程正当运费二倍的违约金，不另补收运费差额。

③ 到站发现集装箱货物超过集装箱标记总重量，按照一口价费用与该箱最大装载重量计算出每 100kg 单价费用，对其超过部分（不足 100kg 进为 100kg）进行补收。

（三）一口价计算

按照批量货物入箱及自备箱要求，确定是否符合运输要求，上机操作，按照规定条件录入信息，列举费用明细，计算一口价，如图 9.1 所示。

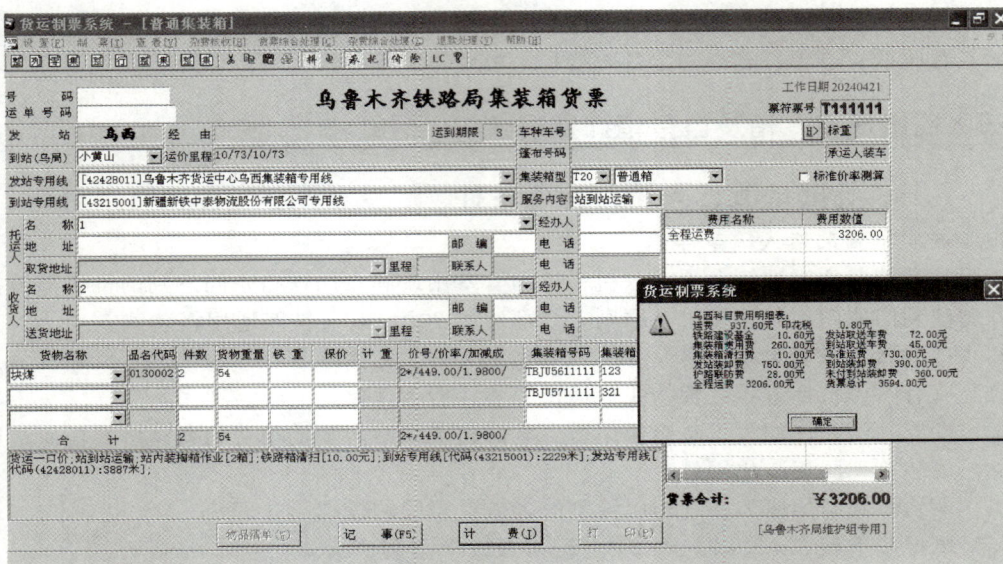

图 9.1　集装箱货票系统

✿ 技能训练

1. 某公司从通辽站使用一辆 B$_{10}$ 型铁路货车装运冻牛肉到开原站，货物重量 37t，要求运输途中温度控制在 −15℃ 以下。计算运费（不计杂费）（通辽—开原，全程 291km，电气化里程 84km）。

2. 甲站发乙站天车梁 1 台，货重 50t，超级超限，使用 60t 平车一辆装运，计算运费。（两站间里程 2134km，电气化里程 1104km）。

3. 甲站发乙站机械设备 1 台，货重 40t，二级超限，限速运行，使用 60t 平车一辆装运。计算运费（两站间里程 1705km，电气化里程 964km）。

项目十
货物损失处理

🌱 知识要求

- 理解货物损失的处理原则；
- 了解货物损失的概念、分类及等级；
- 掌握货物损失的处理程序、勘查重点，掌握货物损失鉴定、货物损失报告、拍发货物损失速报的要求和内容；
- 掌握记录的使用范围、编制要求和编制后的处理；
- 掌握发现货物损失或办理差错的处理、到站编制的货运记录的处理、调查所需资料的内容、车站接到调查材料后的办理规定；
- 掌握货物损失责任划分的原则，铁路内部货物损失责任划分的办法，货物损失处理期限的规定，货物损失调查定责的办理规定；
- 掌握货物损失赔偿的基本要求，各级损失赔偿的规定，办理赔偿的期限，赔偿款额清算规定及诉讼相关规定；
- 了解货物损失统计的方法、对过失责任货物损失的处理规定；
- 了解无法交付货物和无标记货物的处理方法。

🔑 技能要求

- 能正确处理货物损失；
- 能正确拍发货物损失报告；
- 会按实际情况编制货运记录；
- 能够按规定对货物损失进行赔偿。

📚 素质要求

- 具有依法运输的意识；
- 具有依合同运输的意识；
- 具有客户服务意识。

📋 任务实例

××××年××月××日北郊站发西安西站整车 C_{64k} 4325318，数控机床 3 件（装载未超出车帮），货物全批价值 150 万元，保价 150 万元，该车 1 月 14 日到达西安西站，1 月 15 日卸前检查，运行前端，1 件木箱包装一侧有一处破洞，货检内货有明显被盗痕迹，且机床台面有多处磨伤和划痕，车内货物用铁线加固，货物损失已超过 10 万元，西安西站于当日卸车。

理论知识

一、描述货运安全管理

1. 货运安全管理的意义

铁路是国民经济的大动脉，通过完成社会产品流通的运输任务，在整个国民经济中起到桥梁和纽带的作用。为此，要求铁路运输必须保持畅通、迅速、及时、经济、便利，以确保整个社会的生产、流通和消费等环节紧密相连，保持稳定。搞好货物运输安全，对国民经济的发展和人民生活的改善，对社会主义建设和国际经济交往，对国防建设和铁路自身的效益，对国家、社会财产安全和广大铁路职工的生命安全，都有十分重要的意义。

2. 货运安全生产基本要求

（1）安全生产工作实行"管行业必须管安全、管业务必须管安全、管生产经营必须管安全"，强化和落实生产经营单位主体责任与政府监管责任，建立生产经营单位负责、职工参与、政府监管、行业自律和社会监督的机制。

（2）生产经营单位必须遵守《中华人民共和国安全生产法》和其他有关安全生产的法律、法规，加强安全生产管理，建立健全全员安全生产责任制和安全生产规章制度，加大对安全生产资金、物资、技术、人员保障力度的投入，改善安全生产条件，加强安全生产标准化、信息化建设，构建安全风险分级管控和隐患排查治理双重预防机制，健全风险防范化解机制，提高安全生产水平，确保安全生产。

（3）铁路各级管理部门应遵守国家有关安全生产的法律法规，坚持"安全第一、预防为主、综合治理"的方针，全面推行货运安全风险管理，做到安全管理规范化、现场作业标准化、检查整治常态化，健全安全管理长效机制，切实提高货运安全生产管理水平。

3. 货运安全管理的主要制度

（1）国家、有关行业和国铁集团发布的技术规章和安全生产管理制度是安全工作的基本准则，必须严格遵守，不得违背。国铁集团及各铁路局集团公司应建立健全货运安全生产管理制度，明确各项管理工作的内容、标准、流程、责任、考核等，保证规章落实。

（2）实行货运安全生产专项整治制度。铁路局集团公司需组织开展货运安全生产专项整治，明确整治具体内容、标准、责任、完成期限和保证措施并有序推进，及时消除货运安全薄弱环节。

（3）实行货运安全红线管理制度。

国铁集团将影响人身安全、客车安全的关键项点和重大安全风险源纳入货运安全红线管理，并以文电的形式公布货运安全红线管理项点。

铁路局集团公司应制定具体的安全控制措施，明确责任，确保红线管理项点安全可控。

凡触犯红线、发生责任问题的，国铁集团货运管理部门负责组织责任单位进行分析并通报全路，同时纳入货运系统安全专业管理考核评价，依法依章严肃追究责任单位和责任人的责任。

（4）实行安全重大问题即时报告制度。铁路局集团公司应密切掌握管内货运安全动态，对发生的货运相关铁路交通事故、触犯安全红线问题以及其他安全隐患等安全重大问题即时报告。

（5）实行货运安全定期或专题分析、通报制度。国铁集团货运管理部门负责每月对各局集团公司装卸车质量、货运计量安全检测设备运用、货运安全监控与管理各相关信息系统建设和运用、货检安全管理、装卸安全管理等情况进行分析并通报；负责组织对典型事故、突出安全隐患、普遍性和倾向性问题进行专题分析并通报。

（6）实行货运安全管理考核评价制度。

国铁集团货运管理部门负责制定《货运系统安全专业管理考核评价办法》，并结合货运安全管理工作的发展需要，以及每年货运安全专项整治工作重点的变化，明确每年考核评价的具体项目和标准；负责组织定期开展对铁路局集团公司的考核评价工作并公布考核评价结果。

铁路局集团公司应及时制定本单位考核评价细化办法，调整优化货运安全相关处室、货运站段货运安全管理工作和货运安全质量的考核要求，明确各类违章违纪行为的考核标准，严格按标准进行考核。

（7）完善货运安全规章文电管理制度。

货运管理部门应按照管理权限，分级负责铁路货运安全规章制度的制定、补充、修订、废止、审核、发布和解释工作，并对规章制度的内容负责。铁路局集团公司货运管理部门应结合实际，组织及时制定、补充、细化有关技术规章，并将技术规章转化为可具体操作的作业标准、作业流程或作业指导书，做到每项工作、每个岗位都有规可依、有标可循。

货运管理部门应定期对规章文电进行清理，公布废止和失效文电，及时将有效的文电规定纳入基本规章。货运管理部门应第一时间将有效规章文电在铁路货运安全规章文电信息管理系统发布，并同步维护。铁路局集团公司应制定货运安全规章文电管理办法，明确规章文电配备、传达、对规、修规要求。

（8）实行货运安全预警制度。国铁集团货运管理部门针对铁路局集团公司日常货运安全工作的薄弱环节，及时发布预警信息，督促各铁路局集团公司及时做好预防工作，防止问题发生或扩大影响。铁路局集团公司应针对国铁集团预警信息，立即制定有效的防范措施并紧盯落实，同时建立对货运站段的预警制度。

（9）实行货运安全评估制度。开展新线新建货运站开办前安全评估。开展办理站危险货物办理限制安全评估。开展装载加固试运方案安全评估。

（10）完善货运安全沟通协调制度、实行货运安全问题库管理制度、实行货运安全检查调研制度、实行货运安全重大事项集体议事制度、实行关键时段重点货物运输"禁、停、限、管"制度、落实货运安全资金保障制度、实行货运安全帮促制度、实行重点事项挂牌督办制度。

二、货物损失分类和等级划分

1. 货物损失的定义

货物在铁路运输过程中（自铁路运输企业接收货物时起，至将货物交付收货人时止）发生灭失、短少或者损坏。

2. 货物损失的种类

货物损失分为五类：

（1）火灾。

（2）被盗（有被盗痕迹）。

（3）丢失（全批未到或部分短少、漏失，没有被盗痕迹）。

（4）损坏（破裂、变形、磨伤、摔损、部件破损、湿损、腐烂、植物枯死、活动物死亡、污染和染毒等）。

（5）其他（办理差错及其他原因造成的货物损失）。

3. 货物损失等级

货物损失分为四级：

（1）一级损失　货物损失款额（以下简称损失款额）10 万元以上的。

（2）二级损失　损失款额 1 万元以上未满 10 万元的。

（3）三级损失　损失款额 1000 元以上未满 1 万元的。

（4）轻微损失　损失款额未满 1000 元的。

铁路运输过程中发生的办理差错（未构成货物损失的），如误办理（违反营业办理限制、停限装命令）、误运送、误交付、货物与票据信息不符、无货物或无票据信息等，按照有关规定程序处理。

三、记录的种类

记录分为货运记录和普通记录。货运记录（表 10.1）为一页绿色 A4 纸（货主页）和一页白色 A4 纸（存查页）。带号码的普通记录（表 10.2）每组一式两页，第一页为编制单位存查页，第二页为交给接方的证明页。商务记录（格式见《国际铁路货物联运协定》）及号码由保价系统生成。

表 10.1　货运记录

货　运　记　录

第一联（货主页）

No. 020849

补充编制记录时记入　补充　　　公司　　站所编第　　号　　记录

一、一般情况

办理种别　整车　运单号码　　于　×××× 年 9 月 2 日承运

发站　宜昌东　发公司　武　托运人　宜昌诚信物流有限公司　装车单位　宜昌东

到站　乌北　到公司　乌　收货人　张俊才　卸车单位　乌北

车种车型　P64　车号　3403273　标重　60 t　×××× 年 9 月 13 日第　　次列车

到达 ×××× 年 9 月 13 日 13 时 00 分卸车 9 月 13 日 15 时 00 分卸完

封印：施封单位　　宜昌东　　施封号码　13561　13562

篷布：篷布号码　　　保价/保险　　货物价格　　元

二、事故情况

项目	货物名称	件数	包装	重量		托运人记载事项
				托运人	承运人	
票据原记载	石膏板	22	捆	58t		保价10000 元
按照实际	石膏板	22	捆		未检	
货物损失详细情况	该车入线后，货检好，两侧车门、车窗关闭严密，施封有效，开启车门见车内货物码 2 层，车内货物整体由后部向前部倾斜倒塌，前部靠车门处 1 件塑料打包带断开，内货散在车内，清点 290 张，其中 48 张顺向有长断裂；另 20 件边角均有不同程度断裂，清点共有 725 张，最大 200mm×150mm，最小 150mm×100mm，新痕，货与货间无衬垫，货边角纸壳包角。					

三、参加人签章

车站负责人　陈颖　编制人　陈敏

公安人员　　　　收货人　　　　其他人员

四、附件　1. 普通记录　抄 1 页　2. 封印　2 个　3. 其他

五、交付货物时收货人意见：

年　　月　　日货运记录(货主页)已交由　　　　　领取。

×××× 年 9 月 13 日编制　　乌鲁木齐公司　乌北　站（章）

表 10.2　普通记录　　　　　No. _____

发站 _____　发公司 _____　托运人 _____
到站 _____　到公司 _____　收货人 _____
运单号码 _____　车种车型 _____　车号 _____
货物名称 _____
于 _____ 年 ____ 月 ____ 日 ____ 时 ____ 分第 _____ 次列车到达

	新车号 1		新车号 2		新车号 3	
	新封号 1		新封号 2		新封号 3	
	新重量 1		新重量 2		新重量 3	

发生的事实情况或车辆技术状态

厂修	
段修	
辅检	

参加人员：
车　　站：
车 辆 段：
其　　他：　　　　　　　　　　　　　　　　　单位戳记

　　　　　　　　　　　　　　　　　　　　　　年　　月　　日

注：1. 带号码的普通记录，编制单位打印存查，接方打印留存作为证明。
　　2. 普通记录号码由系统自动生成。

规格：A4 纸竖印（210mm×297mm）

　　货运记录和普通记录号码均由铁路局编印掌握。货物损失报告（用不带号码的货运记录代替）只限作抄件或货运员发现货物损失时报告用。货运记录和普通记录用纸均应建立请领、发放、使用制度。车站必须按统一顺号连续使用记录用纸，并按编制日期和号码顺序登记。涉及货物快运的还应在货运记录左上角加盖"货物快运专用"戳记。

1. 货运记录

　　货运记录（包括商务记录）作为货物发生损失时的证明。凡是货物在铁路运输过程中发生货物损失的，车站均应在发现次日内按批（车）编制货运记录。但列车有货运车长时，如装车时间紧张，可在物品清单（或交接凭证）中记明货物损失情况，由卸车站编制货运记录。

　　遇有下列情况时也应编制货运记录：

　　（1）发生《货规》《管规》及其引申规则、办法中所规定需要编制的情况时。

　　（2）自备篷布、自备集装箱运输发生损失时。

　　（3）一批货物中的部分货物补送或损失货物及误运送货物回送时。

　　（4）发现无票据、无标记、无法交付货物和公安机关查获在铁路运输中被盗、被诈骗的货物以及公安机关缴回的赃款移交车站时，沿途拾得的铁路运输货物交给车站处理时。

　　（5）托运人组织装车，收货人组织卸车，货车施封良好，篷布苫盖和敞车、平车、砂石车货物装载外观无异状，收货人提出货物有损失经承运人确认时。

（6）集装箱运输的货物，箱体完整、施封良好，收货人提出货物有损失经承运人确认时。

2. 普通记录

普通记录作为现状交接证明。遇有下列情况之一，须在当日按批（车）编制普通记录：

（1）发生《铁路货物运输规程》《铁路货物运输管理规则》及其引申规则、办法中所规定需要编制的情况时。

（2）货物损失涉及车辆技术状态时。

（3）货车集装箱发生换装整理时。

（4）集装箱封印失效、丢失或封印站名、号码与票据记载不一致或未按规定使用施封锁时。

（5）卸车（换装）发现货物件数较票据记载多出时。

（6）依据其他有关规定，需要证明时。

在办理货运检查交接作业时发现问题，按规定拍发的交接电报应视为普通记录。

❖ 任务实施

铁路货物损失处理工作应贯彻预防为主、及时处置、优质服务的方针。货物发生损失时，应本着对托运人和收货人负责的原则，积极抢救，采取保护措施，尽量减少损失。对货物损失发生的原因和责任认定，必须调查研究，查清事实，根据国家法律、行政法规及国铁集团的有关规定进行处理。对于承运人责任明确的货物损失，应先对外赔付，后划分铁路内部责任，做到主动、及时、真实、合理。货物损失处理流程如图10.1所示。

一、货物损失发现和现场处理

教学任务书——填写货物损失报告

针对"任务实例"中的货物，根据《铁路货物损失规则》，结合货物损失勘查重点，填写货物损失报告。

（一）货物损失发现

车站发现货物损失后，发现人员应保护现场，立即向车站负责人和货物损失处理人员报告。物流企业（包括铁路物流企业或铁路运输企业委托的社会物流企业，下同）在接取送达过程中发现货物损失时，应由物流企业相关人员对发生损失货物情况拍照留存，并编制货物损失报告连同货物损失现场照片一并交车站。发现货物被盗、火灾等情况，发现单位（人）应立即向公安、消防部门报案。货物损失涉及铁路交通事故的，应报告铁路局集团公司列车调度、安全监督管理部门；涉及车辆技术状态的，应通知车辆部门；涉及活动物或食品污染变质的，应通知防疫、检疫部门；涉及参加保险的货物，必要时应通知保险公司；涉及海关监管的货物，应通知海关监管部门；涉及环境污染的货物，应通知环保部门；必要时还应通知托运人或收货人。

车站还需查阅损失货物（车）的运输票据，了解货物的具体品名及特性；将损失货物（车）与相邻货物（车）分离；及时组织卸车或将货物转移至安全地点。

（二）货物损失现场处理

接到报告后，车站负责人应组织有关货运人员立即赶赴现场进行货物损失勘查、清理、资料收集。并编制货物损失报告。必要时通知托运人或收货人。

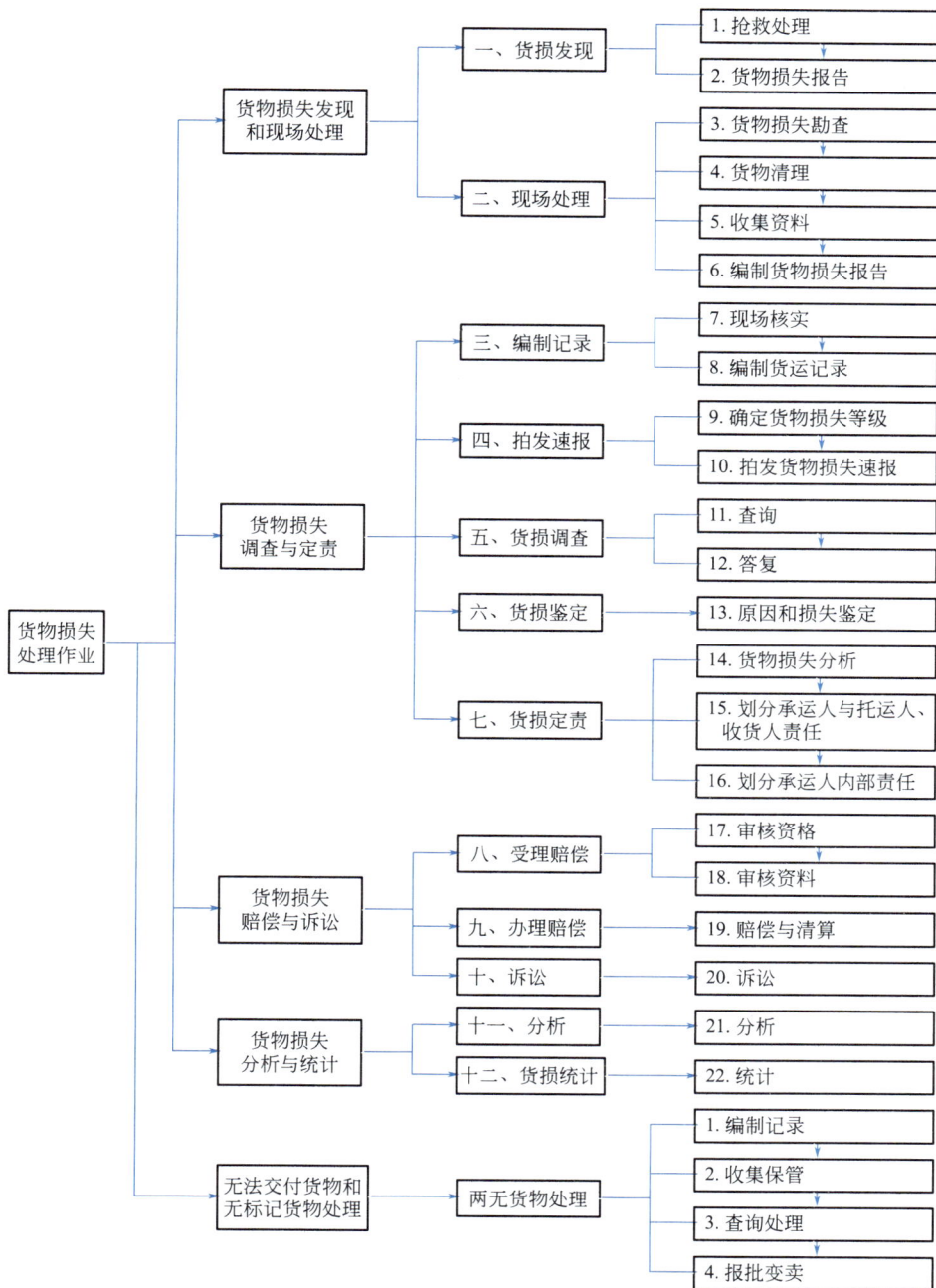

图 10.1　货物损失处理流程

1. 货物损失勘查

勘查货物损失应如实记录损失状况和现场情况，充分利用现代化设备（照相机、音视频记录设备等）留存关键证据影像资料，为货物损失处理提供依据。

货物损失按下列情况重点勘查：

（1）火灾

① 货车火灾　查明火灾列车车次、到达时间、编挂位置；查看车内货物装载现状、起

火部位、四周货物烧损情况；检查车辆状态、货物装载高度；了解机车类型及状态。

② 货场火灾 查明损失货物所处位置；着火点货位及周边自然现状；货物入库（区）时间和货物交接检查情况；仓库电线、灯具情况；装卸作业机具防火情况；人员出入情况。

（2）被盗

① 车、集装箱（以下简称箱）内货物被盗 查明列车车次、到达时间、编挂位置；查看车（箱）体状态、施封状态、货物装载现状。

② 货场内货物被盗 查明货物入库（区）时间、作业班组、作业货运员及在库区的交接情况。

（3）丢失

① 车（箱）内货物丢失 查明列车车次、到达时间、开始作业和卸车完了时间，检查车（箱）体状态、施封状态、货物装载现状。

② 货场内货物丢失 查明货物入库（区）、卸车时间、卸车班组、货运员、库区货运员的交接情况、货物码放位置及相邻货物进出库情况等。

（4）损坏 查明破损货物的损坏程度、部位、数量、包装、衬垫、破口尺寸、堆码以及车（箱）状态、篷布状态等现状。

查明变质货物位置及损失程度、数量；机械冷藏车乘务员出具的普通记录和机械冷藏车作业单；运单上货物的容许运输期限、记事栏相关内容及标记，货物包装堆码方式。

查明污染货物损失程度、数量，车内污染物（源）名称、位置、面积、包装情况，污染物（源）与被污染货物距离，被污染货物的数量和程度。

（5）上述情形以外的其他货物损失视具体情况进行勘查。

发现货物被盗、火灾等情况，发现单位（人）应立即向公安、消防部门报案。货物损失涉及铁路交通事故的，应通知铁路局列车调度、安全监督管理部门；涉及车辆技术状态的，应通知车辆部门；涉及活动物或食品污染变质的，应通知防疫、检疫部门；涉及参加保险的货物，必要时应通知保险公司；涉及海关监管的货物，应通知海关监管部门；涉及环境污染的货物，应通知环保部门；必要时还应通知托运人（收货人）。

2. 资料收集

（1）收集运单、封套、装载清单、列车编组顺序表及随票同行的各种原始记录、单据、封印等。

（2）收集货物损失货车到达时间、货运检查、送入卸车地点、时间，货车作业时间、班组、人员等资料。

（3）涉及车辆技术状态时，收集车辆部门的检查记录。

（4）涉及检疫、防疫、公安、海关等部门时，收集相应的证明材料。

3. 编制货物损失报告

编制货物损失报告，必要时通知托运人或收货人。

物流企业（包括铁路物流企业或铁路运输企业委托的社会物流企业，下同）在接取送达过程中发现货物损失时，应由物流企业相关人员对发生损失货物情况拍照留存，并编制货物损失报告交车站。

货物损失报告由货运员或负责接取送达的物流企业相关人员在发现货物损失当日编制。货物损失报告应根据现场勘查情况，如实记载损失货物及有关方面的当时现状，填写字体要工整清晰，项目各栏填写齐全，并须编制人本人签字。

货物损失报告由货运值班员审核签字后，连同收集的施封锁、现场照片等相关资料，一并交货物损失处理人员处理。

　　货物损失处理人员接到货物损失报告后，要核实货物损失报告各栏填写是否齐全正确，相关资料是否齐全，必要时，要到现场核对损失货物。

二、货物损失调查与定责

（一）编制记录

1. 货运记录编制的要求

　　货运记录由车站货物损失处理人员编制。编制记录要如实记载货物损失及有关方面的当时现状，不得在记录中作损失责任的结论，记录各栏应逐项填记。货运记录应记明车（箱）体、门窗、施封或篷布的情况、货物包装及装载加固状态、损失货物装载位置、损失程度等。

　　编制记录须加盖货物损失处理专用章或单位公章，编制人员还须加盖带有所属单位名称的人名章，其他参加检查货物（车）的有关人员也应签字或盖章，同时注明其所属单位名称。记录有涂改时，在涂改处须加盖编制人员的人名章。

　　通过保价系统打印的货运记录（货主页）加盖货物损失处理专用章和带有所属单位名称的人名章后生效。非系统打印、有涂改或手写的货运记录无效。

2. 货运记录编制的重点

　　编制货运记录应记明车（箱）体、门窗、施封或篷布的情况，货物包装及装载加固状态、损失货物装载位置、损失程度等。

　　货物损失涉及重量的，应将发生损失的货物和完整货物分别检斤，中途站只对成件货物中的损失货物进行检斤，填入记录的"按照实际"栏内。

　　（1）火灾　记明货车种类、编挂位置、邻车情况、牵引机车类型、起火部位、被烧货物装载位置，车辆防火板规格及技术状态，可能造成起火的各种迹象。

　　货物在货场内存放时发生火灾，应记明仓库、雨棚、相邻设备及周围堆放货物等情况，货位原来堆放何种货物和火源等。

　　以上均要记明火灾发生和扑灭的时间，被烧货物状态。

　　（2）被盗丢失　记明被盗货物装载或码放位置，车（箱）内货物装载状态，是否装满（能否容下少件），有无明显被盗痕迹，包装损坏状态，短少货物的具体品名、数量（无法判明短少数量时，应记明现有数量或现状），涉及重量时应检斤，并记明现有重量。

　　棚车开启车门能否明显发现。车窗处被盗丢失，应记明货物装于车窗位置以及该车窗锁闭状态。货车两侧或一侧上部施封时，应记明下部门扣是否损坏、封印的站名和号码。车门缝处货物被盗割的，应记明货物现状。

　　敞车装载的要记明表层货物现状和篷布、绳网苫盖状态。篷布、绳网有破口时，应记明破口位置、尺寸、新痕旧痕和破口处货物的现状。

　　集装箱装载的，应记明现有数量或短少数量、箱号、箱体和箱门状态。

　　（3）损坏　记明货物的损坏程度、部位、尺寸、新痕旧痕，包装材质、储运图示标志，装载方法，码放位置及周围货物、衬垫情况及接触本批货物的车地板、端侧墙状态。

　　① 货物破损变形　应记明货物现状，接触货物有无窜动或冲撞痕迹，包装损坏状态、破损部位、内货固定及衬垫情况，加固材料质量、加固方法，包装上标明的装卸方式。

② 机械设备包装破损　底托带、支架立柱、横梁等有折断或变形，以及围衬材料破损、脱落、丢失，应对该处货物裸露部位表面进行检查，记明现状。

③ 湿损货物　应记明在货车或集装箱内的装载位置、湿损数量，可判明湿损程度时应记明湿损程度。棚车、集装箱装运的，应记明车体或箱体不良部位、状态和尺寸，是否透光，定检修单位和时间；敞车装运苫盖篷布的，应记明货物装载状况、篷布质量、苫盖、绳索捆绑等情况，篷布所属单位。

④ 货物变质　应记明运单上货物的容许运输期限、实际运到时间及记事栏内容，货物包装、内部衬垫现状，货物堆码方式，变质货物位置及损失数量和程度。

机械冷藏车装运的货物应记明车内外温度、货物温度，车门胶条密封、包装及内部衬垫现状。乘务员出具的普通记录证明和机械冷藏车作业单作为附件。

⑤ 货物污染　应记明污染物（源）名称、位置、面积、包装情况，污染物（源）与被污染货物距离，被污染货物的数量和程度，车内外是否贴有洗刷除污标签及车内清洁、衬垫情况。

多批货物混装时，污染物和被污染货物应分别编制货运记录。

（4）集装货物　外部状态发生被盗、丢失、损坏可比照（2）、（3）项内容填记，还应记明集装用具状态、堆码方式。货物散落时，应检查清点并记明现有数量，若无法清点数量的可检斤，并记明全批复查重量。集装货物拆盘（捆）卸车时，要对每盘（捆）件数进行清点。

（5）其他

① 票货分离应记明票据来源、票据记载内容或货物（车）来源，以及标记内容。对无标记的，应记明包装特征或具体货物品名、件数和重量。

② 误运送应记明判明误运送的依据，货物（车）的发站及正确到站。

③ 到站卸车发现货物包装完整，件数相符，重量短少或多出，按《货规》规定在运单内注明，交付时收货人提出检斤或指出包装有异状，经检斤重量不足或发现内品短少，编制货运记录，由到站调查处理。

3. 普通记录编制的重点

应记明交接时货车车体、门窗、施封或篷布、绳网的现状，货物包装及装载加固状态。

（1）货车封印失效、丢失、封印站名或号码无法辨认时，应记明失效、丢失和无法辨认的具体情况。

（2）封印的站名或号码与票据、封套或补封记录记载不符时，应记明封印实际站名或号码。

（3）施封的货车未在票据或封套上记明施封号码时，应记明现车施封状况。

（4）车辆技术状态不良时，应记明车种、车型、车号和车辆不良的具体情况，检修单位名称及年月。

（5）发现货车两侧或一侧上部施封时，应记明下部门扣是否损坏。

（6）棚车车体及集装箱专用车、平车装运的集装箱箱体发生损坏时，应记明损坏位置、尺寸、新痕旧痕和箱号。

站车交接中发现的问题按规定拍发电报。其内容除包括普道记录反映的情况外，还应记明列车的车次及到达时间，货车的车种、车号，发现问题的简要处理情况。

（二）拍发货物损失速报

教学任务书——拍发货物损失速报

　　针对"任务实例"中的货物，按照货物损失处理作业程序，根据《铁路货物损失规则》，拍发货物损失速报。

在编制货运记录后，根据货物损失程度估算损失款额或根据托运人、收货人提供的货物价值测算货物的损失款额，确定货物损失等级。

发现火灾，罐车装运的压缩气体、液化气体泄漏，剧毒品、放射性物品被盗丢失以及估计损失款额达到一级损失等情况时，应在 1h 内逐级报告，并在 24h 内向有关车站、直属站段、铁路局以电报形式拍发货物损失速报，抄送国铁集团运输部。

货物损失速报内容如下：

（1）损失等级、种类。

（2）发现损失的时间、地点。

（3）发站、到站、品名、承运日期。

（4）车种、车型、车号、运单号码、办理种别、保价或保险金额（金额前注明"保价""铁险"或"商险"字样）。

（5）损失概要。

（6）对有关单位的要求。

拍发速报时，在电文首部冠以"货物损失速报"字样，（1）至（6）项为各项代号。速报由车站主管领导审核签发。

（三）货物损失调查

1. 送查

车站发现货物损失或办理差错，除按规定编制记录外，还应自发现之日起 3 日内以查复书（表 10.3）形式，通过铁路保价运输管理系统（以下简称系统）对货物损失的原因和责任进行调查，必要时可派人外出调查。但交接责任明确的货物损失，可不进行调查。系统发生软、硬件故障，无法正常使用时，应由其主管直属站段负责处理。

表 10.3　货物损失查复书

主送：　　　　　　　　　抄送：　　　　　　　　　第　　　号					
记录编制单位		记录编制日期		办理种别	
记录号码		车种车型车号		运单号码	
发　　站		到　　站		货物名称	
损失种类		保价（险）金额		货物损失款额/全批价值	

　　　　　　　　　　　　　　　（单位）　　　年　　　月　　　日查复书接悉

公司　　　　站（章）

年　　月　　日

规格：A4 竖印

（1）处理记录

① 发站编制的货运记录　发站编制的货运记录由发站负责处理。如确实无法联系托运人时，应将货运记录（货主页）随同运输票据送到站处理，同时以查复书告知到站。

② 中途站编制的货运记录　中途站编制的货运记录（货主页）随同运输票据或货物送到站处理，同时以查复书告知发、到站。

a. 自站责任的货运记录（货主页）随同运输票据或货物送到站处理。

b. 他站责任的记录应自编制记录之日起 3 日内将相关材料送有关站调查，货运记录（货主页）随同运输票据或货物送到站处理。一批货物中部分货物发生损失时，应拴挂损失货物标签（图 10.2）继运到站。发生损失的货物继运到站前应采取防护措施，避免扩大损失。

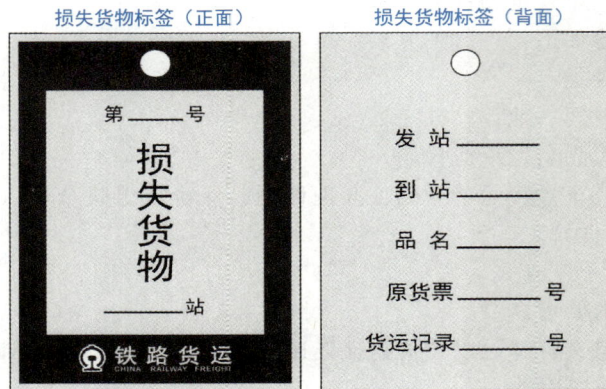

图 10.2　损失货物标签

c. 发生火灾、货物变质、活动物死亡、气体类危险货物泄漏，剧毒品、爆炸品、放射性物品被盗丢失，货物损失能在发现站处理的，发现站应积极处理；不能在发现站处理的，货运记录（货主页）随同运输票据送到站处理，但发现站负责查明原因。

③ 到站编制的货运记录　到站编制的货运记录（货主页）应及时交给收货人。遇有发站或中途站编制的记录，卸车时应按照记录记载的情况，认真核对现货，情况相符时，不再编制记录，记录交收货人；情况不符时，应重新编制记录交收货人，原记录留存。

a. 自站责任的记录向发站调查承装情况。

b. 他站责任的记录及相关资料送有关站调查。

c. 货运记录送查后，件数不足的货物补送齐全，在向收货人补交时应收回货运记录（货主页），并及时通知有关站结案。

（2）加载内容　送查记录时应附货物损失相关资料，目的在于了解情况、分析原因、妥善处理货物损失。调查所需材料文档应一次性使用相应设备录制电子文档，在保价系统内加载，主要包括以下内容：

① 加载的主要内容

a. 运单、站车交接电报、普通记录。

b. 货物发生被盗、丢失，运单未附物品清单时，车站检查的现有货物数量和包装特征的清单。

c. 分析责任所需的装载清单、封印照片、货物损失现场照片等。

d. 其他有关资料（可按需要后附），车辆技术状态检查记录、货物损失鉴定书、货物损失现场照片等。

e. 一辆货车内多批货物发生损失时，上述资料应分别录制并加载。

② 其他情况需要加载的内容

a. 使用施封锁施封的货车、集装箱发生货物被盗丢失，须加载封印照片。

b. 重新编制的记录，须加载他站原记录。

c. 有车站交接记录的，须加载站车交接记录。

d. 个人物品或装载的品名、件数、规格不同的货物发生被盗、丢失，货票未附物品清单时，须加载经过车站检查的现有物品数量、包装特征的清单。

e. 快运货物发生损失，需要以装载清单分析责任时须加载。

其他资料包括车辆技术状态检查记录、机车火星网检查证明、货物损失鉴定表以及损失货件的现场照片等，可后续加载。集装箱破损发生的货物损失，可不加载集装箱破损记录，但必须在货运记录内注明集装箱破损情况。

一车多批货物发生损失，上述资料按批分别加载，确保每批货物损失案卷的完整性。

2. 答复

车站接到调查材料后，应核对记录、附件是否齐全、正确，接到的纸质速报和查询电报，应于当日在收件上加盖收文日期戳记，登记，并按以下规定办理：

（1）初次接到调查记录，如果核对所附材料不符合要求而影响调查时，应一次提出，自接到记录之日起 3 日内以查复书要求处理站补充材料。

（2）调查记录如果有误到情况，自接到之日起次日内以查复书告知处理站。

（3）属于自站责任的，自接到记录之日起 3 日内以查复书答复送查站，告知发站、到站。

对已明确为自站责任，但还需要向有关单位索取补充材料，了解货物损失、下落或到达交付情况时，应以查复书要求处理站补充。

（4）属于他站责任的，以查复书说明理由和根据，自收到货运记录之日起 3 日内答复处理站，并抄送发、到站和有关单位。一级损失的，应抄报主管铁路局。

（5）因情况复杂，责任站不能在第（3）项规定期限内调查答复（包括要求暂缓赔偿的），需要延期时，应提前提出理由，告知发、到站（铁路局）。但此项延期自收到记录之日起，最多不得超过 30 日。

（6）发现货物一级损失，发现铁路局应立即深入现场组织处理。涉及他局责任时，自拍发货物损失速报之日起 10 日内邀请有关铁路局参加处理，召开分析会，作出会议纪要。

有关铁路局接到货物损失速报后，应组织调查，并按发现铁路局通知的开会日期参加分析会，签署会议纪要。铁路局间对损失责任划分意见一致时，由发现铁路局将会议纪要连同有关调查材料送到达铁路局；铁路局间对损失责任划分意见有分歧时，应在会议纪要内阐明各自意见。

有关铁路局拒不参加分析会或中途擅离会议，不签署会议纪要的，对分析会确定的责任不得提出异议。涉及托运人、收货人责任和铁路局以外其他部门（包括社会物流企业）责任时，由到站（铁路局）处理，有关站（铁路局）积极配合。

（四）货物损失鉴定

教学任务书——填写货物损失鉴定书

针对"任务实例"中的货物，按照货物损失处理作业程序，根据《铁路货物损失处理规则》，填写"货物损失鉴定书"。

（1）货物发生损失不能判明发生原因和损坏程度，车站应会同收货人（托运人）或物流企业进行损失鉴定，必要时邀请有鉴定能力的第三方机构进行鉴定。损失鉴定应在发现站现场就地进行，现场难以鉴定时，经与收货人（托运人）协商同意后，可以移至适当的场地进行鉴定。

（2）损失货物鉴定时，应按批编制货物损失鉴定书（表 10.4），货物损失鉴定书应加盖处理站货物损失处理专用章或单位公章，参加人员应签字或盖章，第三方参加鉴定的，还需加盖鉴定单位的印章或附出具的货物损失鉴定报告。车站组织货物损失鉴定时应由货运负责人、货物损失处理人员等两人以上参加鉴定。

表 10.4 货物损失鉴定书

货 物 损 失 鉴 定 书

吐鲁番 站   第 212578201605030060 59243 号

一、编制于 ××××年 5 月 26 日系补充 吐鲁番 站编第 1716287 号 发站 满城 到站 吐鲁番 运单号码 059243 货物名称 卫生纸 发生 损坏 情况的鉴定书		
二、鉴定分析结论	(1)货物的性质和价格	新出厂产品,64 件,全批价格 7 万元
	(2)货物的损失程度和款额	纯木浆大轴卫生纸,规格 1750mm×850mm,货物单件重量 156.25kg,单件 7 元/kg,16 件深度损坏,共计 1100kg,不能使用,损失款额 7700 元
	(3)损失货物能否修理或者配换及所需费用,残留价值	剥离不能使用部分 1100kg 可按废品出售,单价 0.5 元/kg,残留价值 550 元
	(4)损失货物是否适用于原来的用途或作他用,对其价值有无影响	剥离后的完好货物使用于原来用途,其价值受影响
	(5)货物损失的原因	甲:货物损失和包装的关系;√ 乙:货物损失和货物性质的关系; 丙:其他原因
三、鉴定费用		

四、参加鉴定人员职务及签章	鉴 定 单 位	铁 路	托 运 人	收 货 人	其 他
				×××	

注:本鉴定书共三份:正本送责任站,副本一份交收货人,一份留鉴定站存查。规格:A4 竖印。

(3) 鉴定一般应自编制货运记录之日起 10 日内完成,以查复书形式送有关单位。情况特殊需要延期时,应以查复书或电报说明原因通知有关单位,但最长不得超过 30 日。

(4) 鉴定所支出的费用（包括整理、化验等费用），应在货物损失鉴定书中记明。属于收货人（托运人）责任的，由收货人（托运人）支付；属于承运人责任的，由责任单位承担。

（五）货物损失定责

划分货物损失责任应以事实为根据、规章为准绳。在查明货物损失情况和原因的基础上，首先应按国家法律、行政法规及铁路企业的有关规定划清承运人与托运人、收货人之间的责任。划分铁路内部各单位及物流企业责任时，货运安全检测监控设备（以下简称监控设备，包括轨道衡、超偏载检测装置、视频监控等设备）影像资料、检测数据（货物重量短少 2t 以上），电子施封锁的监控数据，应作为判定货物损失责任的依据。

货物损失调查定责工作由到站（中途终止运输的，为货物终止运输站）、到达铁路局负责，但发站承运后装车前、货物承运前在车站仓储或货物仅在车站仓储的，定责工作由发站或仓储办理站负责。发生货物损失后，记录编制站应初步判定是否为承运人责任，难以判定的应由到站进一步调查确定。涉及物流外包业务的，定责意见须经签约铁路局确认。

1. 对货物损失定责意见有争议，经一次往返查复不能取得一致时，按下列规定办理

(1) 轻微损失责任由到站裁定。

(2) 三级损失责任，到站应将定责意见上报主管铁路局，由到达铁路局裁定。

（3）二级损失责任，到站应将定责意见上报主管铁路局，由到达铁路局与相关铁路局协商，到达铁路局裁定。

（4）一级损失责任，到达铁路局应将定责意见连同会议纪要等材料上报国铁集团裁定。

二级、三级损失责任，到达铁路局的裁定为最终裁定；轻微损失责任，到站的裁定为最终裁定。

铁路内部责任确定后，由定责单位填写查复书并下达货物损失定责通知书（以下简称定责通知书）（表10.5），送主管铁路局、责任铁路局、责任单位和发、到站及有关单位。查复书的内容应包含定责意见及定责依据。凡按规定权限定责的货物损失，责任站（铁路局）必须尊重定责意见。

表 10.5　货物损失定责通知书

第　2125782016050 3006059243　号

____满城____站（段、公司）：

关于____吐鲁番____站××××年5月10日编1716287号货运记录，由____满城____站发到____吐鲁番____站，办理种别____批量____，运单号码__059243__，货物名称____卫生纸____，发生____破裂____一案，根据《货物损失处理规则》附件3、三、（一）项____规定，由____满城站____负责。

____乌鲁木齐铁路局____公司____乌鲁木齐货运中心____凭货物损失赔（补）偿通知书第____2125782016050 3006059243____号，已于××××年6月15日对托运人（收货人）赔（补）偿__1650.00__元（大写）____人民币壹仟陆佰伍拾圆整____，请予以转账。

列责：　依章列满城责赔1650.00元

清算：　向北京铁路局清算1650.00元

定责单位（章）乌鲁木齐铁路局吐鲁番站

×××× 年 5 月 11 日

抄送：满城、吐鲁番、北京货运中心、北京铁路局、乌鲁木齐铁路局

规格：A4竖印

2. 定责期限应遵守的规定

（1）对承运人责任明确的货物损失处理要坚持快速调查、快速定责。自货物损失发现之日起，对轻微、三级损失处理期限最长不得超过10日；对二级、一级损失处理期限最长不得超过30日。

（2）托运人或收货人在法定有效期间内提出赔偿要求的，以办理完毕赔偿手续并下达定责通知书时间为结案时间；超过法定有效期限，托运人或收货人未提出赔偿要求的，自然结案；由上级或到达铁路局裁定的，以接到裁定批复时间为结案时间；经调查确认非承运人责任的，以调查确认时间为结案时间。结案后，调查单位应将结案情况告知相关单位。

（3）责任单位收到定责通知书后，应于10日内确定责任部门，超过30日仍不能确定责任部门的，列货运部门责任（系统默认）。定责单位超过规定时间不调查、不定责的，列本单位货运部门责任（系统默认）。国铁集团每年不定期召开货运安全例会，处理有争议的或典型的货物损失案例。

【例10.1】　昆明东站承运到鹤壁北站（经由成昆、宝成线）玉溪牌香烟一个20ft集装箱，内装香烟800件，货物实际重量6t，投保中保财险公司综合险200万元。到站发现集装箱顶部被凿800mm×1100mm的洞，被盗香烟45件，并有100件不同程度湿损，经到站会同收货人、保险公司共同鉴定湿损货物的残余价值为原价值的30%。保险公司赔偿20万元后，依据《保险法》的规定提起诉讼，向铁路追偿损失。法院依法判定铁路依照《货规》的规定赔偿保险公司的损失。

说明：

1. 到站应做好哪些工作？

2. 铁路应承担的赔偿金额和赔偿依据。

3. 分析铁路内部的划责赔款承担单位（按前方途经站无监控设备划分）。

解 1. 到站应做的工作

（1）会同公安勘察现场，编制货运记录和集装箱破损记录。

（2）会同收货人和保险公司做好货物损失鉴定工作。

（3）确定货物损失等级，拍发货物损失速报。

2. 铁路应承担的赔偿

该货物属于未参加保价运输的货物，按照《货规》第56条规定，铁路应按照限额赔偿办理。

被盗损失：赔偿价格（2000元/t）×被盗货物重量（45件×6t/800件）=675（元）。

湿损损失：赔偿价格（2000元/t）×湿损货物重量（100件×6t/800件×70%）=1050（元）。

铁路承担损失：675+1050=1725（元）。

3. 依《铁路货物损失处理规则》附件3、二、（十一）、1之规定：列昆明东站责任，赔款由昆明东站、成都、西安、郑州局共同承担。

三、货物损失赔偿与诉讼

（一）受理赔偿

车站对收货人或托运人的赔偿要求，按《货规》规定受理。但在运输途中发生的火灾、货物变质、活动物死亡等情况就地处理时，经与托运人、收货人协商同意，可由发现站受理，并通知发、到站。

对承运人责任明确的货物损失，收货人或托运人向到站或发站提出赔偿要求时，到站或发站均应受理。涉及物流外包业务的，由签约单位按合同约定指定车站受理。委托他人办理时，应由收货人或托运人出具委托书、委托人和被委托人的身份证明复印件和联系方式。

对非承运人责任的保价货物损失，收货人或托运人向到站或发站提出补偿要求时，比照赔偿程序受理。

1. 审核资格

（1）审核赔偿要求人是否与运单记载的托运人或收货人一致；委托他人代理时应有委托书或委托证明。

（2）确定提出赔偿要求的时间是否在自车站交给货运记录货主页的次日起至提出赔偿要求时止的180天内。

（3）不属于承运人赔偿责任的，说明理由和依据，由处理站答复赔偿要求人。

2. 审核资料

（1）受理赔偿应审核以下资料 赔偿要求书、运单（原件）、货运记录货主页（原件）、与该损失有关的其他证明文件、证明货物价值的有关材料、物品清单（在发站没有填制的除外）；领货凭证（货物全批灭失时应提供）和货物损失鉴定书（无须鉴定的除外）。

（2）审核无误后，向赔偿要求人出具加盖货物损失处理专用章及经办人名章的赔偿要求书收据。

（3）通过铁路货运电子商务系统网上受理客户提出的赔偿要求时，经受理站审核后，须将受理情况以客户通知书形式通过铁路货运电子商务系统告知客户。

（二）办理赔偿

赔偿金额按照《中华人民共和国铁路法》《货规》和铁路货物保价运输的有关规定计算。

赔偿额尾数不足 1 元时，按进整处理。

1. 赔偿办理单位及流程

（1）轻微损失的赔偿由受理站审核办理。赔偿要求人要求以现金支付赔款的，由车站按财务规定当日完成现金赔付；赔偿要求人要求通过银行转账的，由受理站在下达货物损失赔（补）偿通知书（下面简称赔通）（表 10.6）当日将赔偿材料报主管直属站段，由直属站段转账。轻微损失赔款备用金由车站主管直属站段财务部门按照备用金管理制度办理和监督。

表 10.6　货物损失赔（补）偿通知书

第　　　　号

主送：＿＿＿＿＿＿＿＿＿＿＿＿＿＿＿＿＿＿＿＿＿：

关于＿＿＿＿＿年＿＿＿＿＿月＿＿＿＿＿日由＿＿＿＿＿站承运到＿＿＿＿＿站，

托运人＿＿＿＿＿＿＿＿＿＿＿＿＿，收货人＿＿＿＿＿＿＿＿＿＿＿＿＿，

办理种别＿＿＿＿，运单号码＿＿＿＿，货物名称＿＿＿＿，保价＿＿＿＿元，发生＿＿＿＿货物损失，赔偿要求人于＿＿＿＿＿年＿＿＿＿＿月＿＿＿＿＿日要求铁路赔（补）偿＿＿＿＿＿元一案，于＿＿＿＿＿年＿＿＿＿＿月＿＿＿＿＿日受理，经审定同意赔（补）偿＿＿＿＿＿元（大写）＿＿＿＿＿＿＿＿＿＿。

1. 请将上述赔偿款汇至：

户　　名：＿＿＿＿＿＿＿＿＿＿＿＿＿＿＿

开户银行：＿＿＿＿＿＿＿＿＿＿＿＿＿＿＿

银行账号：＿＿＿＿＿＿＿＿＿＿＿＿＿＿＿

2. 请持本通知书到＿＿＿＿＿＿＿＿＿＿＿＿＿＿＿财务领取。

收款人签字（盖章）：＿＿＿＿＿＿＿＿＿

办赔单位：＿＿＿＿＿＿＿＿
办赔公司：＿＿＿＿＿＿＿＿
办赔日期：＿＿＿＿＿＿＿＿
编制人员：＿＿＿＿＿＿＿＿

抄送：＿＿＿＿＿＿＿＿＿
　　　＿＿＿＿＿＿＿＿＿
　　　＿＿＿＿＿＿＿＿＿
　　　＿＿＿＿＿＿＿＿＿

规格：A4 竖印

（2）三级损失的赔偿由受理站在受理当日，以查复书写明调查过程、损失款额、赔偿金额等上报主管直属站段，抄送发、到站及相关站，由主管直属站段审核办理。

（3）二级、一级损失的赔偿及保价货物损失补偿，由受理站在受理当日，以查复书写明调查过程、损失款额、赔（补）偿金额等上报主管铁路局，抄送发、到站及相关站，由主管铁路局审核办理。

（4）涉及物流外包业务的（包括客户以铁路方保证金冲抵违约金或向保函开立银行索赔违约金的），由签约单位按合同约定指定车站办理赔偿；不属车站办理权限的，由车站在受理当日，以查复书写明调查过程、损失款额、赔（补）偿金额等上报主管直属站段或铁路局，抄送发、到站及相关站，由主管直属站段或铁路局按合同约定审核办理。

2. 铁路企业对外办理赔偿

（1）填发赔通　办理赔（补）偿单位应填发赔通，并加盖货物损失处理专用章或单位公章。赔通分为正本、副本。正本为领、付款凭证，由银行转账时，交本单位财务部门；领取现金时，交赔偿要求人领款用。副本为赔款通知，本单位财务部门清算用；银行转账时，交赔偿要求人、发站和到站。通过铁路货运电子商务系统网上办理赔偿的，应将赔通加载至铁

路货运电子商务系统上告知客户。

（2）按照赔通记载的赔偿要求人的开户银行、账号，以及同意赔偿的金额，通过银行支付给赔偿要求人。除个人及无银行账号的个体经营者外，不应以现金支付。

凡由处理站（铁路局）最后确定责任的事故，责任站（铁路局）应尊重其处理意见，及时转账，不允许退回赔通。

3. 办理赔偿的期限

办理赔偿的期限，自受理赔偿要求的次日起至填发赔通之日止为 2 个工作日。特殊情况下办理赔偿的最长期限：直属站段不超过 5 个工作日，铁路局不超过 10 个工作日。

4. 赔偿款额清算

一批赔偿款额或铁路局间分摊后的款额不足 500 元时，互不清算，由处理单位列销。

500 元以上的跨局货物损失赔偿款，由处理铁路局汇总，以财务通知书附赔通和定责通知书，按月向责任铁路局清算一次，但处理铁路局超过 3 个月未向责任铁路局清算的，责任铁路局可不予清算。

（三）诉讼

赔偿要求人向法院提起的诉讼案，按照国铁集团及所属企业法律纠纷案件处理的有关规定执行。法院调解或判决承运人责任生效后，由被告单位先行垫付铁路承担的款额。涉及被告单位以外铁路其他单位责任时，应根据法院的调解或判决和有关规定确定责任。

四、货物损失分析与统计

1. 统计

车站、直属站段、铁路局对于货物损失的责任（无论是否发生赔款），均须逐件统计。

货物损失统计以一批作为一件。但由于自然灾害、火灾、行车原因，在同一车站（区间）、同一列车内、同一时间发生的多批货物损失应按一件统计，其损失等级按损失款额总和确定。

车站、直属站段、铁路局应按月统计货物损失，填写货物损失统计报告表和货物损失综合统计分析报告表。非过失责任的货物损失单独统计，在货物损失统计报告表的相应栏内画一斜线，分子表示过失责任，分母表示过失责任与非过失责任的合计数，无非过失责任时，斜线可省略。

车站、直属站段、铁路局应按季度、年度对货运安全情况进行总结分析并逐级上报。

2. 分析

对过失责任货物损失要严格按照"损失原因不查清不放过、损失责任者得不到处理不放过、整改措施不落实不放过、教训不吸取不放过"的原则，认真组织分析，二级、三级、轻微损失的，自接到记录之日起（自站发现的自发现之日起）10 日内，由车站主管站长主持召开分析会确定责任部门，以货物损失报告表报告主管直属站段、铁路局；一级损失的，自责任明确之日起 10 日内，由责任铁路局主持召开管内货物损失责任分析会，并将结果报国铁集团运输部。

五、处理无法交付货物和无标记货物

1. 定义

（1）下列货物为无法交付货物：

① 从承运人发出领货通知次日起（不能实行领货通知的，从卸车完了的次日起），经过

查找，满 30 日（搬家货物满 60 日）仍无人领取的货物。

② 收货人拒领，托运人又未按规定期限提出处理意见的货物。

（2）下列货物为无标记货物：

① 清仓（库、区）、清扫车底检查发现的无标记货物。

② 在铁路沿线捡拾以及公安部门交给车站的无标记货物。

③ 赔偿后又找回但收货人拒领的货物。

④ 车站内散落的零件、货底以及其他无票、无标记的货物。

⑤ 损失赔偿后有价值的残存物品。

2. 处理无法交付和无标记货物

（1）车站发现无法交付货物和无标记货物（简称两无货物）后，应于当日编制货运记录，核对现货、登记立卷，妥善保管。

凡能判明发、到站的无标记货物，应拴挂损失货物标签，凭货运记录向发站或到站回送，并填记于货车装载清单内；对不能判明发、到站或托运人、收货人的无标记货物，应在车站货运负责人、货物损失处理人员等不少于 3 人的情况下开装检查，寻找能正确交付的线索。同时，编制物品清单，注明品名、包装特征、重量、发现日期和卸下车次等有关事项，自编制货运记录之日起 3 日内填写无标记（无法交付）货物处理书，上报主管铁路局，并在系统内详细记载货物的件数、具体品名、包装及特征、内品数量、规格、尺寸、颜色、生产厂家及每件重量，同时应加载货物照片，以便各单位查找核对，尽可能将货物交予收货人或托运人，减少损失。

车站不得将无标记货物交给个人取送或带送，不得自行用无标记货物顶替抵补自站责任的丢失货物。

（2）发、到站收到他站回送的两无货物后，应核对现货，登记立卷，对照本站自编和他站的调查货运记录。能判明收货人或托运人的，应联系收货人或托运人处理；不能判明的，应填制无标记（无法交付）货物处理书，上报主管铁路局。

无标记货物交付收货人或托运人时，如原批编有货运记录的，应在交付时收回货运记录结案。

（3）各直属站段应成立两无货物管理小组，指定专人负责管理，建立健全工作制度和岗位职责，做好两无货物的管理工作。车站应为两无货物的存放提供条件，对两无货物实行分区管理，隔离设置，编号单独存放，严格按照仓库安全管理要求，做好仓库设防工作，保证货物包装完整，做到账物相符，按照规定期限妥善保管。两无货物不得提前处理、不得隐瞒不报或私自处理，不得顶件运输、顶件交付。

两无货物在保管期间发生损失时，参照有关规定办理。车站应及时上报无标记货物，认真核对和查询答复，给外站调查人员提供工作方便。

车站将无标记（无法交付）货物处理书上报铁路局后，又查找到货物的到站及收货人时，立即先用电话声明注销该项报告，然后按规定手续向到站回送。

（4）铁路局自收到车站上报的无标记（无法交付）货物处理书后，满 60 日查找不到托运人或收货人时，应及时指定车站变卖。但军用品、危险品、国家禁止及限制运输的物品、机要文件和各种证件不得变卖，应移交公安机关或有关部门处理。

变卖款扣除有关搬运、保管、劳务、税费、变卖手续费等费用后，由变卖车站按规定上缴铁路局。

【例 10.2】 ××××年 4 月 20 日 C 站承运 F 站整车化肥，车号：P3325765，1200 件 60t，施封 C 站 05671、05672。××××年 4 月 24 日，D 站货检发现一侧无封，另一侧为 C

站 05672 封，补封一枚 03210，已按规定向 C 站拍发了电报同时抄 F 站。××××年 4 月 30 日 10：20 到达 F 站，14：30 送入货汤卸车，检查发现一侧施封为 C 站 05672，另一侧无封，会同公安卸上货实有 1120 件，F 站编制了 11125643 号货运记录调查。该批货物实际价值 18 万元，保价 10 万元。沿途无货运计量安全检测监控系统数据。

1. 计算赔偿金额。

2. 划分货物损失责任，列责依据及责任单位各承担赔款金额。

解 1. 应赔偿 100000/1200×80＝6667（元）。赔偿额尾数不足 1 元时，按进整处理。

2. D 站补封为 C 站责任；F 站列车到达未进行货运检查、未发现一侧无封，送入货场卸车才发现一侧无封，F 站责任。根据《货损规则》附件 3 二、（一）、3 的规定，列 C 站责任，承担赔款 3334 元，F 站分摊 3333 元。

【例 10.3】 ××××年 2 月 5 日，北郊站承运一批量快运货物，纸浆 40 件、40t，到站合肥北站，门到门运输，保价 15 万元。北郊站在接取物流过程中有 1 件货物外包装破损，发站将该货物装入棚车内，施封运输。该车运行至南京东站，车辆部门检查发现该车因车辆技术原因不能继运，要求换装修理，南京东站在换装过程中，清点货物有 38 件。到站卸车发现，实卸 38 件，其中 10 件货物外包装破损内货外露，且有不同程度污损。合肥北站将该货物送到货主仓库时，又发现有 2 件货物外包装破，货物也有污损。

请问：

1. 北郊、南京东、合肥北站应如何处理？

2. 各站货运记录编制的重点是什么？

3. 如北郊、南京东、合肥北均按章编制货运记录，上案责任如何认定？说明理由和依据。

4. 如该货物未保价未保险，该如何办理赔偿？

解 1. 北郊站按章编制货运记录，在装车前联系托运人，征求托运人对损失货物的处理意见，确定就地处理或继续运输，如继运，应将货运记录（货主页）随同运输票据送到站处理，同时以查复书告知到站。

南京东站换装时发现 1 件货物外包装破损并 2 件货物丢失，如票据中有发站编制的货运记录，应该根据现状，补充编制货运记录，记载 2 件货物短少情况；如票据中没有发站编制的货运记录，则根据现状编制货运记录，记载 1 件货物外包装破损和 2 件货物短少情况。货运记录（货主页）随同运输票据或货物送到站处理，同时以查复书告知发、到站。

合肥北站到达卸车发现共有 10 件货物外包装破损内货外露并 2 件货物短少，如票据中没有货运记录或内容不属实，则根据现状编制货运记录，记载货物损失情况。

在物流送达过程中扩大损失，由物流人员对损失货物拍照留存并编制货物损失报告送货运安全室再补充编制货运记录，记载全部货损情况，并将货运记录货主页交给收货人。

2. 北郊站编制在接取过程中发现、发生的货物损失，除按《货损规则》损坏情况编制重点外，还需在货物损失详情栏内写明"接取过程中"字样。南京东站编制的货运记录按货物短少情况重点进行编制。合肥北站按损坏情况编制重点，物流送达发生的货损还必须写明"物流送达过程"字样。

3. 接取过程发生 1 件外包装损坏，依据《货损规则》附件三、四、（二十二）规定由北郊站物流部门承担责任。短少 2 件货物依据《货损规则》附件三、二、（一）、1 规定由北郊站货运部门承担责任。途中 9 件货物损坏，依据《货损规则》附件三、二、（十一）、3 规定列南京东站货运部门责任。合肥北站送达过程中发生的 2 件货物破损，按《货损规则》附件三、四、（二十二）规定，列合肥北站物流部门责任。

4．因该货物未保价未保险，按限额赔偿办理。

✿ 技能训练

1．编记录

A 站×××年 4 月 10 日承运 D 站零散快运货物一批 20 件，其中，电机，5 件，120kg，配件，15 件，300kg，均为木箱包装，规格一致，未保价运输。经 B 站中转，×××年 4 月 16 日到达 D 站卸车，B 站施封两枚有效，卸以上货实有 16 件（电机 5 件、配件 11 件），其中一件电机包装箱一侧脱落，电机上一附件损坏，更换需 200 元。上货电机 1000 元/件，配件 400 元/件。经调查，少件无下落，货物包装符合规定。根据题意编制记录，未给条件自拟。

2．拍发货物损失速报

（1）×××年 4 月 23 日，郑州铁路局新乡车务段新乡站承运至冷水江东站（属长沙货运中心）塑料编织袋装木粉一车，使用载重 60t 的 P_{64GK}3465878 装运，下部施封两枚运输，保价 10 万元，4 月 26 日 9：27 分 33006 次挂运至娄底站到达场时，货车内冒烟并起明火。娄底站将该车送至无电区，经喷水施救，火灾于 4 月 26 日 12：40 扑灭，残货于 14：00 清点完毕，经查事故货物因起火烧损 200 件，该车为全钢车，地板完好无损。请依上述情况拍发货物损失速报，未列举事项请依规章规定自行补足。

（2）请查找下面货物损失速报存在的问题，并按规定重新拟定。

主送：佳木斯站

抄送：国铁集团运输部、哈尔滨铁路局

货物损失速报

① 一级损失

② ×××年 5 月 6 日

③ P70、3803051、53018、整车、保价

④ 佳木斯、青白江、大米、×××年 4 月 25 日

⑤ 佳木斯×××年 4 月 25 日承运到青白江大米一车 2400 件，票号：53018，车号：P703803051。5 月 6 日在青白江站卸车，卸前检查门窗关闭良好，施封有效，封号：31588、31589，开启车门发现车内货物发霉变质，经与收货人共同卸车清点，实卸 25kg 包装大米 2345 件，其中 250 件严重霉变，1200 件外表无异状，有异味，估计损失超过 10 万元，具体损失情况待鉴定。

⑥ 请佳木斯站联系托运人复处理意见或速派人到我站处理。

3．调查处理并分析定责

（1）6 月 20 日昆明东站发兰州北站整车菜籽饼，1200 件，保价 10 万元，车号 C_{64K}4968866，苫盖铁路货车篷布 1 块。6 月 28 日到达邯郸站卸车检查发现顶部有破口，会同公安人员卸车，实卸 1170 件。请按规定调查处理，并分析定责。

（2）4 月 20 日奎屯站发长沙东站聚氯乙烯一车，使用 60t 棚车装运，使用施封锁下部施封，保价 60 万元，票记装载 2400 件，件重 25kg，货物总重 60t，托运人专用线装车施封。该车于 5 月 1 日到达长沙东站并送入长沙东站某专用线，施封良好，交接完毕。当日 11 时开始卸车，13 时卸车完毕。卸车完毕后，长沙东站驻专用线货运员向长沙东站货运安全室电话汇报：该车施封完好，实卸 2352 件，收货人要求车站出具记录证明卸车情况。请按有关规定调查处理，并分析定责。

参考文献

[1] 卢士勋，杨万枫. 冷藏运输制冷技术与设备. 北京：机械工业出版社，2006.

[2] 西安铁路局. 铁路危险货物运输培训读本. 北京：中国铁道出版社，2010.

[3] 韩梅. 铁路货运技术. 北京：中国铁道出版社，2013.

[4] 陈清. 铁路特殊条件货物运输. 北京：中国铁道出版社，2012.

[5] 李笑红，张星臣. 关于超重货物内涵的剖析与思考. 铁道货运，2014（2）.

[6] 戴实. 铁路货运组织. 3版. 北京：中国铁道出版社，2015.

[7] 左瑛. 铁路货运组织. 成都：西南交大出版社，2013.

[8] 吴强. 铁路集装箱运输. 北京：中国铁道出版社，2011.

[9] 王慧. 普通条件货运组织. 成都：西南交大出版社，2013.

[10] 陈宜吉. 铁路货运组织. 北京：中国铁道出版社，2004.

[11] 中国国家铁路集团有限公司货运部. 铁路货物运输. 北京：中国铁道出版社，2022.